室町幕府軍制の構造と展開

吉田賢司著

吉川弘文館

目　次

序論　室町幕府・守護・国人論と軍制史研究

第一部　室町幕府戦時編制の基本構造

凡例

一、松岡久人編『南北朝遺文　中国・四国編』（東京堂出版）、瀬野精一郎編『南北朝遺文　九州編』（東京堂出版）、佐藤和彦・山田邦明・伊東和彦・角田朋彦・清水亮編『南北朝遺文　関東編』（東京堂出版）、大石直正・七海雅人編『南北朝遺文　東北編』（東京堂出版）所収の文書は、それぞれ『南北［中国四国］』、『南北［九州］』、『南北［関東］』、『南北［東北］』と略記し、文書番号を示した。

一、島根県古代文化センター編集・発行『戦国大名尼子氏の伝えた文書』所収の「佐々木文書」・「伊予佐々木文書」、北九州市立歴史博物館編集・発行『中世史料集　筑前麻生文書』所収の「麻生文書」、昭和六三年度科学研究費補助金（一般研究Ｂ）研究成果報告書『室町幕府関係引付史料の研究』（研究代表者桑山浩然）所収の「足利将軍御内書幷奉書留」は、それぞれ史料名のみ記し、各刊本の文書番号を示した。

一、佐藤進一・池内義資編『中世法制史料集第二巻　室町幕府法』（岩波書店）所収の史料は、「室町幕府追加法」と略記し、『中世法制史料集』の条数を示した。

一、『満済准后日記』、『看聞日記』、『建内記』、『師郷記』、『経覚私要鈔』、『親長卿記』、『康富記』、『斎藤基恒日記』、『親元日記』、『蔭凉軒日録』、『大乗院寺社雑事記』のテキストは、それぞれ『続群書類従』（続群書類従完成会）、『図書寮叢刊』（明治書院）、『大日本古記録』（東京大学出版会）、『史料纂集』（続群書類従完成会・八木書店）、『増補史料大成』（臨川書店）、『増補続史料大成』（臨川書店）を使用した。

一、右記以外の刊本史料集の略記については、本文中でその都度示した。

一、史料名・文書名は必ずしも刊本史料集のとおりでなく、私意により改めた箇所がある。

一、参考文献の副題は、原則として省略した。

序論　室町幕府・守護・国人論と軍制史研究

第一章　室町幕府軍制研究の現状と課題

はじめに

一九六〇年、佐藤進一氏は室町幕府成立期の主要機関を摘出し、それらの業務と足利尊氏・直義兄弟が発給した下文・下知状の内容とを結びつけ、幕府諸機関に対する両者の管轄関係を導き出した。尊氏と直義がおのおの統轄した機関の中でとくに重視されたのが、恩賞方・侍所と引付（内談）方であり、これらを制度的な基盤として行使された軍事指揮権と裁判権とが、それぞれ「主従制的支配権」と「統治権的支配権」とに抽象化され、双方を柱とする「将軍権力の二元性」（以下「二元性」）論が提起されることになった。(1)

一九八〇年代に今谷明氏が、「以後の幕府研究は、佐藤氏の呈示した見通しを実証的に細かく確認する過程ですらあった」(2)と評したように、現在に至る室町幕府研究の水準は、この佐藤説を土台にして高められたといっても過言ではない。したがって佐藤氏の「二元性」論は、「主従制的支配権」の面から軍事制度の、「統治権的支配権」の面から訴訟制度の考察を促すことになった。本書の主題である前者に関しては、一九六〇～一九七〇年代に侍所や奉公衆などの分析が、羽下徳彦氏と福田豊彦氏によって精力的に進められた。(3)室町幕府の研究史を整理した今谷氏は、この年代を「財政・軍制研究の展開」という節で振り返っている。(4)現在もしばしば引用される羽下・福田両氏の研究が、佐藤氏の成果を摂取して出発した以上、「軍制研究の展開」の前提は「二元性」論の提起に求められよう。

ところが研究成果の蓄積にともない、「二元性」論をめぐる議論にはしだいに「偏り」が生じていった。一九九〇年代半ばに山家浩樹氏は、将軍と管領による政務決裁に関する研究史をまとめ、「二元性」論で「統治権的支配権」の範疇に分類された訴訟制度研究の進展状況を示す一方で、「主従制的な面からの検討はいまだ不十分」と述べている。[5] こうした研究蓄積の「偏り」は、一九八〇年代末～一九九〇年代半ばに訴訟制度研究が著しく進んだことも考慮しなければならないが、[6] 後述するように、こうした相対的な理由のみでは説明しきれない面もある。そこで序論第一章では、佐藤氏の「二元性」論を起点に室町幕府軍制研究の軌跡をたどり、その問題の所在を明らかにしたい。

一 幕府官制論からの視角

1 「二元性」論の検証

まず、軍事に関係する幕府中央官制の研究史を振り返る。佐藤進一氏の「二元性」論によると、将軍尊氏は侍所を直轄し、侍所を介して守護・御家人に対する「主従制的支配権」を維持したという。ただし、侍所の守護・御家人統制権は南北朝初期の段階で縮小し、応安年間（一三六八～一三七五）までに洛中の検断権・遵行権に機能を限定されることが、一九六三年・一九六四年に羽下徳彦氏の研究「室町幕府侍所考」により明らかとなった。[7] ここで羽下氏は、守護からの注進状・挙状の受理窓口と、幕府感状・軍勢催促状の発給に関する諸権能が、応安初年に侍所から管領へと移行すると指摘した。

「二元性」論において管領は、「将軍の執事と政務の長官とを併わせた地位」と定義され、「執事は主従制的支配権の側面での将軍の代官であり、政務の長官は〔中略〕将軍の統治権的支配権に属する裁判その他諸機関を総轄する地位」とされている。(8)したがって、「二元性」論とほぼ同時期に公表された羽下氏の研究は、佐藤説で「主従制的支配権」を体現するとされた軍事制度の側面から、管領制の成立を展望した最初の成果であったといえる。

これと併せて羽下氏は、康永〜貞和年間（一三四二〜一三五〇）の侍所頭人が直義党の有力者であった事実に注意を促し、「二元性」論の枠組みに再考の余地があることも示唆した。一九七三年に羽下氏はこの点を「足利直義の立場—その一」の中でさらに掘り下げ、建武三年後半〜四年前半（一三三六〜一三三七）に諸国の武士に対する軍勢催促のほとんどが直義から発せられたこと、また侍所も暦応・貞和期には直義の指揮下にあったことを実証した。(9)「二元性」論の実態検証は、まず「主従制的支配権」の側面から進められていったのである。

このように「主従制的支配権」を再検討する試みは、一九六〇〜一九七〇年代という早い段階で開始されたにもかかわらず、「はじめに」で述べた研究状況の「偏り」が、なぜ九〇年代に認められるに至ったのか。佐藤氏の「室町幕府論」の初出掲載は一九六三年に刊行された旧『岩波講座日本歴史』であるので、それに続く一九七五年刊行の新『岩波講座日本歴史』と、一九九四年刊行の『岩波講座日本通史』にそれぞれ収載される、小川信氏と今谷明氏の論考において、羽下氏の視角がその後いかに受け継がれたのかを見ることで、おおよその推移を確かめたい。

まず小川論文「南北朝内乱」では、「軍勢催促、軍忠の注申受理、感状発給等もつとに直義の手に帰し、侍所頭人も一三四〇（暦応三）年からは大部分の期間直義党の細川顕氏・山名時氏が在任し、主従制的支配権の重要部分をなす軍事指揮権も実質上直義が掌握し」、また「軍事統率権については一三七一（応安四）年より守護奉行という職掌のあらわれることなどから、侍所の権限に属した守護統轄権が管領の手に帰し」たとあり、註で羽下論文が掲げられている。(10)

次に今谷論文「一四—一五世紀の日本」では、「羽下徳彦氏は佐藤氏が考察の範囲外とした諸文書のうち、軍事力の発動と戦功認定に関する文書（軍勢催促状・感状）を精査した結果、尊氏は建武三年（一三三六）末に実質上隠居し、軍事を含む大半の政務を弟の直義に委ねていたという事実を明らかにし、ただ主従制的支配権の深奥の核である守護職の補任と新恩の宛行のみ保持していたと結論した」として、小川論文と同様に羽下説が引用された。その上で、寺社に宛てられた幕府文書（寄進・祈禱命令）の検討を通して、所領配分の権限を尊氏が、裁判権や業務命令を直義がおのおの管轄したとして、佐藤氏の「二元性」論を整理し直した(11)。

このように「二元性」論の部分修正については、小川・今谷両氏とも羽下説を引用しており、一九七〇～一九九〇年代に一貫してふまえられていた。ところが、侍所から管領への業務移行に関しては今谷論文で触れられておらず、七〇年代と九〇年代との間で差異も見受けられる。この論考において今谷氏が管領制の成立に言及する箇所を見ると、「〔細川＝筆者註〕頼之は中央に召喚されて、従来の執事に相当する宰相職である管領に就任した。執事は前任者斯波義将（実権はその父高経）の代に地位権限を強化して幕府諸部局に屹立したポストとなり、管領と称されるようになった(12)」といった記述に限られる。このような簡単な扱いになったのは、軍制上における管領の位置づけが自明のものとなっていたからではなく、次項で述べるように管領制に対する今谷氏の評価が多分に影響していたと考えられる。

2　管領制の曖昧化

今谷氏は、一九八四年に公表した論文「室町幕府の評定と重臣会議」の中で、次のように語っている。

このように幕府の議決機関（ないし諮問機関）は重臣会議と評定・御前沙汰（右筆方）に分れており、幕府開創期に尊氏と直義の間で二元化されていた幕政の管轄構造が形を変えて再生しているとも考えられるが、より注目すべきは管領制との関連である。幕府政治の主要な柱である守護大名間の紛争調停機能が軍事指揮権という形で重臣会議に集約され、一方荘園領主以下諸階層の利害調整が裁判権という形で御前沙汰に一本化されたことによって、佐藤氏も指摘されているように、管領の幕府官制上の地位が極めて曖昧になっている点である。〔中略〕その時期と義持以降の状況との逕庭は、将軍義満の治下に親裁権が最高度に達して管領の権限を形骸化してしまったと見るほか、理解のしようがないものである。その具体的なあらわれが、管領の名誉職化、儀礼職化であって、評定始の儀式には管領の列席が必須条件となる反面、重臣会議には必ずしも管領の出仕必要なしという事態を招来する。(13)

管領の地位が曖昧になったことについて、今谷氏は註（1）佐藤前掲c論文を註にあげ、「佐藤氏も指摘されているように」と述べており、自身の見解を佐藤説の補強と認識している。だが、佐藤氏はこの傾向を、義教期から義政期を経て応仁の乱以後、換言すれば、二頭政治・管領制に続く「幕府官制史の第三段階」における、長いスパンでの変化として論じている。(14)つまり、今谷説は佐藤説の時期区分を前倒ししているのである。今谷氏は、引用文の中略箇所で「二元性」論をふまえて、「管領とは尊氏、直義の両系統に分裂した支配権・政治機構を統合する宰相的官職」と述べつつも、「その機能が最高度に発揮されていたのは恐らく細川頼之・斯波義将の執政期」に限定している。今谷氏の理解では、管領の権限は義満親政期に形骸化してしまうので、「二元性」を統合したとされる管領制は段階を経てしだいに変質するのではなく、成立したとたんに機能不全に陥ったことになる。

それでは、佐藤氏の「二元性」論を検証する形で、一九七〇年代に進められた将軍親裁や管領制の確立過程に関する研究は、(15)どのように評価できるのだろうか。基本的にこれらの研究は、二頭政治期には恩賞方を主催していた将軍やその代官たる執事が、引付（内談）方の業務である所務沙汰をも統轄するに至る過程を明らかにしようとするものであった。したがって、その視角は、本章冒頭で述べた一九八〇年代末～一九九〇年代半ばに進展した訴訟制度の研究に通じている。そもそも、管領制に対する佐藤氏の理解は、「統治権的支配権を主体とする二元性の調和」を中心に組み立てられており(16)、これらの研究はその発展上で捉えることができる(17)。

さきに引用した、軍事（「主従制的支配」）＝重臣会議、訴訟（「統治権的支配」）＝評定・御前沙汰という今谷氏の分類のうち、後者については七〇年代の成果を批判的に継承・発展させる形で将軍（室町殿）と管領の役割が解明されていったのである。これに反して前者については、羽下氏をはじめとする七〇年代の研究との関係性が不明瞭なままであった。恩賞方から御前沙汰への改組・統合が予測されながらも(18)、御前沙汰はもっぱら訴訟制度として分析された。その一方で軍事指揮権は、「重臣会議」が集約したと理解されたため、もともと恩賞方や侍所で扱われていた論功行賞や注進受理の所轄は、幕府官制上かえって不明瞭となった。一九八〇年代半ば以降、幕府軍制における室町殿と管領の位置づけは、文字どおり「曖昧化」したのである。

つまり、さきほど指摘した研究状況の「偏り」は、訴訟制度研究の進展と軍事制度研究の不振といった単純な構図ではなく、「二元性」論に基礎づけられた幕府権力の構造・展開をめぐって、軍事分野の官制研究が七〇年代と八〇年代とで切り結ばれず、総括されないまま九〇年代に移行したことが大きな要因となり生じたと考えられるのである。それでは、羽下徳彦氏とともに「軍制研究の展開」に寄与したと評価された福田豊彦氏の奉公衆研究は、こうした研究状況といかに関わるのだろうか。節をあらためて検討することにしたい。

二　幕府直轄軍論からの視角

1　幕府奉公衆の属性

佐藤進一氏は、「将軍権力を直接に支える人的基礎が地頭御家人であったとすれば、地頭御家人を将軍に絶対服従させうる装置を観念的にも実体的にも作り出せるかどうかが、少なくとも将軍権力の主従制的側面の消長にかかわることは明らか」とした上で、その実体的側面として「地頭御家人の一部を将軍の膝下に置いて将軍の親衛軍とする」制度と、「地頭御家人を一国別に守護に指揮統制させる」制度の二つをあげた。[19] このように幕府直轄軍制度は守護制度と並んで、佐藤氏によって「主従制的支配権」を具現化させる「装置」として位置づけられた。福田豊彦氏の奉公衆研究は、こうした佐藤説を批判的に発展させる形で進められた。

福田氏は一九七一年に公表した論文「室町幕府の奉公衆」で、奉公衆の成立を南北朝期編成・応永初期再編とした佐藤氏の説に疑義を呈して、義教期確立説を提起した。[20] 福田説が与えたインパクトは大きく、奉公衆の成立時期が守護勢力を抑圧したと評価されていた義教期にずらされた結果、守護・奉公衆の両制度は相互に補完して幕府の「主従制的支配権」を体現する側面よりも、対立・牽制し合う側面が強調されることになった。もっとも、福田説には早くから異論も出されていた。たとえば一九七四年、五味文彦氏は「在京人とその位置」と題する論文を発表して、奉公衆と六波羅探題指揮下の在京西国御家人（在京人）との系譜的な連続性を明らかにし、貞治（一三六二〜一三六八）、康暦・永徳（一三七九〜一三八四）、応永（一三九四〜一四二八）と三度の機構整備を経て奉公衆が成立するとの見解を示した。[21]

こうした批判を受けて福田氏は、番所属の固定化・排他的な身分意識・政治勢力への成長を奉公衆の属性として重視し、これらの特色が出揃って「奉公衆体制」の成立とみなしているのであり、奉公衆の段階的な形成自体を否定しているわけではないと、一九八一年の論考「室町幕府の御家人と御家人制」において反論した。[22]だが、奉公衆の性格を守護への牽制に特化する見方は、義教期以前の時代にも適用されて広まり、容易に払拭されなかった。福田説がその後の研究動向におよぼした影響を、幕府官制論と同じく新『岩波講座日本歴史』・『岩波講座日本通史』所収の田沼睦氏と今谷明氏の論考によって概観しよう。

一九七六年の田沼論文「室町幕府・守護・国人」では、「室町幕府の軍事力という視点だけからみれば、奉公衆より、やはり幕府権力の最大の構成要素であった在京守護を中心とした守護の軍事力の総合を考えなければならない」とした上で、「奉公衆体制」が成立した義教期に幕府は有力守護を排除して直轄軍（奉公衆）と直轄官僚機構（奉行人）に存立基盤をせばめると論じた。[23]ここで奉公衆は、軍事面よりも政治・経済面で評価され、管領・守護勢力と対立的に把握されている。

次に一九九四年の今谷論文「一四―一五世紀の日本」には、「擡頭する守護を次々と鎮圧する戦争を可能にしたのは、義満自身に備わったカリスマ性と、森幸夫氏の研究に明らかなごとく、応永六年には成立していた五番の奉公衆（馬廻三千騎の後身）、すなわち親衛隊の強化にほかならない」とある。[24]引用文中の「森幸夫氏の研究」とは、一九九三年に発表された森氏の論文「室町幕府奉公衆の成立時期について」を指し、[25]この成果により奉公衆は義満期に成立時期を置き直された。しかしながら今谷氏の文章からは、依然として奉公衆の「鋒先」が、もっぱら守護に向けられるものとして理解されていたことがわかる。

こうした見方が助長されたのは、将軍（室町殿）の権力基盤＝直轄軍＝奉公衆という固定観念の浸透も影響していると考える。近年、奉公衆研究を総括した西島太郎氏は著書『戦国期室町幕府と在地領主』の序章において、福田氏の考察対象が番衆（番方）に限定されているとの問題点をあげた。(26)この批判は福田説のみならず、直轄軍と奉公衆を同一視するそれ以後の研究動向を鋭く突いたものと評価できる。また、西島氏が注目した外様衆の存在は、番衆以外の将軍直臣について考える上で重要な論点となる。ただし西島氏の視角は、番衆・外様衆などの家格が明確になる一五世紀後半よりまえの段階や、こうした地位にない直臣を捕捉し難いという弱みもある。

2　幕府直轄軍の限定視

こうした課題を解決する手がかりは、実は佐藤説の中にすでに用意されていた。佐藤氏が想定した直轄軍の構成は、「近習・随兵を中核として親衛軍が形成され、その外辺に奉公方とよばれる将軍直轄軍が組織され」、「そのほかに荘官名主層の地侍より取り立てられた山城の西岡・中脈の地頭御家人に代表される下級武士団があって、将軍直轄軍の最外縁部分をなす」とともに、時期により入れ替えがあるというものであった。(27)ここで奉公衆は、将軍親衛軍の外辺に組織された奉公方の所属者として説明された点に注意しておきたい。佐藤氏は直轄軍の構成を重層的かつ弾力性に富んだものと理解しており、番所属の固定化・排他的な身分意識を属性として重視する奉公衆研究の視角と好対照をなしているのである。

このような差異があらわれた原因は、さきほども述べたように、七〇年代以降の奉公衆研究が、佐藤氏が示した直轄軍の一部を取り上げ深化させたこと、また、義教・義政期における奉公衆の特色をそれ以前の時期にも適用したことによる。たしかに佐藤氏も、奉公衆に守護統制の役割が期待されたことを認めている。しかしこれと併せて、代を重ねるごとに封鎖的な身分集団と化し守護との対立傾向が顕著になり、義教の専制政治に利用されたとも展望している点を見落としてはならない[28]。つまり、佐藤氏は、奉公衆を直轄軍の一部とした上に、その時期的な変質をも視野に収めていたのである。

直轄軍構成員たる奉公衆に対する認識を深めさせた研究が、貴重な成果であることはいうまでもない。ただし、佐藤説において「地頭御家人を将軍に絶対服従させうる装置」として守護と並び称された直轄軍は、奉公衆への読み換えが進み、その特色や属性が固定化するにともない、幕府軍制における位置づけを矮小化させたといえる。こうした中で、佐藤氏が幕府軍制の双璧として把握した守護制度は、以後の守護・国人研究といかに切り結ばれたのか。この分野の成果は多岐にわたるが、次節では佐藤氏が示した視角に沿って、守護・国人関係に対する評価の変遷を整理することにしたい。

三　守護・国人論からの視角

1　複線的な体制概念

佐藤進一氏が「室町幕府論」を発表した一九六〇年代には、守護・国人研究の分野でも画期を迎えていた。周知のように、五〇年代に永原慶二氏により体系化された「守護領国制」論が、六〇年代になって「国人領主制」論からの厳しい批判にさらされたのである。「守護領国制」論において国人は、守護によって被官化される対象として理解されていた[29]。これに対して、黒川直則氏は「国人領主制」論の立場から一九六一年に「守護領国制と荘園体制」を著して、荘園経営や所領支配のあり方を論点に守護と国人との関係を再検討し、国人の守護被官化を過大に評価できないと主張した。(30) 黒川氏は軍事面でも、国人層が守護とともに出陣したのは幕府に対する軍役奉仕の一環であり、「守護の軍事的指揮を受けるという事と、守護被官化するということは別の問題である」として、両者を区別する見解を一九六三年発表の論文「中世後期の領主制」において示した。(31)

黒川氏による一連の研究は、国人の主体的な側面を評価するあまり、幕府から期待された守護制度の役割が不鮮明となる結果を招いたが、守護と国人とを等置させる視角を提供した点は重要である。六〇年代後半には、田沼睦氏の公田段銭研究や、(32) 小林宏氏や百瀬今朝雄氏の守護不入・京済研究などにより、(33) 守護による領域支配のあり方とそれに対する規制などの解明が進んだ。これらの論考と同じ年代に、佐藤氏の「室町幕府論」が公表されたことで、一九七〇年代までに幕府制度と領域支配の双方を関連づけて守護・国人関係を問い直す条件が整った。

こうした状況が反映された初期の成果は、七〇年代初頭に発表された田沼睦氏・伊藤邦彦氏・岸田裕之氏の研究である。一九七〇年に田沼氏は「室町幕府と守護領国制」において段銭賦課・公田支配のあり方を検討し、室町幕府の支配体制が「幕府―御家人（奉公衆）体制」と「幕府―守護体制」の双方を根幹としていると指摘した。(34) また伊藤氏は一九七三年に「播磨守護赤松氏の〈領国〉支配」を公表し、播磨における国人統制と公田支配の権限が守護代と眼代とに分掌され、制度的に統一されていなかったことを説いた。(35) さらに岸田氏は同年発表の「守護支配の展開と知行制の変質」で、守護段銭と領主段銭が同時並行的に成立・進展することに着目し、守護の領国支配と御家人（＝奉公衆層と理解）の所領支配との二経路で把握する「幕府―守護・御家人体制」を提起した。(36)

一九七五年に岸田氏は論文「室町幕府体制の構造」において、この概念を研究史上に位置づけたが、(37) これとほぼ同時期に田沼氏の「幕府―守護体制」論も前掲「室町幕府と守護領国」・「室町幕府・守護・国人」の執筆を通して体系化され、既述のごとく「幕府―御家人体制」（奉公衆体制）と併存しうるものと理解された。[38] このころ永原慶二氏が提唱した「大名領国制」論は、おもに戦国期を対象とした概念だが、ここでも「大名領国形成の二つの道」として守護と国人（一揆）が取り上げられた。[39] このように七〇年代半ばに登場した体制概念は、「守護領国制」論批判により相対化された守護・国人関係を、「国人領主制」論の成果をふまえ権力秩序の上に再配置していく作業の中で生まれたのである。

守護による軍事編制のあり方にも、「国人領主制」論や幕府制度研究の成果が取り入れられた。田沼氏によると、「幕府―守護体制」下における守護の権能は、「将軍権力の二元性」を反映し、一国御家人の軍事指揮統轄権を形成する「主従制的支配権」と、所務沙汰の遵行や幕府段銭の徴収などに代表される「統治権的支配権」の執行人として体現されたという。そして、前者の権能に基づいて召集した国人はもちろん、被官化した国人ですら守護との主従結合は強固でなく、その軍事力は公的暴力装置＝官軍の立場を離れて発揮できなかったとしている。[40]

これらから軍事指揮に関する田沼氏の評価にも、「二元性」論と「国人領主制」論の影響を認めることができるが、実はこれと前述した領域支配に対する評価との間には微妙なズレが存在している。すなわち、前節でも引用したように田沼氏は、「室町幕府の軍事力という視点だけからみれば、奉公衆より、やはり幕府権力の最大の構成要素であった在京守護を中心とした守護の軍事力の総合を考えなければならない」と述べており、守護は幕府軍制から離脱せず公的暴力装置＝官軍の立場が保証される限り、軍事的に奉公衆よりも優勢と見られていたのである。

前節で論じたごとく、ここでの奉公衆が幕府直轄軍と等しく理解されたことも手伝って、幕府軍制に占める守護の役割は相対的に大きく評価された。つまり田沼氏の論旨に従うと、幕府―奉公衆と、幕府―守護とを二本柱とする権力編成が名実ともに機能したのは、あくまで段銭徴収などに代表される政治・財政面においてであり、軍事面では後者が優位にあったということになる。さきに紹介した同年代の伊藤氏・岸田氏の研究でも、軍役は段銭と同じく賦課・負担関係の一環で考察されていた。こうして七〇年代中ごろまでに、課役賦課・納入経路など制度の解明が進み、守護と奉公衆の二つを軸に「守護領国制」論にかわる体制概念の再構築が模索されながらも、戦時編制のあり方にまで議論がおよばなかったため、軍事指揮に関しては守護を中心に据える余地を残したのである。

2　守護権力の再評価

一九八〇年代には今谷明氏の研究によって、畿内近国における守護機構の内実が体系的に明らかとなり、地方支配制度としての守護があらためて注目されることとなった。一九八六年に今谷氏は、守護代・郡代・分郡守護の研究成果をまとめた著書『守護領国支配機構の研究』の序章において、黒川直則氏の「国人領主制」論を批判し、国制史上に守護権力を正しく位置づけ直す作業の必要性を主張した。今谷氏の批判は守護と荘園の関係に対する理解など多岐にわたるが、その中でも「さらに問題なのは、守護と国人との軍事的な統轄関係が全く顧慮されていないこと」を強調している。(41)この言葉から軍事指揮の問題は、黒川説のみならず七〇年代前半に模索された複線的な体制概念の「アキレス腱」となったことがうかがえる。

一九八〇年代後半〜一九九〇年代前半の総括にあたる『岩波講座日本通史』掲載の今谷前掲論文「一四―一五世紀の日本」には、「守護の領国」と銘打った節が設けられている。(42)その内容は、守護による領域支配システムに関する八〇年代の成果が集大成されたものであり、かつての「守護領国制」論と同義ではもちろんない。ただし前節でも述べたとおり、この論考で奉公衆は室町殿の親衛隊としての役割しか与えられておらず、七〇年代に蓄積された複線的な課役賦課・納入経路に関する成果の位置づけが判然としない。それでは、佐藤進一氏が提起した守護と直轄軍とを等置させる権力編成の枠組みは、このころいかに認識されていたのだろうか。

一九八五年に出された今岡典和氏・川岡勉氏・矢田俊文氏の研究展望「戦国期研究の課題と展望」には、「幕府による地方支配の拠点として、在国奉公衆の統制強化がはかられ」、「将軍―奉公衆系列と守護系列とがはっきりと区別され、守護が『私之儀』によって在国奉公衆を統制することは厳禁とされた」とあり、(43)系列的な権力編成の見解がふまえられているようにも思える。しかしながら、ここでの「将軍―奉公衆系列と守護系列」の区別は、幕府の支配が縮小し国人に対する政治的・軍事的な統制が守護に一元化されていく一五世紀中葉以降の特色として語られている。既述した直轄軍理解の矮小化がおよぼした影響は、ここにも認められる。

このように制度・権力編成の面で守護の存在が見直される中で、これとは異なる視角から守護を地域社会の中で相対的に位置づけようとする試みも、ほぼ同時期に進んでいた。一九八八年、石田晴男氏の研究成果「室町幕府・守護・国人体制と『一揆』」によって、(45)守護と国人とが共同して地域の支配にあたる視角が提供され、(44)これに続く九〇年代には、村落祭祀や軍役賦課を通して発展していく守護公権や、在地領主・領主一揆による領域支配の実態などが、(46)地域を視座に解明されていった。(47)

だが、これらの研究は地域社会の自律性・多様性に独自の展望をもたらした反面、幕府制度や支配体制とリンクさせる七〇年代の視角が後景へと退いていたため、川岡勉氏から権力構造の視点が欠如しているとの批判を受けることになった。川岡氏は守護を地域統合の中心とみなし、南北朝の内乱過程で地域社会は守護を媒介に中央と結びつけられたとする、新たな「室町幕府―守護体制」論を、九〇年代の前半に提唱した。(48)自律性・多様性を重視する視角は議論の個別・分散化と隣り合わせの関係にあり、川岡版「幕府―守護体制」論はこうした傾向に陥りつつあった研究状況を打開し、中世後期社会像の再構築を試みた点で評価できる。

もっとも、川岡氏は二〇〇二年刊行の著書『室町幕府と守護権力』の序章で、「国人領主制とは領主支配のあり方を示す概念であり、これを無限定に拡大して体制概念のように捉えるべきではあるまい」と述べてその限界性を示す一方で、(49)同じ著書に所収される一九八六年初出の論考「中世後期の守護と国人」においては、「十五世紀前半段階の国人領主制は、本領・給分・請地というそれぞれの地種を媒介として、将軍権力・守護権力・荘園領主等との多元的な結合を生み出して」おり、「守護の領国支配に一元化させてしまうべきではなかろう」とも説いている。(50)このため、一五世紀前半には諸勢力が地域社会で多元的な関係を構築していたという点と、地域社会は守護を介して中央と結合させられたとする点との整合性に不明瞭さを残したまま、両者が川岡版「幕府―守護体制」に盛り込まれることになった。つまり、地域社会の多様性が認められながらも、それらの編成主体として守護が限定的に把握されるに至ったのである。

こうした研究動向は、軍事面における幕府・守護・国人関係の評価にも反映された。すなわち、国人に対する一国規模の軍事動員は、一五世紀前半まで将軍家（上意）と守護（私儀）の二つの方式で「重層的」に行われたとの理解が、一九八六年発表の川岡前掲論文「中世後期の守護と国人」によって示された。(51)幕府と「重層的」に併存する守護独自の国人指揮に着目した視角は、八〇年代に進んだ守護再評価の延長上で捉えることができる。しかしその一方で一九八〇年代後半～一九九〇年代前半には、足利一門守護・大将と外様守護との格差や特質が南北朝期の軍事制度史研究で解明されるとともに、(52)守護の権限がおよばない大名・国人の存在も室町期の東国(53)や戦国期の西国(54)において確認されていった。このように、守護権限の不均一性が地域・時代別に指摘されながらも、室町幕府軍制の大枠は八〇年代半ばに「重層的」と定義されて以来ほとんど分析対象となることはなく、さきほど述べた地域社会をめぐる議論と同様に相互の関連性が不分明であった。

地域社会を編成する枠組みは、軍役の賦課にも適用されたので、軍事制度のあり方とも密接に関連していたはずである。[55]しかし前述のごとく、都鄙間の権力構造に守護を相対視する研究成果をうまく組み込めなかったことで、幕府軍制に占める守護の権限や役割も高く評価される結果となった。また、南北朝〜戦国期の断続面を一貫して見通す視角の提示も、この中間に位置する室町期の研究状況により困難な状態に陥ったのである。[56]もともと「幕府―守護体制」論は、中央と地域とを結ぶ複数の回路の一つとして提起されたが、地域統合の中核と硬直的に読み換えられるにしたがい、[57]軍事編制も守護を中心に理解される傾向が強まったといえる。

おわりに

以上の研究史整理により、これまでに形作られた一五世紀における室町幕府軍制のイメージは、「中央では管領制の成立まもなく、有力守護によって構成される『重臣会議』が軍事指揮権を集約し、地方でも守護が国人を『重層的』に軍事指揮下においた。その一方で、幕府直轄軍＝奉公衆は、一四世紀末の親征中絶後もっぱら政治・経済面から守護を牽制し、室町殿（将軍）の権力基盤となった」と、おおよそ要約できよう。訴訟・政務決裁[58]や財政・[59]宗教政策、[60]また公武関係・[61]荘園制秩序[62]などの諸分野で、室町殿の主体性が明らかにされていったにもかかわらず、武家政権の根幹であるはずの軍事力については守護一辺倒に依存したとの認識が根強く残ったのである。室町殿や管領が軍制上で担うべき役割も、こうした中に「埋没」してしまっていることもすでに論じた。

「守護の連合政権」といった室町幕府の性格規定は、「将軍権力の独自基盤」を明らかにした佐藤進一氏の業績により一新したと評されて久しいが、軍事面では必ずしも克服しきれていないことが確認できた。このような研究状況に至った要因の一つは、軍事方針・軍勢催促・注進受理・戦功褒賞（安堵・宛行・感褒）などさまざまな業務が「軍事指揮権」の一語で括られ、誰がどこでどのように処理や決裁をしていたのか、具体的に詰めきれていない点に求められる。軍事指揮権は佐藤氏の「将軍権力の二元性」論で「主従制的支配権」の範疇に属すとされたが、その内実はこのように明確にされていないのが現状である。室町幕府権力の政治・経済・軍事に対する理解が整合性を欠く状態では、これを総合的に把握する条件はいまだ十分に整っていないといわなければならない。

したがって、いま行う必要があるのは、幕府・守護・国人の関係性を軍制総体の中で整理し直すとともに、その段階差に注意しつつ変質状況を動態的に跡づけていく作業である。もっとも、本章でたどった研究軌跡から明らかなように、中世後期における権力構造の包括的な理解として、川岡勉氏の「室町幕府―守護体制」論が現在大きな位置を占めており、この体制概念がどこまで有効なのかを明確にしておく必要がある。そこで次章では、川岡版「幕府―守護体制」論の再検証を通して、本書の視角が権力編成全体の中でいかなる位置にあるのか、その概観を示すことにしたい。

なお、本編では「主従制的支配権」と「統治権的支配権」という語句を、先行研究の理解を提示もしくは整理する場合に限って使用した。これは、現在に至るまでの研究史をおさえるための作業であり、佐藤氏の「二元性」論に立脚して考察を進めているわけではない。したがって、結論では本編の論証結果をふまえて、これらの概念に対する私見を申し述べた。軍事指揮権を体現する軍制の具体像を明らかにすることで、従来の概念規定が妥当なのかどうか検証できる環境を整備していくことも、重要な課題の一つと考えている。[63]

註

（1）　佐藤進一「室町幕府開創期の官制体系」（『日本中世史論集』岩波書店、一九九〇年、初出一九六〇年、以下a論文）、同「室町

幕府論」（同上書、初出一九六三年、以下b論文）。これらで示された幕府政治の展開過程は、同「将軍と幕府官制についての覚書」（豊田武・ジョン＝ホール編『室町時代』吉川弘文館、一九七六年、以下c論文）において簡潔にまとめられている。

（2）今谷明「序章」（『室町幕府解体過程の研究』岩波書店、一九八五年）九頁。

（3）羽下徳彦「室町幕府侍所考」（小川信編『論集日本歴史5　室町政権』有精堂出版、一九七五年、初出一九六三年・一九六四年、以下a論文）、同「足利直義の立場―その一―」（『中世日本の政治と史料』吉川弘文館、一九九五年、初出一九七三年、以下b論文）、福田豊彦「室町幕府の奉公衆㈠」（『室町幕府と国人一揆』吉川弘文館、一九九五年、初出一九七一年、以下a論文）、同「室町幕府の奉公衆㈡」（同上書、初出一九七一年、以下b論文）。

（4）註（2）今谷前掲論文、一一～一三頁。

（5）山家浩樹「室町幕府―将軍と管領」（佐藤和彦ほか編『日本中世史研究事典』東京堂出版、一九九五年）四一頁。

（6）たとえば、山家浩樹「室町幕府訴訟機関の将軍親裁化」（『史学雑誌』九四編一二号、一九八五年）、鳥居和之「室町幕府の訴状の受理方法」（『日本史研究』三一一号、一九八八年）、家永遵嗣「足利義詮における将軍親裁の基盤」（『室町幕府将軍権力の研究』東京大学日本史学研究室、一九九五年、初出一九九二年）、設楽薫「将軍足利義教の『御前沙汰』体制と管領」（久留島典子・榎原雅治編『展望日本歴史11　室町の社会』東京堂出版、二〇〇六年、初出一九九三年）、岩元修一「評定・引付（内談）方」（『初期室町幕府訴訟制度の研究』吉川弘文館、二〇〇七年、初出一九九〇年）、同「初期室町幕府の訴訟親裁化」（同上書、初出一九九四年）、新田一郎「『由緒』と『施行』」（勝俣鎮夫編『中世人の生活世界』山川出版社、一九九六年）など。室町幕府訴訟制度に関する研究史は、岩元修一「課題と構想」（岩元前掲著書）参照。

（7）註（3）羽下前掲a論文、四一～四三頁。

（8）註（1）佐藤前掲b論文、一三七頁。

（9）註（3）羽下前掲b論文。

（10）小川信「南北朝内乱」（『岩波講座日本歴史6　中世2』岩波書店、一九七五年）一〇二頁・一一四頁。

（11）今谷明「一四―一五世紀の日本」（『室町時代政治史論』塙書房、二〇〇〇年、初出一九九四年）六～九頁。本文では、初出時の掲載論集を記した。

（12）註（11）今谷前掲論文、一九頁。

(13) 今谷明「室町幕府の評定と重臣会議」（註(2)今谷前掲著書、一九八五年、初出一九八四年）八六頁。
(14) 註(1)佐藤前掲c論文、四五頁。
(15) たとえば、小川信「頼之の管領就任と職権活動」（『足利一門守護発展史の研究』吉川弘文館、一九八〇年、初出一九七八年）二二五頁など。
(16) 註(1)佐藤前掲b論文、一三七～一三九頁。
(17) なお、こうした論点を批判的に継承した近年の研究成果として、亀田俊和「室町幕府執事執行状の形成と展開」（『史林』八六巻三号、二〇〇三年）、同「室町幕府安堵施行状の形成と展開」（『日本史研究』五二〇号、二〇〇五年）、同「南北朝期室町幕府仁政方の研究」（『史林』八九巻四号、二〇〇六年）、山田徹「室町幕府所務沙汰とその変質」（『法制史研究』五七号、二〇〇七年）などがある。
(18) 註(6)山家前掲論文、一三～二二頁、註(6)設楽前掲論文、一〇三～一〇四頁。
(19) 註(1)佐藤前掲b論文、一二六頁。
(20) 註(3)福田前掲a論文、四八～四九頁。本文では、初出時の原題を掲げた。福田氏の批判対象は、註(1)佐藤前掲b論文、一三三頁。
(21) 五味文彦「在京人とその位置」（『史学雑誌』八三編八号、一九七四年）。
(22) 福田豊彦「室町幕府の御家人と御家人制」（註(3)福田前掲著書、初出一九八一年）一四五～一四六頁。
(23) 田沼睦「室町幕府・守護・国人」（『中世後期社会と公田体制』岩田書院、二〇〇七年、初出一九七六年）一八四～一八五頁・一九〇～一九五頁・二二〇頁。本文では、初出時の掲載論集を記した。
(24) 註(11)今谷前掲論文、三七頁。本文では、初出時の掲載論集を記した。
(25) 森幸夫「室町幕府奉公衆の成立時期について」（『年報中世史研究』一八号、一九九三年）。
(26) 西島太郎「序」（『戦国期室町幕府と在地領主』八木書店、二〇〇六年）五～七頁。
(27) 註(1)佐藤前掲b論文、一三二～一三三頁。
(28) 註(1)佐藤前掲b論文、一五六頁。
(29) 永原慶二「守護領国制の展開」（『永原慶二著作選集第二巻　日本封建制成立過程の研究』吉川弘文館、二〇〇七年、初出一九五一年）三四六～三四七頁。

(30) 黒川直則「守護領国制と荘園体制」（註(3)小川前掲編書、初出一九六一年）。

(31) 黒川直則「中世後期の領主制について」（『日本史研究』六八号、一九六三年）六一～六二頁。

(32) 田沼睦「国衙領の領有形態と守護領国」（註(23)田沼前掲著書、初出一九六五年）、同「公田段銭と守護領国」（同上書、初出一九六五年）。

(33) 小林宏「室町時代の守護使不入権について」（註(3)小川前掲編書、初出一九六六年）、百瀬今朝雄「段銭考」（寶月圭吾先生還暦記念会編『日本社会経済史研究　中世編』吉川弘文館、一九六七年）。

(34) 田沼睦「室町幕府と守護領国」（註(23)田沼前掲著書、初出一九七〇年）。

(35) 伊藤邦彦「播磨守護赤松氏の〈領国〉支配」（『歴史学研究』三九五号、一九七三年）。

(36) 岸田裕之「守護支配の展開と知行制の変質」（『大名領国の構成的展開』吉川弘文館、一九八三年、初出一九七三年）。

(37) 岸田裕之「室町幕府体制の構造」（註(36)岸田前掲著書、初出一九七五年）。

(38) 註(34)田沼前掲論文、一六二～一六三頁、註(23)同前掲論文、一八五～一九五頁。

(39) 永原慶二「大名領国制の史的位置」（『永原慶二著作選集第六巻　戦国期の政治経済構造 戦国大名と都市』吉川弘文館、二〇〇七年、初出一九七五年）一四〇～一四六頁・一五八頁、同「大名領国制の構造」（同上書、初出一九七六年）二一四頁。

(40) 註(34)田沼前掲論文、一五七～一五八頁、註(23)同前掲論文、二〇二頁。

(41) 今谷明「守護領国制概念と国人領主制」（『守護領国支配機構の研究』法政大学出版局、一九八六年）一二頁。

(42) 註(11)今谷前掲論文、二〇～三四頁・三七頁。

(43) 今岡典和・川岡勉・矢田俊文「戦国期研究の課題と展望」（註(6)久留島・榎原前掲編書、初出一九八五年）二〇九～二一〇頁（川岡執筆部）。

(44) 石田晴男「室町幕府・守護・国人体制と『一揆』」（池上裕子・稲葉継陽編『展望日本歴史12　戦国社会』東京堂出版、二〇〇一年、初出一九八八年）。

(45) 榎原雅治「中世後期の地域社会と村落祭祀」（『日本中世地域社会の構造』校倉書房、二〇〇〇年、初出一九九二年）、伊藤俊一「中世後期における『荘家』と地域権力」（『日本史研究』三六八号、一九九三年）など。

(46) 小林一岳「鎌倉〜南北朝期の領主一揆と当知行」(『日本中世の一揆と戦争』校倉書房、二〇〇一年、初出一九九二年)、湯浅治久「室町〜戦国期の地域社会と『公方・地下』」(『中世後期の地域と在地領主』吉川弘文館、二〇〇二年、初出一九九四年)など。
(47) これらの研究史整理については、歴史学研究会日本中世史部会運営委員会ワーキンググループ「『地域社会論』の視座と方法」(『歴史学研究』六七四号、一九九五年)参照。
(48) 初期の所論は、川岡勉「室町幕府—守護体制の成立と地域社会」(『歴史科学』一三三号、一九九三年)。以下、本書において川岡氏の「(室町)幕府—守護体制」を指す場合には、田沼氏が使用した概念との混同を避けるため、以下とくに断らない限り川岡版「(室町)幕府—守護体制」と呼ぶことにする。
(49) 川岡勉「中世後期の権力論研究をめぐって」(『室町幕府と守護権力』吉川弘文館、二〇〇二年)四〜五頁。
(50) 川岡勉「中世後期の守護と国人」(註(49)川岡前掲著書、初出一九八六年)一五〇頁。
(51) 註(50)川岡前掲論文、一六六〜一六八頁。
(52) 漆原徹「軍勢催促状と守護」(『中世軍忠状とその世界』吉川弘文館、一九九八年、初出一九八七年)、同「足利一門関係文書」(同上書、初出一九九一年)、同「守護発給感状からみた足利一門」(同上書、初出一九九四年)、同「守護挙状の機能と特徴」(同上書、初出一九九七年)、松本一夫「南北朝前期」(『東国守護の歴史的特質』岩田書院、二〇〇一年、初出一九九五年)。なおこれらの研究で示された視角は、近年においても批判的に発展・継承されている。たとえば、石川匡伸「南北朝期室町幕府の軍事制度について」(『三重大史学』三号、二〇〇三年)、松本一夫「南北朝期九州守護の闕所地処分権について」(『国史学』一八四号、二〇〇四年)、同「南北朝初期幕府軍事体制の一様態」(『信濃』五七巻一〇号、二〇〇五年)、渡邉元観「軍勢催促状に関する一考察」(『明治大学大学院文学研究論集』二八号、二〇〇七年)、花田卓司「南北朝期室町幕府における守護・大将の所領給付権限」(『古文書研究』六六号、二〇〇八年)など。
(53) 市村高男「鎌倉公方と東国守護」(『歴史公論』八一号、一九八二年)、山田邦明「鎌倉府の奉公衆」(『鎌倉府と関東』校倉書房、一九九五年、初出一九八七年)、松本一夫「小山氏の守護職権の特質」(註(52)松本前掲著書、初出一九八七年)、小国浩寿「持氏期鎌倉府の守護政策と分国支配」(『鎌倉府体制と東国』吉川弘文館、二〇〇一年、初出一九九一年)、新田英治「中世後期の東国守護をめぐる二、三の問題」(『学習院大学文学部研究年報』四〇輯、一九九四年)、江田郁夫「鎌倉府体制下の在鎌倉制について」(『室町幕府東国支配の研究』古志書院、二〇〇八年、初出一九九五年)など。

(54) 今岡典和「戦国期の幕府と守護」(『ヒストリア』九九号、一九八三年)、矢田俊文「戦国期の奉公衆家」(『日本中世戦国期権力構造の研究』塙書房、一九九八年、初出一九八六年)、長谷川博史「戦国期大名権力の形成」(『戦国大名尼子氏の研究』吉川弘文館、二〇〇〇年、初出一九九三年)など。

(55) こうした視角の有効性は、所領制度に基礎づけられた鎌倉幕府軍制の発展を、初期室町幕府軍制の前提として考察した、高橋典幸「鎌倉幕府軍制の構造と展開」(『鎌倉幕府軍制と御家人制』吉川弘文館、二〇〇八年、初出一九九六年)、同「武家政権と本所一円地」(同上書、初出一九九八年)によって、九〇年代の後半に提示されている。

(56) 「十五世紀前半になると、将軍家による催促状は確認できない。軍事動員のあり方がどう変化したか十分明らかにしえないが、大内氏が防長国人に対する軍事動員の実質的な主体として機能していたと思われる」という川岡氏の言葉が、本文で述べたような当時の研究状況を象徴している。川岡勉「大内氏の軍事編成と御家人制」(註(49)川岡前掲著書、初出一九八二年)二八三頁。

(57) 「室町幕府―守護体制」概念は、田沼氏と川岡氏との間で定義が異なるため、使用する際には注意を要する。また次章で詳述したが、川岡版「幕府―守護体制」論の内容自体にも検討の余地がある。これらの理由から、本書各章の初出時にこの用語を使用した箇所については、先行研究の理解を示す場合を除き、体制ではなく制度として認識を改めた。

(58) 註(6)前掲諸論文、設楽薫「将軍足利義材の政務決裁」(『史学雑誌』九六編七号、一九八七年)、同「足利義尚政権考」(『史学雑誌』九八編二号、一九八九年)、山田康弘『戦国期室町幕府と将軍』(吉川弘文館、二〇〇〇年)など。

(59) 桜井英治「『御物』の経済」(『国立歴史民俗博物館研究報告』九二集、二〇〇二年)、桑山浩然『室町幕府の政治と経済』(吉川弘文館、二〇〇六年)、早島大祐『首都の経済と室町幕府』(吉川弘文館、二〇〇六年)など。

(60) 大田壮一郎「室町殿の宗教構想と武家祈禱」(『ヒストリア』一八八号、二〇〇四年)、同「足利義満の宗教空間」(松岡心平・小川剛生編『ZEAMI』四号、二〇〇七年)、同「室町幕府宗教政策論」(中世後期研究会編『室町・戦国期研究を読みなおす』思文閣出版、二〇〇七年)など。

(61) 水野智之『室町時代公武関係の研究』(吉川弘文館、二〇〇五年)、松永和浩「室町殿権力と公家社会の求心構造」(『ヒストリア』二〇八号、二〇〇八年)、桃崎有一郎「足利義満の公家社会支配と『公方様』の誕生」(松岡心平・小川剛生編『ZEAMI』四号、二〇〇七年)など。

(62) 伊藤俊一「室町幕府と荘園制」(『年報中世史研究』二八号、二〇〇三年)、榎原雅治「近年の中世前期荘園史研究にまなぶ」

（『歴史評論』六五四号、二〇〇四年）など。

(63) たとえば、直義の軍事的な役割・地位を解明した註(3)羽下前掲b論文や、尊氏が発給する安堵の実態を指摘した本書第一部第一章「室町幕府の国人所領安堵」は、軍事指揮権と所領安堵権をそれぞれ尊氏・直義の管轄とした「二元性」論の一部を見直す試みであり、こうした視角の有効性を示している。新田一郎氏は「書評　吉田賢司「室町幕府の軍事親裁制度─義政期を中心に─」」（『法制史研究』五七号、二〇〇八年）において、「二元性」論に対する筆者の立場を問うているが、この認識は本書各章の初出論文でも変わらない。なお、佐藤氏の「二元性」論に対する筆者の理解は、吉田賢司「『主従制的支配権』と室町幕府軍制研究」（『鎌倉遺文研究』二六号、二〇一〇年一〇月刊行予定）でも示したので、併せてご参照いただきたい。

第二章　室町幕府による都鄙の権力編成

はじめに

一五世紀を中心とした室町期の権力構造をめぐっては、これまで幕府政治や機構・制度の推移、地域社会のあり方など、様々な角度から議論が積み重ねられてきた(1)。近年、それらの成果を批判的にふまえ、新たに大きな枠組みを展望した研究として、川岡勉氏の業績があげられる。

川岡氏は「守護領国制」論・「国人領主制」論を批判し、一五世紀の権力構造と秩序を、「室町幕府―守護体制」論として位置づけた(2)。川岡氏の研究は、室町期の権力総体の構造や特質を考える上で、現時点での一つの到達点を示している。そこで本章は、川岡氏の研究を手がかりにして、南北朝内乱が終結し平時へと移行する一五世紀前半に焦点をあて、室町幕府による都鄙の権力編成のあり方を素描することを試みる。

議論を進めるにあたって、まず最初に川岡氏が行った「室町幕府―守護体制」の概念規定について確認しておきたい。「室町幕府―守護体制」は田沼睦氏によって提起されたが、川岡氏はその内容について幕府・守護・国人という三者の相互関係に視野が限定されていると批判し、在地社会の動向をふまえて、中世後期の権力総体の構造や特質を盛り込む必要を説いた。

川岡氏の「室町幕府―守護体制」論の特色は、①中央国家への求心性（「上」からの規定性）と、②地域社会への遠心性（「下」からの規定性）の両面を重視する点にある。以下要約すると、①守護による領域支配の特質が、幕府から認定される守護職にともなう諸権限を行使していく点にある以上、守護は幕府の吏僚として中央への求心的側面を有する。②しかし一方で、守護権限の行使と地域統合の進展は地域社会のあり方に規定されながら展開したため、地域社会は一定の自立性を保持したまま、守護を媒介として中央に接合されたという。これらの二側面を指摘した上で、川岡氏は「室町幕府―守護体制」を次のようにまとめた。

中世国家は守護に大幅な権限を委ねる形で求心性の回復をはかり、守護は在地から形成される地域秩序を統合し、それによって中央国家と地域社会との媒介項としての役割を果たした。したがって、室町幕府―守護体制とは、中央権門としての幕府と地域権力としての守護が相互補完的に結合するところに形成されたと考えることができる。しかも、守護は地域社会に足場をもつのみならず、幕府権力の構成要素として中世後期の中央国家を支える重要な役割を果たした。したがって、室町期守護は単なる地域権力ではない。守護は国家と地域社会の接点に位置することによって、中世後期の社会構成上きわめて重要な機能を果たす存在なのである(3)。

こうした川岡氏の所論に対しては、すでにいくつかの疑問が出されているが、ここでは本章の内容とも関わる次の二点をあげておきたい。まず第一に、「室町幕府―守護体制」を、全国的な政治体制として位置づけることは困難であり、奥州・関東・九州との関係が捨象されている(4)。第二に、守護職にともなう権限の内容が不明確で、守護に付与された「公権」の形成過程も検討すべきである(5)。

これらは室町期の政治体制の枠組みや内実を再考するにあたり、とくに重要な論点といえる。すなわち、室町幕府の権力編成のあり方は、地域（平面軸）・時期（時間軸）ともに固定的に考えることはできず、双方の視角からその変質過程を読み解いていかねばならない。また、こうした問題に接する上で、「守護領国制」論・「国人領主制」論が盛んであった時期の研究にも、参照すべき豊かな成果が蓄積されており、体制概念の批判と区別しつつその成果をふまえる必要がある。

したがって、本章では体制概念からいったん離れて、これまで蓄積されてきた研究成果を整理しながら、室町期の都鄙における権力編成およびその変質に関していかなる像を描き出せるのかを考えてみたい。なお、本章で用いる「室町期」とは、おおむね一五世紀前半の時期を指す。

一　幕府・守護の諸段階とその評価

1　一五世紀中期の画期をめぐって

川岡氏は、一五世紀前半、室町殿（将軍）でいうと義満から義教の執政期に至るまでの、「幕府―守護体制」における政治構造のあり方を基本的に共通したものとして把握している。この時期は室町殿と守護とが、それぞれ「天下成敗権」と「国成敗権」とを掌握し、これらが重層的に結びつくことで地域統合が実現されたという。そして一五世紀中期の変化に関しては、自立化を志向する地域権力を抑制していた上意が、嘉吉の乱で不在となることによってもたらされたと説明した。(6) 守護の領域支配はこの時期に進展し、それまで幕府・守護によって重層的に統制されていた国人も、守護支配のもとに一元化されていくと指摘した。(7)

川岡氏が義満〜義教期を共通の政治構造のもとで理解したのは、義教が管領・守護を抑圧・排除したとする従来の説(8)に対して、訴訟制度・大名衆議・料所管理・儀礼のあり方などから義教執政期の再評価が進み、管領・諸大名の

政権参画が明らかになったことによると考えられる。(9)

かつては、義教は権力の集中を図って直轄の奉公衆と奉行人に立脚基盤を移す一方、有力守護を政権から排除したことで、幕府は存立基盤を狭める結果となり、守護の領域支配はこの時期を画期として進展したと理解されていた。(10)義教期に幕府の立脚基盤が縮小するとの考えは、長期にわたってその後の研究に影響をおよぼしており、川岡氏が嘉吉の乱後に体制変質の画期を置いたのは研究史の上でも意義がある。

ただし、嘉吉の乱を幕府権力変質の画期と見る説は、一九六〇年代にも存在した。要約すると、義教専制は幕府を取り巻く当時の政治的緊張の中で、守護が幕府に結集し勢力の均衡が保たれたことでもたらされたとした上で、嘉吉の乱はこの均衡を破綻させ、守護勢力の伸張を招いたと理解されていた。(11)これは「守護領国制」の展開過程を論じたものだが、嘉吉の乱を画期と見た点に留意したい。

興味深いのは、この後に続く一九七〇年の田沼論文でも、守護の領域支配が進展する画期を嘉吉の乱後に置いた点である。(12)先述したように、六年後の一九七六年に公表された田沼前掲論文（註（10））と画期の時期が微妙にずれるのである。これは、この間に政治史の分野で義教期の研究がさかんに行われ、田沼氏の「室町幕府―守護体制」論もその影響を蒙ったことによると推測される。

すなわち一九七〇年の田沼前掲論文（註（12））は、政治史についての論述をほとんど省き、応永初年（一三九四～）と嘉吉以後（一四四一～）の事例を中心に公田支配・段銭賦課のあり方を検討し、嘉吉の乱により幕府権力の求心構造が崩れ、守護の分権化が進むと結論づけた。だがその後、政治史分野では、義教は奉公衆・奉行人制度を整備するとともに、管領・守護を幕政から排除したとする理解が進み、(13)一九七六年に出された田沼前掲論文（註（10））ではその研究成果と、守護による領域支配の展開とを結びつけて理解されたのである。だが近年、義教は管領・守護を幕政に参与させていた事実が解明されたため、右の評価も整合性を欠き変更を余儀なくされた。

このように一九六〇〜一九七〇年代初頭の研究と近年の研究は、ともに嘉吉の乱前後を幕府・守護権力変質の画期とするが、双方の間には体制概念の理解や個別事例の蓄積に相違があり、軽々に同一視することはもちろんできない。ただし、「幕府権力の衰退→守護権力の伸長」といった視角は共通しており、その点に限れば川岡氏の指摘は斬新なものではない。筆者も、嘉吉の乱を幕府権力変質の画期とする点に異論はないが、室町殿義教の暗殺によって引き起こされた上意の不在と、幕府の求心力低下・地域権力の自立とを直接結びつける考えには慎重でありたい。

そもそも上意の不在といった事態は、応安元年（一三六八）から永和初年（一三七五〜）にかけての義満幼少期にも先例がある。この時期は、管領細川頼之の執政代行のもと、幕府権力の強化が志向されており、(14)上意の不在が「幕府の求心力低下→地域の自立化」につながらなかった。しかも、川岡氏が説いた一五世紀前半の「幕府―守護体制」のあり方は、この時期以後に形成されているのである。

一四世紀末期と一五世紀中期に存在する二つの上意不在期に、それぞれ異なる現象が起こった要因は、この間を共通の政治構造として静的に観察していては説明できない。執政者の個性・政策のみならず、一五世紀中期以前に進展した幕府権力の構造的な変質を考慮に入れる必要がある。これはまた、川岡氏が説く「天下成敗権」「国成敗権」およびこれらの「重層性」の内実・形成過程を明らかにすることにもつながろう。そこで次項では、一五世紀前半の権力編成に至る前提として、南北朝内乱が終息に向かいつつあった一四世紀末の状況を確認しておきたい。

2　室町期の権力編成に至る前提

本章の冒頭で確認したように、川岡氏によると、「室町幕府―守護体制」は南北朝内乱を克服する過程で成立し、地域社会は守護を媒介として「中央国家」に結びつけられたという。

内乱に対処するために、守護が権限を拡大させ地域社会と密接に関わるようになったのは確かだが、一四世紀末の内乱期を通じて、守護の立場はそれほど強固なものではなかった。室町期の守護で鎌倉時代以来の系譜を引く者は、近江の佐々木六角氏や九州の少弐・大友・島津氏などのように、一部地域を除いてほとんどなく、内乱情勢に応じて頻繁に改替された。(15) 足利一門守護も、新たに管国に入部した勢力であり、地域社会に基盤をもたなかった。(16) 足利一門守護は外様守護より優位な軍事指揮権を幕府から委ねられながら、(17) はかばかしい戦果をあげることができずに解任された者も多く、守護職を維持しながら内乱を乗りきれたのは斯波・細川・畠山・一色・今川・渋川の六氏のみ、准一門の山名・上杉を加えても八氏に過ぎない。(18)

北朝を奉戴する幕府、南朝、直義（直冬）勢力といった公権力が多元的に分裂する状況下で、守護が管国を掌握するのは困難を極めた。全国の自治体史を通覧すると、南北朝期には奥州・関東・畿内・中国・四国・九州のいずれの地域にも、国人宛の幕府文書（安堵状、宛行状、軍勢催促状など）が散見できる。これは、守護の発給文書のみでは在地勢力を傘下に引き込むのに十分でなく、幕府がテコ入れを行う必要があったことを示している。

義満の幼少期には全国規模での戦乱は収まりつつあったが、それでも九州地域はいまだ内乱状況から脱却しきれていない上に、その他の国々でも一部地域を除いては守護職の世襲化には至っていなかった。したがって、この時期の守護による管国統治には、いまだ過渡的な不安定要素が多く残されていたといえよう。

不安定であったのは、守護の立場ばかりではない。守護が統治に臨んだ地域社会の秩序も、約六〇年におよぶ長期の内乱によって錯綜状態に陥っていた。

幕府は兵粮の調達と寺社本所領の保護との両立を図って苦慮し、はじめのうちは地域・期間を限って半済を認めたが、内乱の鎮圧が優先される中で、こうした制限はしだいに撤廃されていった。[19]戦時下において、武家領・寺社本所領の区別なく守護から頻繁に軍役が賦課され、地頭御家人のみならず本所一円領の代官・沙汰人層に対する軍事動員も恒常化していった。このような状況下、御家人や代官・沙汰人層を含み込んだ「国人」身分が成立し、守護の軍事動員や管国運営に協力する存在として位置づけられた。[20]

こうした国人に対する所領安堵は、幕府草創期には将軍尊氏による文書審査を行うに過ぎない安堵（「即時型」安堵）と、弟直義による当知行の実否調査を行う安堵（「調査型」安堵）とが併存していたが、観応の擾乱で内乱が激化し直義が没落した結果、鎌倉後期以来続いた後者の安堵手続きは廃絶した。これにより幕府は、在地における実際の状況を確認せずに、守護の挙状のみに基づいて「即時型」安堵を発給するようになった。[21]その一方で、幕府は戦略上必要とされる所領の軍事占領を容認したため、在地では実力による知行確保（私戦）が慢性的に引き起こされたという。[22]

したがって軍事優先の内乱状況のもとで、なし崩し的に変化したこのような領有関係や身分秩序は、曖昧かつ混沌としていた。すなわち、様々な由緒や権益を主張する所領・所職が軍役や守護役負担地として一律にまとめられ、地頭御家人から荘園代官・沙汰人までを含み込んだ雑多な諸勢力が守護の管国統治に協力する「国人」身分として一つに括られ、彼らに対する幕府の知行保証も在地の現状を把握しないまま行われたのである。また、闕所地処分・半済給与といった守護の権限も、前線の戦況に応じて適宜追認されていったものであり、制度として体系的に整っていなかった。

長年にわたる内乱の過程で構築された戦時体制は容易に解体できるものではなく、次代の平時における権力編成のあり方を強く規定することになった。ただし、ここで注意しておきたいのは、右で述べたような内乱期の戦時体制が、そのままの形で一五世紀段階の平時に移行しなかった点である。

まず内乱が終息に向かいつつあった一四世紀末になると、幕府は応安半済令[23]を手始めに、戦時体制下で混迷した秩序や権益の整理・是正に着手しだした。半済を容認する代償に寺社本所領の一部返還を企図したこの幕府法は、限定的な効果しかあげられなかったが、理念的ながらも「応安大法」として幕府の基本方針が一応ここに示された[24]。

その後、康暦・永徳年間（一三七九～一三八四）の義満親政のもとで、幕府は守護勢力の利益を犠牲にして半済地の返還をあらためて実施しようとしたことが、近江国を事例に指摘されている[25]。ちょうどこのころ、義満は「家礼」の拡大・再編を通して公家社会との関わりを深めており[26]、義満に奉仕する見返りに所領の返還や保護を受ける公家が増加しつつあった[27]。すなわち康暦期ごろから、こうした中央政界の動向を反映して、地域秩序の再編が促されはじめたのである。ただしこれらの措置は、義満に昵近する特定の公家・寺社に限られており、一四世紀末段階の幕府による秩序再編は、いまだ個別・限定的な範囲にとどまっていたといえる。

だが一五世紀に入り全国規模の内乱が名実ともに終息を迎えると、戦乱で錯綜した秩序を整理する環境が本格的に整うことになる。この時期になると、南北朝内乱期に構築された戦時体制に規定されながらも、全国規模で新たな権力編成のあり方が見受けられるようになる。以下、先学の研究に学びながら、項目別に見ていくことにしたい。

二　室町期の権力編成における特質

1　守護への権限委託

一四世紀の最末期、応永六年（一三九九）に起こった応永の乱鎮圧に際しての戦功褒賞を最後に、近畿・東海・北陸・中国・四国地方の室町殿分国における大規模な守護職の改替は行われなくなり、守護の世襲化傾向が顕著になる。(28)この時点でようやく、守護が長期にわたって安定した管国経営を行うための基本条件が整うことになった。

戦時下で拡大していった守護権限は、この時期に幕府制度の中で体系的に整備される傾向が認められる。半済給付については早くに「応安大法」で理念的ながらもその方向性が示されたが、闕所地認定に関しても守護の注進に基づくとの幕府法が応永一五年に制定され、(29)闕所地処分における守護の役割が平時に確認された。

また、荘園に対する守護役も戦時体制のもとで構築されたが、内乱鎮定後の応永初年には国家的性格が付与されて平時にも「公事」として定着した。(30)地頭御家人役の徴収も、応永初年に守護の請負化（国役化）となると考えられている。(31)管轄領域内における守護の収取体系の成立を意味する守護段銭も、一五世紀初期に確認されている。(32)守護段銭は一五世紀中ごろから賦課目的を明示せず定額化することから、恒常的なものになるのはこのころと考えられている。(33)だが、一五世紀初期段階に守護段銭が成立していたことが、段銭の守護請を行わせる前提となる点は看過できない。

なお、これらとほぼ同時期の一四世紀末に、幕府は京都の酒屋土倉を新たに課税の対象とするとともに、その中の有力者を納銭方として把握し、(34)義持期以降、幕府財政はこれに比重を移していく。(35)一四世紀末から一五世紀初期にかけて、幕府の課役賦課方式が都鄙間全体で体系的に再編・整備された形跡がうかがえる。

さて、このように段銭や国役の徴収は守護に請け負わせる形に再編されていったが、これは戦時の軍役賦課・軍事編制にも転用された。すなわち国人統制に関わる軍事動員では、一四世紀末の内乱期には幕府から指令を受けていた国人の大半が、一五世紀前半の義持期になると守護の指揮に一任された。(36)またこれにともない、国人に対する幕府の所領宛行・返付は激減し、当知行地安堵の遵行も廃絶して守護が実質的に在地勢力の知行を保証することになった。(37)

国人を統制する上で重要な軍事動員や所領宛行・安堵といった諸権限は、一五世紀前半の義持期に至って守護に委ねられたのである。

2　幕府直結の系列確保

しかし、すべての国人が守護の指揮下に配されたわけではない。内乱を経て形成された「国人」身分は、一五世紀前半には守護に服属する国人と、幕府に直属する国人とに大きく二分された。後者には外様衆や奉公衆（番衆）などの格式が与えられることもあり[38]、雑多で曖昧であった「国人」身分内部の階層序列もしだいに整えられていった。すなわち、のちの外様衆や奉公衆につながるような幕府直属の国人が、この時期に編成されているのである。これは応永期以降、幕府の儀礼形成が進み、室町殿を頂点とする階層的な秩序・格式が整備されだすのと連動している[39]。これまで奉公衆の成立は、義教専制と結びつけて考えられてきたが[40]、応永の乱では奉公衆が番単位に行動しており、その成立は義満期とする指摘が有力である[41]。応永三四年（一四二七）には、のちに奉公衆として番帳に載せられる湯河・玉置・山本の三氏が、守護不介入の領域支配を実現していたことが明らかにされている[42]。

また守護段銭と並行して、直属国人も一五世紀初頭には領主段銭を成立させており[43]、領内に対する軍役の収取も確認されている[44]。彼らは所領の守護使不入権を得ており、段銭・地頭御家人役を京済した[45]。この直納者は、応永初年から固定化しだすという[46]。

有事の際にも、直属国人は幕府から直接軍勢催促を受け、幕府への戦況注進も守護とは別に行うなど、守護の軍事指揮から独立して行動した[47]。幕府―守護―一般国人、幕府―直属国人といった平時における系列的な諸役賦課・勤仕形態は、戦時の軍事指揮系統にそのまま転用されたのである。それと平行して幕府の安堵状や宛行状も、前項で述べたように、義持期になると守護指揮下の一般国人には基本的に出されなくなるのに対し、幕府直属国人には引き続き発給され、両者の差異は戦功褒賞や知行保証のあり方でも明確になる。(48)

さらに石田晴男氏が指摘したように、遵行や段銭徴収も守護と国人（本書でいう幕府直属国人）とが共同して行う場合があった。(49)遵行は観応の擾乱後、その担い手が両使から守護に変化するが、(50)守護遵行が機能不全に陥った場合、これにかわって幕府直属の国人が実行しえた。(51)石田氏の「国人」概念は、幕府の直属下にある国人と、守護の指揮下に配された国人とを区別せず、すべての国人が幕府に直結する側面を持つと理解されており、権力編成の区分を捨象した点には問題がある。ただし、奉公衆が遵行実施や段銭徴収に携わったとの指摘は、幕府→守護、幕府→直属国人といった命令系統がこの分野にも存在することを示唆した点で重要である。

寺社本所領も守護使不入特権が付与された場合、段銭納入などは京済が行われた。(52)応永年間から、幕府段銭や守護役などが恒常的に賦課されだすと、荘園では新たな負担体系の再編が進められたが、(53)これらの動きと平行して、幕府による段銭・諸役免除や京済認定も応永初年から制度的に整えられ、応永末年ごろには確立する。(54)

こうした寺社本所領に対する諸役・段銭免除や守護使不入・京済認定は、応永年間に出された免除・認定によって、以後先例化することが多い。応永期に入ると、室町殿の御判御教書で安堵される寺社領・公家領が増えることも勘案すると、(55)この時期に各所領の領主が主張する由緒や権益が、康暦期よりも大規模な形で幕府のもとで整序されたと評価できる。

守護使不入や諸役免除など特権の有効性は、実際に現地で守護勢力と交渉する代官の力量によるところが大きかったが、(56)一定の条件を満たせば守護権力の介入を抑止する可能性が制度的に開かれていた点に留意したい。

以上のように、一五世紀前半に幕府は、直属国人や寺社本所の権益あるいは指揮系統を確保しつつ、それ以外の地域は守護に統治を委ねる方針を明確にしていった。

3　「遠国」統治の方針転換

幕府のこうした統治方針の転換は、奥州・関東・九州といった「遠国」においても確認されている。南北朝期、東国の地頭御家人に対する所領安堵・宛行、守護職補任などの諸権限は幕府が直接行使し、鎌倉府はそれらを幕府に推挙するにとどまっていた。一四世紀後半以降、幕府と鎌倉府の関係はたびたび緊張するが、明徳二年（一三九一）には陸奥・出羽二か国の管轄権が鎌倉府に譲られる。そして応永初期には、鎌倉府は関東の管轄国内における諸事項について独自に処置する意図を持つようになり、応永二三年（一四一六）の上杉禅秀の乱以後、安堵権を行使しだす(57)。

当初幕府が行っていた鎌倉諸寺社の所職補任も、一四世紀後半から鎌倉府が独自に行いはじめた。双方の補任はしばらく競合していたが、現地ではしだいに鎌倉府の補任が優先されるようになり、一五世紀前半段階になると幕府の積極的な関与は見られなくなる(58)。

こうして幕府は鎌倉府への遵行依頼という形で、東国に指令を出すようになるが、それも義持期には中絶した(59)。このように奥州・関東は、応永期には鎌倉府の委任統治下に置かれるに至ったが、幕府は東国の親幕勢力をいわゆる京都御扶持衆として組織し、彼らの直接把握を試みている(60)。

一方、九州では応永三二年（一四二五）に探題渋川義俊が少弐満貞と戦って敗れたのが転機となり、九州探題は幕府の九州支配の出先機関としての実体を喪失していった。少弐氏に敗れた渋川氏は、恒常的に博多に根拠を置きえなくなり、探題の国内外における勢力減退に拍車をかけた。探題が機能麻痺に陥りだしたことにより、幕府は九州統制の政策を転換し、永享元年（一四二九）筑前を料国として直轄化し大内盛見をその代官に登用した。[61]だが同時に幕府は、応永期以降、筑前麻生氏を奉公衆に編成するとともに、[62]安芸奉公衆小早川氏を上使として九州にたびたび派遣しており、[63]ここでも地域勢力の直接指揮系統を確保している。

また、室町殿分国における守護職の大半を兼ねながら中央の幕政に参与する在京大名の中には、細川氏（—篠川御所足利満直・東国の京都御扶持衆）、山名氏（—周防大内氏）、畠山氏（—肥後菊池氏）、赤松氏（—伊勢北畠氏・薩摩島津氏）らのように、守護管国の枠組みを超えて奥州・関東・九州などの地域勢力との連絡を仲介する者もいた。[64]

これらのように、守護や鎌倉府に管国統治を委ねる一方で、守護を介さず幕府に直結する地域が全国的に点在していた。幕府の所在地である京都と地域との結びつきは、全国規模でみれば、守護制度のみに依拠した硬直したものではなく、多様な形で柔軟に保たれていたといえよう。つまり、それぞれの地域の中央への結びつき方は、守護を媒介とするものもあれば、それ以外に在京大名を介したり、幕府と直結する場合もあり、一様ではなかったのである。この中でもとくに、幕政に参与する在京大名が、いつも守護として中央と地域とを媒介したわけではなかった点は、これまで彼らが守護の一面から把握されることが多かっただけに注意を要する。次項では、在京大名の存在形態と都鄙の権力秩序との関係について、もう少し踏み込んで考えてみたい。

4　在京大名の存在形態

本章の冒頭でも引用したが、川岡氏によると「守護は地域社会に足場をもつのみならず、幕府権力の構成要素として中世後期の中央国家を支える重要な役割を果たした。したがって、室町期守護は単なる地域権力ではない」という。これは、守護が在京して中央の幕政に参与したことを指すと思われるが、幕政運営に関わった彼らを一律に守護として把握することには違和感を抱く。すでに指摘があるように、関東・九州やその境界地域の守護は在国することが多く、守護がすべて在京し幕政に参与したわけではない(65)。足利一門を筆頭とする在京大名の役割は守護の中でも特殊であり(66)、中央政治に関わる大名と地域権力たる守護との役割や職権は、明確に区別すべきであると考える。

在京大名の家格も、応永期以降に室町殿を頂点とする階層秩序が整備されていく中で、固定化していった(67)。大名の範囲を厳密に定義するのは難しいが、『満済准后日記』・『看聞日記』・『建内記』といった一五世紀前半の古記録では、足利一門・准一門の斯波・細川・畠山・一色・山名（一部庶流を含む）、外様の赤松・土岐・六角・京極らがおもな在京大名として確認できる。これらの諸氏は、室町期武家社会における最高位の格付けとして一五世紀後半に成立する御相伴衆の構成員にほぼ一致する。だが、土岐・六角両氏がそこから除かれていることからもわかるように、大名家の間で序列も存在した(68)。この家格に応じて、管領や侍所頭人の人事、大名衆議への参加資格などに規制があり(69)、在京大名の幕政への関わり方にもそれぞれ差異があった。こうした家格秩序も、応永期以降に固定しだすのである。

在京大名は基本的に守護を兼ねていることから、「大名」と「守護」とは混同されがちだが(70)、さきに掲げた古記録では、両者は活動形態によって基本的に書き分けられている。たとえば、室町殿の諮問に答申するなど中央の幕政に関わる時には、彼らはほぼ例外なく「大名」と認識されている(71)。一見して明らかなように、これらは守護としての職務内容ではない(72)。これに対し「守護」は、管国での軍役賦課(73)や半済沙汰(74)、あるいは管国への下向(75)など、管轄対象国に関係のある事柄に限って呼ばれることが多い。だが、同じく上意に基づいて地域と関わる活動でも、管国外の地域勢力と交渉する場合には、「守護」と称される例は皆無である。

「大名」の呼称は、個人の日記たる古記録のみに見えるものでなく、幕府文書の文言でも確認できる。たとえば『満済准后日記』永享三年七月二四日条に、次のような文書が筆写されている。

関東使節対面事、大名共頻申旨候間、無力去十九日令二対謁一候キ。其子細先度且申了。仍義淳（斯波）・道端入道（畠山満家）以下、
以二書状一申入事候哉。委曲期二返報一候也。

（永享三年）七月、、　　　　（足利義教）、、

（足利満直）右兵衛佐殿

これは、幕府・鎌倉府間の関係融和を図る管領斯波義淳・宿老畠山満家らの説得に負け、不本意ながら鎌倉府の使節と対面した旨を篠川御所満直に報じた、義教の御内書である。幕府首長たる室町殿の発給文書で、「大名」の用語が使用されている点は注目される。[76] 中央政治に参与する彼らは、幕府内部でも「守護」としてではなく「大名」と認識されていたのである。

このことは、大名家の世代交替にあたって、幕府が与える継目安堵のあり方にも端的にあらわれる。例をあげると永享五年（一四三三）八月、山名時熙が家督を嫡子持豊に譲った際に、幕府は持豊に宛てて「一通国但馬・備後・安芸・伊賀四ヶ国守護職」と「一通新本知行所々」の計二通の継目安堵状を発給した。[77] また、永享一〇年（一四三八）九月、細川庶流家の持有が死去して嫡子教春が跡を継いだが、それにあたり幕府が与えた継目安堵は、和泉半国守護職補任状と知行地安堵状の二通セットで現存している。[78] 知行地安堵状と守護職補任状とを別紙にして継目を安堵するあり方は、大名が家督と守護の両側面を併せ持ちながらも、両者が混同されていなかったことを示唆している。

実際に、前掲の細川教春に与えられた知行地安堵状を見ると、守護管国（和泉）外の阿波・讃岐・伊予に所領が散在している。細川氏は一族の守護管国に所領を集積する志向があったというが、[79] この場合でも管国外における大名の立場は守護とは異なる。諸大名の所領は、守護使不入特権を有するものもあり、[80] 幕府直属国人の所領と同様に、守護の管国経営を牽制する側面も見られる。[81]

このように大名所領が自身の守護管国以外の諸国に散在する状況は、これまで述べてきた地域における権力編成の一要素として捉えることができるが、さらに中央の権力秩序にも密接に連関していた。永和三年（一三七七）、斯波義将が守護を務める越中で、守護代が対立する国人を追って細川頼之の所領太田荘に乱入し、荘内を焼き払う事件が起きた。(82)斯波氏と細川氏との対立に発展し、中央政界を揺るがしたこの事件は、康暦政変に至る伏線の一つとして語られることも多い。(83)この例からもわかるように、大名所領に対する守護の侵害行為は、そのまま中央政界の緊張・動揺へと直結した。このことは逆に、各国守護による大名所領の相互保証と、中央政界の安定維持とが不可分に結びついていたことを示している。一五世紀前半における幕府政治の特色として、諸大名間の協調関係が比較的よく保たれていた点があげられるが、これは当該期に大名所領の相互保証が円滑に機能していたことをうかがわせる。諸国に散在する大名所領は、守護の管国経営を牽制すると同時に、諸大名間の対立を抑える安全弁としての効果も期待できた。

以上のように、在京して幕政の一翼を担う諸大名が、地域行政に携わる守護職を兼ねていたと理解した方が、一五世紀前半段階における彼らの活動や都鄙の権力構造を総体的に捉えやすいと考える。(84)

おわりに

これまで述べてきた事柄を考慮すると、川岡氏が説いた幕府と守護との「重層」的支配体制は、形成過程・内実が不明瞭な上に、その評価にも検討の余地がある。応永年間に入ると、幕府は全国統治のあり方を、間接的に「面」として把握する地域と、直接的に「点」として把握する地域とに整理していったといえよう。こうした権力編成のあり方は、「重層」化というよりも、むしろ「系列」化といった方がふさわしい。

応永初年の義満期から形成されはじめ、義持期に完成した系列的な権力編成の枠組みは、義教期にも基本的に継承された。だが、守護に大幅な権限を委託するとともに、一部その権限行使を制限する権力編成のあり方は、幕府の強制的な枠組維持が不可欠であった。したがって、こうした権力編成は、室町殿による保証や制御がなくなると、バランスを崩す恐れのある不安定さを潜在させていた。

守護による領域支配の伸張が嘉吉の乱を画期とするのは的確な評価だが、そうした事態を引き起こした前提は、一五世紀前半における政治体制の構造的な変化に求めるべきである。この時期に一定の制限を設けつつ守護に管国経営を請け負わせたからこそ、これを束ね統御していた室町殿義教が暗殺された結果、幕府の求心力は著しく低下し、諸大名は守護職に依拠しつつ本来管轄外であった領域にも支配を進展させていくことになったのである。

ただし、その後も守護勢力は幕府直属国人を統制下に治めることに苦慮し、対等な立場で連携・競合をくり返している。一五世紀前半に構築された権力編成の枠組は、徐々に解体・変質しつつも、守護による地域支配の展開を長期間にわたって規制し続けることになるのである。(85)

註

（1）　本書序論第一章「室町幕府軍制研究の現状と課題」。このほか一九七〇～一九九〇年代の研究史整理は、小谷俊彦「室町幕府」・田沼睦「守護領国制」（永原慶二ほか編『中世史ハンドブック』近藤出版社、一九七三年）、今谷明「序章」（『室町幕府解体過程の研究』岩波書店、一九八五年、以下a）、同「守護領国制概念と国人領主制」（『守護領国支配機構の研究』法政大学出版局、一九八六年、以下b）、山家浩樹「室町幕府―将軍と管領」・設楽薫「室町幕府―将軍直臣団」・外岡慎一郎「室町幕府―使節遵行」・齋藤慎一「国人領主制」・石田晴男「守護領国制」（佐藤和彦ほか編『日本中世史研究事典』東京堂出版、一九九五年）など参照。以下、本章では他章の註と異なり、研究軌跡の一環として初出時に示した各論文の原題をあえて掲載した。

（2）　今岡典和・川岡勉・矢田俊文「戦国期研究の課題と展望」（久留島典子・榎原雅治編『展望日本歴史11　室町の社会』東京堂出

版、二〇〇六年、初出一九八五年)、川岡勉「中世後期の権力論研究をめぐって」(『室町幕府と守護権力』吉川弘文館、二〇〇二年)。
(3) 註(2)川岡前掲論文、八頁。
(4) 古野貢「書評　川岡勉著『室町幕府と守護権力』」(『ヒストリア』一八七号、二〇〇三年)、須田牧子「書評　川岡勉著『室町幕府と守護権力』」(『史学雑誌』一一四編一号、二〇〇五年)。
(5) 山家浩樹「書評　川岡勉著『室町幕府と守護権力』」(『日本史研究』五二〇号、二〇〇五年)。
(6) 川岡勉「室町幕府―守護体制の変質と地域権力」(註(2)川岡前掲著書、初出二〇〇一年)一〇三～一〇七頁。
(7) 川岡勉「中世後期の守護と国人」(註(2)川岡前掲著書、初出一九八六年)。
(8) 代表的な研究として、佐藤進一「足利義教嗣立期の幕府政治」(『日本中世史論集』岩波書店、一九九〇年、初出一九六八年)、五味文彦「管領制と大名制」(『神戸大学文学部紀要』四号、一九七五年)、青山英夫「室町幕府将軍権力に関する一断面」(『上智史学』二六号、一九八一年)、今谷明「一四―一五世紀の日本」(『室町時代政治史論』塙書房、二〇〇〇年、初出一九九四年)などがある。なお、こうした説が通説的位置を占める中で、桑山浩然氏は一九七〇年代半ばから義教政権における管領の役割に注意を促していた。この点、桑山浩然「足利義教と御前沙汰」(『室町幕府の政治と経済』吉川弘文館、二〇〇六年、初出一九七七年、原題「足利義教の登場と御前沙汰」)。
(9) 鳥居和之「室町幕府の訴状の受理方法」(『日本史研究』三一一号、一九八八年)、設楽薫「将軍足利義教の『御前沙汰』体制と管領」(註(2)久留島・榎原前掲編書、初出一九九三年)、田中淳子「室町幕府御料所の構造とその展開」(大山喬平教授退官記念会編『日本国家の史的特質　古代・中世』思文閣出版、一九九七年)、二木謙一『中世武家の作法』(吉川弘文館、一九九九年)九六～九七頁、川岡勉「室町幕府―守護体制の権力構造」(註(2)川岡前掲著書、初出二〇〇〇年)。
(10) 田沼睦「室町幕府・守護・国人」(『中世後期社会と公田体制』岩田書院、二〇〇七年、初出一九七六年)。
(11) 稲垣泰彦「応仁・文明の乱」(『日本中世社会史論』東京大学出版会、一九八一年、初出一九六三年)三一四頁。
(12) 田沼睦「室町幕府と守護領国」(註(10)田沼前掲著書、初出一九七〇年)。
(13) 佐藤進一「室町幕府論」(註(8)佐藤前掲著書、初出一九六三年)、註(8)佐藤前掲論文、福田豊彦「室町幕府の奉公衆(一)」(『室町幕府と国人一揆』吉川弘文館、一九九五年、初出一九七一年、原題「室町幕府の奉公衆」)、太田順三「中世後期の幕府権力の特質と人民闘争」（『歴史学研究』別冊特集、一九七三年）。
(14) 小川信『人物叢書　細川頼之』（吉川弘文館、一九七二年、以下a）、同「頼之の管領就任と職権活動」（『足利一門守護発展史の研究』吉川弘文館、一九八〇年、初出一九七八年、原題「室町幕府管領制の成立について」、以下b）。
(15) 佐藤進一『室町幕府守護制度の研究』上巻・下巻（東京大学出版会、一九六七・一九八八年）、同『増訂 鎌倉幕府守護制度の研究』（東京大学出版会、一九七一年、元版一九四八年）、今谷明「室町幕府と守護職論」（今谷明・藤枝文忠編『室町幕府守護職家事典』上巻、新人物往来社、一九八八年）。
(16) 永原慶二「守護領国制の展開」（『永原慶二著作選集第二巻　日本封建制成立過程の研究』吉川弘文館、二〇〇七年、初出一九五一年）三二七～三二九頁。
(17) 漆原徹「足利一門関係文書」（『中世軍忠状とその世界』吉川弘文館、一九九八年、初出一九九一年、原題「南北朝初期における幕府軍事制度の基礎的考察」）。
(18) 小川信「序論」（註(14)小川前掲b書、一九八〇年）。
(19) 島田次郎「半済制度の成立」（『日本中世の領主制と村落』上巻、吉川弘文館、一九八五年、初出一九五六年）。
(20) 伊藤俊一「中世後期における『荘家』と地域権力」（『日本史研究』三六八号、一九九三年、以下a）、同「中世後期の地域社会と荘園制」（『新しい歴史学のために』二四二・二四三合併号、二〇〇一年、以下b）。
(21) 本書第一部第一章「室町幕府の国人所領安堵」（初出二〇〇四年）。
(22) 田中大喜「南北朝期在地領主論構築の試み」（『歴史評論』六七四号、二〇〇六年）。
(23) 「室町幕府追加法」九七条。
(24) 村井章介「徳政としての応安半済令」（『中世の国家と在地社会』校倉書房、二〇〇五年、初出一九八九年）、桑山浩然「南北朝期における半済」（註(8)桑山前掲著書、初出二〇〇三年、原題「南北朝期における半済の研究」）。
(25) 下坂守「近江守護六角氏の研究」（『古文書研究』一二号、一九七八年）。
(26) 家永遵嗣「足利義満における公家支配の展開と『室町殿家司』」（『室町幕府将軍権力の研究』東京大学日本史学研究室、一九九五年）。
(27) 水野智之「室町将軍による公家衆への家門安堵」（『室町時代公武関係の研究』吉川弘文館、二〇〇五年、初出一九九七年、原題

「室町将軍による公家衆の家門安堵」)、早島大祐「公武統一政権論」(『首都の経済と室町幕府』吉川弘文館、二〇〇六年)。
(28)　註(15)今谷前掲論文。
(29)　「室町幕府追加法」一五二条。笠松宏至「中世闕所地給与に関する一考察」(『日本中世法史論』東京大学出版会、一九七九年、初出一九六〇年)。
(30)　註(20)伊藤前掲a論文。
(31)　山家浩樹「太良荘に賦課された室町幕府地頭御家人役」(東寺文書研究会編『東寺文書にみる中世社会』東京堂出版、一九九九年)。
(32)　岸田裕之「守護支配の展開と知行制の変質」(『大名領国の構成的展開』吉川弘文館、一九八三年、初出一九七三年、以下a)、同「室町幕府体制の構造」(同上書、初出一九七五年、以下b)、菊池浩幸「室町・戦国期の段銭と大名権力」(『人民の歴史学』一四二号、一九九九年)。
(33)　田沼睦「公田段銭と守護領国」(註(10)田沼前掲著書、初出一九六五年)。
(34)　桑山浩然「納銭方・公方御倉の機能と成立」(註(8)桑山前掲著書、初出一九六四年、原題「室町幕府財政機構の一考察」)、同「室町幕府経済の構造」(同上書、初出一九六五年)。
(35)　早島大祐「中世後期社会の展開と首都」(註(27)早島前掲著書、初出二〇〇三年)。
(36)　本書第一部第二章「室町幕府の軍勢催促」(初出二〇〇三年、原題「中期室町幕府の軍勢催促」)。
(37)　註(21)前掲本書第一部第一章、同第三章「室町幕府の戦功褒賞」(初出二〇〇二年)。
(38)　註(13)福田前掲論文、同「室町幕府の御家人と御家人制」(註(13)福田前掲著書、初出一九八一年)、西島太郎「近江国湖西の在地領主と室町幕府」(『戦国期室町幕府と在地領主』八木書店、二〇〇六年、初出二〇〇三年、以下a)、同「佐々木越中氏と西佐々木同名中」(同上書、初出二〇〇四年、以下b)、同「佐々木田中氏の広域支配とその活動」(同上書、二〇〇六年、以下c)、同「西佐々木七氏の経済基盤と序列」(同上書、二〇〇六年、以下d)。
(39)　二木謙一「室町幕府の官途・受領推挙」(『中世武家儀礼の研究』吉川弘文館、一九八五年、初出一九八一年)、山家浩樹「室町時代の政治秩序」(歴史学研究会・日本史研究会編『日本史講座第4巻　中世社会の構造』東京大学出版会、二〇〇四年)。
(40)　註(38)福田前掲論文。

(41) 家永遵嗣「室町幕府奉公衆体制と『室町殿家司』」（註(26)家永前掲著書、初出一九九〇年）、森幸夫「室町幕府奉公衆山下氏」（『国史学』一四四号、一九九一年）、同「室町幕府奉公衆の成立時期について」（『年報中世史研究』一八号、一九九三年）、矢田俊文「書評　福田豊彦著『室町幕府と国人一揆』」（『日本史研究』四一一号、一九九六年）。

(42) 矢田俊文「戦国期の奉公衆家」（『日本中世戦国期権力構造の研究』塙書房、一九九八年、初出一九八六年、原題「中世後期紀伊国における領主権力の自立」）。

(43) 註(32)岸田前掲a・b論文。

(44) 田端泰子「小早川氏領主制の構造」（『中世村落の構造と領主制』法政大学出版局、一九八六年、初出一九六六年、原題「室町・戦国期の小早川氏の領主制」）。

(45) 丹生谷哲一「室町幕府の下級官人」（『[平凡社ライブラリー版]　増補　検非違使』平凡社、二〇〇八年、初出一九八二年、原題「室町幕府の下級官僚機構について」）。

(46) 註(31)山家前掲論文。

(47) 註(36)前掲本書第一部第二章、同第四章「室町幕府の守護・国人連合軍」（初出二〇〇九年）。

(48) 註(21)前掲本書第一部第一章、註(37)前掲同第三章。

(49) 石田晴男「室町幕府・守護・国人体制と『一揆』」（池上裕子・稲葉継陽編『展望日本歴史12　戦国社会』東京堂出版、二〇〇一年、初出一九八八年）。

(50) 外岡慎一郎「鎌倉末〜南北朝期の守護と国人」（『ヒストリア』一三三号、一九九一年）。

(51) 註(25)下坂前掲論文。

(52) 小林宏「室町時代の守護使不入権について」（小川信編『論集日本歴史5　室町政権』有精堂、一九七五年、初出一九六六年）、百瀬今朝雄「段銭考」（寶月圭吾先生還暦記念会編『日本社会経済史研究　中世編』吉川弘文館、一九六七年）。

(53) 伊藤俊一「紀伊国における守護役と地域社会」（『年報中世史研究』二七号、二〇〇二年）、岡野友彦「『応永の検注帳』と中世後期荘園制」（『歴史学研究』八〇七号、二〇〇五年）。

(54) 小林保夫「室町幕府における段銭制度の確立」（『日本史研究』一六七号、一九七六年）。

(55) 註(53)岡野前掲論文。

(56)　註(20)伊藤前掲a論文。
(57)　伊藤喜良「初期の鎌倉府」(『中世国家と東国・奥羽』校倉書房、一九九九年、初出一九六九年、原題「『初期鎌倉府』小論」)、同「鎌倉府覚書」(同上書、初出一九七二年)。
(58)　大田壮一郎「室町殿の宗教構想と武家祈禱」(『ヒストリア』一八八号、二〇〇四年)。
(59)　本書第二部第三章「足利義教期の管領奉書」(初出二〇〇三年、原題「将軍足利義教期の管領奉書」)。
(60)　田辺久子「京都扶持衆に関する一考察」(『三浦古文化』一六号、一九七四年)、渡政和「『京都様』の『御扶持』について」(『武蔵大学日本文化研究』五号、一九八六年)、遠藤巌「京都御扶持衆小野寺氏」(『日本歴史』四八五号、一九八八年)、黒嶋敏「奥州探題考」(『日本歴史』六二三号、二〇〇〇年)。杉山一弥「室町幕府と下野『京都扶持衆』」(『年報中世史研究』三〇号、二〇〇五年)によると、下野国に対する幕府の施策は一国単位でなく、宇都宮氏や上那須氏といった一定領域ごとの諸勢力と個々に関係を結んで組み合わせるものであったという。
(61)　川添昭二「九州探題の衰滅過程」(『九州文化史研究所紀要』二三号、一九七八年)、本多美穂「室町時代における少弐氏の動向」(『九州史学』九一号、一九八八年)。なお、九州探題渋川氏は幕府による九州統治政策の主軸からはずされたものの、形式的な軍事指揮権と権威を保持しながら北九州における探題領の領主として戦国期まで存続したことが、黒嶋敏「九州探題考」(『史学雑誌』一一六編三号、二〇〇七年)によって指摘されている。
(62)　川添昭二「室町幕府奉公衆筑前麻生氏について」(『九州中世史の研究』吉川弘文館、一九八三年、初出一九七五年)、柳田快明「室町幕府権力の北九州支配」(木村忠夫編『九州大名の研究』吉川弘文館、一九八三年、初出一九七六年)。
(63)　川添昭二「九州探題渋川満頼・義俊と日朝交渉」(『対外関係の史的展開』文献出版、一九九六年、初出一九七七年、原題「九州探題と日鮮交渉」)。
(64)　本書第二部第二章「在京大名の都鄙間交渉」(初出二〇〇一年・二〇〇五年、原題「将軍足利義教期の諸大名」第一節・「在京大名山名氏による医徳庵召還活動」)。本郷和人「『満済准后日記』と室町幕府」(五味文彦編『日記に中世を読む』吉川弘文館、一九九八年)、桜井英治『[講談社学術文庫版]日本の歴史12　室町人の精神』(講談社、二〇〇九年、元版二〇〇一年)一四八～一五二頁。
(65)　註(4)古野前掲書評、註(4)須田前掲書評。

(66) 村尾元忠「室町幕府管領制度について」(『学習院史学』七号、一九七〇年)。なお、大名の読み方について、清水克行氏より「たいめい」ではないかとのご意見をいただいた。時代による呼称の変化や、使用される地域・階層の差異にも留意すべきだが、『言国卿記』文明八年六月四日条の後土御門天皇女房奉書写に、大名のことを指して「たいめい」とあり、幕府に近い朝廷内におけるほぼ同時代の呼び名を確認できた。
(67) 註(39)二木前掲論文。
(68) 二木謙一「室町幕府御相伴衆」(註(39)二木前掲著書、初出一九七九年、原題「室町幕府御相伴衆について」)。
(69) 今谷明「増訂室町幕府侍所頭人並山城守護付所司代・守護代・郡代補任沿革考証稿」(註(1)今谷前掲b著書、初出一九七五年)七一頁、同「室町幕府の評定と重臣会議」(註(1)今谷前掲a著書、初出一九八四年)八三頁、同『日本の歴史⑨　日本国王と土民』(集英社、一九九二年)八七頁。
(70) なお、東海・北陸から中国・四国地方にかけての室町殿分国を対象とした研究では、守護と大名とをほぼ同一視する傾向が強いのと対照的に、鎌倉府・古河公方などの中世東国史研究においては守護と大名とを区別している。この点、佐藤博信『古河公方足利氏の研究』(校倉書房、一九八九年)、山田邦明『鎌倉府と関東』(校倉書房、一九九五年)、松本一夫『東国守護の歴史的特質』(岩田書院、二〇〇一年)、江田郁夫『室町幕府東国支配の研究』(高志書院、二〇〇八年)など参照。
(71) たとえば、『看聞日記』応永二三年一〇月一三日条、『建内記』正長元年二月二六日条、『満済准后日記』正長元年九月二二日条など。
(72) 本書第二部第一章「管領・諸大名の衆議」(初出二〇〇一年、原題「将軍足利義教期の諸大名」第二節)。
(73) たとえば、『看聞日記』応永二五年一〇月二七日条。
(74) たとえば、『建内記』正長元年六月一九日条。
(75) たとえば、『満済准后日記』応永三三年八月二七日条。
(76) なお、引用箇所直前の記事から、「義淳・道端入道以下」の大名とは斯波義淳・畠山満家のほか、細川持之・山名時煕・畠山満慶・一色義貫・細川持常・赤松満祐を指すことがわかる。
(77) 『満済准后日記』永享五年八月九日条。
(78) 熊本県教育委員会編『細川家文書』一五三・一五四。

(79)　小川信「世襲分国の確立」(註(14)小川前掲b著書、初出一九六八年、原題「守護大名細川氏の動向」)三二七頁。
(80)　たとえば、「佐々木文書」七三・七八・八八〜九四・九八。
(81)　守護の所領が諸国に散在していたことは、註(16)永原前掲論文、三四四頁において早くに指摘されている。だが、あくまで守護の存在形態として把握している点で、私と立場を異にする。なお、守護管国外の大名所領に関する私見は、吉田賢司「書評　清水克行著『室町社会の騒擾と秩序』」(『史学雑誌』一一四編七号、二〇〇五年)八九頁でも示したので、併せてご参照いただきたい。
(82)　『後愚昧記』永和三年七月一三日条。
(83)　佐藤進一『[中公文庫改版]日本の歴史9　南北朝の動乱』(中央公論新社、二〇〇五年、元版一九六五年)三九八頁・四三八頁、註(14)小川前掲a著書、一七二頁。
(84)　伊藤俊一氏は「室町幕府と荘園制」(『年報中世史研究』二八号、二〇〇三年)において「丹後国惣田数帳」を分析し、在京武家所領が占める割合の多さに注目している。この中には、足利家をはじめ、幕府奉行人・奉公衆らの直臣団、丹後守護一色氏とその在京内衆のほか、他国守護の所領も含まれる。伊藤氏の研究は、室町期荘園制の特質を論じたものだが、守護による管国支配のあり方を多面的に問い直す視角も提供していると考える。
(85)　本書第二部第四章「足利義政期の軍事決裁制度」(初出二〇〇六年、原題「室町幕府の軍事親裁制度」)。一五世紀末から一六世紀段階における守護と幕府直属国人との連携・競合については、註(62)川添前掲論文、川岡勉「大内氏の軍事編成と御家人制」(註(2)川岡前掲著書、初出一九八二年)、今岡典和「戦国期の幕府と守護」(『ヒストリア』九九号、一九八三年)、長谷川博史「戦国期大名権力の形成」(『戦国大名尼子氏の研究』吉川弘文館、二〇〇〇年、初出一九九三年、原題「戦国大名尼子氏権力の形成」)、弓倉弘年「奉公衆家山本氏に関する一考察」(『中世後期畿内近国守護の研究』清文堂出版、二〇〇六年、初出二〇〇二年)、同「戦国期紀州湯河氏の立場」(同上書、初出二〇〇二年)、註(38)西島前掲b・c・d論文などを参照。なお、戦国期権力の実態把握およびその呼称については、各研究で見解が異なっている。

第一部　室町幕府戦時編制の基本構造

第一章　室町幕府の国人所領安堵

はじめに

室町幕府による国人所領の安堵は、軍事政権たる幕府権力の本質に関わる問題であるにもかかわらず、不明瞭な点が多い。問題の所在を明らかにするために、幕府の安堵に関する先行研究を確認すると、おもに二つの分野で論じられている。

まず第一に、幕府官制論において述べられる安堵があり、こうした研究は発給主体（所轄者）を重視する傾向にある。佐藤進一氏が明らかにしたように、初期の幕政は、将軍足利尊氏が侍所・恩賞方・政所を、弟直義が安堵方・引付方（内談方）・禅律方・官途奉行・問注所をそれぞれ管轄し、二頭政治によって運営された(1)。このように佐藤氏は、「権限」の行使主体を分析することで、この時期の安堵発給は安堵方を統括する直義により担われたと指摘した。佐藤氏の理解は、その後に続く研究の指針となり、以後所轄事項の時期的変遷や、幕府機構の具体的な構成員・活動内容が明らかにされていく。

その中で安堵方について重要な指摘をしたのが、岩元修一氏である(2)。岩元氏は、直義による譲与安堵の発給手続きを明らかにするとともに、尊氏も軍忠に基づく安堵を発給していたという、佐藤氏の安堵分類に修正を迫る見解を示した。これによると、尊氏は軍忠を根拠に、直義は譲与申請に基づいてそれぞれ安堵を発給したとされる。だが、併存する二種の安堵を申請根拠によって区分するのみで、双方の安堵行為の実態には言及していない。また、直義没落後における安堵発給については、南北朝後期までには恩賞方で扱われていたことを指摘するにとどまり、そこに至る過程は示さなかった。

観応の擾乱以降における安堵については、森茂暁氏・小要博氏がこの時期の幕府政治の特徴を論じる中で触れている(3)。それによると、直義の没落後、彼が管轄していた安堵の権限は、尊氏・義詮父子によって調和的に分掌され、段階的な委譲を経て義詮に一元化されるという。しかし、ここで示された直義→尊氏・義詮→義詮といった安堵発給主体の変遷は、尊氏・直義がともに安堵を発給したという岩元氏の指摘をふまえて、再検討する必要がある。

第二の分野として、いわゆる「室町幕府—守護体制」論において取り上げられる安堵がある。この研究分野では、守護による知行保証の成立を重視する点に特徴がある。備後国の守護・国人関係について考察した川岡勉氏によると、一五世紀前半は幕府知行制と守護知行制といった二つの原理の併存時期であるとする。そして一五世紀後半になると、将軍権力による知行制秩序は解体し、守護による一元的な知行の保証体制が確立するという(4)。しかしながら、こうした知行保証体制の改変が、いかなる要因によって起こったのかは不明確なままである。一五世紀後半に、守護が一元的な知行保証体制を確立しえた要因を明らかにする必要がある。

また、「幕府—守護体制」論に関わるものとして、施行について論じた新田一郎氏の研究がある。新田氏によると、幕府の安堵や裁許は、使節遵行によってその有効性を担保されたが、やがて手続き的に分離して、安堵・裁許は幕府に整序され、遵行は守護に委任されるに至ったという(5)。これにより、在地において共通に認識される「知行」の指標が、守護のもとで各地域ごとに成立する一方で、幕府は施行手続きを介して間接的にのみ関与しうる領域を切り捨て、畿内周辺の限定された領域における「特権」を構成したとされる。新田氏は、右のような変化の画期を将軍義教期の幕政改革においた。しかし、安堵と施行との手続き的な分離がいかなる契機によって生じたかについては、明確にされていない。

以上のように、安堵に関する先行研究においては、変化した結果は指摘されても、その契機や要因については曖昧な点が多く残されている。したがって、安堵の変容過程を具体的に確認する必要がある。また、幕府官制論と「幕府―守護体制」論における安堵研究は、互いに連関しないまま進められている感が強い。中央機構の改革と地域支配の変化とを、ともに視野に入れた上で安堵を考察していかなければならない。そこで本章では、一四世紀中ごろから一五世紀前半にかけての室町幕府による国人所領安堵のあり方を分析することで、幕府・守護権力の存在形態および変容過程を検証したい(6)。

一　草創期室町幕府の安堵

1　「即時型」安堵と「調査型」安堵

まず、鎌倉幕府・建武政権における安堵方式を、先学の研究に拠りながら確認する。

鎌倉幕府草創期における安堵の目的は、内乱による不安定な状態を「回復」することにあった。この段階における安堵は、妨害排除・旧領回復をおもな内容としており、その発給にあたって不知行・当知行は問題とされなかった(7)。やがて幕府権力の安定化にともない、内乱期になされた旧領回復や理由なき当知行地安堵は、知行秩序の流動化を招くものとして、ともに制限されていく。これにかわって、発給に際して当知行の実否が調査される譲与安堵が制度的

に確立し（譲与安堵制）、以後この方式が鎌倉幕府の安堵手続きで基本となる。(8)

元弘の乱で後醍醐天皇や護良親王は、軍勢を募る必要から申請の真偽を調査しない当知行地安堵・旧領回復安堵を積極的に行った。だが政権の樹立後には、こうした安堵は鎌倉幕府の場合と同様に抑止の対象となる。(9)そして建武元年（一三三四）五月、雑訴決断所による安堵認定が開始されると、建武政権の安堵は当知行の実否調査を実施した上で発給されるようになった。(10)

在地の調査がなされない安堵（以下「即時型」安堵）と、当知行の実否を調査して発給される安堵（以下「調査型」安堵）は、同じ安堵でも知行認定のあり方において異質である。「即時型」安堵と「調査型」安堵は、その文面のみから類別するのは難しい場合もある。だが、これから考察する室町幕府の安堵を例にして、あえて類型化する基準を設けるならば、「調査型」安堵は安堵対象地が明記されるとともに、発給される前段階で申請地の知行状態を調査する文書が確認できる（表1）。これに対し「即時型」安堵は、その文言が曖昧かつ簡略であることが多い。たとえば、「本知行地半分」（表2No.7備考）や「建武二年以前知行之地」「所領等」（表2No.15備考）と安堵対象地が不明瞭であったり、明確でも「当知行云々」（表3No.28）というように申請内容をそのまま認めるような文言が載せられている。また、その発給手続きの中で、知行状況の調査を命じる文書は確認できない。

鎌倉幕府・建武政権は、戦時には「即時型」安堵を発給したが、政権成立後の平時には「調査型」安堵に転換し、安堵のあり方に段階差が見られた。「調査型」安堵の発給手続きは、室町幕府へと継承されたといわれているが、(11)以下で見るように実態は複雑である。

室町幕府の場合、その諸制度が整備されるにともない、「統治権的支配権」は漸次尊氏から直義に委譲され、安堵も建武三年（一三三六）一一月以降には直義が行うようになるとされている。(12)そこで、尊氏が建武政権から離反した

調査対象地	備考	典拠
亡父真雄遺領相模国池上内荻窪田在家，伊賀国光岡石成内神部服部，常陸国多珂郡内湯和美村，出羽国北条荘下高梨子村田中田在家等地頭職		『南北［東北］』276「秋田藩家蔵文書（岡本又太郎元朝家蔵文書）」
肥後国六箇荘内鯰郷，筑後国三池南郷内田崎村地頭職		『南北［九州］』935「新編会津風土記」
亡父武藤経頼遺領筑前国土穴村地頭職		『南北［九州］』989「宗像神社文書」
亡父道秀遺領肥後国神蔵荘寺名内田屋敷・重富名内屋敷田畠・久末名田地・得丸名内畠一町・肥前国神崎荘崎村郷内田地		『南北［九州］』990「詫摩文書」
常陸国伊佐郡内石原田郷地頭職，陸奥国好島荘内飯野村并好島村預所職	本来同文・別紙．陸奥は小山，常陸は佐竹に割り当てられた（奥書）	『南北［東北］』348「飯野文書」
祖父正恵遺領薩摩国満家院郡司職并名田畠山野以下		『南北［九州］』1100「比志島文書」
筑後国田口西方三分一・豊後国田原別符本方三分ノ一・筑前国怡土荘末永名三分一地頭職	足利直義下文（1422）参照	『南北［九州］』1417「田原文書」
播磨国福井荘東保上村地頭職		『南北［中国四国］』1025「吉川家文書」
肥後国鹿子木東荘内五郎丸名地頭職		『南北［九州］』1632「詫摩文書」
薩摩国新田宮執印職并五大院々主職及散在名田畠等地頭職		『南北［九州］』1638「薩藩旧記（水引執印文書）」
肥前国晴気保地頭職		『南北［九州］』1666「宗像神社文書」
安芸国長田郷地頭職并井原村一分地頭職		『南北［中国四国］』1084「内藤家文書」
薩摩国新田宮執印職并五大院々主職及散在名田畠免田		『南北［九州］』1678「新田神社文書」
豊後国津守荘勾保一法師名内滝下田地七段大（末安）地頭職		『南北［九州］』1696「利根文書」
紀伊国松島村松門名		『和歌山県史』「栗栖家文書」2
肥前国山田荘・周防国岩田保地頭職		『南北［九州］』2174「殖田文書」
信濃国志久見郷加志賀沢村		『南北［関東］』1699「市河文書」
越後国奥山荘北条内黒川章連跡，高野郷内水無村等地頭職	足利直義下文（1772）参照	『南北［関東］』1732「三浦和田文書」
越後国奥山荘中条内羽黒・鷹栖・高野条田在家，加地荘古河条等地頭職		『南北［関東］』1737「高橋六之助氏所蔵文書」
越後国奥山荘北条内黒川章連跡，高野郷内水無村等地頭職	足利直義下文（1772）参照	『南北［関東］』1738「三浦和田文書」
〃	同上	『南北［関東］』1740「三浦和田文書」
近江国三宅郷内十三町・六町田・大方分等地頭職		『大日本史料6編之12』54頁「田代文書」

表1　当知行実否調査奉書・請文

No.	年　月　日	文書様式	差　出　人	宛　　所	安堵申請者
1	建武4/1/18	安堵方頭人奉書	二階堂行珍（行朝）	岡本重親	池上泰光
2	〃 /5/15	〃	摂津親秀	三池親之	三池宗円
3	〃 /7/16	〃	二階堂行珍（行朝）	武藤貞法	藤原氏（字伊毛）
4	〃	[安堵方頭人]奉書	[二階堂行珍（行朝）]	少弐頼尚	詫摩幸秀
5	〃 /10/28	安堵方頭人奉書	二階堂道存（時藤）	小山貞宗 佐竹貞義	伊賀盛光
6	〃 /12/12	〃	散位某	比志島忠範	税所敦直
7	暦応2/11/2	〃	摂津親秀	大友氏泰	田原正曇（直貞）
8	暦応3/11/29	播磨守護請文	赤松円心（則村）	[幕府安堵方]	吉川仁心（経景）
9	暦応4/3/14	安堵方頭人奉書	[二階堂成藤]	少弐頼尚	詫摩宗秀
10	〃 /4/7	[薩摩国人]請文	沙弥禅厳	[幕府安堵方]	執印友雄
11	〃 /5/15	肥前国人請文	千葉胤泰	[　〃　]	宗像氏重
12	〃 /6/5	安堵方頭人奉書	沙弥某	長江景盛	内藤教泰
13	〃 /6/23	薩摩国人請文	山田宗久	[幕府安堵方]	執印友雄
14	〃 /8/25	安堵方頭人奉書	沙弥某	山内首藤彦次郎	山内首藤俊秀
15	康永元/12/2	紀伊守護請文	畠山国清	[幕府安堵方]	栗栖国実
16	貞和2/2/4	安堵方頭人奉書	扇谷上杉朝定	植田民部大夫	田原貞広
17	貞和3/4/21	〃	石橋和義	市河経助	市河昌源跡藤原氏
18	〃 /9/15	越後守護代請文	長尾景忠	[山内上杉憲顕]	黒川茂実
19	〃 /10/13	越後守護請文	山内上杉憲顕	[幕府安堵方]	羽黒義成
20	〃	〃	〃	[　〃　]	黒川茂実
21	〃 /10/20	越後国人請文	佐々木加地景綱	[　〃　]	〃
22	貞和4/10/30	安堵方頭人奉書	石橋和義	佐々木京極秀綱	田代顕綱

調査対象地	備考	典拠
近江国三宅郷内十三町・六町田・大方分等地頭職		『大日本史料6編之12』54～55頁「田代文書」
陸奥国加美郡米積郷，三河国額田郡仁木郷内屋敷・田畠，相模国宮瀬村，下野国足利荘木戸郷内田一町・屋敷一所	足利直義下文（1792・1793）参照	『南北［関東］』1795「倉持文書」

比定は，岩元修一「南北朝前期室町幕府の安堵について」（『九州史学』95号，1989年）参照.

建武二年一一月から、直義が安堵を担当するようになるといわれる翌年一一月前までに発給された安堵を確認する。

最初に注目されるのが、「元弘以来没収地返付令」と称する一連の安堵である。これは、建武三年二月、尊氏が京都での合戦に敗れ、丹波から兵庫に転進した際に発した安堵である[13]。同様の安堵は、尊氏が博多を発って再上洛の途につく直前の三月二九日にも出されている[14]。その一例をあげる[15]。建武三年二月、越後の国人黒川茂実が建武政権によって没収された所領の「安堵御下文」を求めたのに対し、尊氏は申状裏に返付する旨をしたためた[16]。この裏書には「此所元弘三年以来被二収公一云々」とあり、茂実の申請内容をそのまま信用する一方、それが虚偽申請であった場合には処罰すると警告している。敗走中に出された状況も考えると、これは申請内容を調査しない「即時型」安堵であったことがわかる。

この時期に出されたほかの安堵も、「即時型」に分類できる。建武三年二月一八日、伊予の国人河野通盛に対して伊予国河野通信跡を安堵した、尊氏の御判御教書が出された。これは、尊氏が九州を目指して敗走中に、承久の乱の時点にまで遡って通信が没収された所領を返付することを約したものである[17]。また、同年三月五日、同じく尊氏の御判御教書によって、河内国伊香賀郷地頭職が河内国人土屋宗直に安堵された[18]。この安堵は、三月二日の筑前国多々良浜の戦いで勝利した直後に発給されている。さらに、同年六月二三日、山内通知に備後国津田郷地頭職・遠江国飯田荘内加保村地頭職・伊賀国島原郡司職・京都西岸寺御堂を安堵した尊氏の裏書がある。これは、尊氏が通知の養父通継の書き残した譲状裏に記したもので、この時はい

No.	年　月　日	文書様式	差　出　人	宛　　所	安堵申請者
23	貞和4/10/30	安堵方頭人奉書	石橋和義	矢嶋弥太郎入道	田代顕綱
24	〃　/11/8	国人請文	四方田浄延	［幕府安堵方］	倉持胤忠・忠重 播磨房行胤

註　(1) 備考欄参考文書の（　）は典拠欄文献文書番号を示す．(2)［　］は推定．(3) 安堵方頭人の

まだ京都争奪戦の最中であった[19]。同じく京都での市街戦が続く六月二九日にも、摂津親秀に対して元弘以来収公の旧領を安堵する尊氏の御判御教書が出されている[20]。

このように、尊氏・直義による二頭政治が形成される以前は、譲与安堵も含めて、調査をしない「即時型」安堵が尊氏によって発給されていた。この段階の安堵は、尊氏の敗走から再上洛の間、すなわち軍陣において出されたものであり、軍忠に対する戦後の保証的な性格が強い。先学がすでに指摘したように、建武三年一一月以降、譲与安堵は直義が行うようになる。だが直義の安堵は、尊氏のものと発給手続きやその実態が異なっていた。

次に、この二頭政治期の安堵について検討する。建武三年、安堵方が設置され、直義の管轄下で活動を開始する。岩元氏が明らかにしたように、安堵方は鎌倉後期における譲与安堵制を継承した[21]。すなわち、安堵申請者からの申状・具書を受けた安堵方は、「当知行之真偽」「可レ支仁之有無」の調査を命じた奉書を守護・国人に出し、その請文に基づいて直義の安堵下文が発給された（表1）。これを図示すると、次のようになる。

国人（安堵申請）→安堵方（調査命令）→在地（守護・国人）（報告）→直義（安堵発給）

一方、尊氏も同時期に安堵を発給していたことが、岩元氏によって指摘されている。だが、本章の冒頭でも述べたように、岩元氏は、尊氏・直義の安堵を申請根拠によって分類したのみで、尊氏による安堵の実態についてまでは言及しなかった。また、以下で触れるように、軍忠を根拠とした安堵も直義が処理したという、岩元氏とは異なる見解もその後出されている。こ

れらの問題を明らかにするために、挙状による安堵手続きを確認する。

建武四年初頭から、軍忠に基づく安堵手続きの中で、幕府と国人とを仲介する鎌倉府・探題・守護・大将の挙状が認められるようになる（表2）。これは、尊氏が建武政権から離反した建武二年一一月から、建武三年六月の京都再占拠までの間における足利一門諸将の軍事配備によって、守護制度の原型が形作られたことを前提としている(22)。安堵挙状の事例が確認できるのは建武四年以降だが、おそらく建武三年の後半ごろから足利一門を中心とした守護・大将らが、軍忠挙達の一環で安堵申請手続きに関与しだす点に留意しておきたい(23)。

守護らの安堵挙状の多くは、高師直に宛てられていた。矢部健太郎氏は、安堵に関わる師直の立場を内談方頭人として理解している(24)。その根拠に、矢部氏は次の史料を掲げた。

〔史料1〕『南北〔九州〕』二五六三「詫摩文書」（以下、傍線は加筆）

御判

下　菊池越前々司武宗〈本名隆元〉

可ㇾ令㆓早領知㆒肥後国千田庄・重富名・南加治尾等内田畠在家地頭職〈養父武成跡〉半分事、

右、依ㇾ参㆓御方㆒、所㆓充行㆒也者、守㆓先例㆒可ㇾ致㆓沙汰㆒之状如ㇾ件。

貞和四年十二月七日

〔史料2〕『南北〔九州〕』二五六六「詫摩文書」

菊池越前々司武宗〈本名隆元〉申、肥後国千田庄・重富名・南加治尾等内田畠在家等地頭職〈養父武成跡〉半分事、守㆓今月七日御下文㆒、可ㇾ被ㇾ沙㆓汰付下地於武宗㆒之状、依ㇾ仰執達如ㇾ件。

貞和四年十二月廿五日　武蔵守（高師直）在判

一色宮内少輔（直氏）殿

矢部氏は、史料1と同形式の下文が、貞和四年（一三四八）九月一七日に直義から菊池武宗に対して発給されている事実に注目した[25]。また史料1傍線部のような文言は安堵を示しているとし[26]、これを尊氏の発給文書とすることに疑問を呈した。このことから史料1は、安堵を担当する直義の下文であり、高師直は内談方頭人として史料2を発給したとする。だが、こうした文言を含む直義の下文は、管見の限りさきほどあげた貞和四年九月一七日付の下文一例のみである。

その一方で、史料1傍線部と同様の文言を含む尊氏の下文は、A建武五年閏七月二六日（『南北［東北］』四一五「伊達文書」）、B暦応二年一二月二一日（『南北［中国四国］』九一四「大野文書」）、C康永三年七月二日（『南北［関東］』一五〇六「真壁文書」）、D貞和二年五月一七日（『南北［九州］』二一九八「大友文書」）と時期的な偏りもなく複数確認できる[27]。また、Cを施行したのは高師直であり、これは執事としての役割であろう[28]。当然A・B・Dも、師直によって施行されるべき下文であったと考えられる。したがって、史料2のみ内談方頭人として師直が発給したとするのは無理があり、執事としての活動と理解した方が自然である。これらの点から、史料1は尊氏の下文と考えたい。

矢部氏は、安堵挙状を受理する師直の立場も内談方頭人として理解している。その根拠は表2№15・16・17の挙状で、№15が師直に宛てられ、№16・17は上杉重能と飯尾貞兼とに宛てられていることによる。上杉重能は内談方頭人で足利直義の股肱的存在、飯尾貞兼は重能の内談方に属す奉行人である[29]。岩元氏も、「御沙汰延引」となった場合、その後に提出された挙状の宛所が直義の影響下にある人物になっていることから、直義が軍忠に基づいた安堵に関与しえた背景を指摘している[30]。

しかしながら、内談方頭人が軍忠による安堵挙状の宛所となるのは、表2№16の事例のみである。また、№15が畠

申請内容	備考	典拠
本領返付	参陣による挙申	『南北［中国四国］』566「佐治谷加勢木村百姓所蔵文書」
下総国相馬郡内手賀・藤心両村（岩松直国跡，先祖本領）安堵	父胤康討死にともなう挙申 乙鶴丸代妙蓮申状（303）参照	『南北［東北］』304「相馬岡田文書」
所領安堵	父長胤・胤治・成胤討死にともなう挙申	『南北［東北］』313「相馬岡田文書」
下総国相馬御厨内泉郷（本領），手賀・藤心両郷（岩松直国跡）安堵	No. 2 の催促 乙鶴丸代祐賢申状（335）参照	『南北［東北］』336「相馬岡田文書」
播磨国下揖保荘東方地頭職（本領）返付	軍忠による挙申	『南北［九州］』1128「島津文書」
〃	〃	『南北［九州］』1231「島津文書」
本領安堵	〃	『南北［九州］』1398「志賀文書」
	［足利尊氏］下文（右掲）参照	『南北［九州］』1454「大友家文書録」
〃	軍忠による挙申（同上）	『南北［九州］』1399「志賀文書」
本領訴訟	軍忠による挙申，No. 5・6 の催促	『南北［九州］』1427「島津文書」
〃	〃	『南北［九州］』1426「島津文書」
本領安堵	軍忠による挙申，No. 7・8 の催促	『南北［九州］』1562「志賀文書」
当知行地安堵	遠江国での軍忠による挙申	『南北［九州］』1660「詫摩文書」
遠江国内田荘下郷内一分地頭職安堵	軍忠による挙申	『静岡県史』268「内田文書」
本領安堵	参陣による挙申 松浦峯定申状案（1947）参照	『南北［九州］』1946「青方文書」
所領［建武二年以前知行地］安堵	軍忠による挙申 結城顕朝申状（305），尊氏御判御教書（262・325）参照	『白河市史』307「結城古文書写」「結城家文書」（断簡）
所領［建武二年以前知行地］安堵	軍忠による挙申，［No. 15 の催促］	『白河市史』310「結城家文書」
〃［〃］〃	〃	『白河市史』308「結城家文書」
陸奥国耶麻郡内下利根河村当知行分安堵		『福島県史』「示現寺文書」1
本領訴訟	奥州管領奉行への挙申	『福島県史』「国魂文書」13
陸奥国石川荘内千石・板橋，川辺八幡宮神領下河辺村・沢尻等本領当知行地安堵	軍忠による挙申	『福島県史』「白河古事考所収文書」1
所領安堵	〃	『加能史料南北朝Ⅰ』521頁「得田文書」

表２　安堵挙状

No.	年　月　日	差　出　人	宛　　所	安堵申請者
1	建武4/1/12	細川義春	高師直	佐治重泰
2	〃　/4/17	斯波家長	〃	相馬岡田乙鶴丸（胤家）
3	〃　/5/2	〃	〃	相馬岡田孫鶴丸・竹鶴丸・福寿丸
4	〃　/8/18	〃	〃	相馬岡田乙鶴丸（胤家）
5	建武5/2/7	赤松円心（則村）	奉行所	島津忠兼
6	〃　/8/13	〃	〃	〃
7	暦応2/9/3	畠山義顕	〃	出羽宗雄
8	［暦応2］〃	〃	高師直	〃
9	暦応2/11/13	赤松円心（則村）	奉行所	島津忠兼
10	［暦応2］〃	石塔頼房	〃	〃
11	［暦応3］/8/7	畠山義顕	高師直	出羽宗雄
12	［暦応4］/5/3	仁木義長	［二階堂成藤］	詫摩之親
13	［暦応3～康永2］/5/7	〃	高師直	内田致景
14	康永2/7/25	一色道猷（範氏）	〃	松浦峯定
15	貞和4/3/16	畠山国氏 吉良貞家	〃	結城顕朝
16	［貞和4］/4/8	吉良貞家	宅間上杉重能	結城顕朝父子
17	［　〃　］〃	〃	飯尾貞兼	〃
18	貞和4/8/12	畠山国氏 吉良貞家	高師直	三浦盛通妻平氏
19	［観応3］/4/12	吉良貞経	凡海入道	岩城行泰代隆泰
20	観応3/4/18	吉良貞家	南宗継	石川高光
21	〃　/5/10	吉見氏頼	奉行所	得田素章（章真）

申　請　内　容	備　　考	典　　拠
陸奥国会津南山内本知行分安堵	軍忠による挙申	『福島県史』「長沼文書」7
勲功配分地安堵		『宮崎県史』「樺山文書」10
豊後国田原別符本方三分一（付次松・岡）・同国大神・藤原荘・波多方名（各半分）・同国光一松名，豊前国苅田荘，筑前国怡土荘内末永名三分一，筑後国田口村三分一，肥前国山田荘，周防国岩田保等地頭職安堵	孫子徳増丸（氏能）への譲与	『南北［九州］』3662「草野文書」
勲功配分地安堵		『南北［九州］』3690「薩藩旧記」
〃		『南北［九州］』3734「綾部文書」
本領播磨国安積保下司・公文両職幷三方西公文職，姫道村田畠等還補	軍忠による挙申	『兵庫県史』「安積文書」9
惣領配分地安堵		『宮崎県史』「押領司文書」5
能登国能登島御厨東方地頭職安堵（旧領回復）	軍忠による挙申	『加能史料南北朝Ⅱ』207頁「天野文書」
〃	〃	『加能史料南北朝Ⅱ』207～208頁「天野文書」
本領播磨国安積保下司・公文両職幷三方西郷公文職，姫道村田畠等還補	〃	『兵庫県史』「安積文書」8
上野国新田荘由良郷［本領安堵］		『神奈川県史』4500「士林証文」
	足利義詮御判御教書（右掲）参照	『群馬県史』「正木文書」39
本領石見国益田本郷，東北両山道，弥富名，伊甘郷（付小別名），宅乃別符地頭職当知行地安堵	忠節による挙申，当知行保証	『南北［中国四国］』3505「益田家文書」
備後国信敷荘西方安堵（旧領回復）	忠節による挙申	『南北［中国四国］』3975「福原家文書」
丹後国日置郷幷友枝・有富両保地頭職安堵	軍忠による挙申，相伝当知行保証	『宮津市史』「百鳥講文書」16
日向国櫛間院，大隅国深河院北方安堵	九州探題への挙申，相伝知行保証	『宮崎県史』「野辺文書」6
島津荘日向方北郷宮丸名内富永・成清等京都吹挙	九州探題の挙状要請，相伝保証	『南北［九州］』5172「薩藩旧記」
島津荘日向方中郷富山・安久名・和里木名，同秋永等安堵京都吹挙	〃	『南北［九州］』5176「志々目文書」
薩摩国満家院内十三町名主職本領安堵京都吹挙	九州探題の挙状要請，当知行保証	『南北［九州］』5181「比志島文書」
薩摩国谷山郡内山田・上別府安堵京都吹挙	九州探題の挙状要請，譜代相伝保証	『南北［九州］』5187「薩藩旧記（山田文書）」
訴訟（上記の挙状）	守護島津氏久挙状と軍忠による挙申	『南北［九州］』5214「薩藩旧記（山田文書）」
本領［安芸国吉田荘地頭職］安堵	軍忠による挙申 管領細川頼之施行状（4373）参照	『南北［中国四国］』4272「毛利家文書」

No.	年　月　日	差　出　人	宛　　所	安堵申請者
22	文和2/6/[25]	吉良貞家	仁木頼章	長沼朝実
23	文和3/2/16	一色道猷（範氏）	奉行所	樺山資久
24	〃　/3/23	大友氏時	〃	田原正曇（直貞）
25	〃　/6/25	一色道猷（範氏）	〃	島津道鑑（貞久）
26	〃　/9/29	〃	〃	綾部幸依
27	文和4/2/5	赤松則祐	〃	安積盛兼
28	〃　/11/	一色道猷（範氏）	〃	泉水右衛門兵衛尉
29	康安2/8/5	吉見氏頼	〃	天野寛誉（遠政）
30	[康安2]〃	〃	斯波高経	〃
31	貞治3/6/2	赤松則祐	奉行所	安積盛兼・胤阿
32	〃　/6/12	足利基氏	斯波義将	岩松直国
33	貞治5/11/18	掃部助高弘	[大内弘世] 奉行所	益田兼見
34	[応安6]/3/18	今川了俊（貞世）	奉行所	長井貞広
35	[応安7～永徳元] [至徳4]/10/13	山名義幸	雅楽某	日置久氏
36	応安8/2/25	島津氏久	斎藤明真	野部盛久
37	〃　/3/11	〃	〃	富山義弘
38	〃　/3/23	〃	〃	〃
39	〃　/4/14	島津伊久	[九州探題] 奉行所	比志島久範
40	〃　/5/10	島津氏久	斎藤明真	山田忠経
41	永和元/7/18	今川了俊（貞世）	細川頼之	〃
42	永和2/6/9	〃	〃	毛利元春

申請内容	備考	典拠
石見国周布郷地頭職安堵	相伝当知行保証，支状進上	『南北［中国四国］』4349「萩藩閥閲録」
所々知行地安堵	軍忠による挙申	『南北［中国四国］』6581「宗像神社文書」
一跡相続安堵	父氏俊よりの相続	『南北［中国四国］』6580「宗像神社文書」
武蔵国足立郡芝郷内地頭職（彦部近江守跡）安堵	父二階堂忻恵（行春）よりの相続，当知行保証	『神奈川県史』5080「秋元興朝氏所蔵文書」
石見国出羽上下地頭職安堵	当知行保証 足利義満御判御教書（5181）参照	『南北［中国四国］』5048「出羽家文書」
石見国来原別符安堵	相伝証状提示 足利義満御判御教書（5102）参照	『南北［中国四国］』5066『萩藩閥閲録』
安芸国内部荘内福原郷地頭職安堵	父毛利元春よりの相続 管領斯波義将施行状（5114）参照	『南北［中国四国］』5083「福原家文書」
本領［石見国白上荘（新本）地頭職］安堵	足利義満御判御教書（5233）参照	『南北［中国四国］』5213「萩藩閥閲録」
石見国周布郷（付和田・原井・須々井村）安堵	相伝当知行保証 足利義満御判御教書（5234）参照	『南北［中国四国］』5223「萩藩閥閲録」
本領安堵	忠節による挙申	『山口県史』「小野家文書」28
武蔵国入西郡越生郷是永名内在家二宇，同郷水口田内窪田二段，同郷谷賀俣村内田畠在家二宇，同郡浅羽郷内金田在家一宇・田畠，高麗郡吾那村内在家二宇安堵	相続，相伝当知行保証	『神奈川県史』5180「法恩寺年譜」
安芸国分郡山県内大朝荘（本新），平田内宮荘，同福光名，志知原村内石中原并石見国永安別符当知行地安堵	当知行保証 足利義持御判御教書（251）参照	『大古』「吉川家文書」250
阿蘇大宮司職［并神領所々］安堵	父惟村よりの相続 足利義持御判御教書（応永24/5/13）参照	『大古』「阿蘇文書」230 『大古』「阿蘇文書写」143頁
阿蘇四ヶ社大宮司職并神領等安堵	譜代相続，忠節保証（No. 55の催促）	『大古』「阿蘇文書写」90頁
阿蘇大宮司職安堵	阿蘇惟兼の押妨により再安堵を挙申	『大古』「阿蘇文書」246
安芸国山県郡内大朝新本荘，平田内宮荘，同福光名，志知原村内石中原并石見国永安別符一方地頭職安堵	当知行保証 足利義教御判御教書（260）参照	『大古』「吉川家文書」259
本領安堵	当知行保証	『鹿児島県史料』「禰寝文書」215

日本古文書』は『大古』と略記し，そのほかは凡例に従った．

No.	年　月　日	差　出　人	宛　　所	安堵申請者
43	永和3/3/20	［荒川道恵（詮頼）］	奉行所	周布士心
44	［康暦元～永徳元］/8/7	今川了俊（貞世）	斯波義将	宗像氏頼
45	［　〃　］〃	〃	〃	〃
46	［永徳元～明徳元］/12/3	足利氏満	〃	二階堂道簾妻藤原氏
47	至徳3/12/7	大内義弘	奉行所	君谷祐忠
48	至徳4/5/28	〃	〃	周布兼仲
49	［嘉慶元］/8/21	今川了俊（貞世）	斯波義将	福原広世
50	康応元/8/13	大内義弘	奉行所	周布兼仲
51	〃　/10/5	〃	〃	〃
52	［康暦元～明徳元］［明徳4～応永2］/6/25	今川了俊（貞世）	斯波義将	小野掃部助
53	［応永4］/5/3	足利氏満	〃	吾那光泰
54	応永22/3/28	武田祐光（信守）	奉行所	吉川法秀（経見）
55	〃　/4/5	渋川道鎮（満頼）	〃	阿蘇惟郷
56	［応永24］/⑤/27	渋川道鎮（満頼）	斎藤基喜	〃
57	［応永31］/3/28	渋川義俊	飯尾貞連	〃
58	［永享12］/4/16	［武田信栄］	〃	吉川経信
59	（年未詳）6/9	島津好久	奉行所	禰寝清平

註 (1) 備考欄参考文書の（　）は典拠欄文献文書番号を示す．(2)［　］は推定，○は閏月．(3)『大

山国氏・吉良貞家両奥州管領の連署で書下年号を付す様式であるのに、No.16・17は吉良貞家の単署で年欠の書状様式の挙状であり、文書様式に差異が認められる。吉良貞家が直義に近い関係にあった点を併せて考えると、No.15が本来の申請手続きに基づいた正式の挙状であるのに対し、No.16・17は非公式のルートによって上申された挙状であったことをうかがわせる。(31)

以上の理由から、貞和四年九月に直義が発給した前掲の軍忠に基づく安堵下文（註（25））や、内談方に宛てられた表2No.16・17の挙状は特殊な事例であり、これをもって一般化することはできないと考える。次節で後述するように、これらの事例は、幕府が分裂する直前にあたる貞和四年の時期的な特質を考慮に入れて評価すべきである。

2　安堵挙状の内容

これまで述べてきたように、安堵挙状を受ける師直の立場は執事としてのものであったと考えるが、師直は受理した安堵挙状を安堵方に送達したとの意見もある。(32)そこで、軍忠に対する恩賞の一環として要求される安堵にも、直義―安堵方が関与したのかを検討するため、安堵挙状の内容を次に確認する。守護挙状や国人申状の安堵申請の内容を見ると、ほとんどが「本領安堵」であることに気づく（表2）。「本領安堵」が基本的に旧領回復を意味することについては、近藤成一氏が論じている。(33)近藤氏が考察の対象としたのはおもに建武政権の安堵であるが、たとえば「室町幕府追加法」七八条のように、室町幕府においても「本領安堵」の用語は返付の意味で使用されている。

ただし近藤氏も認めるように、「本領」（二字）の意味は根本私領・開発所領であり、その地が旧領か当知行地かはまた別の次元の問題となる。(34)たとえば、貞治五年（一三六六）の石見守護代某高弘挙状では、益田兼見の当知行所領として「本領益田本郷」をあげている（表2No.33）。この場合の「本領」は、当知行地の一部である。よって本章では論旨を明確にするため、不知行の状態にある「本領」は旧領と言い換えて論じる。

さて、観応の擾乱以前における挙状の内容については、漆原徹氏が網羅的に解説をしているので、明らかに旧領回復申請とわかるもの（表2№1・5・6・9・10）はそれに譲り[35]、以下説明を加える必要のあるものに限り取り上げ、尊氏が旧領回復安堵を扱っていたことを論証したい。

表2№2（以下№のみは表2）を、漆原氏は「所領安堵」の挙状としたが、相馬一族の岡田氏が申請した安堵の具体的な内容はいかなるものであったのだろうか。岡田胤康はいち早く足利方に属して行動したが、建武三年四月の相模片瀬川の戦いで討死した。胤康の子息胤家は、亡父の軍忠に基づき恩賞を幕府に請求し、関東執事斯波家長はこれを執事高師直に二度にわたり取り次いだ。これが№2と4の挙状である（漆原氏は№4について言及せず）。家長は二度目の挙状で、胤家に対する「下総国相馬御厨内泉郷本領幷手賀・藤心両郷新田跡（岩松直国）源三郎安堵事」を幕府に要請しているが、胤家側の申状によると、この手賀・藤心は相馬岡田氏の「先祖本領」で、故胤康に預け置かれていた所領であったことがわかる。つまり、手賀・藤心は胤康にとって先祖の旧領であり、胤家はその回復を幕府に求めているのである[36]。泉郷および同じく相馬岡田一族の申請を受けて挙申された№3の「所領安堵」については、その内容を明らかにしえなかった。

№7・8は、参陣した出羽宗雄の「本領」を安堵するため、日向国大将畠山義顕が執事高師直と奉行所に宛てて出した挙状である。これについて、漆原氏は「本領について幕府の沙汰を要請する」内容としたが、その「本領」に対する沙汰とはいかなるものであったのか。№7・8の結果発給されたのが、左の下文である（関連する№11は後掲の註（38）参照）。

〔史料3〕『南北［九州］』一四五四「大友家文書録」

（足利尊氏）(37)
御袖判
下　出羽弥次郎宗雄
可ㇾ令㆓早領地(知)㆒本知行地半分地頭職除後醍醐朝恩得宗領并元弘収公地等
右人、依ㇾ参㆓御方㆒、所㆓充行㆒也。任㆓先例㆒可ㇾ致㆓其沙汰㆒之状如ㇾ件。
暦応二年十二月廿一日(38)

岩元氏はこの下文について、形式的に「宛行」文言を有するが、実質的には「安堵」であるとみなした。だが岩元氏の定義でも、この下文の具体的な内容は依然不明瞭なままである。そこで傍線部に注目すると、「降参半分法」(39)が適用されていることがわかる。宗雄の父季貞の所領は、建武四年の段階で入田士寂の所領とともに闕所として出羽正全に宛行われようとしていた(40)。士寂は建武三年に行われた豊後国玖珠城合戦の南軍主将の一人であり、季貞も行動をともにしたため、幕府から所領を没収されたものと思われる(41)。そののち宗雄は、暦応二年三月に、日向国への発向を命じる幕府御教書・畠山義顕施行状を受け(42)、翌月には参陣して軍功を積み、№7・8・史料3の措置がなされた。すなわちこの下文は旧領回復安堵であり、そのために「宛行」文言が含まれているのである。ちなみに、岩元氏が史料3と同じ性格のものとして掲げた康永三年（一三四四）七月二日付の尊氏下文も、宛所である真壁高幹はこれ以前南朝にくみして幕府に所領を没収されていたので、旧領の回復安堵と位置づけられる(43)。これは五九頁で述べた尊氏下文のCにあたるが、他のA・B・Dも「降参半分法」による旧領回復を内容としている。

№12は安堵方頭人に宛てられた挙状であるが、その位置づけについては次節で後述する(44)。また、№13の挙状にある「安堵」の内容については、明らかにできなかった(45)。

№14について漆原氏は、松浦一族峯定の本領安堵申請に応じた挙申としたが、その経緯はいかなるものであったのか。康永二年七月の峯定申状によると、彼は幕府から「御教書」を受けた結果、南朝方から幕府方に転じて筑後国竹井城攻めに加わり、この時の軍功を根拠に「本領」の安堵を幕府に要求した。[46]これ以前、南朝方として活動していた時期における峯定の所領は、幕府によって闕所として扱われていたので、[47]この「本領」は旧領であり、No.14は旧領回復安堵の挙申であった。

No.15は断簡であり、漆原氏はその内容についての判断を保留した。だがその復原を試みた研究[48]によると、この挙状が貞和四年（一三四八）二月の結城顕朝申状に対応していることがわかる。この申状で顕朝は、参陣を条件に「建武二年以前知行之地」の安堵を約した康永二年（一三四三）二月二五日付の幕府（尊氏か）御判御教書に応じて南朝方から離反した旨を述べ、安堵の履行を幕府に求めている。[49]したがって、No.15も旧領回復の安堵要求によって高師直に宛てて出された挙状である。関連するNo.16・17について、漆原氏は言及しなかったが、これらはNo.15で要求した安堵が遅延しているために出されたものである。No.15が執事高師直に、No.16・17は上杉重能と飯尾貞兼とに、それぞれ宛てられたことについてはすでに述べた。

No.18に関して漆原氏は、軍忠にはまったく言及せず安堵申請者の申状を副進する安堵挙状とした。高師直に宛てられた安堵挙状の中で、対象地が申請者の当知行地であることを明言する、管見の限り唯一の事例である。この挙状の位置づけについては、次節で述べる。

これらのように、不明な例が三つと後述する例外が一つあるものの、執事師直のもとに挙申された安堵のほとんどが旧領回復としての「本領安堵」であった。返付の下文は尊氏が発給していたのであるから、安堵挙状は師直から尊氏に披露されていたことも判明する。ここで重視したいのは、恩賞方で処理される尊氏の安堵手続きには、直義のように在地に対して調査を命じる文書を確認できない点である。これは、基本的に不知行地である旧領の回復安堵を扱っていたために、対象地の闕否や当知行は問題とならなかったのだろう。(50)だが、本節の最後で述べるように、申請地がすでに他人に知行されている場合もあった。

国人の安堵申状には、「預所幷由緒地注文」「合戦幷討死一見状」「大将御感御教書案」などが支証として副えられることもあり、これらの文書審査が行われていたようである。(51)ただし、在地に調査を命じる尊氏関係の文書は見あたらないことや、支証の多くが軍事関係文書であることからすれば、尊氏の安堵発給の判断基準は、安堵申請地の真偽確認よりも、軍忠の度合いが重視されていたようである。これは、大半の挙状において、安堵を申請した国人の軍忠が強調されていることからもわかる。たとえば、相馬岡田胤家の安堵申請を二度にわたって挙申した関東執事斯波家長は、初度の挙状で「誓文」を記さなかったために、幕府が相馬岡田氏の軍忠内容を疑い安堵が遅延しているのではないかと、再度の挙状で懸念している（表2№4）。

つまり尊氏による安堵手続きは、挙状を含めた支証文書の審査があるに過ぎず、在地調査を行わずに発給される点において、その基本的な性格は開幕直前の時期に行われた「即時型」安堵と大差ない。以上をまとめて、尊氏の安堵発給手続きを図示すると次のようになる。

国人〔旧領回復申請〕→守護・大将ら〔軍忠挙申〕→執事〔披露〕→尊氏〔安堵発給〕

このように、尊氏と直義の安堵は、単なる申請根拠の違いのみでなく、安堵行為の内容および実態そのものが異なっていた。鎌倉幕府・建武政権と異なり、室町幕府は成立期当初から、文書審査が行われるに過ぎない「即時型」の安堵と、当知行・不知行の在地調査がなされる「調査型」の安堵とが併存していた。前者は旧領回復安堵をおもな内容として恩賞宛行権を行使する尊氏に、後者は譲与安堵（＝当知行地安堵）を中心として安堵方を指揮する直義に掌握された。このことは、鎌倉幕府制度の継承を目指しながらも、(52) 内乱に対処しなければならなかった室町幕府の特異性であり、矛盾でもあった。

旧領回復安堵の発給は、当知行地の変更を迫る可能性をつねに含む。文和二年（一三五三）の事例だが、田原正曇譲状によると、嫡孫徳増丸への譲与予定地であった豊後国大神・藤原両庄・田原別符内波多方名地頭職は、旧知行者が幕府に投降し「降参半分法」に則って返付されたため、現在替地を要求しているという（後掲史料4傍線部）。旧領回復安堵の発給→当知行地の変更は、尊氏・直義の二頭政治期においても、当然予想されうる現象であろう。戦時に適応した「即時型」による旧領回復安堵の存在は、「調査型」でなされる当知行地安堵を潜在的に不安定なものにしていたのである。

二　内乱情勢の推移と安堵手続きの変容

1　「調査型」安堵の廃止

二頭政治期には、尊氏＝「即時型」旧領回復安堵、直義＝「調査型」当知行地安堵といったように、一応の区分が見られた。当知行地安堵の場合、たとえ軍忠に基づくものであっても、挙状の宛所は安堵方であった（表2 No.12）。これは、一例のみの事例であるので断言はできないが、当知行地安堵が基本的に安堵方の所轄であったことをうかがわせる。こうした区分が崩れだすのは、貞和四年（一三四八）中ごろである。すなわち、貞和四年八月一二日に当知行地安堵を申請する挙状が高師直に宛てられる一方（表2 No.18）、九月一七日には直義も軍忠に基づいた旧領回復安堵の下文を発給する[53]。これらの例もわずかであるので、例外とも考えられるが、当知行の実否調査を示す史料が忽然と姿を消すのも同年からのことである（表1）。

先述したように、直義が軍忠に基づく安堵を発給しえたことや、直義の指揮下にある内談方がこうした安堵に関与していたとの指摘もあるが、これらの事例が二頭政治期全般ではなく貞和四年に集中的に見られる点に注意すべきである。佐藤進一氏によると、貞和四年正月に行われた河内国四条畷の戦いで、高師直率いる幕府軍が南朝軍に大勝したことが、師直の勢力伸長を招き、これ以後直義と師直の対立が激化するという[54]。この時期から幕府の安堵方針をめぐって、尊氏・直義の足並みが乱れはじめるのも、こうした政治情勢と無関係ではあるまい。

観応の擾乱で直義が没落すると、尊氏・義詮がともに安堵を発給するようになり、やがて義詮に一元化するとされる[55]。たしかに、直義が担当していた譲与安堵は義詮が引き継ぐが、しかし、その安堵発給手続きは直義のものとまったく異なる。すなわち、譲与安堵発給手続きにおける当知行の実否調査は、さきほど述べたように貞和四年一一月を最後に見られなくなり、かわって守護挙状によって申請がなされるようになる。たとえば、文和二年（一三五三）一一月、田原正曇は左のような所領譲状を記した（囲い数字は安堵手続きの順序を示す）。

〔史料4〕『南北［九州］』三六二二「入江文書」

④「（外題）一見了　（足利義詮）（花押）

文和三年九月廿四日」

①譲与　所領等事

〔二か条（豊前国苅田庄・豊後国光一松名両地頭職）省略〕

一、同国（豊後）大神・藤原両庄并田原別符内波多方名地頭職半分右、所々者、正曇為二恩賞一拝領、当知行無二相違一。而嫡孫豊前徳増丸（田原氏能）豊前徳増丸仁相二副御下文・御施行・守護施行等一、所二譲与一也。〔中略〕於二大神・藤原・波多方半分一者、本主降参之間、任二傍例一去渡畢。彼替事、可二充給一之由、御沙汰最中也。被二裁下一者、同徳増丸可レ令二知行一。〔中略〕仍譲状如レ件。

文和二年十一月六日　　　　沙弥正曇（田原直貞）（花押）〔中略〕

②「彼所々、被レ譲二与嫡孫徳増丸一之子細、披見畢。為二後日一所望之間、所レ加二判形一也矣。（証判）

文和二年十一月八日　　　　刑部大輔（大友氏時）（花押）」

田原氏側から史料4①を受けた守護大友氏時は、二日後に証判を加え（史料4②）、翌年三月二三日に左掲の挙状を幕府に提出した。

〔史料5〕『南北［九州］』三六六二「草野文書」

③豊前蔵人三郎入道正曇（田原直貞）申、豊後国田原別府本方参分壱付次松岡・同国大神・藤原庄・波多方名各半分〔中略〕等地頭職、就レ譲二与孫子徳増丸（氏能）一、可レ被レ成二下安堵御下文一由事、申状具書、謹令レ進二上之一候。可レ被レ経二御沙汰一候哉。以二此旨一可レ有二御披露一候。恐惶謹言。

文和三年三月廿三日　　　　刑部大輔氏時（大友）（裏花押）

進上　御奉行所

この安堵申請の結果、史料4④の義詮外題安堵がなされた。同じ田原正曇に対する安堵でも、左掲の直義―安堵方によるものは、申状を受けた安堵方頭人摂津親秀が守護大友氏泰に調査を命じていた。

〔史料6〕『南北［九州］』一四一七「碩田叢史（田原文書）」

豊前蔵人三郎入道正曇（田原直貞）申、筑後国田口西方三分一・豊後国田原別府本方三分ノ一・筑前国怡土庄末永名参分一地頭職安堵事、申状副二具書一如レ此。云二当知行之真偽一、云二可レ支仁之有無一、載二起請之詞一、可レ被二注申一由候也。仍執達如レ件。

暦応二年十一月二日　　掃部頭（摂津親秀）（花押影）

大友（氏泰）式部丞殿

こうした調査命令は、史料4・史料5の①~④の間で確認できない。また右の史料傍線部で明らかなように、田原正曇の申状・具書は、史料6では申請を受けた幕府から守護に渡っているのに対し、史料5では逆に守護から幕府に届けられている。すなわち譲与安堵は、国人〔安堵申請〕→幕府〔調査命令〕→守護といった「調査型」から、国人〔安堵申請〕→守護〔安堵吹挙〕→幕府という「即時型」手続きに変化しているのである。譲与安堵に限らず、当知行地安堵全般が軍忠を根拠とした申請となるのも、観応の擾乱からのちのことである（表2）。この段階で、当知行地安堵の発給手続きは、尊氏が発給する「即時型」の安堵と同質化するに至る。

その一方で幕府は、旧領回復安堵の積極的な発給方針を打ち出している。幕府の内訌が激しさを増す観応二年（一三五一）八月一三日、尊氏は薩摩守護島津貞久に御判御教書を出し、「凶徒」であっても帰服して忠節を尽くせば「本領」（旧領）を安堵するとの方針を示している。[56] この方針は個別単発的なものではなく、文和四年（一三五五）八月二三日には、評定において「室町幕府追加法」七八条として定められた。幕府が「本領」（旧領）安堵を積極的に発給し、旧直義・南朝勢力の誘降に努めている様子がうかがえよう。

こうして幕府は、直義勢力の独立・内乱の激化により、鎌倉期以来の「調査型」安堵を実施しえなくなり、旧領回復安堵・当知行地安堵にかかわらず、もっぱら戦時に適した「即時型」の安堵を発給するようになった。よって直義所轄の安堵が、尊氏の管轄にそのまま継承されたとの評価は妥当ではない。むしろ、直義による安堵発給機関（安堵方）は、幕府内部の分裂が深まっていく中で実質的に機能を停止し、尊氏（のち義詮）所轄の安堵認定機関（恩賞方）のみが残存・機能する状況になったというべきだろう。以前に直義が行っていた譲与安堵を義詮も扱うが、その発給手続きは尊氏のものを引き継いだ。つまり安堵の発給は、単なる権限の移動ではなく、一方の安堵認定機関の機能停止にともなって、将軍の親裁（方式）に一元化したのである。

ここで言及しておきたいのが、幕府で唯一の安堵認定機関となった恩賞方に見られる変化である。高師直が誅殺されてのち、執事は必ずしも挙状の受理を専掌しなくなるのである。執事仁木頼章が、尊氏に随伴して直義討伐のために関東へ下向していた期間（観応二年一一月～文和二年九月）は、頼章とともに南宗継も施行発給・挙状受理を行っていた（表2No.20・22）[57]。帰洛後には、宗継のこうした活動は見られなくなるものの、頼章が挙状の宛所となることは稀で、安堵挙状にいたっては次の執事細川清氏を含め確認できなかった[58]。なお執事本人ではないが、康安二年（貞治元、一三六二）八月に能登守護吉見氏頼は、奉行所と斯波高経に宛ててそれぞれ挙状を出している（表2No.29・30）。当時高経は幼少の執事義将の父として幕政を主導しており[59]、安堵の発給にも影響力をおよぼしていた。ただし、奉行所宛の挙状が書下年号を付す様式であるのに対して、高経宛のものは年欠の書状様式である点で、後者は非公式ルートの申請とも考えられる。いずれにしても、こうした事例は管見の限りこれのみであり、制度として定着したものではなかった。

一方この時期、挙状の宛所の大半を占めるようになるのが、「御奉行所」である（表2No.23～31）。「御奉行所」宛の守護挙状は、結番して勤務する義詮の「申次」によって受理され、義詮の親裁機関であるところの「恩賞沙汰」へ上程されたとの指摘がある[60]。ただし、鎌倉府からの挙状は、執事斯波義将に宛てた貞治三年（一三六四）六月一二日付の鎌倉公方足利基氏安堵挙状以降、執事（管領）宛に特定されるようになる（表2No.32）[61]。このように、義詮の親裁権が強化され、個人ではなく制度的な媒介者に義詮への披露を求める「御奉行所」宛の挙状が増加する一方で、執事にも対鎌倉府の窓口などの役割が与えられていったものと考えられる。親裁権の強化を志向する義詮の主導のもと、恩賞方の制度的な整備が行われ、旧領・当知行地にかかわらず「即時型」安堵が発給されるようになるのである。(62)

2　「即時型」安堵の平時化

内乱が終息に向かう義満期になると、ほとんどの安堵挙状に軍忠が記されなくなる一方で、「相伝」「当知行」が申請根拠として載せられるようになる（表2№35以降）。つまり申請段階で、守護が国人所領の相伝・当知行を幕府に対して保証することが一般的となるのである。たとえば、石見国人周布兼仲の安堵申請を受けた守護大内義弘は、康応元年（一三八九）一〇月五日の挙状で「相伝当知行無二相違一」と幕府に保証している。この結果、兼仲の知行領掌を認めた義満の御判御教書が、翌月一九日に出された。(63)

このように幕府は、当知行の実否を主体的に調査せず、鎌倉府・九州探題・守護の挙申に任せて安堵を発給した。これは、戦時の安堵認定方式が、そのまま平時に適用され固定化したことを示している。こうした事態は、戦時体制の「即時型」安堵から平時における「調査型」安堵へと、安堵方式を転換させた鎌倉幕府・建武政権と、室町幕府との大きな相違点である。笠松宏至氏は、南北朝の内乱以後も「調査型」安堵がなされ、その手続きの中で守護の役割が拡大したと説いた。(64)だが、観応の擾乱後における幕府の安堵は、「即時型」で行われたのである。守護の恣意的発言力の増大は、幕府が守護・国人といった複数の対象に能動的に調査を命じる「調査型」よりも、守護による当知行保証の挙申を受動的に聞き入れる「即時型」安堵手続きの中で、一段と進むと考えられよう。

その一方で安堵の使節遵行も、義満期に制度的な画期を迎える。一三世紀後半以降に増加傾向を示す鎌倉幕府の使節遵行は、室町幕府にも発展的に継承され、その担い手が両使から守護へと転換するとともに、その取り扱い事項も従来の所務沙汰裁許の執行に加えて、南北朝期には新恩宛行や安堵にまでおよぶようになることが指摘されている。(65)幼君義満の執政を代行していた管領細川頼之は、武士に対する所領の宛行・安堵といった権限を、永和元年（一三七五）後半までに漸次義満に移譲していった。だが、管領頼之は、室町殿（将軍）の「仰せ」を奉わった施行の発給権を確保する一方で、上申経路としての挙状受理の役割も留保した。これにより、室町殿（将軍）―管領―守護といった、上意下達・下意上達系統が制度的に確立し、(66)安堵もこの系統によってもっぱら処理されるようになる。義満期から安堵挙状の宛所として、執事（管領）が再び増加しだすとともに（表2No.34～53）、安堵施行も、義満の執政期を通して継続的に確認できる（表3施行欄）。(67)

ところが次の義持期には、安堵手続きの上意下達・下意上達系統は早くもその機能を大きく低下させ、制度面から幕府と守護との関係性にさらなる変容をもたらすことになる。次節では、平時に導入された「即時型」安堵とその施行が、都鄙間の権力編成におよぼした影響について論じる。

三　安堵施行と幕府・守護

1　当知行地安堵施行の制限

義持政権においては、当知行地安堵の発給数が、旧領回復安堵を大きく上回るようになる。確実に当知行地安堵と判明するものだけに限定しても二九通確認できるのに対し（表3）、旧領回復安堵（返付）は六通しか管見に触れていない。[68] このような安堵の発給傾向は、基本的に義教期にも続いており、義持期以降、安堵全体に占める当知行地安堵の割合が大きくなることが指摘できる。これは、平時体制に移行した室町幕府が、旧領の回復よりも当知行の保護を重視したあらわれであると考える。

だが、応永二九年（一四二二）七月、義持政権下の幕府が「御成敗条々」として制定した一連の所務関連法には、当知行地安堵手続きに関わる次のような条項が含まれていた。

〔史料7〕「室町幕府追加法」一七七条

一、諸人安堵事

就㆓当知行㆒、被㆑下㆓安堵御判㆒者、普通之儀也。望㆓申御施行㆒之条、以㆑次構㆓私曲㆒歟。慥可㆑被㆓停止㆒也。

この幕府法は、当知行地安堵の虚偽申請を警戒し、その強制執行を命じる管領施行状の発給を以後停止するとした内容である。[69] ここからは、安堵申請者が当知行者であるか否かを、幕府は安堵の発給段階で把握しえていない様子を読み取れる。なぜなら、もし幕府が当知行の実否を把握していたならば、安堵発給前にその申請が「私曲」か否か判別して当知行者にのみ安堵施行を発給できたはずであり、「構㆓私曲㆒歟」といった疑念からわざわざこれを全面撤廃する必要がないからである。つまり義持期においても、幕府は「調査型」ではなく「即時型」安堵を発給し続けていたのである。

この法令の発布以後、実際に当知行地安堵の管領施行状は見られなくなる。[70] 応永末年の段階で、幕府が当知行地安堵の施行を打ち切ったことは、管領施行状を前提として発給される守護遵行状にも何らかの影響をおよぼしたものと考えられる。本節では、南北朝合一後の当知行地安堵施行を中心に、守護に幕命を下達する管領施行状の発給傾向を確認することで、守護制度が変質していく過程の一側面を明らかにしたい。

表3　室町幕府当知行地・譲与安堵状（旧領と確定できない「本領」安堵を含む）

室町殿	No.	年月日	被安堵者	地位	分類	様式	施行	典拠
足利義満	1	応永元・一一・七	河野通之	守護	譲与安堵	御判		『愛媛県史』一〇八三「予章記」
	2	〃・一二・一一	河瀬信興	国人	当知行地安堵	〃		『大古』「大徳寺文書」二三四四－四
	3	応永二・四・一〇	平賀時宗	奉公衆	譲与安堵	〃	○	『大古』「平賀家文書」一三七、一三八
	4	〃・七・二四	山内上杉憲定	守護	〃	〃	○	『新潟県史』「上杉家文書」二九二、六二七、七八一～七八五
	5	〃・八・一五	甲斐将教	守護代	〃	〃		『大古』「醍醐寺文書」二八〇〇
	6	応永三・二・三〇	九州輩	国人	本領・新恩地安堵	〃		『大宰府・太宰府天満宮史料巻一二』四六七頁「広瀬貞雄氏所蔵文書」
	7	応永四・九・一〇	平子重房	〃	当知行地安堵	〃		『大古』「三浦家文書」二九
	8	応永五・一〇・一三	湯河詮光	奉公衆	本新所領安堵	〃		『和歌山県史』「湯河家文書」五
	9	応永六・一二・一二	本郷詮泰	〃	本知行［旧領］安堵	〃	○	『福井県史』「本郷文書」七三、七五
	10	応永七・一・二六	沼田小早川春平	〃	譲与安堵	〃		『大古』「小早川家文書」三一
	11	〃・三・二三	細川頼長	守護	当知行地安堵	〃	○	『細川家文書』一三五、一八四～一八六
	12	〃・五・三	山内上杉長基（憲定）	〃		〃		『新潟県史』「上杉家文書」六三四
	13	〃・八・一三	小野寺重道	奉公衆	本領・当知行地安堵	〃		『久我家文書』一四九
	14	応永八・八・二五	佐々木京極高光	守護	譲与安堵	外題		「佐々木文書」八七
	15	〃・一二・三〇	真壁聖賢（顕幹）	国人	当知行地安堵	御判		『真壁町史料』「真壁文書」一一
	16	応永九・九・一六	周布兼宗	〃	〃	〃	○	『萩藩閥閲録』巻一二一ノ二－一〇二、一〇三
	17	応永一〇・七・二	市河興仙（頼房）	〃	〃	〃		『信叢』「市河文書」五二頁
	18	応永一二・一〇・二九	細川頼重	守護	［譲与安堵］	〃		『愛媛県史』一一五二「長州細川文書」
	19	応永一三・三・二三	竹原小早川弘景	奉公衆	安堵	〃		『大古』「小早川家証文」三一六
	20	応永一四・四・二三	岩室家俊同一族	〃	当知行地安堵	〃		『早稲』「諸家単一文書」一〇五四
	21	〃・五・二二	天野顕勝	国人	譲与安堵（要検討文書）	〃		『岐阜県史』「天野毛利譜録」七

室町殿	No.	年月日	被安堵者	地位	分類	様式	施行	典拠
足利義持	22	応永一五・一〇・三	儀俄元林（氏秀）	国人	相伝知行安堵	御判	○	『水口町志』「蒲生文書」五六、五七
	23	〃・一〇・二〇	本郷持泰	奉公衆	相伝領知安堵	御判	○	『福井県史』「本郷文書」七八、七九
	24	〃・一二・二〇	細川頼重	守護	安堵	〃		『愛媛県史』一一六六「長州細川文書」
	25	応永一六・九・四	赤松満則	[室町殿近習]	譲与安堵	〃		『兵庫県史』「赤松（春日部）文書」七
	26	応永一七・二・二三	能勢頼時	国人	〃	〃		『阿波国徴古雑抄』巻四「能勢氏所蔵文書」三五五頁
	27	〃・九・四	遠山景基	奉公衆	知行分安堵	〃		『岐阜県史』「遠山文書」七
	28	〃・一二・三	小代宗祐（広行）	国人	当知行地安堵	〃		『熊本県史料』「小代文書」四五
	29	応永一八・八・二一	細川持有	守護	[譲与安堵]	〃		『細川家文書』一四八
	30	〃・九・二六	佐波弘行	奉公衆	当知行地安堵	〃		『萩藩閥閲録』巻三七ノ一-五八
	31	〃	佐波清連	〃	〃	〃		『萩藩閥閲録』巻三七ノ二-一二七
	32	〃・一二・一三	益田周兼（兼家）	直属国人	〃	〃	○	『大古』「益田家文書」一五、八七
	33	〃	波多野氏秀	国人	〃	〃		『萩藩閥閲録』巻七ノ三-九五
	34	〃	周布観心（兼宗）	〃	〃	〃	○	『萩藩閥閲録』巻一二一ノ一-九二、九三
	35	応永一九・七・二	吉見家貞	〃	〃	〃		『加能史料室町Ⅰ』三一八～三一九頁「吉見伝書」
	36	〃・八・七	山内上杉長基（憲定）	守護	安堵	〃		『新潟県史』「上杉家文書」八二五
	37	〃・一〇・一九	詫摩親家	国人	当知行地安堵	〃		『熊本県史料』「詫摩文書」一七四
	38	〃・一二・二六	佐々木塩冶詮清	奉公衆	〃	〃		『新修島根県史』「波根文書」四四一頁
	39	応永二〇・四・[二六]	進士氏行	〃	〃	〃		『広島大学所蔵猪熊文書』「進士文書」一二三
	40	〃・五・四	天野慶景	国人	〃	〃		『加能史料室町Ⅰ』三四八頁「天野文書」
	41	〃・九・一六	本郷持泰	奉公衆	安堵	〃	○	『福井県史』「本郷文書」八〇、八一
	42	〃・一〇・二二	佐々木京極持光	守護	譲与安堵	〃		「佐々木文書」一〇四

43	応永二一・四・一九	倉光藤増丸	奉公衆	相伝知行安堵	〃		『武家手鑑』中ノ六
44	〃・五・二四	沼田小早川持平	〃	譲与安堵	〃		『大古』「小早川家証文」五四
45	応永二二・六・一八	小川弘氏	国人	本知行安堵	〃	○	『大乗院寺社雑事記紙背文書』三三四、三三六
46	〃・一二・二四	吉川法秀（経見）	直属国人	当知行地安堵	〃		『大古』「吉川家文書」二五一
47	応永二三・一二・三〇	小笠原政康	国人	本知行安堵	〃		『信叢』「勝山小笠原文書」一四頁
48	応永二四・五・一三	阿蘇惟郷	〃	当知行地安堵	〃	○	『大古』「阿蘇文書写」一四三頁・一五三頁
49	〃・五・二一	佐々木京極持光	守護	〃	〃		「佐々木文書」一〇六
50	応永二五・一〇・二	〃	〃	〃	〃		「佐々木文書」一〇八
51	応永二八・一二・二五	天野顕房	国人	〃	〃		『山口県史』「右田毛利文書」三
52	〃	河瀬俊信	〃	〃	〃		『大古』「大徳寺文書」二三四四－六
53	応永二九・五・四	佐々木秀久	〃	〃	〃		「伊予佐々木文書」八
54	〃・一〇・一〇	益田兼理	直属国人	〃	〃		『大古』「益田家文書」一六
55	〃・一二・一二	平賀頼宗	奉公衆	〃	〃		『大古』「平賀家文書」一三
56	〃	本間末長	〃	〃	〃		『新潟県史』「木村正辞氏所蔵文書」三八七五
57	〃・□・二二	土岐肥田瀬持康	〃	〃	〃		『岐阜県史』「徳川黎明会所蔵文書」一
58	応永三〇・二・一六	真壁秀幹	国人	〃	〃		『真壁町史料』「真壁文書」二四
59	〃・九・二一	小早川小泉興平	奉公衆庶子	〃	〃		『大古』「吉川家中并寺社文書（小早川家文書拾遺）」六
60	応永三一・一二・二四	土岐石谷光久	奉公衆	〃	〃		『岐阜県史』「土岐文書」二四
61	応永三二・八・二八	久下頼重	〃	〃	〃		『兵庫県史』「久下文書」一八
62	〃・九・一六	竹原小早川盛景	〃	〃	〃		『大古』「小早川家文書」七四
63	〃・一二・二七	伊佐久経	国人	〃	〃		『近江蒲生郡志』七二九「侯爵前田利為氏文書」
64	応永三四・六・二五	土岐明智頼秋	外様衆	〃	〃		『岐阜県史』「土岐文書」一五

室町殿	No.	年月日	被安堵者	地位	分類	様式	施行	典拠
足利義教	65	正長元・八・二八	小笠原政康	守護	安堵	管奉		『信叢』「勝山小笠原文書」一八頁
	66	永享元・一〇・二八	竹原小早川盛景	奉公衆	当知行地安堵	御判		『大古』「小早川家文書」八〇
	67	永享二・一一・二六	細川氏久	守護	譲与安堵	〃		『愛媛県史』一二二四「長州細川文書」
	68	永享三・九・八	土岐石谷淳久	奉公衆	当知行地安堵	〃		『岐阜県史』「土岐文書」二五
	69	永享四・八・四	天野顕勝（顕房）	国人	〃	〃		『山口県史』「右田毛利文書」四
	70	永享五・三・二	湯河持春	奉公衆	〃	〃		『和歌山県史』「湯河家文書（広島県）」六
	71	〃・六・二七	今川範忠	守護	譲与安堵	〃		『静岡県史』一八〇八「今川家古文章写」
	72	〃・八・六	小早川生口守平	奉公衆庶子	当知行地安堵	〃		『大古』「小早川家文書」一三
	73	〃	小早川小泉興平	〃	〃	〃		『大古』「吉川家中并寺社文書（小早川家文書拾遺）」三
	74	〃・一一・一四	阿蘇惟忠	国人	〃	〃		『大古』「阿蘇文書写」一四三頁
	75	永享六・六・二五	麻生家春	奉公衆	〃	〃		「麻生文書」一八
	76	〃・八・一〇	加子得永	[奉公衆]	〃	〃		『史料纂集』「北野神社文書」六一
	77	永享七・一二・二六	狩野家澄	奉公衆	〃	〃		『加能史料室町Ⅱ』五四二頁「狩野家文書」
	78	永享九・八・一二	平賀頼宗	〃	〃	〃		『大古』「平賀家文書」一五
	79	永享一〇・二・二二	本間季直	〃	〃	〃		『新潟県史』「木村正辞氏所蔵文書」三八七六
	80	〃・三・一〇	遠山景次	〃	知行分安堵	〃		『岐阜県史』「遠山文書」八
	81	〃・四・二九	本間季直	〃	当知行地安堵	管奉		『新潟県史』「本田寺所蔵文書」三〇五五
	82	〃・六・一七	毛利熙房（熙元）	直属国人	〃	御判		『大古』「毛利家文書」五四
	83	〃・九・一七	細川教春	守護	[譲与安堵]	〃		『細川家文書』一五三
	84	〃・九・二七	益田兼尭	直属国人	当知行地安堵	〃		『大古』「益田家文書」一一六
	85	永享一一・八・一九	周布和兼	国人	〃	〃		『萩藩閥閲録』巻一二一ノ二-一〇七

86	〃・八・二九	麻生弘家	奉公衆	〃	〃		「麻生文書」七九
87	永享一二・二・二二	益田兼尭	直属国人	〃	〃		『大古』「益田家文書」一一七
88	〃・一〇・二八	阿曾沼信綱	国人	〃	〃		『山口県史』「今川家文書」二六
89	〃　一一・一二	吉川経信	直属国人	〃	〃		『大古』「吉川家文書」二六〇

註（1）御判＝御判御教書、管奉＝管領奉書、外題＝中状外題。（2）施行欄の○は、管領施行状を確認できるものを示す。（3）［　］は推定を示す。（4）『大日本古文書』『新編信濃史料叢書』『早稲田大学所蔵荻野研究室収集文書』はそれぞれ『大古』『信叢』『早稲』と略記し、そのほかは本書凡例に従った。（5）地位の比定は、岸田裕之『大名領国の構成的展開』（吉川弘文館、一九八三年）、岸田裕之「国人領主の成長」（『広島県史 中世 通史Ⅱ』広島県、一九八四年）、福田豊彦『室町幕府と国人一揆』（吉川弘文館、一九九五年）等を参照。（6）対象期間は、応永元年一月～嘉吉元年六月とした。

まず、応永二九年七月法（一七七条）について触れた先行研究を確認する。石井良助氏によると、施行制度は応永二九年七月法によって廃されたが、文明八年（一四七六）に至り、安堵申請者から請文を召し上げるといった条件つきで復活したという。ただし、これは論所当知行の申請のみに基づいて下される安堵を対象とし、当該所領の調査後に下された安堵とは異なるとする。(71) このように石井氏は、応永二九年と文明八年の各法令により、安堵施行制度の廃止・復活を述べ、以後の研究でもこの見解は基本的に踏襲されている。(72) しかしながら、文明八年の段階には管領施行状・守護遵行状ともに基本的に発給されなくなっている。この時期、幕府奉行人奉書が大量に発給されはじめるが、その遵行形態は各地域によって不均一であり、(73) 単純に応永段階の復活とはいえない。したがって、室町殿―管領―守護といった幕命下達系統が機能していた応永年間にこの法令が出された結果、いかなる影響が生じたのかを文明年間の法令と区別して考える必要がある。

『日本思想大系21　中世政治社会思想』上巻には、一七七条について「安堵が権利の付与もしくは承認を意味せず、占有の事実のみの認定にとどまるという鎌倉以来の原則を再確認したもの。〔中略〕安堵を占有の回復にまで利用しようとする動きをチェックする目的の立法」との笠松宏至氏による頭註が付されている（一七三頁）。だが鎌倉幕府後期の安堵は、譲与安堵＝当知行の調査がなされていた。この一七七条は、当知行・不知行について在地の調査を行わないことを前提として制定されており、戦時に適用していた「即時型」安堵方式を平時に持ち込んだ、室町幕府特有の法令といえる。よって、管領施行の抑制方針が、幕府・守護制度にいかなる影響をおよぼしたのかについては、なお不明確であるといえよう。したがって、この法が出された前後の状況を確認し、施行が具体的にどのように制限されたのかを検証する必要がある。そこで次に、一七七条を制定し、当知行地の沙汰付や領掌を下達する安堵施行を制限することが、幕府にとっていかなる意義があったのかを検討し、義持政権下の幕府の当知行地安堵方針を導き出したい。

応永二九年七月法の一七七条が、当知行地安堵の虚偽申請を警戒して設けられたことはすでに述べた。こうした法が出された前提として、不知行者による当知行地安堵の申請が横行し、知行の回復に当知行地安堵状が用いられていたという社会背景が予想される。そこで、阿蘇氏の内紛を事例にこの点を裏づけよう。

応永二二年（一四一五）四月、九州探題渋川満頼は阿蘇惟郷の安堵申請を受けて挙状を幕府に提出し（表2No.55）、これに基づき応永二四年に当知行地安堵の御判御教書（表3No.48）と、次に掲げる管領施行状が発給された。

〔史料8〕『大日本古文書』「阿蘇文書写」一五三頁

阿蘇四ヶ社太宮司職幷神領所々事、早任二去月十三日安堵之旨一、領掌不レ可レ有二相違一之由、所レ被二仰下一也。仍執達如レ件。

応永廿四年潤五月十六日　沙弥（細川満元）花押

（阿蘇惟郷）
太宮司殿

ところが、これらの安堵状・施行状を得た惟郷は、安堵地をめぐり同族の惟兼と合戦を行うことになる。(74) 上使沼田小早川則平による調停後の応永三〇年、惟郷は幕府に申状を提出した。この中で惟郷は、安堵地に「入部」しようとしたところ、惟兼の「押妨」にあったために合戦におよんだと弁明している。(75) その一方、惟郷によって「押妨」者とされた惟兼も、申状を幕府に提出して自分こそが阿蘇宮社領を相伝当知行していると反論した。またこの申状で惟兼は、「惟郷はわずかに甲佐一所を知行するに過ぎず、阿蘇一宮を惟郷が当知行しているとの注進は虚言である」と非難している。(76)

自己の正当性を訴えるこれらの主張のいずれが正しいか、判断することは難しい。だが惟郷側は自身の申状の中で、安堵を得て当知行地に「入部」したとしているので、惟郷の「当知行」は限定的か、もしくは占有されていない状態にあったと考えられる。これは、「惟郷においては、わずかに甲佐一所知行」という惟兼側の主張に対して、惟郷側が「すでに阿蘇に入部」していると既成事実を強調して反論したことからもうかがえる。(77) よってこれらの事例から、安堵が知行回復に用いられた当時の状況がわかる。

義持政権は、応永一五年の発足当初には、義満期と同様に、管領から守護に沙汰付や所務保全を命じる当知行地安堵施行を発給していた（表3№22～45施行欄）。だが、やがて、これまでとは異なる史料8（表3№48の施行）のような安堵施行があらわれる。つまり当知行地安堵の施行状は、守護に沙汰付を命じるものから、当事者に宛てて領掌を認めるだけの消極的なものに変化しているのである。応永二〇年代中ごろから、義持政権が安堵状による知行回復を警戒しだす様子が、ここからうかがえる。だが、阿蘇氏の内紛で見たように、当事者宛の施行状も幕府の意図する効果を十分にあげられなかった。こうした状況下、不知行者による当知行地安堵の申請を抑止しようとする方針はさらに明確になり、応永二九年七月法が制定されるに至るのである。応永二九年七月法の制定後は、当知行地安堵に関して、守護に対し沙汰付や所務の保全を命じる管領施行状は姿を消す(78)。また、安堵申請者にその知行の領掌を認める史料8のような施行状も、応永二九年法の発布後には管見に触れなくなる。これらから、守護に沙汰付を命じるもののみならず、申請者に所務の保全や領掌を認可する管領施行状も抑止の対象となったことが判明する。

幕府のこの方針の効果として、一つには、不知行者による当知行地安堵の虚偽申請を予防し、知行の安定化を導くことが予想される。義持政権が、当知行地安堵を前代に比べて大量に発給し、当知行の保護に強い関心を持っていたであろうことは、本節の冒頭で述べた。だが、多くの所務沙汰事例から窺知されるように、この法令によって当知行が安定したとは言い難い(79)。いま一つの予想される効果は、幕府の施行制度内での知行保全機能が停止し、在地秩序への不介入を招くことになったというものである。「即時型」安堵を平時に導入した室町幕府は、安堵申請者＝当知行人の原則を、調査ではなく安堵施行の廃止によって実現しようとした。しかし、これによって在地での当知行保全システムにおける守護方の役割比重は、ますます増大する結果となった。このことを示すのが、次に述べる守護遵行状の変化である。

2　安堵守護遵行の変質

義持期は、守護権が拡大した時期であるとの指摘がすでになされている。すなわち、闕所地の認定は守護の注進に基づくとの「室町幕府追加法」一五二条が応永一五年（一四〇八）に制定され、闕所地処分における守護の役割が確認された(80)。またこの時期、守護は国人の安堵申請を幕府に仲介する以前に、自らの安堵権を行使する場合がありえたとされる。[81] ただしこれらの守護の活動は南北朝期にも見られたものであり、義持期から急に起こった現象ではない点に留意しなければならない。[82] これらの現象は、戦時下において拡大していった守護の役割が、内乱鎮定後の平時にも縮小されずに定着したことを示しているのであり、前代から断絶した変化ではない。むしろ、義持期特有の現象として注目すべきは、幕府の安堵状を遵行する守護の役割が変化する点である。すなわち、応永二九年七月法が出されて管領の安堵施行が停止されて以後、守護の安堵遵行状もほとんど姿を消す。また、わずかながら確認できる守護遵行状も、守護代以下に沙汰付・所務保全を命じるものではない（表4）。たとえば、表3No.66の当知行地安堵を先行文書とする安芸守護山名時熙遵行状は、当事者である竹原小早川盛景に直接宛てて当知行の領掌を認める内容である（表4No.2）。また、宛所欠の遵行状もあるが、内容は同様に、当事者の知行領掌を認めるものである。これらは安堵申請者宛であることが推測され、おそらく宛所が本文に内包されているものと考える。

このように、御判御教書（申請者宛）を前提として発給される、[83] 管領施行状（守護宛）→守護遵行状（守護代宛）→守護代打渡状といった遵行系統に、当知行地安堵はあてはまらなくなる。いわゆる「遵行手続きの当事者主義」とあらわされるように、これらの文書の実際の受取人は安堵申請者であり、申請者はこれを得て各方面に働きかけを行ったことが明らかにされている。[84] ただし、文書の受取やその移動は当事者によるものであっても、右の遵行系統では、守護は御判御教書に副えられた管領施行状の指令に基づいて、遵行状を発給していた。しかし、いま検討している申請者宛の守護遵行状は、こうした管領からの指令を受けることなく発給されている。つまり、幕府からの遵行発給指令ではなく、御判御教書を得た当事者の申請に基づいて守護遵行状が発給されているのである。

もちろん、「御判の旨に任せ」といった幕府の先行文書を示す文言があることからもわかるように、こうした守護遵行状は室町殿の安堵を前提として発給されている。だが、この御判御教書の宛所は被安堵者であり、管領施行状と

表4　当知行地安堵守護遵行状（応永29年以後）

No.	年月日	発給者	宛　所	御判	典　　拠
1	応永29/⑩/9	石見守護山名教清	欠［益田兼理］	54	『大古』「益田家文書」97
2	永享元/11/8	安芸守護山名時熙	竹原小早川盛景	66	『大古』「小早川家文書」79
3	永享6/8/22	対馬守護宗貞盛	宗信濃入道		『長崎県史 史料篇第一』「馬廻御判物帳」745頁
4	永享10/11/22	石見守護山名熙貴	欠［益田兼尭］	84	『大古』「益田家文書」101
5	永享11/11/12	〃	欠［周布和兼］	85	『萩藩閥閲録』巻121ノ2-108

註　(1) 御判欄の数字は，表3のNo.に対応．(2)［　］は推定，○は閏月．(3)『大古』=『大日本古文書』．

異なり、守護に遵行を命じるものではない。また、沙汰付や所務の保全を守護代以下に指令した守護遵行は、室町殿発給文書の実行を自身の被官に下達する内容であったのに比べ、いま問題にしている遵行状は、室町殿発給文書とともに被安堵者の知行を安堵する、いわば二次的安堵に近いものである。

以上から、管領からの遵行命令が断絶したことで、守護は当事者の申請を受けて、幕府施行制度を媒介とせずに、在地勢力の当知行を実際に保証する役割をより明確に示すようになったと考える。さらに義持期からは、安堵の守護遵行状とともに、守護挙状も減少しだす（表2No.54〜57の四通）。義満期に確立した上意下達・下意上達系統は、安堵に関しては、義持期に著しくその機能を低下させているのである。

川岡勉氏によると、備後国人長井（田総）氏の知行は、尊氏〜義満のころまで将軍家の御判によって保証されていたという。守護山名時熙の段階（応永・永享ごろ）では、守護の判物は給分についてのみ関わりを持つに過ぎなかったが、山名持豊の段階には本領・給分とも一元的に知行を保証するに至ると説く[85]。川岡氏の指摘は示唆に富むが、義持から将軍家の御判による安堵がなくなることに注意すべきであろう。一五世紀後半に守護山名氏が一元的に知行を保証しえた変化の前提は、すでに義持期にはじまっていたのである。

一方、幕府の安堵を受ける国人が特定の家に固定しだすのも、応永二九年七月法発布後の現象である（表3No.54〜89）。幕府が安堵施行の発給を打ち切り、守護が在地における知行保証能力を高めていった結果、奉公衆をはじめとする幕府に直属する国人と、守護の統治下にはいる国人に二極化していく傾向が促進された状況をここから読み取れる。

さらに義持期には、こうした守護管国のみならず、鎌倉府管轄下の東国に対する安堵にも変化が見られる。鎌倉府が関東諸国に安堵権を行使しだすのは、上杉禅秀の乱後、つまり応永二四年（一四一七）からのことであるとされている。(86)また、鎌倉府から幕府への安堵挙状および幕府から鎌倉府への遵行依頼も、義持期に見られなくなる（表2No.53で最後）。(87)このように、幕府―鎌倉府―東国守護・大名・国人の安堵系統も、政治的摩擦により円滑に機能しなくなりだすのである。

おわりに

以上のように平時に導入された室町幕府の「即時型」安堵は、幕政改革を試みたとされる義教の執政期に、何か変化が見られるのだろうか。永享五年（一四三三）に今川範忠が家督を継いだ際の譲与安堵（表3No.71）に関わる、年欠五月二〇日付の管領細川持之書状写が存在する。(88)義教期にも、管領が安堵手続きに関与していたことをうかがわせる貴重な史料であるが、さらに注目すべきはその内容である。すなわち管領持之は、今川一族の「左〔右カ〕衛門佐入道」と「下野守」に、範忠の安堵申請地が当知行されているか否かを尋ねているのである。義教が、「調査型」安堵の復活を志向したとも推測できるが、当時、今川氏は家督争いで混乱しており、この文書はこうした情勢から出された特例かもしれない。しかしいずれにしても、わずか一例しか確認できないことから、「調査型」安堵手続きは定着しなかったようである。

永享三〜四年以後、同時多発的な地域紛争が激化し、小早川・毛利・益田・吉川ら中国地方の国人は各地を転戦することになった(89)。義教期の安堵は、彼らに対するものが多く、これらは戦時の安堵としての性格が強い（表3No.69・72・73・78・82・84・85・87〜89）。最後に、永享一〇〜一二年の間、大和に出陣していた毛利氏に対する安堵事例を見て、むすびにかえたい。

永享二年、毛利光房がしたためた譲状によると、入江保は現在不知行であるが、領家小槻氏の補任（代官請）は顕然なので、訴えて知行するようにとある。その後、永享九年一一月に光房の嫡男熙元が幕府に安堵を申請し、翌年六月には御判御教書による当知行地安堵が出された(90)。看過できないのは、安堵発給後の永享一一年に、入江保領家小槻晨照から、年貢請負を再度認める契状が出されたことである(91)。永享九年の熙元の安堵申請には、「安芸国吉田庄幷在々所々」と具体的な所領は明記されていないが、光房から熙元に譲られた所領の中に「不知行」の入江保が含まれ、寛正四年（一四六三）六月の熙元譲状には、「任二浄済（光房）之譲状旨一、普光院（義教）殿安堵御判頂戴」したとあるので(92)、毛利氏は入江保の知行回復を念頭において安堵を申請したものと考えられる。その結果、幕府の安堵を得た熙元は、入江保領家の小槻氏と交渉し、永享一一年に契状を獲得したのだろう。このように、依然として幕府は当知行の実否を把握しないまま安堵を発給し、国人はそれを知行の回復に利用していた。

ここで注意したいのは、この安堵が発給された前後、毛利氏は大和に遠征中であった点である。すなわち、多発する地域紛争を鎮圧するため、義教政権は戦功褒賞的な「即時型」安堵を発給し続けなければならない状況にあった。平時に定着した「即時型」安堵は、義教期に至り、かえって戦時の安堵としての性格を強めていった。室町幕府は、「調査型」安堵の認定方式を確立しえないまま嘉吉の乱を迎え、一五世紀後半段階に入っていくことになる。

註

（1）佐藤進一「室町幕府開創期の官制体系」（『日本中世史論集』岩波書店、一九九〇年、初出一九六〇年）。
（2）岩元修一「南北朝前期室町幕府の安堵について」（『九州史学』九五号、一九八九年）。
（3）森茂暁「室町幕府成立期における将軍権力の推移」（日本古文書学会編『日本古文書学論集7　中世Ⅲ』吉川弘文館、一九八六年、初出一九七五年）、小要博「発給文書よりみたる足利義詮の地位と権限」（同上書、初出一九七六年）。
（4）川岡勉「中世後期の守護と国人」（『室町幕府と守護権力』吉川弘文館、二〇〇二年、初出一九八六年）一四九～一五五頁。
（5）新田一郎「『由緒』と『施行』」（勝俣鎮夫編『中世人の生活世界』山川出版社、一九九六年）一四～二二頁。
（6）吉田俊右「前期室町幕府の『下文』と『安堵』」（『日本史研究』五〇三号、二〇〇四年）によると、この時期の幕府の所領知行認定文書は、宛行・寄進・預置などの「新規の所領知行権」を付与するものと、当知行地安堵・旧領返付・相論裁許などの「既存の所領知行権」を（再）承認するものとに大別されるという。本章で考察対象とする国人所領安堵は後者に分類されるが、前者に関する事柄は第一部第三章「室町幕府の戦功褒賞」で扱う。
（7）笠松宏至「安堵の機能」（『中世人との対話』東京大学出版会、一九九七年、初出一九八六年）四六～四七頁、工藤勝彦「鎌倉幕府による安堵の成立と整備」（『古文書研究』二九号、一九八八年）五～八頁。
（8）註（7）工藤前掲論文、一二～一五頁、七海雅人「鎌倉幕府の譲与安堵」（『鎌倉幕府御家人制の展開』吉川弘文館、二〇〇一年）一八～四四頁。
（9）近藤成一「本領安堵と当知行地安堵」（佐藤和彦・小林一岳編『展望日本歴史10　南北朝内乱』東京堂出版、二〇〇〇年、初出一九九二年）二二三～二三一頁。
（10）吉原弘道「建武政権の安堵に関する一考察」（『古文書研究』四〇号、一九九五年）一六～一八頁。
（11）註（2）岩元前掲論文、四～五頁、註（8）七海前掲論文、二〇頁。
（12）註（3）森前掲論文、四六頁、上島有「室町幕府草創期の権力のあり方について」（『古文書研究』一一号、一九七七年）三～七頁。
（13）佐藤進一『〔中公文庫改版〕日本の歴史9　南北朝の動乱』（中央公論新社、二〇〇五年、元版一九六五年）一四一～一四二頁。なお佐藤氏は、「鎌倉幕府の滅亡直後に後醍醐の発布した北条氏与党の所領没収によって取り上げられた所領、それを返付する法令」と解釈して、これを「元弘没収地返付令」と名づけた。これに対して、家永遵嗣「室町幕府の成立」（『学習院大学文学部研究年報』五四輯、二〇〇七年）は、実際には建武政権による没収地が対象とされているので「元弘以来没収地返付令」と称すべきだとした（四四頁）。本章もこの呼称に従う。ただし、家永氏はこれを鎌倉幕府法体系の再起動とみなす点で、軍陣で出された旧領回復行為の側面を重視する本章と立場を異にする。

(14)『南北［九州］』五四七「武雄神社文書」。

(15)そのほかの事例は、『大日本史料　第六編之三』六八～七一頁参照。

(16)『南北［関東］』三九九「三浦和田文書」。

(17)『南北［中国四国］』二五一「淀稲葉文書」。川岡勉「足利政権成立期の一門守護と外様守護」（註(4)川岡前掲著書、初出一九九六年）四九頁。

(18)『枚方市史』「土屋氏文書」五。

(19)『南北［中国四国］』一九五「山内首藤家文書」。山内通継は、建武三年正月に討死している。漆原徹「篠村軍議と室津軍議」（『中世軍忠状とその世界』吉川弘文館、一九九八年、初出一九九〇年）二五六頁・二七三頁参照。なお、以上の各安堵が発給された当時の政治状況については、『大日本史料　第六編之三』を参照。

(20)『南北［関東］』四八二「美吉文書」。

(21)註(1)佐藤前掲論文、一八四頁、註(2)岩元前掲論文、二～五頁。

(22)小川信「序論」（『足利一門守護発展史の研究』吉川弘文館、一九八〇年）三～四頁、同「南北朝内乱」（『岩波講座日本歴史6　中世2』岩波書店、一九七五年）九六～九七頁。

(23)建武四年正月の細川義春挙状には「先度言上」とあり、これ以前にも同様の挙状が出されたことを知りうる（表2№1）。挙状を発給する守護の多くが、足利一門であった点は、漆原徹「守護挙状の機能と特徴」（註(19)漆原前掲著書、初出一九九七年）一〇七～一〇九頁。

(24)矢部健太郎「足利直義管下の三方制内談方と二階堂道本」（今江廣道編『前田本『玉燭宝典』紙背文書とその研究』続群書類従完成会、二〇〇二年）二六三～二七五頁。

(25)『南北［九州］』二五二三「詫摩文書」。

(26)註(24)矢部前掲論文、二六四～二六五頁で、史料1傍線部と同様の文言を有する註(25)前掲貞和四年（一三四八）九月一七日付の直義下文が安堵と判断された根拠は、この下文によって菊池武宗に宛行われたはずの肥後国六箇荘小山村地頭職が、すでに四年前の段階で武宗に領有されていたためである。たしかに、このことは康永三年（一三四四）八月二五日付の武宗和与状（『南北〔九州〕』二〇五二「詫摩文書」）の記載内容から判明する。しかし、武宗はこの和与で当該所領の三分の一を失っているので、貞和四年九月の直義下文は当知行地安堵よりも旧領回復安堵としての性格が強い。後述するが、旧領回復安堵はおもに尊氏が発給しており、この直義下文はむしろ特例と考えられる。小山村地頭職の伝領は、阿蘇品保夫「小山村地頭職の行方」（熊本市編集・発行『新熊本市史通史編　第二巻中世』、一九九八年）六〇八～六一六頁参照。

(27) これに関しては、註(2)岩元前掲論文、一一頁も参照。

(28) 『南北〔関東〕』一五一三「真壁文書」。

(29) 註(1)佐藤前掲論文、一八九頁。

(30) 註(2)岩元前掲論文、一一頁。

(31) 足利直義と吉良貞家の関係については、註(22)小川前掲「序論」、六頁。

(32) 註(23)漆原前掲論文、一一一頁。

(33) 註(9)近藤前掲論文。

(34) 牧健二『日本封建制度成立史論』（弘文堂書房、一九三五年）第八章・第九章も参照。

(35) 註(23)漆原前掲論文、九一～一〇三頁。なお漆原氏は、挙状を軍忠挙状と恩賞・安堵・訴訟挙状とに大別し、旧領回復の挙申を訴訟に分類した（表2No.1・5・6・9・10）。だが安堵に分類された挙状の中にも、その実態は旧領回復の挙申であるものが含まれる（表2No.7・8・11・14）。本章では、これらをまとめて旧領回復安堵の挙申として扱う。

(36) 『南北〔東北〕』三〇三「相馬岡田文書」。手賀・藤心は、嘉禄三年（一二二七）相馬能胤《義》から娘に譲与され、彼女が岩松時兼に嫁したので岩松氏に相伝された。岡田清一『中世相馬氏の基礎的研究』（崙書房、一九八二年）一〇五～一一二頁。預け置かれた闕所地が、そののち正式に宛行われる場合もあった点については、田代誠「軍陣御下文について」（『国史談話会雑誌』二八号、一九八七年）一九～二〇頁。

(37) 註(2)岩元前掲論文、一一頁によると、同形式の下文はほぼ尊氏により発給されているので、この袖判も尊氏花押である可能性が高いという。本章五九頁の事例も参照。

(38)　安堵延引を歎く表2№11の挙状（暦応三年八月七日付）の存在を考えると、史料3の年次は暦応三年の写し誤りの可能性がある。№11の挙状は年欠の書状形式であり、年次は端書からの推定だが、これに先行する№7の挙状（暦応二年九月三日付）は書下年号で年次は動かないので、少なくとも№11が暦応三年以後のものであることは確かである。
(39)　「降参半分法」については、註(13)佐藤前掲著書、二〇三頁・二五四頁、笠松宏至「中世闕所地給与に関する一考察」（『日本中世法史論』東京大学出版会、一九七九年、初出一九六〇年）二二五頁参照。
(40)　『南北〔九州〕』一〇一八・一〇一九「志賀文書」。
(41)　『南北〔九州〕』九〇五「志賀文書」。橋本操六「大友氏の軍事組織と合戦」（大分県編集・発行『大分県史　中世篇Ⅱ』、一九八五年）八〇頁。
(42)　『南北〔九州〕』一三一八・一三六二「志賀文書」。
(43)　新田英治「常陸・北下総における南北両勢力の対立」（茨城県編集・発行『茨城県史　中世編』、一九八六年）一九七〜一九八頁。
(44)　なお註(23)漆原前掲論文、一〇一頁で、№12の宛名「参河前司」は武蔵権守に転任する前の三河権守高師直に比定された。だが建武三年一〇月中旬の段階で、師直はすでに武蔵権守に転任している（『南北〔関東〕』五七三「上杉家文書」）。よってこの「参河前司」は、註(2)岩元前掲論文、七頁で推定されたように、安堵方頭人二階堂成藤であろう。
(45)　註(23)漆原前掲論文、九三頁では表2№13の年次を貞和三年としているが、仁木義長が右馬権助（№13の差出人官途）であった時期の遠江守護在職徴証は、暦応二年一〇月から康永二年八月ごろであるので、本章では発給時期をこの間に比定した。佐藤進一『室町幕府守護制度の研究』上巻（東京大学出版会、一九六七年）九四〜九五頁。義長の官途については、森茂暁「室町幕府執事制度に就いて」（『史淵』一一四輯、一九七七年）三二〜三三頁参照。
(46)　『南北〔九州〕』一九四七「青方文書」。
(47)　『南北〔九州〕』一〇三二「青方文書」。
(48)　小川信「奥州管領吉良貞家の動向」（註(22)小川前掲著書、初出一九七四年・一九七五年）五四一頁註(6)、註(24)矢部前掲論文、二七九頁註(31)。
(49)　『南北〔東北〕』六五二「仙台結城文書」、『白河市史』三〇五「東北大学国史研究室保管白河文書」。
(50)　これに対して宛行や預置の場合は、対象地の「闕所子細」「土貢分限」の調査が、幕府（恩賞方）から命じられる場合があった

(『宮城県史』「留守文書」二八九など)。また、沼田小早川直平の所領について、「当知行実否」の調査を命じる康永四年(一三四五)一〇月八日付の高師直奉書が存在する(『南北〔中国四国〕』一四二八「井原文書」)。だがこれには、安堵を示す文言がなく、「相伝次第」の報告を命じていることから、所務沙汰か証文紛失にともなう調査と思われる。
(51) 註(36)前掲『南北〔東北〕』三〇三「相馬岡田文書」、註(49)前掲『白河市史』三〇五「東北大学国史研究室保管白河文書」。
(52) 註(1)佐藤前掲論文、一八三頁。
(53) 註(25)前掲『南北〔九州〕』二五二三「詫摩文書」。
(54) 註(13)佐藤前掲著書、二六五~二六六頁。
(55) 註(3)森前掲論文、註(3)小要前掲論文。
(56) 『南北〔九州〕』三一五四「島津家文書」。
(57) 小川信「室町幕府管領制成立の前提」(註(22)小川前掲著書、初出一九七八年)一九四~一九五頁。小川氏は、仁木頼章と南宗継の二人がともに執事であった可能性も指摘する。
(58) 延文二年(一三五七)五月、執事仁木頼章は中国管領細川頼之から恩賞挙状を受理しており(『枚方市史』「土屋氏文書」二五)、執事が挙状受理全般から排除されたわけではない(註(45)森前掲論文、八頁、註(57)小川前掲論文、一九六頁参照)。だが以前に比べると、その事例数が激減しているのも確かである。
(59) 小川信「足利(斯波)高経の幕政運営」(註(22)小川前掲著書、初出一九七三年)四〇九頁。
(60) 家永遵嗣「足利義詮における将軍親裁の基盤」(『室町幕府将軍権力の研究』東京大学日本史学研究室、一九九五年、初出一九九二年)三四頁。
(61) 小林保夫「南北朝・室町期の京と鎌倉」(上)(『堺女子短期大学紀要』一七号、一九八二年)四二頁。
(62) 擾乱後の将軍権力再建のため、義詮が訴訟制度などにおいて親裁権を強化したことについては、註(57)小川前掲論文、一九四~二一七頁、註(60)家永前掲論文、山家浩樹「室町幕府訴訟機関の将軍親裁化」(『史学雑誌』九四編一二号、一九八五年)七~一四頁。
(63) 以上、『南北〔中国四国〕』五二二三・五二三四「萩藩閥閲録」。
(64) 註(39)笠松前掲論文、二二三頁・二三五頁。

(65) 外岡慎一郎「使節遵行と在地社会」（註(9)佐藤・小林前掲編書、初出一九九六年）三一一～三一二頁、同「将軍・御家人・奉公衆」（峰岸純夫ほか編『今日の古文書学第3巻　中世』雄山閣出版、二〇〇〇年）六一頁、註(5)新田前掲論文、一三一～一四頁。

(66) 小川信「頼之の管領就任と職権活動」（註(22)小川前掲著書、初出一九七八年）二三〇～二三四頁。

(67) 表3以前の事例を一つ示すと、嘉慶元年（一三八七）八月二一日、安芸守護今川了俊は、福原広世の所領を安堵するよう、管領斯波義将に挙申した（表2No.49）。その結果安堵がなされ、一二月一八日、義将は了俊に対し沙汰付を命じる施行状を発給した（『南北［中国四国］』五一一四「福原家文書」）。

(68) 本書第一部第三章「室町幕府の戦功褒賞」、表7・表8参照。

(69) この安堵申請者に対する幕府の不信感については、註(7)笠松前掲論文、五二頁。

(70) 本書第二部第三章「足利義教期の管領奉書」、二七四～二七五頁。

(71) 石井良助『中世武家不動産訴訟法の研究』（弘文堂書房、一九三八年）五三〇～五三二頁。なお、石井氏は「論所当知行の事実のみに基いて下される安堵御判」を「大間安堵」と称したが、その根拠は定かではない（五三一頁・五三九頁）。この点は、『日本思想大系21　中世政治社会思想』上巻（岩波書店、一九七二年）一七二頁の、笠松宏至校註にも「未考」とある。

(72) 当知行地安堵制を施行の有無により三時期に区分する石井氏の指摘をふまえて、吉田徳夫「室町幕府知行制の一考察」（『ヒストリア』九四号、一九八二年）は、幕府の知行政策と寺社本所の職補任との関係を考察した。吉田氏は、占有を保護する幕府の知行安堵と、由緒が重視される寺社本所の職補任とが分離し、前者が後者を規制する点に室町期の特色を見いだした。しかし、石井氏が説いた施行廃止の意義については論及していない。

(73) 細川京兆家の分国では細川氏奉行人奉書が副えられるが、その他の地域では見られない。小谷利明「序章」（『畿内戦国期守護と地域社会』清文堂出版、二〇〇三年）五～八頁。

(74) 事件の経過は、川添昭二「九州探題渋川満頼・義俊と日朝交渉」（『対外関係の史的展開』文献出版、一九九六年、初出一九七七年）二〇一～二〇二頁参照。

(75) 『大日本古文書』「阿蘇文書写」二八五頁。

(76) 『大日本古文書』「阿蘇文書写」二九六～二九七頁。

(77) 『大日本古文書』「阿蘇文書写」二八七頁。

(78) 例外として、応永二九年一〇月一〇日付の義持御判御教書（表3No.54）を遵行した石見守護山名教清遵行状（表4No.1）がある。この遵行状には「任二御判・同御教書之旨一」とあるので、先行文書として表3No.54の「御判」とともに、「御教書」（管領施行状か）の存在が間接的に知られる。だが、文書そのものは確認できない。

(79) 家永遵嗣「室町幕府奉公衆体制と『室町殿家司』」（註(60)家永前掲著書、初出一九九〇年）一七一頁には、同じ応永二九年七月法の中に、公験の証拠能力を厳密に審理する事柄が規定されていることから、この時期の幕府は「入理非」方針を重視したとある。ただし、室町幕府の安堵は「即時型」であり、「入理非」の範疇で捉えきれない点には注意が必要である。註(7)笠松前掲論文、四一～四二頁・五二頁によれば、安堵と理非との優劣についての矛盾は、鎌倉後期に「調査型」安堵が定着し、安堵状保持者＝当知行人となることで、ある程度止揚されたとされる。だが、室町幕府はこの矛盾を再び抱え込むことになる。「即時型」安堵の発給後に異議を唱える「支申人」が出現しなければ問題ないが、本文で見た阿蘇氏の例のように、異議申立てがなされた場合には所務沙汰相論に持ち込まれ、幕府は自ら発給した安堵（＝公験の一つ）の証拠能力を吟味しなければならなかったのである。

(80) 註(39)笠松前掲論文、二二三頁。

(81) 伊藤喜良「義持政権をめぐって」（『日本中世の王権と権威』思文閣出版、一九九三年、初出一九七三年）三三一頁・三四二～三四三頁。

(82) 南北朝内乱期の守護も、将軍下文の発給以前に闕所地の預置や、闕所地注文の作成を行ったことについては、註(36)田代前掲論文、一九～二一頁。戦時の守護の活動が、平時において定着する現象は課役賦課でも見られる。この点は、伊藤俊一「中世後期における『荘家』と地域権力」（『日本史研究』三六八号、一九九三年）三二～四一頁参照。

(83) 御判御教書は安堵申請者宛であり、管領に施行状の発給を命じたものではない。だが、御判御教書と施行状の発給は手続き上、室町殿と管領の連携が不可欠であった。この点に関しては、鳥居和之「将軍家御判御教書・御内書の発給手続」（『年報中世史研究』七号、一九八二年）参照。

(84) 齋藤慎一「遵行状・打渡状の獲得と相伝」（註(65)峰岸ほか前掲編書）七五頁。

(85) 註(4)川岡前掲論文、一四八～一五〇頁。

(86) 伊藤喜良「鎌倉府覚書」（『中世国家と東国・奥羽』校倉書房、一九九九年、初出一九七二年）二七七～二八六頁。

(87) 鎌倉府への遵行依頼が当該期に途絶える点は、本書第二部第三章「足利義教期の管領奉書」、二七六頁。

(88)「足利将軍御内書幷奉書留」九四。

(89)本書第一部第二章「室町幕府の軍勢催促」、一一八～一二〇頁。

(90)以上、『大日本古文書』「毛利家文書」四六・四八・五四。

(91)『大日本古文書』「毛利家文書」五九。

(92)『大日本古文書』「毛利家文書」一一二。

第二章　室町幕府の軍勢催促

はじめに

幕府の本質が、武家の棟梁を首長とする軍事政権である以上、守護や国人に対する軍事指揮権はその権力基盤をなすといっても過言ではない。軍事指揮権は、それを具現化する軍事制度と不可分な関係にある。室町幕府の場合、その軍事制度は、南北朝の内乱を克服する過程で整備・再編されていった。幕府の成立当初、侍所の権能であった軍隊編制や軍令下達は、応安初年（一三六八〜）までに管領が関与するところとなった。(1)こうした軍事に関わる管領の職掌は、将軍足利義詮の急逝により執政代行の座にあった管領細川頼之が、応安五年（一三七二）に判始をすませた義満に幕政上の諸権限を漸次返還していく中で、制度的に整理され定着していった。(2)このように中央機構における幕府軍制の改変にともない、そこに占める管領の地位・役割が次第に確定していく点が指摘されている。ただし、こうした研究はおもに南北朝期を扱ったものであり、内乱期に培われた軍事制度がその後いかに展開したかについては、いまだに解明されていない点が多い。

またこれとは別に、幕府直轄軍研究の一環で分析が進展した奉公衆は、室町殿（将軍）の膝下に編制されるというイメージが先行したためか、室町殿の親征が中絶する義持期以降、幕府の軍事基盤とされながらも戦時の活動に言及されることは少ない。軍事に関連した奉公衆の職務といえば、室町御所の警護や室町殿出向時の随兵といった、日常的なものがあげられるにとどまっている。その一方で、政治（室町殿権力の地方拠点と守護の牽制）・経済（御料所の管理）・文化（東山文化の担い手）面での役割がより重視される傾向にある。(3)むろん、これらの研究で明らかにされた奉公衆の性格を軽視するつもりはないが、いずれも平時の活動に関するものであり、肝心の戦時における位置づけには消極的な評価しか与えられていない。(4)このため、奉公衆の成立は義満期であるが、整備されるのは義教期といった指摘も、その「整備」が幕府の軍事動員形態にもたらした影響に関しては曖昧であり、結局のところ義教期とそれ以前との幕府軍制の差異も明確ではない。(5)

右のような研究状況の中で桜井英治氏は、義持期には幕府軍に占める守護（とくに畠山氏と大内氏）の比重が大きかったが、義教期にあたり、畠山満家の反抗と死によってそれにかわる軍事力が必要となり、奉公衆が整備されたとの見通しを立てた。(6)軍制面における義持期と義教期との差異が示された点は貴重な成果だが、義持期における守護を中核とした軍制が、義満期から連続したものなのか、あるいは義持期からの現象なのかなど、具体的な内容にまでふみこんでいない。また、奉公衆の活動についても先行研究の評価が踏襲されたため、義持期から義教期に至る幕府軍制の断続面もなお検討の余地を残している。つまり、南北朝期以後、義満・義持・義教期の幕府軍制の統一的な把握は、いまだなされていないのが現状である。

周知のように、幕府による軍事動員の対象範囲はしだいに限定されていくが、従来こうした現象は、幕府の全国支配の範囲縮小と結びつけて考えられてきたように思われる。(7)ところが本論で述べるように、軍勢催促の変容は、幕府権力が比較的安定していたとされる義持期に起こっており、従来のこうした考え方にも検証が必要である。そこで本章では、南北朝合一後(8)における室町幕府の軍事動員形態について考察することにしたい。

一　軍勢催促対象者の系列化

佐藤進一氏が明らかにしたように、室町幕府には守護に指揮統制される「地頭御家人」（一般国人）と、室町殿の膝下において親衛軍として組織される「地頭御家人」（幕府直属国人）とが存在した。[9] よって、幕府の軍勢催促もこの制度的編成に規定されると考えられるが、義満期と義持期以降とでは動員形態にある種の断絶を見いだせる。

次節で詳述するごとく、室町殿発給文書は幕府軍勢催促状の中心的な役割を果たしたが、義満期以前には御判御教書がおもに使用されたのに対し、義持期からはもっぱら御内書が用いられるようになる（表5参照）。そこで、双方の宛所などを手がかりに、義満・義持・義教各期における軍勢催促の対象者を比較することからはじめたい。なおここでは、幕府が指令した軍勢催促と、守護が独自に行った軍勢催促とを区別して考える。

1　御判御教書の案文配布（義満期）

義満期における御判御教書による軍勢催促の形態は、Ⅰ幕府（発給主体は室町殿、以下同じ）→守護、Ⅱ幕府→国人、Ⅲ幕府→惣領の三つに分類される。

Ⅰは、守護が管国内の国人を統率する形態であり、守護宛の幕府軍勢催促状によって管轄国内の国人を動員するよう命じられた。

これに対しⅡは、国人（一国単位の国人を含む）に対して、守護の指揮下に属すように命じたものである。守護はその御判御教書案を管国内に配布して国人の動員を試みた。南北朝期に頻出したこの軍事動員方式は、動乱終息後の義満執政期を最後に姿を消す。その最末期の例をあげると、応永六年（一三九九）一二月一二日、「安芸国国人中」に宛てて、安芸守護渋川満頼の下向を報じた義満の御判御教書が発給され（表5No.13、以下No.のみ記す）、守護満頼はこの案文に自身の軍勢催促状を副えて管国内の国人に配布し、軍勢の動員を図った。[10] よって、Ⅰ・Ⅱは宛所が異なるものの、ともに守護を介した軍事動員であるといえる。ところで、表5で明らかなように、国人のことを「地頭御家人」と表現する軍勢催促状は義満期まで見られるが、義持期になると確認できなくなる。この点については、のちに詳しく述べたい。

Ⅲは、軍勢催促状に「惣領」と表記され、そのもとに「相二催一族一」すように命じる動員方式である。[11] 惣領家—庶子家関係に重きを置き、惣領が幕府から直接催促を受けるこの動員形態も、Ⅰと同様に義満期まで確認できる。例をあげると、応永七年七月一三日に福原広世に対して出された義満の御判御教書には、毛利一族の惣領として庶子を催促するようにと記されている（No.18）。

守護が管国内の国人を統率するⅠ・Ⅱと、惣領が一族を率いるⅢとの併存は、南北朝初期にも確認されており、これは鎌倉期以来の制度を継承したものであるとの指摘がある。[12] たしかに元弘の乱においても、鎌倉幕府は守護制度と惣領制を柱とした軍事編制を行っており、その連続性がうかがわれる。[13] こうした軍勢催促方式は、内乱を経ながら徐々に変質していったものと思われるが、形式的には義満のころまで残存していたことがわかる。[14] だが、国人（一国単位を含む）に直接宛てて守護に属すようにと命じたり、惣領として一族を統率せよと促す軍勢催促状は、さきほども述べたように義満期を最後になくなる。

ここで問題となるのは、守護を介した国人動員の幕府制度上における位置づけである。さきに確認したとおり、南北朝期から義満期にかけて出されたⅠ・Ⅱ方式の軍勢催促状には、国人層のことを指して「某国地頭御家人」と称するものが多く見られる。すなわち彼らは、観念的に将軍（室町殿）と直接主従関係にある「地頭御家人」と幕府から認識されていたのであり、このことはその軍事動員方式にも反映された。南北朝期の例だが、文和四年（一三五五）六月、薩摩国では老病の守護島津貞久にかわって、その子息師久が前線で指揮をとり、足利直冬勢力を一掃するために軍勢催促を行っていた。その際に師久は、守護とともに「逆徒」を討つように下知した御教書を薩摩国の地頭御家人らに発給してほしいと、幕府に要請している(15)。

また、すでに見た、管国の「地頭御家人」を催促せよと命じたⅠ形式の軍勢催促状も、これを受けた守護はその案文を管国内の国人に配り、自身の催促状を副えて「御教書如レ此」と確認した上で動員を行う場合が多く(16)、Ⅱ形式の軍勢催促状と同様の文書伝達過程を経ていることが確認できる。

さきの薩摩における島津氏のように、守護方が地頭御家人を動員するために幕府御教書の発給を申請し、また、その案文を管国内の地頭御家人に配布しなければならなかったのは、北朝を戴く幕府・南朝・直義（直冬）勢力が分立する状況下で、守護の軍勢催促のみでは地頭御家人が容易に応じない可能性が多分に存在していたことを示している。たとえば文和四年（一三五五）一二月、上総国で地頭御家人が守護の催促に背くとの事態を受けて、足利義詮は御判御教書を発給し、再度の動員と違背者の注進を守護佐々木導誉に命じた(17)。また延文元年（一三五六）七月には、大隅・薩摩両国でも地頭御家人が守護島津貞久のもとに参陣せず、貞久は彼らの催促と違背者の注進を命じた尊氏の御判御教書に自身の軍勢催促状を副えることで、事態の改善を試みた(18)。

公権力の多元的な分裂は、国人層の動向を流動的なものにし、守護は管国の軍勢をより多く確実に動員するため、幕府の軍勢催促状を必要としたものと考えられる。

攻撃対象（発向地域）	特記指示事項	典　　拠
島津伊久・元久（薩摩・大隅・日向）		『鹿児島県史料』「禰寝文書」400
〃	九州探題今川貞世への所属	『鹿児島県史料』「禰寝文書」404
大内義弘（和泉）		『福原家文書』9
〃	長坂越の警固	『図書寮叢刊』「壬生家文書 3」712
〃		『福原家文書』10
〃	九州における軍事行動の備え	『大古』「島津家文書」263
〃		『高石市史』264「田代文書」
〃		『萩藩閥閲録 2』巻 37 ノ 1-54
足利満兼（相模）	鎌倉公方足利満兼の挙兵に対する備え	『福島県史』「上遠野文書」6
大内義弘（和泉）		『大古』「熊谷家文書」102
〃	信濃守護小笠原長秀への所属	『信叢』「勝山小笠原文書」13 頁
〃	京極高詮と同道し，管領畠山基国と談合	『信叢』「勝山小笠原文書」13 頁
大内義弘与党（安芸）	守護渋川満頼の下向告知，武田信守との軍事行動	『大古』「小早川家証文」36
〃　　（若狭）	幕府奉公衆本郷詮泰への同心	『福井県史』「本郷文書」74
今川貞世（駿河）	今川貞世，関東に潜入との噂	『新潟県史』「上杉家文書」637
大内盛見（周防・長門）	周防・長門守護大内弘茂への所属	『大古』「益田家文書」11
〃	周防・長門守護大内弘茂への合力	『大古』「益田家文書」12
〃	惣領として庶子の催促	『大古』「毛利家文書」1386
[菊池・少弐一族]（肥前）	九州探題渋川満頼への所属	『熊本県史料』「佐田文書」55
賊船（九州）	渡唐・狼藉におよぶ賊船の鎮圧	『大古』「島津家文書」272
大内盛見（周防・長門）	周防・長門守護大内弘茂への同心	『大古』「毛利家文書」23
御領本仏（肥前）	九州探題渋川満頼への所属	『熊本県史料』「佐田文書」57
菊池武朝（肥後）	〃	『大古』「阿蘇文書」223
大内盛見与党（安芸）	石見守護代入沢四郎に属したことを確認	『大古』「益田家文書」80
北畠満雅（伊勢）	美濃守護土岐持益への所属	『岐阜県史』「長善寺文書」14
岩松満純一類（上野）		『栃木県史』「皆川文書」87
〃		『白河市史』435「結城家文書」
足利持氏（相模）	甲斐守護武田信重への所属	『山梨県史』「『大館記』所収文書」2

表５　室町幕府軍勢催促状①

室町殿	No.	年　月　日	様式	宛　所	地　位	動員地域
足利義満	1	応永元/8/16	管奉	今川貞世	九州探題	［筑前］
	2	〃	〃	大隅・薩摩国輩	国人	大隅 薩摩
	3	応永6/10/28	御判	福原広世	〃	安芸
	4	〃 /11/1	管奉	小野荘沙汰人	沙汰人	山城
	5	〃 /11/2	〃	福原広世	国人	安芸
	6	〃 /11/3	御判	薩摩国地頭御家人	〃	薩摩
	7	〃 /11/6	〃	田代豊前次郎入道	〃	和泉
	8	〃 /11/7	〃	佐波常連	［幕府奉公衆］	出雲
	9	〃 /11/21	〃	上遠野宗朝	国人	陸奥
	10	〃 /11/25	〃	熊谷宗直	〃	安芸
	11	〃 /11/28	〃	小笠原政康	守護弟	信濃
	12	［応永6］/12/10	御内	小笠原長秀	守護	〃
	13	応永6/12/12	御判	安芸国国人	国人	安芸
	14	〃	〃	若狭国地頭御家人	〃	若狭
	15	［応永7］/1/18	御内	上杉憲定	守護	上野
	16	応永7/7/2	管奉	益田兼顕	幕府直属国人	石見
	17	〃 /7/6	御判	〃	〃	〃
	18	〃 /7/13	〃	福原広世	国人	安芸
	19	応永9/4/25	管奉	佐田親景	〃	豊前
	20	〃 /8/16	御判	島津伊久	大名（前守護）	薩摩
	21	応永10/4/28	〃	毛利光房	幕府直属国人	安芸
	22	応永11/8/9	管奉	佐田親景	国人	豊前
	23	応永12/5/10	御判	阿蘇惟村	〃	肥後
	24	〃 /11/24	管奉	益田兼家	幕府直属国人	石見
足利義持	25	応永22/4/16	〃	鷲見中務入道	国人	美濃
	26	応永24/3/27	〃	長沼義秀	関東奉公衆	下野
	27	〃	〃	小峰朝親	郡守護（京都御扶持衆）一族	陸奥
	28	応永30/7/5	御内	［下条信継］，［布施満春］，［武田信長］，［江草信康］，武田修理亮，［倉科信広］，［今井信景］，［穴山信介］，武田修理亮入道	守護（京都御扶持衆）一族	甲斐

攻撃対象（発向地域）	特記指示事項	典　　拠
足利持氏（相模）	随逐与力人の催促，信濃料国代官細川持有らとの談合	『信叢』「市河文書」54頁
〃	桃井宣義・上杉憲久に対する武家御旗の下賜告知，一族・親類の催促	『ビブリア』80号「大館記」58頁
〃	篠川御所足利満直への合力	「足利将軍御内書幷奉書留」2
〃	関東における戦乱の援軍用意	『大古』「阿蘇文書写」148頁
[長尾邦景]（越後）	無沙汰する「国者共」の催促	『信叢』「勝山小笠原文書」17頁
[　〃　]　〃	越後発向の遅延を叱責，即時進発を督促	『信叢』「勝山小笠原文書」18頁
[　〃　]　〃	越後・信濃国境までの発向	『信叢』「勝山小笠原文書」18頁
足利持氏（相模）	鎌倉公方足利持氏挙兵に対する備え	『大古』「蜷川家文書」15
〃	鎌倉公方足利持氏からの攻撃に際しては，篠川御所足利満直に従うこと	『白河市史』481「結城古文書写」
〃	陸奥郡守護白川氏朝への合力	『白河市史』482「結城古文書写」
〃	篠川御所足利満直の関東発向に際しては，その成敗に従うこと	『ビブリア』80号「大館記」50頁
白山若衆徒（加賀）	「国中之輩」を催促することを命ず	『室奉』128「御前落居奉書」
〃	白山社頭の警固，守護所への注進	『室奉』129「御前落居奉書」
〃	加賀守護富樫持春への所属	『室奉』130「御前落居奉書」
狼藉輩（筑前）	筑前料国代官大内盛見との談合	『ビブリア』80号「大館記」49頁
〃	筑前料国代官大内盛見への合力	「麻生文書」81
多田荘六瀬村（摂津）	多田荘槻並村平瀬三郎左衛門尉・中池新左衛門尉は，降伏のため赦免	『室奉』143「御前落居奉書」
[大友持直]（筑前）	周防・長門守護大内盛見跡への合力	『大古』「毛利家文書」1356
[　〃　]　〃	〃	『大古』「小早川家証文」323
[　〃　]　〃	周防・長門守護大内持世への合力	『満済准后日記』永享4年正月25日条
大内持盛・馬場満世（豊前）	〃	『大古』「毛利家文書」1355
〃	〃	『大古』「小早川家証文」319
[大内持盛・馬場満世]　〃	〃	『大古』「阿蘇文書写」640頁
大内持盛・馬場満世　〃	〃	『大古』「小早川家証文」49
[大友持直，少弐満貞，大内持盛]（豊前・豊後・筑前）	〃	『山口県史』「萬代家文書」23

室町殿	No.	年　月　日	様式	宛　所	地　位	動員地域
足利義持	29	応永30/7/10	管奉	市河義房	国人	信濃
	30	[応永30]/8/9	御内	岩松満春，世良田兵部少輔	〃	上野
	31	応永30/9/24	〃	大崎満持	奥州探題	陸奥
	32	[応永30]/10/23	〃	渋川義俊	九州探題	[筑前]
	33	[応永34]/2/18	〃	小笠原政康	守護	信濃
	34	[　〃　]/6/29	〃	〃	〃	〃
	35	[　〃　]/10/26	〃	〃	〃	〃
足利義教	36	正長元/10/23	〃	大内盛見	〃	周防
	37	[永享元]/6/2	〃	小峰朝親	郡守護（京都御扶持衆）一族	陸奥
	38	[　〃　]/6/3	〃	〃	〃	〃
	39	[　〃　]/12/2	〃	伊達持宗	郡守護（京都御扶持衆）	〃
	40	永享2/⑪/19	奉奉	富樫持春	守護	加賀
	41	〃	〃	白山惣長吏	長吏	〃
	42	〃	〃	金剣宮衆徒	衆徒	〃
	43	永享3/2/25	御内	渋川満直	九州探題	筑前
	44	[永享元]/2/25	〃	麻生弘国	幕府奉公衆一族	〃
	45	永享3/6/18	奉奉	長塩元親	守護代	摂津
	46	[永享3]/7/16	御内	毛利小法師	幕府直属国人	安芸
	47	[　〃　]　〃	〃	竹原小早川弘景	幕府奉公衆	〃
	48	永享4/1/25	〃	大友親綱	守護一族	豊後
	49	[永享4]/5/12	〃	毛利小法師	幕府直属国人	安芸
	50	[　〃　]　〃	〃	竹原小早川弘景	幕府奉公衆	〃
	51	[　〃　]/10/26	〃	菊池持朝	守護	肥後
	52	[　〃　]/11/16	〃	山名時熙	〃	安芸
	53	[永享5]/3/5	〃	沼田小早川熙平	幕府奉公衆	〃

攻撃対象（発向地域）	特記指示事項	典　　拠
大友持直，大内持盛（豊後）		『大古』「島津家文書」74
延暦寺（近江）	山城国山科七郷・近江国五箇荘土民らの催促，瀬田橋の警固	『園城寺文書』110
大友持直，大内持盛（豊後）	豊後発向の報告遅延を叱責，即時進発を督促	『大古』「島津家文書」76
［大友持直］（豊後）	伊予守護河野通久の討死により相続した犬正丸（教通）の忠節要求，軍勢催促と即時発向	『愛媛県史』1243「明照寺文書」
足利持氏（相模）	芦田下野守の治罰延期，常陸の京都御扶持衆山入祐義への合力用意	『信叢』「勝山小笠原文書」21 頁
〃	篠川御所足利満直への所属	『神奈川県史』5940「真壁文書」
〃		『神奈川県史』5943「古文書」
〃	関東発向の遅延を叱責，即時進発を督促	『信叢』「勝山小笠原文書」22 頁
〃	関東管領上杉憲実への合力	『信叢』「勝山小笠原文書」23 頁
〃		『白河市史』497「国学院大学白河結城文書」
〃	上杉憲実が足利持氏の殺害を難渋したならば，京勢として沙汰指示	『兵庫県史』「赤松文書」2
〃	上杉憲実が足利持氏の殺害を難渋したならば，援軍の着陣を待ち諸陣談合の上で進撃指示	『信叢』「勝山小笠原文書」23～24 頁
足利持氏残党	関東の戦乱に対する備え	『新編埼玉県史』796「安保文書」
［足利安王丸・春王丸，結城氏朝］（常陸）		『福島県史』「角田石川文書」22
結城氏朝与同者（常陸）		『神奈川県史』6001「古今消息集」
大覚寺義昭（日向）	大覚寺義昭の捕縛と京都への移送	『宮崎県史』「樺山文書」125
〃	大覚寺義昭の捕縛困難ならば，殺害指示	『宮崎県史』「樺山文書」126
［足利安王丸・春王丸，結城氏朝］（常陸）	下総結城城の包囲長期化を叱責，諸陣談合し即時攻落を督促	『茨城県史料』「山川光国氏所蔵文書」9
佐竹義憲（常陸）	常陸・下野国境の陣所において待機	『新潟県史』「上杉家文書」201
大覚寺義昭（日向）	大覚寺義昭の沙汰遅延を叱責，即時殺害を指示	『宮崎県史』「樺山文書」127

等の書状形式文書は除いた．(3) ［　］は推定，○は閏月を示す．(4)『大日本古文書』『新編信濃史料叢
かは本書凡例に従った．(5) 人名・地位の比定は，岸田裕之『大名領国の構成的展開』（吉川弘文館，
護と国人」（『愛媛県史 古代Ⅱ・中世』愛媛県，1984 年），渡政和「『京都様』の『御扶持』について」
年），福田豊彦『室町幕府と国人一揆』（吉川弘文館，1995 年），山田邦明『鎌倉府と関東』（校倉書房，
睦をめぐって」（『史潮』新 62 号，2007 年），江田郁夫『室町幕府東国支配の研究』（高志書院，2008 年）

室町殿	No.	年　月　日	様式	宛　所	地　位	動員地域
足利義教	54	[永享5]/3/8	御内	島津忠国	守護	薩摩
	55	永享5/7/25	御判	園城寺衆徒	衆徒	近江
	56	[永享5]/9/30	御内	島津忠国	守護	薩摩
	57	永享7/7/16	〃	戒能安房入道	[守護後見]	伊予
	58	[永享7]/9/22	〃	小笠原政康	守護	信濃
	59	永享10/8/22	管奉	小田一族	大名一族	常陸
	60	〃　/8/28	〃	小栗某	[大名一族]	〃
	61	〃　/9/6	〃	小笠原政康	守護	信濃
	62	[永享10]/9/24	御内	〃	〃	〃
	63	[　〃　]/11/1	〃	白川直朝	郡守護（京都御扶持衆）	陸奥
	64	[永享11]/①/24	〃	赤松中務少輔	室町殿近習	播磨
	65	[　〃　]　〃	〃	小笠原政康	守護	信濃
	66	永享12/2/17	管奉	安保宗繁	国人	武蔵
	67	[永享12]/3/17	御内	石川一族	〃	陸奥
	68	永享12/4/11	管奉	曾我小次郎	〃	[相模]
	69	[永享12]/6/20	御内	[島津忠国]	[守護]	[日向]
	70	[　〃　]　〃	〃	[　〃　]	[　〃　]	[　〃　]
	71	[　〃　]/9/17	〃	小山持政	大名	下野
	72	[嘉吉元]/5/2	〃	長尾実景	守護代	越後
	73	[永享12～嘉吉元]	〃	[島津忠国]	[守護]	[薩摩]

註　(1) 御内＝御内書，御判＝御判御教書，管奉＝管領奉書，奉奉＝奉行人奉書．(2) 管領・奉行人書』『室町幕府文書集成（奉行人奉書篇）』はそれぞれ『大古』『信叢』『室奉』と略記し，そのほ1983年），岸田裕之「国人領主の成長」（『広島県史 中世 通史Ⅱ』広島県，1984年），石野弥栄「守（『武蔵大学日本文化研究』5号，1986年），佐藤博信『古河公方足利氏の研究』（校倉書房，1989 1995年），黒嶋敏「奥州探題考」（『日本歴史』623号，2000年），和気俊行「応永三一年の都鄙和等を参照．(6) 対象期間は，応永元年1月～嘉吉元年6月とした．

2　軍勢催促の「請負」化（義持期）

義持の執政期になると、軍勢催促に御内書が用いられるようになるのと同時に（第二節で後述）、一般国人の動員はもっぱら守護を介した間接的なものだけになる（表5参照）。また義持期以降、Ⅱの国人宛軍勢催促状がなくなるとともに、守護宛であっても、南北朝期におけるⅠの幕府軍勢催促状にあれほど頻出した「相二催当国地頭御家人一」といった文言が、この段階では見られなくなる。さらに、単に表現の問題にとどまらず、守護に国人を催促させる文言を含んだ軍勢催促状（たとえば№33・40）自体が稀となり、ただ出陣を督促するだけのものがほとんどとなる。

軍勢催促状にあらわれる「幕府—地頭御家人」意識の希薄化は、本書序論第二章で述べた、内乱期の広範な階層を含み込んだ「国人」身分の形成、応永期以後に顕著となる身分序列の再構築といった、権力秩序の変容と密接に関わる問題と考える。軍事動員の面に限っていうならば、南北朝期における地頭御家人身分は、彼らへの軍勢催促状の発給・伝達過程からもうかがえるように、幕府・守護双方の側で意識され、幕府からの命令を受けて守護のもとに参集する存在であった。ところが義持期になると、地頭御家人身分は、幕府の膝下である山城国を除き[19]、軍勢催促の上でも形骸化の傾向を示すようになるのである。一六世紀中期の段階に至っても、一般国人が「御家人」と認識されていた点は留意すべきだが[20]、「理念」と「実態」との乖離状況を具体的に検討することも重要である[21]。

Ⅱが消滅し、もっぱら右のような守護を介した軍勢催促方式が用いられるようになったことは、いわば幕府が守護にその管国内国人の軍事動員を請け負わせた形となる。たとえば川岡勉氏によると、一五世紀前半になると、周防・長門国人に対する幕府（室町殿）の軍勢催促状は確認できず、一五世紀後半以降には大内氏当主による書下様式の軍勢催促状が出現するという[22]。こうした大内氏当主の書下には「御教書如レ此」といった文言は見られないことと、大内氏当主に宛てた幕府軍勢催促状の存在が確認できることを併せて考えると（No.36）、義持期以後における、幕府の軍事動員方式は、守護の「請負」による軍勢催促に変容したといえる。このような軍事動員を、「守護請軍勢催促」と呼ぶことにする。

一方、南北朝期から義満期にかけて見られたⅢ幕府―惣領―庶子といった軍事指揮系統も、義持期に確認できなくなる。守護（大将）に属すように命じた軍勢催促状は、早くも建武四年（一三三七）以降に増加傾向を示すことから、一国（一地域）に一人の守護（大将）を派遣して南朝勢力と対峙する体制がこのころ確立したとの指摘もある。(23)ただし、惣領のもとに一族を結集させる軍勢催促状は、減少しつつもなお散見できる。(24)鎌倉時代に認められていた軍役勤仕における惣領の地位は、建武政権によって相対化されつつも制度的に全否定されたわけではなく、(25)室町幕府も旧来の惣領制が機能する場合にはこれを利用したことがわかる。これまでの惣領―庶子関係に基づいた指揮系統は、縮小されながらもこの段階では部分的に残存していたのである。

しかし、一四世紀末から一五世紀になると、軍役以下の公事を対捍する庶子家を懐柔するために、諸役負担の基準となる庶子家分の図田面積を削減する惣領家もあり、庶子家を統率しうる制度的な枠組みまでもが解体していくことになった。(26)このような矛盾の深化によって、伝統的な惣領制の指揮系統が十分に機能しなくなったため、有名無実化したⅢの動員形態は廃絶したのであろう。鎌倉期以来の惣領―庶子関係が再編されていく中で、前代に直接催促を受けていた惣領家の多くが、このころになるとその対象から外されて守護の指揮下に配されるようになった。(27)

以上のように、室町政権による公権の一元化が進むことにより、守護の統治が不安定な国を除いては、ことさらに幕府が一般国人に対して守護の指揮に従うようにと命じたり、守護がそうした幕府軍勢催促状の発給を申請する必要はなくなった。また、庶子に対する軍事統率が動揺する惣領は、守護の指揮下に編成されるようになった。勢力を維持した惣領家や新たに台頭した庶子家の中には、次項で述べるように幕府に直属する者もあらわれ、鎌倉期惣領制に依拠したⅢ方式の制度的な枠組みは最終的に解体した。

義持期には、南北朝期における守護の活動を前提として、闕所地処分に占める守護の役割が確認されるなど、守護権の拡大が指摘されているが[28]、これまで述べてきたように、軍事指揮の分野においてもこの傾向は顕著になる。またこれとともに、戦時体制のもと構築された守護役は、内乱鎮定後には国家的性格が付与されて平時にも「公事」として定着し、応永年間（一三九四～一四二八）を通じて増徴されていった[29]。一五世紀中期には、周防・長門守護の大内氏が、国人所領貫文高を基準とした恒常的な軍役（的収取）を成立させていた点が指摘されている[30]。守護による軍役的収取体系の再編・強化にともない、これに依存しうる環境も整備されていったことは、幕府が「守護請軍勢催促」の実施を可能にした背景として考えられる。

このほか、やや特殊な軍勢催促として、東国勢力に対する動員がある。義詮期以来、幕府と鎌倉府との管轄がしだいに区分されていき、鎌倉府の管轄国である関東八か国および伊豆・甲斐（南北朝末期に陸奥・出羽を付加）に対する幕府の軍事動員も、鎌倉府を介してなされるようになった[31]。ところが鎌倉府との政治的軋轢が激化すると、幕府―鎌倉府―東国守護・大名・国人といった下達制度は、機能麻痺に陥ることになる。表5にあるように、義持期から、鎌倉府管轄下の国人に直接宛てた幕府の軍勢催促が増加しだすのは、こうした政治状況を背景としている。奥州・関東の反鎌倉府勢力は幕府と結びつき、いわゆる京都御扶持衆として幕府から援助を受けたが、幕府による東国への軍勢催促は彼らを中心に行われた[32]。このように義持・義教期には前代と異なり、幕府が鎌倉府を通さずに東国の守護・大名・国人を直接の動員対象とした時期であった。

もっともこれは一時的な措置で、幕府と鎌倉府との関係が修復されると、東国における動員権は再び鎌倉府に委ねられた[33]。これ以後、東国勢力に対する幕府の直接的な軍事動員は、鎌倉府が機能麻痺に陥った際に限ってなされた[34]。よって本章では、これと幕府の恒常的な軍勢催促とを区別して考える。

3　幕府直属国人の出陣増加（義教期）

義教期においても、義持期に形成された「守護請軍勢催促」が引き続き実施された。義教期の特徴として注目されるのは、奉公衆などの幕府に直属する国人（幕府直属国人）への軍勢催促が急増しだす点である[35]。

本章の冒頭でも述べたように、幕府直属国人の中でも研究が進展している奉公衆に関しては、幕府に直結してその軍事・経済基盤となり、守護による領域支配を牽制する役割を果たしたことが、これまで明らかにされている。このような守護に対する奉公衆の戦時における独立性は、室町殿の親衛軍として編制されることにあらわれる。応永の乱後、室町殿の親征が行われなくなった当該期における奉公衆の軍事奉仕については、出動する事例がほとんどないとして消極的な評価もあるが[36]、この点には一考を要する。なぜなら、奉公衆は室町殿親征の際にその膝下に編制されるのみならず、地方での叛乱鎮圧のために、在京・在国にかかわらず、随時動員を受け前線に派遣されていたからである。

〔史料1〕『満済准后日記』正長元年八月一一日条

①美濃国国人以下在国守護家人悉令二用意一、可レ致二伊勢守護（土岐世保持頼）合力一之由、可レ仰二付美濃守護（土岐持益）一之由、可レ申二管領（畠山満家）一由被二仰出一間、召二斎藤因幡守（管領内者也）一仰含了。②次近習土岐名字外山以下者共悉可二罷下一、致二其用意一、同可二合力一由被二仰出一了。

史料1にあるように、伊勢国司北畠満雅の討伐にあたっていた伊勢守護土岐世保持頼への合力は、美濃守護土岐持益と奉公衆外山氏らとに別々に命じられた。[37] ここには、幕府―守護―一般国人（傍線①）と、幕府―直属国人（傍線②）という二つの軍事指揮系統が、明確にあらわれている。このように幕府直属国人は、室町殿の親征以外でも軍勢催促を受け、守護軍から独立した部隊を率いて叛乱軍の討伐に発向していたのである。

幕府直属国人の中でもとりわけ奉公衆は五番に編成され、所属の番ごとに強い連帯感情を持って行動する性格が知られている。[38] しかし、すでに百瀬今朝雄氏が着目したように、奉公衆は必ずしも番単位で出陣しておらず、こうした番衆組織はいつでも適用される絶対的なものではなかった。[39] 百瀬氏は義政期を中心に述べたが、義教期に起こった北九州・大和・関東の争乱でも、番単位によらず奉公衆は出陣している。[40]

ただし、従来これらの指摘は、地域が限定されたり主要テーマがほかにあった関係で個別分散しており、幕府軍制と関連づけて体系的に論じられるまでに至らなかった。そのため本章の冒頭で述べたように、義教専制の一環として奉公衆は注目されながらも、その包括的な評価は政治・経済面に偏っていた。さらに、奉公衆の成立を義満期とする説が有力になったことで、義教期における奉公衆整備の意味そのものが曖昧になったと思われる。だが、この時期の特殊性は奉公衆をはじめとする幕府直属国人の出陣が急増することにあり、これこそが義教による奉公衆整備のもっとも重視されるべき点であると考える。

次に、守護と幕府直属国人を主軸に構成される幕府軍の軍事編制のあり方を確認したい。永享四年（一四三二）正月、大友・少弐氏と大内氏との合戦で、幕府は、「内々」に安芸・石見・伊予の軍勢を動員して大内氏を支援することを検討していた。[41] 事態は好転しないまま一〇月になり、但馬・安芸・備後守護山名時熙は、周防と安芸の国境に、それぞれ石見守護山名掃部頭と備後・安芸守護代犬橋満泰を派遣し、石見・安芸両国の軍勢を動員することを義教に進言した。[42] また時熙は、安芸の分郡守護武田信繁と奉公衆沼田小早川則平は、守護の成敗に応じない者であり、この両人へは室町殿から直接催促するよう求めた(43)。時熙の発言は、武田・沼田小早川氏らが室町殿から直接動員を受ける立場にあったことを示すものとして知られるが(44)、これ以後、事態はいかに推移したのだろうか。

永享四年一一月一六日、義教は安芸守護山名時熙に宛てて御内書を発給し、沼田小早川氏以下を動員して出陣難渋者を注進することを認めた（No.52）。もっともこの御内書は、沼田小早川氏らを大内氏合力に発向させるようにと促す内容で、山名氏の軍事統率下に彼らを置く点については触れておらず、山名氏は前線で彼らを指揮する権限を付与されていなかった。事実、安芸・備後両国の奉公衆は、山名氏が派遣した守護代犬橋満泰の軍事指揮からは独立していたようで、彼らの戦功は総大将にあたる大内持世から直接幕府に報じられた(45)。また、分郡守護武田氏は、配下の手負注文を幕府に送っており、独立した一軍を率いていたようである(46)。一方、備後の守護被官山内氏は守護代犬橋に属し、彼から京都に戦功が注進されたことから、一般国人は守護勢に属していたものと思われる(47)。

ここに見られるように、戦時における前線からの注進経路も、国人→守護（代）→幕府と、幕府直属国人→（総大将→）幕府とに分化していた(48)。第二節で述べる史料6の注進状は、差出人が奉公衆であるので、後者の経路によって幕府に届けられたことになる。

さらに幕府は、大内氏合力のために安芸・備後・石見の軍勢を催促するとともに、豊後の国人である日出・田原・佐伯氏らにも御内書による軍勢催促を検討していた(49)。これは、同国の守護であった大友持直が討伐の対象となり、それにともない守護職が一族の大友親綱に改替される前後の、守護権力が動揺する時期にとられた臨時の措置とも考えられるが、彼ら三人すべてが幕府に直結する「御所奉公」の面々であったことには注意を要する(50)。

以上から、義満期から義教期に移る過程で、幕府管轄国の国人層に対する軍事指揮が、幕府―直属国人と幕府―守護―一般国人とに二分していった様子がわかる。

こうした軍事編制の系列化は、義教期に明確になる。このことから、奉公衆整備の理由を、反抗的な守護に代替する軍事力を設けようとした義教の政策に求める見解と、(51)この軍事編制のあり方は符合するようにも思える。だが、ここで注意しなければならないのは、守護が幕府軍制から疎外され、幕府直属国人がこれに取ってかわったわけではなく、両者はともに室町殿の軍事指揮のもとで並存した点である。義教が守護山名時熙に、沼田小早川氏らを動員し出陣難渋者を注進する権限を認めたことからもわかるように、戦時には討伐戦の円滑な遂行が室町殿・守護の至上課題となるのはいうまでもない。

ところで、こうした軍事編制を見て想起されるのは、段銭収取が幕府―守護―一般国人と幕府―直属国人の二経路に分化していたことである。(52)段銭については、一五世紀初期には、守護段銭・領主（直属国人）段銭が同時並行的に成立し、幕府はその収取体系に依存する形で、右の二経路から在地に段銭を賦課し、催徴を全うしようとしたとされる。(53)

軍役についても、さきに見たように守護による賦課が一般国人の所領貫文高を基準にして行われており、守護―国人―在地の収取ルートを確認できる。また、応永初頭の段階で幕府直属国人（奉公衆）たる竹原小早川氏は、領内の家臣知行分や惣領家分の百姓からは平均に、特定の寺社領の百姓からは特別の場合に限り、軍役を徴収していたことが指摘されており、直属国人―在地の収取ルートも同時期に形成されていた。(54)

戦時における幕府の軍事動員や軍隊編制、さらに戦功注進におよぶ幕府軍制は、こうした軍役収取のあり方に基づいて再編されたものと思われる。すなわち、幕府直属国人に対する保護政策の一環で、その所領に守護使不入の特権が与えられ、平時における段銭・軍役的収取の枠組みは再編成されていったが、(55)これは戦時に一国の国人層に軍役を課し総動員をかける形態をも束縛することになった。義教期に至って軍事編制の系列化が明確になるのは、応永年間

（一三九四〜一四二八）を通じて進展した軍役収取の再編を背景としている。幕府直属国人に対する保護政策が守護使不入の特権を彼らに与え、そのことが軍制の系列化につながるとすれば、義教期における軍事動員の方式は、義満期以来の奉公衆を含む直属国人保護政策と不可分の関係にあるといえる。

幕府直属国人が守護軍から独立した一軍を率いて出陣する初期の事例が、義持執政の末期にすでに確認できる点も、このことを裏づけよう。すなわち、応永三四年（一四二七）の赤松満祐追討では、「両人山名(時熙)・一色(義貫)打手ニ可二罷立一由被二仰出一、於二御所一各御暇ヲ被レ下云々。日次近日不レ宜。来月四日両人ハ可二罷立一云々。赤松伊豆守(貞村)・同美作守(満弘カ)両人ハ今日罷立」とあるように、山名・一色らの守護軍とは別に、義持近習の赤松勢が播磨に発向している[56]。室町幕府軍制の系列化は義教期になると顕著にあらわれるが、義持の執政末期に端緒が認められるように、そのすべてを義教の個性に帰すわけにはいかない。それは、応永年間に再編された段銭・軍役賦課の枠組みと連動して整備されたと見るべきである。

そこで次に問題となるのは、幕府直属国人の出陣事例が、なぜ義教期から頻繁に確かめられるようになるのかということである。これについて考える上で注目したいのは、義教期に軍事制度の改革が行われた形跡をうかがえる点である。

まず、軍事に関する大名衆議（いわゆる「重臣会議」）への諮問形態は、斯波義淳の管領在職期間にあたる永享元〜四年（一四二九〜一四三二）に、それまでの管領を介した間接諮問から、個別に各大名の意見を徴する直接諮問に変質し、軍事方針の決定過程に改変が加えられた。この要因は、管領斯波義淳が諮問内容を意図的に歪曲したことや、義教が意見聴取・決裁時間の短縮を志向したためと考えられる[57]。

しかしながらこのことは、軍事制度からの管領排除を示すものではない。義淳から管領職を引き継いだ細川持之は、以前のように諸大名の意見をまとめるようなことはしなくなるものの、義教のおもな諮問対象者の一人であった。また大名衆議の改変と同時期に、管領奉書はそれまでの所務沙汰から感状を中心とした軍事分野へと管轄事項を大きく変化させられ、室町殿の軍事指揮を補完する役割を前代よりもいっそう明確に示すようになった(58)。

さらに幕府の戦功褒賞は、義教期においても室町殿と管領の協議によって決定されていた。ただしその内容は、軍事編制の系列化にともない、幕府から直接動員を受ける守護と直属国人とに恩地宛行・預置が集中するようになる。一方、守護指揮下の一般国人には、感状や武具が幕府の恩賞として大量に付与されはじめた(59)。

右のような変化が生じる永享三～四年は、北九州における争乱が激化するのと同時に、大和の越智・箸尾氏や鎌倉公方足利持氏ら反幕勢力に備えなければならないという、幕府を取り巻く軍事的緊張が高まった時期であった(60)。こうした状況のもと義教は、軍事方針決定の簡潔化、管領奉書の軍事管轄強化、大量発給が可能な感状・武具の恩賞化といった改革を行うのである。

奉公衆を含む幕府直属国人の出陣事例が、ちょうど永享三～四年ごろから急増するのは、こうした改革と無関係ではあるまい。当時幕府は、同時多発化する地域紛争を鎮圧するため、一国の国人を総動員する必要に迫られていた。こうした背景のもと、守護の軍事指揮下にない幕府直属国人の前線派遣が頻発しだすと考える。このことを裏づけるのが、左掲の管領細川持之書状写である。

〔史料2〕「足利将軍御内書幷奉書留」九二

九州永々在陣之処、重而被㆓仰出㆒候事、不便雖㆘被㆓思召㆒候㆖、就㆓大和国事㆒御用候。相㆓催軍勢等㆒、不日可㆑有㆓参洛㆒之由、被㆓仰出㆒候也。恐々。

（永享八）二月十二日

小早川美作守（持平）殿
武田伊豆守（信繁）殿

さきほど述べた、安芸の奉公衆沼田小早川氏と分郡守護武田氏は、大友氏と少弐氏の討伐が一段落すると、ただちに大和への出陣を促されているのである。この時期に出された幕府感状をまとめた第一部第三章掲載の表6を見ると、北九州遠征後に大和に発向した奉公衆は沼田小早川氏のほかにも多数確認でき、継続的な討伐事業に彼らが駆り出されている状況がわかる。同様のことは、守護についてもいえる。

〔史料3〕『満済准后日記』永享六年九月一八日条

自二管領（細川持之）一条々。江州事、土一揆・山上小法師原等既可レ令二蜂起一。全現行之由、両奉行注進。六角（満綱）勢纔五六十騎計云々。定不レ可レ有二正体一歟。御合力御勢早々可レ被二仰付一之由、同申入間、此子細相二談赤松（満祐）入道一処、如レ然現行上者、御合力事、早々可レ有二申御沙汰一之条、可レ宜云々。仍美濃守護（土岐持益）・伊勢守護（土岐世保持頼）両人合力事、依レ仰申遣云々。次大和事、畠山（持国）ニ楢原・ハン田（吐）可二合力一由、被二仰付一処、赤松入道意見、江州・和州両方事、一度御沙汰之条、可レ為二何様一候哉由申間、被二延引一云々。

史料3傍線部からは、近江方面の延暦寺攻めと大和方面の国人討伐といった、二つの軍事課題に対して、同時に守護軍を投入しかねて苦慮する幕府の様子がうかがえる。

直属国人と守護（およびその指揮下の一般国人）に対して頻りに軍勢催促がかけられていたことからもわかるように、幕府は多方面の討伐事業を同時にかつ継続的に遂行する必要に迫られていた。こうした状況を打開する臨戦体制を構築するために、義教による一連の軍制改革が行われたものと考える。

永享年間の幕府を取り巻く状況は、慢性的な地域紛争の併発によって、一国の国人を総動員しなければならない時期にあった。しかし、前代以来行われてきた幕府直属国人に対する守護使不入特権の付与と、それにともなう軍役的賦課の枠組み再編は、軍勢催促のあり方を規定するものであった。前代から引き継がれた「守護請軍勢催促」と並んで、幕府直属国人の前線派遣が増加し、軍勢催促の系列化が義教期に明確になるのは、こうした理由によるものと考えられる。

以上のように、義持～義教期の過程で、軍勢催促対象者の系列化が進展したことが明らかになったが、これとほぼ同時期に幕府の軍事関係文書も変化しだす。次節ではこのことについて検討を加え、軍事関係文書の機能面から軍勢催促方式の変容を論じたい。

二　軍事関係文書の変化

1　御内書の軍勢催促状

室町幕府の軍勢催促状は、御判御教書・御内書・管領奉書・奉行人奉書のほか、室町殿側近や諸大名の書状が用いられることもあり[61]、多様な様式を備えていた。しかし、数量的な割合を見ると、御判御教書や御内書といった室町殿発給文書が多く使用されており、これらが幕府軍勢催促状の中核をなしていた。ただし、その様式の時期的な変遷を確認すると、義満期以前には基本的に御判御教書が用いられていたのに対し、義持期以降には御内書が採用されるようになる[62]。こうした変化は、①御判御教書と御内書の作成過程が異なるため、②軍勢催促時の機能が双方で異なるため、といった二つの要因が予想される。

①の視点は、文書作成者の変化から幕府内部の権力構造の変容を読み取ろうとするものである。今谷明氏は、義教が奉行人の軍事干与を警戒したため、室町殿側近によって作成される御内書を軍勢催促や感褒に用いるようになったと説明した(63)。しかしながら、奉行人は義政期に御内書の案文を作成していた。このことを明らかにした鳥居和之氏によると、御判御教書の作成に際しては、管領から室町殿に加判の申請がなされたのに対し、御内書の作成においては、発給手続きに管領が関与することはなかったという。そしてこの相違点こそは、室町殿の独走を抑えうる御判御教書にかわって、義政期から御内書が多用される原因であると展望している(64)。

今谷・鳥居の両氏は、義教と義政の執政期を、それぞれ御内書増加の画期とみなしたが、軍勢催促に限っていうならば、義持期に御判御教書から御内書へと転換している。鳥居氏が指摘したように、義政期には奉行人が御内書の作成に携わっており、御内書作成における奉行人の役割を低く評価した今谷氏の説は、義教期において再検証しなければならない。また鳥居氏の説も、考察の対象とした御判御教書は、所務沙汰裁許や寄進など、沙汰付を命じる管領施行状を副える必要があるものばかりであり、管領施行状を必要としない軍勢催促にも適用できるかは即断できない。なぜなら同じ御内書でもその用途によって、作成過程が異なることも予想できるためである。そこで義教期の管領や奉行人が、軍勢催促の御内書作成過程にいかに関与していたのかを確認する。

永享元年（一四二九）六月、鎌倉府から圧迫を受ける白川氏への合力を命じた御内書が、次のような過程を経て篠川御所の足利満直と奥州の国人らに発給されることになった。

〔史料4〕『満済准后日記』永享元年六月三日条

御内書伊勢守(伊勢貞経)書二出之一。御判事大館(満信)申入。細川右京大夫(持元)方へ、大館此等御内書持参云々。自レ奥御書等事、右京兆申次故也。此御内書案事、可二書進一之由雖レ承、以二故実一申二談管領(畠山満家)一了。仍自二彼方一案文進レ之了。

史料4傍線部のように、この御内書の下書きは満済と管領畠山満家が行い、政所執事伊勢貞経がそれを清書し、室町殿側近大館満信が義教に花押を申請した。その後、奥州方面との連絡を担当していた申次細川持元が、この御内書を伝達した[65]（№38）。ここで管領が、御内書案作成の段階で関与し、御内書案文を満済に示していることは注目される。また、永享四年（一四三二）、大内氏の家督争いについて、幕府は大内持世を支持する方針を固め、持世への合力を命じた御内書を大友親綱に発給した（№48）。その過程は、次のようなものであった。

〔史料5〕『満済准后日記』永享四年正月二五日条

九州事、大名意見、各可レ被二注進一之由申付了。今日申初悉到来。両奉行飯尾肥前守(為種)、同大和守(貞連)参二壇所一、諸大名申詞請二取之一、(飯尾為種)肥前加レ銘。〔中略〕以上大名七人(管領斯波義淳・畠山満家・山名時熙・細川持之・一色義貫・赤松満祐・畠山満慶)意見御尋之分、両奉行自二壇所一直参二御前一披露了。両奉行又参二壇所一。大名意見申詞悉備二上覧一了。随而大友左京亮(親綱)方へ、御内書事可レ被レ遣条、凡可レ有二何子細一哉之由多分意見也。仍可レ被レ成二遣御内書一。案文可レ為二何様一哉、且可二計申一云々。仍申二談奉行一書進候了。

史料5傍線部にあるとおり、大内持世に援軍を派遣することの可否が管領・諸大名に諮問され、彼らの意見を汲み入れたのちに、満済と奉行人が御内書案文を作成した。このように義教期においても、御内書の作成に奉行人が関与していることから、今谷氏の説は成り立ち難い[66]。また、この史料からは軍勢催促に関して、管領奉書に限らず御内書においても室町殿の恣意的な発給はなされず、管領・諸大名がその発給過程に影響をおよぼしていたことがわかる[67]。

第一節でも触れたが、義教は諸大名の意見が軍事方針の決定過程におよぼすこうした影響力を軽減させるため、それまでの管領を介した間接諮問から、個別に諸大名の意見を聴取する直接諮問へと諮問形態を改めることで、室町殿主導のスムーズな政務決裁を志向した[68]。だが、諮問形態の改変後も軍事関係の議案について、諸大名の意見が頻繁に聴取されたのは、討伐事業を円滑に遂行するには、幕府軍の一翼を担う管領・諸大名の協力が不可欠であったためであろう。たとえば、応永三四年（一四二七）の赤松満祐追討や、永享六年（一四三四）の延暦寺攻撃では、室町殿が管領や諸大名の意見を無視した結果、彼らは積極的に軍事行動に参加せず、いずれも頓挫した。(69)また、諸大名の意見により、軍事動員が見合わせられることもあり、室町殿と管領・諸大名との意向が食い違った場合、その実行は困難であった。(70)

御判御教書と御内書の発給過程に事務的な差異があるにしても、幕府の軍事方針を体現する軍勢催促が、管領や諸大名、あるいは奉行人を排除し、室町殿近辺の一部の人物のみによって円滑に実行に移せるとは考え難い。(71)よって①から、軍勢催促に御内書が多用されるようになった要因を明らかにすることは困難であろう。そこで②の視点から、軍勢催促のあり方が、御判御教書と御内書とで具体的にどのように異なるのかを確かめる。

上島有氏は、書下様式の御判御教書に比べ、書状様式の御内書の方が厚礼であるとした。(72)たしかに室町幕府の草創期以来、御内書軍勢催促状の宛所は関東管領や守護といった軍事指揮官クラスにほぼ限定されており、宛所の身分も考慮に入れて御内書の発給がなされていたようである。ただし、御判御教書も守護に宛てて頻繁に発給されており、御内書が用いられた場合といかに区別されていたのかが問題となる。

尾下成敏氏によると、御内書は「正式」な御判御教書に準じて発給される「内々」の文書としての意味があったとされ、双方の差異を考える上で留意すべき指摘がなされた。しかしながら、義持期以降、御判御教書にかわって御内書が軍勢催促状に使用された意味については、戦国時代の義材期の事例から、時期が下るにつれてその「内々」的な性格が薄れて、室町幕府の軍事体制が変化したと推測されるにとどまった。(73)

機能的な面に注目すると、前節で述べたように、御判御教書は守護宛（I方式）であっても、その案文が国人層に配布されることが多いので、回覧を前提として作成されたものであったと考えられる。これに対し守護宛の御内書は、

「守護請軍勢催促」方式が示すように、案文が国人層に配布された形跡は見あたらないことから、基本的に宛所である守護およびその側近のみが内覧し、その手元に留め置かれたのではないだろうか。前節で検討した義満～義持期に見られる軍勢動員方式の変化と、御判御教書・御内書の違いを結びつけて考えたならば、御内書は御判御教書よりも、この点でたしかに「内々」的要素を含んだものであるといえよう。ただし次項で指摘するように、御判御教書と御内書による軍勢催促の違いはこれのみにとどまらなかった。

2　「御請」と「注進」

御判御教書による軍勢催促状を受け参陣した国人は、着到状を所属する指揮者に提出し、その袖か奥に証判として花押を加えてもらった。この着到状が申請者に返却されたことから明らかなように、右の一連のやりとりは前線において指揮者——従軍者の間で行われた[74]。

これに対し、御内書による軍勢催促の場合はどうか。一五世紀後半から一六世紀初頭に室町殿の側近たる伊勢貞陸が著した『常照愚草』（『続群書類従』二四輯下）には、「被レ成二下御内書一候に対、其御使御請申上事勿論也」とあり、御内書を受けた者はそれに対して「御請」と称する請文を提出する原則があったことがわかる。ただしこの場合、軍勢催促といった兵事に、かつ義持・義教期にこれが適用できるのかを確認する必要がある。

応永三〇年（一四二三）冬、幕府は鎌倉府を討つ方針を固め、鎌倉府攻撃の御内書を篠川御所足利満直および武蔵・上野の白旗一揆に下した。これに対し白旗一揆は、参陣する旨の請文を申次細川満元の仲介で京都に提出した（満直は請文の提出を約す）。また応永三〇年八月一八日、京都御扶持衆の山入祐義に宛てた義持の御内書には、鎌倉府討伐について「関東者共大略申二御請一候間、目出候也」とあり、関東の諸勢力から参陣の「御請」（請文）を提出させた上で、幕府が作戦を遂行したことがわかる。[75] 使節遵行や代官職補任、あるいは戦功証明などの際に提出される[76]請文と区別するため、軍勢催促に対するこうした請文を史料の表現に即して「御請」と呼ぶことにする。

先述したように、永享元年（一四二九）六月三日、南陸奥の白川氏への合力を命じる御内書が、篠川御所ならびに伊達氏・蘆名氏といった奥州国人に下されたが、これに対する彼らの「御請」は、九月一日に申次細川持之が窓口となって義教に披露された。[77] こうした御内書による軍勢催促に対して「御請」を京都に提出するのは、奥州・関東に限らず九州・中国地方においても同様であった。

永享五年（一四三三）三月八日、薩摩・大隅守護島津忠国に豊後の大友持直を討伐せよと命じる御内書が発給された（№54）。だが、忠国はその幕命を実行しなかったようであり、九月三〇日には再び出陣を促す御内書が出された。そこには、「豊後国発向事、先度被ㇾ仰之処、出陣之有無未ㇾ能㆓左右㆒。既近日可ㇾ及㆓合戦㆒歟」とあり、豊後への発向を命じた「先度」の幕命に対して、出陣報告を怠る忠国を譴責している（№56）。ここに「既近日可ㇾ及㆓合戦㆒歟」とあるので、幕府は島津氏の出陣報告を合戦前に求めていたことがわかる。

一方、中国地方の事例として、永享三年（一四三一）七月二八日、大内氏内衆の内藤智得は、益田兼尭に父兼理の討死を賞する御感御内書を伝達した。その際に、大内氏合力を命じる上意を確認した上で、「早々御出陣候者、就㆓公私㆒可ㇾ然目出候。御請事、此使ニ給候て、京都可㆓注進申㆒候」と述べている。[78] また永享四年二月九日、沼田小早川氏に宛てた山名時熙書状にも、「大内方為㆓御合力㆒、当国（安芸国）之面々可ㇾ有㆓発向㆒御教書、去年（永享三年）七月ニ被㆓成下㆒候了。仍面々被ㇾ捧㆓御請㆒之由、自㆓大内方㆒注進候」とあり、討伐軍の総大将にあたる大内氏を介した「御請」は安芸でも提出されていた。[79] ここには、永享三年七月の軍勢催促が御教書でなされたように記されているが、管見の限りでは御内書による催促しか確認できなかった[80]（№46・47）。この山名時熙書状ではさらに続けて、出陣を渋る沼田小早川氏を詰問し、二日、三日のうちに発向して、大内方の注進を京都に進上するようにと強く求めている。

大内氏を介して着陣を京都に報告させたのは、大内持世から軍勢催促があれば、幕府へ注進におよばず出陣すべしと、義教が安芸国人らに命じていたためと思われるが、これは逆に、このような命令がなければ、本人の「御請」が提出されていたことを示している（№52）。しかしいずれにしても、京都の幕府に出陣報告がなされたことには変わりがない。

こうした「御請」の事例は南北朝初期にまで遡れ、御判御教書に対するものも存在する。(81)ただし、御判御教書正文・案文の発給数と比較して、管見に触れた「御請」の事例はきわめて少ない。軍勢催促の御判御教書正文が前線に届いた時点で、受取人（守護・国大将ら）が受領した証として「御請」を幕府に進上したことは当然想定できる。ただし、その後は既述の軍勢催促Ⅰ・Ⅱの手順に従い、御判御教書の案文を大量に作成して配布し、参陣した国人から着到状や軍忠状を提出させる方式が、やはり文書の残存数から見ても一般的であったと考える。さきにも述べたが、着到状や軍忠状は前線で処理され、幕府への報告は軍事行動終了後の段階でなされた。軍事行動の遂行以前に、幕府が参戦者の動向を把握する「御請」方式の軍勢催促をすべてに適用することは、流動的かつ全国規模の動乱に対処する必要があった南北朝期には無理があったのだろう。

だが、やがて戦乱も局地的なものになると、幕府は御内書とその「御請」によって事前に参陣者を中央で把握して、軍事行動を遂行しようと試みたものと考えられる。のちの史料になるが、足利義昭に仕えた経歴を持つ曾我尚祐が著した『和簡礼経』（『史籍集覧』第二七冊所収）には、「御内書御請文之事」として御内書軍勢催促状に対する「御請」の文例が掲げられている。(82)さきにあげた『常照愚草』の記事とともに、御内書に対する「御請」提出の定着化がうかがえよう。

このような「御内書―御請」方式の軍勢催促が定着するのとほぼ同時に、南北朝期に頻繁に見られた様式の軍忠状（あるいは着到軍忠状）が姿を消す。この理由として、「守護大名の領国経営」により、地縁的関係による被官化が進み、家臣団が形成されると、家臣が合戦に参加するのは当然の義務であり、軍忠状を主君に提出して証判を得ることは行われなくなったため、というのが通説のようである(83)。

しかしながら、こうした見解は、南北朝期には幕府の軍勢催促に対する軍忠状を中心に論じながら、室町期には守護による軍勢催促を議論の中心に据えている点で問題がある。幕府の軍勢催促は室町期においても断続的になされていたのであり、これに対する軍忠状がなぜ見られなくなるのかを説明する必要がある。たしかに、室町期には軍忠状はほとんど残存していないが、戦功を記した注進状の存在は、多数現存する幕府感状に「注進到来」といった文言があることから間接的に確認できる(84)。このような「注進」がいかなる様式をしていたのかは不明な点が多いが、次に掲げる平賀弘宗・竹原小早川盛景・杉原親宗の注進状写が参考になる。

〔史料6〕『大日本古文書』「小早川家証文」三六八

畏言上候、
抑（安芸）日高城麓重見将監在所、依レ為二切所一、敵肝要拘候間、今日廿四各自身馳向、悉発向仕候。及二合戦一、敵数輩打取候。太刀打頸注文別帋注進上候。以二此旨一預二御披露一候者、畏入候。恐惶謹言。

（享徳元年）後八月廿四日
左京亮親宗（杉原）(85)
安芸守盛景（竹原小早川）
兵庫頭弘宗（平賀）

進上　飯尾下総守（為数）殿

これはやや時期が下る享徳元年（一四五二）の史料だが、幕府奉行人飯尾為数に戦功を報告していることから、幕府感状に記される「注進」とはおそらくこのような様式であったと考える。一六世紀後半に幕府申次を務めた伊勢貞順が記した軍事関係書札案には、幕府文書様式の感状・副状とともに、史料6と同書式の注進状が載せられており、その定型化をうかがわせる(86)。

ここで注意したいのは、こうした注進状には証判が加えられていない点である。すなわち、この文書は写しがとられたために現在でも我々の目に触れることができるが、別紙の「太刀打頸注文」も含めて正文は幕府に届けられたまま返却されなかったのだろう。着到状・軍忠状が多く残存しえたのは、勲功者に返却されたことが要因の一つと考えられる。これに対して、室町期の戦功報告は右のような注進様式に変化し、勲功者に返却されなくなったことが、幕府に対する戦功注進状がほとんど残っていない原因と思われる。

さきほど、着到状（着到軍忠状）の消滅と「御請」の定着は、動乱の局地化にともない中央主導の軍事行動が可能な状況に変化したことを要因としてあげたが、「注進」の登場もこれと無関係ではあるまい。漆原徹氏によると、軍忠状には逐次申請型と一括申請型とが存在し、これは戦功認定の段階の相違であるとする(87)。つまり軍忠申請者は、個別の合戦ごとに逐次型を所属の大将に提出し証判を受けて返却してもらい、戦功がある程度集積したのちに逐次型の内容を列記した一括型を作成して、恩賞の請求を行ったという。

だが、こうした広範囲で恒常的な戦闘状態を前提とした戦功認定過程は、動乱が終息に向かい局地的なものになるにしたがい、しだいに意味をなさなくなったと考える。たとえば、応永二二年（一四一五）七月一九日、幕府は、料国代官に属して須田為雄の討伐に参加した信濃国人市河越中守に感状を与えたが、これは六月二五日の合戦における若党負傷の「注申（進）」によるものであった(88)。この「注進」は、一日分の合戦での戦功を記した逐次型にあたるものである。また永享七年（一四三五）四月、沼田小早川持平は豊後国鹿越山に出陣した旨を幕府に報告したが、これを受けた管領細川持之は、大内氏よりもたらされた「注進」にある敵方没落の情報が沼田小早川氏のこの報告には欠けていたことから、再度の「注進」を求めている[89]。このように「注進」は、単に戦功認定だけでなく、戦況把握のためにも求められていた。さらに永享一〇年八月、大和国平城に出陣していた毛利氏は、被官人の負傷を幕府に報告したが、奉行人飯尾貞連はこれを義教に披露したとしながらも、追って「惣注進」を届けるようにと返書している[90]。

これらから、逐次型・一括型の「注進」の存在を知りうるが、双方とも幕府に届けられていることがわかる。つまり軍忠状のように、逐次型集積（前線での一時返却）→一括型作成（幕府への恩賞申請）といった戦功認定の手順が確認できないのである。幕府が「注進」を逐一提出させることができたのは、戦乱の局地化によりはじめて可能となるものだろう。

以上のように、南北朝の内乱が終息してのち、幕府が用いる軍事関係文書の主流は、御判御教書・着到軍忠状から御内書・「御請」・「注進」へとほぼ一斉に変化したことが確認でき、このことは幕府軍制の変容と密接に関係していた。ここで注意しなければならないのは、右のような「御内書―御請」方式の軍勢催促は、南北朝期における幕府の軍事動員対象者にそのまま用いられたものではないという点である。すなわち、幕府は直属国人や守護といった自らに直結する軍事指揮官クラスに軍事動員の対象を限定していった、という第一節の検討結果をふまえるならば、「御内書―御請」方式の軍勢催促は彼らに対して行われたことになる。またすでに論じたように、これに対応する形で、幕府への「注進」伝達経路も系列化していくのである。

おわりに

これまで述べてきたとおり、当該期の幕府軍制の中核は、直属国人と守護によって担われていたことが明らかとなった。義持・義教期の幕府は、直接的に軍事動員を行う対象を、直属国人と守護といった直結する軍事指揮官クラスに限定し、それ以外の一般国人への動員は守護に一任した。その一方で、幕府は直属国人と守護に対して、出陣前に「御請」の提出を義務づけ、「注進」を随時届けさせることにより、前線の状況把握に努めながら軍事行動を遂行した。この時期の幕府軍制は、軍事指揮権の一部を守護に委譲する請負的な側面を有するとともに、直属国人の編制や「御請」「注進」の併用により、中央（幕府）が軍事行動を主導する求心的な側面も存在した。

ここで確認しておきたいのは、こうした軍勢催促の系列化は、幕府権力の衰退によるものではなく、あくまで軍事制度の改変によってあらわれた現象であるという点である。幕府の軍勢催促は、まず軍制改変にともなう「対象の限定」がなされ、これを前提として幕府権力の衰退による「範囲の縮小」が進むという、いわば二段階を経て変容したと考える。

嘉吉の乱後、足利家の家督は義勝・義政と幼主が続き、「上意不在」のもと守護間の党争が激化し、室町殿（上意）の求心力は著しく低下することになる。[91]このように、室町殿による守護への統御が崩れだすことで、室町幕府軍制も新たな段階を迎える。一五世紀半ば以降、守護は安堵・給分宛行などにより、国人層との関係をより緊密にしていき、[92]室町殿による守護の制御が不安定になりはじめる中で、守護の指揮下にある一般国人に対する幕府の間接的な軍事指揮も動揺しだす。

こうした動向に加え、本書第一部第三章で述べたように、幕府の戦功褒賞は義教期以降、直接動員を受ける直属国人・守護に宛行・預置が集中し、一般国人に対しては感状や武具が恩賞として給付されるようになる。感状は精神的な褒賞であり、室町殿と一般国人との主従関係を観念的に確認するのに有効であったが[93]、儀礼化・名誉化の傾向を示す一般国人に対する幕府の戦功褒賞方針も、幕府軍制が在地から遊離していく一因となった。幕府―守護―一般国人の軍事指揮系統が不安定となることにより、幕府軍制の基盤も幕府―直属国人に比重を移していくようになる。幕府の軍事基盤（範囲）が、室町殿直臣に縮小していく傾向はこの帰結といえよう。

第二部第四章で詳しく論じたが、義政期になると全国的に守護―一般国人に対する軍事指揮が不安定になるのと同時に、「御内書―御請」方式の軍勢催促も機能不全に陥りはじめる。長禄二年（一四五八）、義政政権下の幕府は古河公方足利成氏を攻撃するため、東国の地域勢力から「御請」を得てその準備を整えていった。ところが、それにもかかわらず、京都を出発した幕府軍の主力は、義政の意に反して関東に赴かず、その結果出陣の意向を固めていた在地勢力も幕命を無視するようになったという[94]。「御内書―御請」方式の軍勢催促は幕府への不信感が募ることで、在地勢力が「御請」を提出しなかったり、または提出しても参陣しなかった場合には、さらなる幕府の威信低下に直結するものであった。

幕府の威信低下と「御内書―御請」方式の軍勢催促の機能不全は、互いに影響をおよぼしながら戦国期に至ったと思われる。戦国期においても、軍勢催促を命じた御内書は全国に発給されたにもかかわらず、そのほとんどがかつてと比べて有効に機能しなかったのは、この軍勢催促方式がたどる結末を示している。このように、「御内書―御請」方式による軍勢催促が機能不全に陥る中で、奉公衆は足利家の継嗣問題に連動して義稙・義澄派に分裂し[95]、幕府―直属国人系統の軍事基盤も最終的に崩壊することになる。

註

(1) 羽下徳彦「室町幕府侍所考」(小川信編『論集日本歴史5　室町政権』有精堂、一九七五年、初出一九六三年) 三九~四三頁。
(2) 小川信「頼之の管領就任と職権活動」(『足利一門守護発展史の研究』吉川弘文館、一九八〇年、初出一九七八年) 二三三~二三四頁。
(3) 福田豊彦『室町幕府と国人一揆』(吉川弘文館、一九九五年) 第Ⅰ部第二章~第五章、桑山浩然「室町幕府経済の構造」(『室町幕府の政治と経済』吉川弘文館、二〇〇六年、初出一九六五年) 一〇五~一〇九頁、河合正治「東山文化と武士階層」(『中世武家社会の研究』吉川弘文館、一九七三年) 二四七~二五五頁。奉公衆の包括的なまとめは、川添昭二「室町幕府奉公衆筑前麻生氏について」(『九州中世史の研究』吉川弘文館、一九八三年、初出一九七五年) 一八六~一八七頁。
(4) 田沼睦「室町幕府・守護・国人」(『中世後期社会と公田体制』岩田書院、二〇〇七年、初出一九七六年) 一九〇~一九一頁、今谷明「細川・三好体制研究序説」(『室町幕府解体過程の研究』岩波書店、一九八五年、初出一九七三年) 三五八~三五九頁、本郷和人「『満済准后日記』と室町幕府」(五味文彦編『日記に中世を読む』吉川弘文館、一九九八年) 二三三頁。
(5) 福田豊彦「室町幕府の御家人と御家人制」(註(3)福田前掲著書、初出一九八一年) は、番編成を前提とする「奉公衆体制」の成立を義教期としている。これに対して、森幸夫「室町幕府奉公衆の成立時期について」(『年報中世史研究』一八号、一九九三年) は、応永の乱で奉公衆が番単位に行動していることから、奉公衆の成立を義満期とした。福田氏が説いた「奉公衆体制」の概念は、奉公衆の政治集団としての連帯性が重視されている。本章では、奉公衆を戦闘集団としての側面から論を進めるので、奉公衆の成立と「奉公衆体制」の成立とを区別して考える。
(6) 桜井英治『〔講談社学術文庫版〕日本の歴史12　室町人の精神』(講談社、二〇〇九年、元版二〇〇一年) 八三~八四頁・九八~一〇〇頁・一六二~一六三頁。
(7) たとえば、今谷明「幕府管轄領域の変遷」(註(4)今谷前掲著書、初出一九八一年) 三〇〇~三〇一頁。
(8) ここでいう南北朝合一後とは、おもに義満期の後半および義持・義教期を中心とした、応永・永享年間 (一三九四~一四四一) を指す。また初期室町幕府軍制は、異国警固番役をテコに武家領と本所一円地とに跨って構築された鎌倉幕府軍制の延長上にあることが、高橋典幸「鎌倉幕府軍制の構造と展開」(『鎌倉幕府軍制と御家人制』吉川弘文館、二〇〇八年、初出一九九六年、以下 a)、同「武家政権と本所一円地」(高橋前掲著書、初出一九九八年、以下 b) によって指摘されている。ただし高橋前掲 a 論文、二四九頁で展望されているように、この鎌倉幕府軍制の規定性が南北朝・室町期にも変わらず維持されたわけではない。本書序論第二章「室町幕府による都鄙の権力編成」で述べたように、南北朝の内乱を通じて広範な階層を含み込んだ「国人」身分が形成され、応永期以後にその身分序列の再構築が試みられるのである。よって本章も、こうした権力秩序の再編をふまえて考察していく。なお、これらに関連した事柄は、吉田賢司「建武政権の御家人制『廃止』」(上横手雅敬編『鎌倉時代の権力と制度』思文閣出版、二〇〇八年)、同「室町幕府の内裏門役」(『歴史評論』七〇〇号、二〇〇八年)でも論じたので、併せてご参照いただきたい。

(9) 佐藤進一「室町幕府論」(『日本中世史論集』岩波書店、一九九〇年、初出一九六三年)一二六～一三六頁。

(10) 『大日本古文書』「熊谷家文書」一〇三。

(11) 南北朝初期におけるⅢの軍勢催促については、羽下徳彦「足利直義の立場　その一」(『中世日本の政治と史料』吉川弘文館、一九九五年、初出一九七三年)の表12・表13参照。

(12) 漆原徹「軍勢催促状と守護」(『中世軍忠状とその世界』吉川弘文館、一九九八年、初出一九八七年)一五九頁・一七七頁。

(13) 上横手雅敬「守護制度の再検討」(『日本中世国家史論考』塙書房、一九九四年)四二八頁。なお上横手氏は、惣領制と守護制度を介して組織された鎌倉幕府の主従結合には、それぞれ人格的で直接的な側面と、非人格的で間接的な側面とが存在したと指摘している。室町幕府でも見られるこうした主従結合の二面性については、吉田賢司「『主従制的支配権』と室町幕府軍制研究」(『鎌倉遺文研究』二六号、二〇一〇年一〇月刊行予定)参照。

(14) このほか、幕府の派遣した代官が軍を統率する形態もあった。例として、若狭国地頭御家人に宛てた応永六年一二月一二日付の足利義満御判御教書案には、派遣した本郷詮泰に同心せよと記されている(№14)。これは応永の乱に際して、若狭守護一色詮範が堺に在陣中であったためにとられた臨時の措置とも思われるが、義持期においても幕府料国ではこの形態がしばしば見られる。たとえば、応永三〇年七月一〇日付の管領畠山満家奉書は、当時幕府料国であった信濃の国人市河義房に対して、代官細川持有らと談合するようにと命じている(№29)。

(15) 『南北〔九州〕』三七九七「薩藩旧記」。

(16) このような事例は多数存在するが、たとえば、『南北〔九州〕』二五一三「島津家文書」・二五五五「薩藩旧記(西俣文書)」・二五五六「薩藩旧記(重久文書)」・二五七三「比志島文書」など。なお、漆原徹「合戦と軍忠」(峰岸純夫ほか編『今日の古文書学第3巻　中世』雄山閣出版、二〇〇〇年)二三五～二三六頁も参照。

(17)「佐々木文書」三二一。
(18)『南北［九州］』三八八三「薩藩旧記（市来崎文書）」・三九一三「山門文書」。
(19)註(8)高橋前掲b論文、二七四頁で指摘されたように、応永二六年（一四一九）、石清水八幡宮放生会の警固を命じた幕府奉行人書状には「相‾催当国御家人‾」とある（『大日本古文書』「東寺百合文書を」一二九）。ただし高橋氏も述べているように、この場合、幕府膝下の山城国という特殊事情を考慮に入れる必要がある。本論で述べたように、幕府の軍勢催促状から、全国規模で「地頭御家人」といった文言が一斉になくなる事態は、軍事動員における幕府の認識が変化したことを示していると考える。
(20)註(5)福田前掲論文、一三三～一三四頁によると、室町幕府の「一般御家人」（＝一般国人）は、守護の統制を受け実質的には守護被官化する抽象的な存在であったが、天文一三年（一五四四）一一月の「室町幕府追加法」四九一条に小舎人（幕府下級吏僚）の給物は「国々地頭御家人役」で賄うと確認していることから、観念上、天文年間でも御家人と守護被官とは身分的に区分されていたという。
(21)丹生谷哲一「室町幕府の下級官人」（『平凡社ライブラリー版』増補　検非違使』平凡社、二〇〇八年、初出一九八二年）は、幕府吏僚層への俸禄が一六世紀中期においても地頭御家人役に依拠していたことを重視し、御家人制が幕府の領域支配の脆弱さを補完したとする。ただし、丹生谷氏が自ら明らかにしているように、この給物納入経路も守護と奉公衆とに系列化されている上に、守護経由のものは次第に国役として賦課されるようになるので、こうした御家人制の「理念」と「実態」とは区別して評価する必要がある。守護の国役化については、註(3)桑山前掲論文、一一八頁、註(4)田沼前掲論文、一九六頁、山家浩樹「太良荘に賦課された室町幕府地頭御家人役」（東寺文書研究会編『東寺文書にみる中世社会』東京堂出版、一九九九年）参照。
(22)川岡勉「大内氏の軍事編成と御家人制」（『室町幕府と守護権力』吉川弘文館、二〇〇二年、初出一九八二年）二八三～二八五頁。
(23)註(11)羽下前掲論文、一三一頁。
(24)たとえば、観応三年三月六日付で得田章真に宛てた足利義詮御判御教書案（『加能史料　南北朝Ⅰ』五一五～五一六頁「得田文書」）。
(25)註(8)吉田前掲「建武政権の御家人制『廃止』」、二一七頁・二二三頁。
(26)岸田裕之「南北朝室町期在地領主の惣庶関係」（『大名領国の構成的展開』吉川弘文館、一九八三年、初出一九八〇年）。
(27)守護による管国統治の安定度は国々で異なり、守護不設置の国や守護権力の弱体な国の国人、あるいは守護に対し独立的・反抗的な勢力を動員する場合、守護を介さない方法がとられた。たとえば永享二年（一四三〇）、白川氏への合力が信濃国に命じられた際に、大文字一揆は守護小笠原政康を介さず動員された（『満済准后日記』同年八月六日条）。この理由として、信濃国春近領・住吉荘の領有をめぐる小笠原氏と大文字一揆との対立があげられている。湯本軍一「守護の支配と大塔合戦」（長野県編集・発行『長野県史　通史編第三巻　中世二』、一九八七年）九六頁、同「東と西のはざま」（同上書）一一八頁。

(28) 笠松宏至「中世闕所地給与に関する一考察」（『日本中世法史論』東京大学出版会、一九七九年、初出一九六〇年）二二三頁、伊藤喜良「義持政権をめぐって」（『日本中世の王権と権威』思文閣出版、一九九三年、初出一九七三年）三三一頁。

(29) 伊藤俊一「中世後期における『荘家』と地域権力」（『日本史研究』三六八号、一九九三年）三二～四一頁、同「紀伊国における守護役と地域社会」（『年報中世史研究』二七号、二〇〇二年）。

(30) 註(4)田沼前掲論文、二一三～二一六頁。

(31) 一例をあげると、延文四年（一三五九）、畿内南朝勢力の掃討を企てる幕府の軍事作戦において、東国の守護・大名・国人らは鎌倉公方足利基氏から動員を受けた（『神奈川県史　資料編3　古代・中世（3上）』四三五二「雲頂庵文書」、四三五三「別符文書」、四三五四・四三五五「町田文書」、四三五六・四三六〇「萩藩閥閲録」、四三五九「茂木文書」）。なお、田辺久子「鎌倉府の成立」（神奈川県編集・発行『神奈川県史　通史編1　原始・古代・中世』、一九八一年）七八四～七八五頁も参照。

(32) 田辺久子「京都扶持衆に関する一考察」（『三浦古文化』一六号、一九七四年）四八頁、渡政和「『京都様』の『御扶持』について」（『武蔵大学日本文化研究』五号、一九八六年）一三～一五頁。なお、下野国を考察対象とした杉山一弥「室町幕府と下野『京都扶持衆』」（『年報中世史研究』三〇号、二〇〇五年）によると、幕府と宇都宮持綱・上那須氏との結びつきは一定領域ごとの個別的なものであり、しかも鎌倉府との関係を重視する一族・被官を必ずしも包摂しきれていなかったとされる。したがって、当該地域に対する幕府の軍勢催促も、一国単位ではなく個々の関係に基づいて機能したと考えられる。

(33) 関東永享の乱後も幕府は、義教の子息を鎌倉公方として下向させようとし、その計画が頓挫しても、上杉憲実に関東管領職への留任を説得するなど、東国に対する間接統治方針に根本的な変更はなかった。百瀬今朝雄「主なき鎌倉府」（註(31)神奈川県前掲編書）八五七～八六五頁。

(34) 長禄年間（一四五七～一四六〇）に、関東の足利成氏と対立した時にも、幕府は直接東国勢力に成氏の攻撃を命じた。本書第二部第四章「足利義政期の軍事決裁制度」の表13参照。

(35)表5参照。なお、本書第一部第三章「室町幕府の戦功褒賞」の表6（幕府感状の発給事例）からも、この時期以降に幕府直属国人の出陣が増加する傾向を読み取れる。
(36)註(4)前掲諸論文。
(37)「近習」とあるが、外山氏は三番に属す奉公衆であった。また史料1傍線①から、国人が守護被官と区別されていたことが、石田晴男「室町幕府・守護・国人体制と『一揆』」（池上裕子・稲葉継陽編『展望日本歴史12　戦国社会』東京堂出版、二〇〇一年、初出一九八八年）一〇九頁で示された。だが、戦時には一般国人・守護被官ともに守護の指揮に服したことも、傍線①から判明する。
(38)福田豊彦「室町幕府の奉公衆体制」（註(3)福田前掲著書、初出一九八八年）一一三～一一四頁。
(39)百瀬今朝雄「応仁・文明の乱」（『岩波講座日本歴史7　中世3』岩波書店、一九七六年）一八七頁。
(40)永享年間（一四二九～一四四一）に起きた争乱で、北九州における奉公衆の軍事行動に関しては、佐伯弘次「大内氏の筑前国支配」（川添昭二編『九州中世史研究』一輯、一九七八年）二六〇～二六三頁。また、大和発向が近習・奉公衆に命じられた徴証は『看聞日記』永享九年三月四日条、『大日本古文書』「小早川家文書」五六、「小早川家証文」三二四、「平賀家文書」三二。青山英夫「将軍専制下における管領細川氏の動向」（『上智史学』二七号、一九八二年）によると、将軍（室町殿）に近侍する御供衆の細川勢が、大和に発向した幕府軍の主力であったという。さらに、関東の争乱に奉公衆が出陣した証左は、『看聞日記』永享一〇年九月一八日条。これについては、註(5)森前掲論文、一七七頁において指摘されている。
(41)『満済准后日記』永享四年正月一八日・二三日条。
(42)備後守護代犬橋満泰は、永享一〇年一一月三日に守護山名持豊から安芸への遵行を命じられており、安芸守護代を兼ねていた（『大日本古文書』「平賀家文書」一六三）。
(43)『満済准后日記』永享四年一〇月一〇日条。
(44)河合正治「室町前期の武家社会と文化」（註(3)河合前掲著書、初出一九六三年）二〇五頁、岸田裕之「武田氏と山名氏」（広島県編集・発行『広島県史　中世通史Ⅱ』、一九八四年）三二一頁など。なお、川岡勉「中世後期の守護と国人」（註(22)川岡前掲著書、初出一九八六年）一六七～一六八頁には、大内氏合力に関する幕府の審議過程から、この時期の一国軍事動員には将軍（室町殿）の「上意」による方式と、守護の「私儀」としてなされる方式の二形態が存在したとある。大内氏合力に牙旗が付与され、

「上意」による征討が明示されるのは永享五年三月五日であり(『満済准后日記』同六日条)、これ以前は形式的に「私儀」による「内々」の援助であった。だが、「上意」「私儀」にかかわらず、幕府の主導する軍事動員は、幕府―守護―一般国人と、幕府―直属国人の二つの指揮系統でなされていた。

(45) 『大日本古文書』「小早川家文書」一四、「小早川家証文」三四三、「平賀家文書」一四。

(46) 『満済准后日記』永享五年八月二九日条。

(47) 『大日本古文書』「山内首藤家文書」九三。

(48) 第二節に掲げた「注進」事例も参照。このほか、国人→守護(代)→幕府経由の注進経路の傍証史料として、石見守護山名熙貴が、在陣する代官から周布和兼の「太刀打手負」の注進を受け取り、室町殿に披露した旨を和兼に伝えた、年欠二月二一日付の書状がある(『萩藩閥閲録』巻一二一ノ一―九九)。註(26)岸田前掲論文、四五三頁によると、山名熙貴は永享九~嘉吉元年(一四三七~一四四一)に石見守護の在職徴証がある。したがって、これは本文とほぼ同時期の注進過程の例である。

(49) 『満済准后日記』永享四年五月二二日、一〇月一〇日条。

(50) 註(9)佐藤前掲論文、一三三頁、註(40)佐伯前掲論文、二五六頁、吉永暢夫「守護大名大友氏の権力構造」(川添昭二編『九州中世史研究』三輯、一九八二年)二四一頁、註(37)石田前掲論文、一一〇頁。なお、北九州の争乱における前線の状況については、本書第一部第四章「室町幕府の守護・国人連合軍」で詳しく論じた。

(51) たとえば、註(6)桜井前掲著書、一六二頁。

(52) 百瀬今朝雄「段銭考」(寶月圭吾先生還暦記念会編『日本社会経済史研究　中世編』吉川弘文館、一九六七年)、小林宏「室町時代の守護使不入権について」(註(1)小川前掲編書、初出一九六六年)。

(53) 岸田裕之「守護支配の展開と知行制の変質」(註(26)岸田前掲著書、初出一九七三年)一五二~一五四頁。なお、同「国人領主の成長」(註(44)広島県前掲編書)三七〇~三七一頁によると、公的賦課の面から見た場合、毛利氏の本領支配は奉公衆と大差ない状態であったという。これは軍事動員の面でも同様であり、毛利氏は奉公衆ではないものの、室町幕府直属の国人であったことを裏づける。

(54) 田端泰子「小早川氏領主制の構造」(『中世村落の構造と領主制』法政大学出版局、一九八六年)八五~八六頁・九四~九五頁。

(55) 註(52)前掲諸論文。

(56)『満済准后日記』応永三四年一〇月二八日条。福田豊彦・佐藤堅一「室町幕府将軍権力に関する一考察」(上)(『日本歴史』二二八号、一九六七年)には、近習は将軍(室町殿)の親衛軍として機能し、義満期以降に増員されて一個の軍事力として活躍したとある。
(57)本書第二部第一章「管領・諸大名の衆議」、二二二〜二二四頁。
(58)本書第二部第三章「足利義教期の管領奉書」。
(59)以上、本書第一部第三章「室町幕府の戦功褒賞」。
(60)この時期、幕府の抱える軍事問題については、今谷明『日本の歴史⑨　日本国王と土民』(集英社、一九九二年)九九〜一〇四頁にまとめられている。
(61)御内書は、おもに守護や幕府直属国人に対して出された。一方、管領奉書は一般国人を、奉行人奉書は守護・守護代を対象としており、宛所の身分に応じて様式が使い分けられていたようである(表5)。ただし、管領奉書と奉行人奉書による軍勢催促状の発給数は義教期まで少なく、御内書軍勢催促状の副次的な役割を担っていたものと思われる。また、大名の書状はやや特殊な様式だが、「内々」の幕命を下達する際に用いられた。註(6)桜井前掲著書、一五一頁。本書第二部第二章「在京大名の都鄙間交渉」、二三九〜二五〇頁。
(62)今谷明「室町幕府御内書の考察」(『室町時代政治史論』塙書房、二〇〇〇年、初出一九八五年)三〇〇頁。ただし、今谷氏は御内書による軍勢催促が確立するのは義教期とする点で、筆者と見解が異なる。
(63)註(62)今谷前掲論文、二六九〜二七〇頁。
(64)鳥居和之「将軍家御判御教書・御内書の発給手続」(『年報中世史研究』七号、一九八二年)一二一〜一二三頁。
(65)大名衆議を構成する諸大名のうち数名は、申次として地域勢力との連絡を保ち、御内書の伝達や「御請」(後述)の受理を担当した。註(6)桜井前掲著書、一四八〜一五一頁。本書第二部第二章「在京大名の都鄙間交渉」、二三九〜二四六頁。
(66)永享元年七月二六日にも、奉行人飯尾貞連が御内書案を作成した(『満済准后日記』)。
(67)管領奉書の発給に、管領や諸大名の意見が反映されたことについては、五味文彦「管領制と大名制」(『神戸大学文学部紀要』四号、一九七四年)四三頁。
(68)本書第二部第一章「管領・諸大名の衆議」、二二八〜二三〇頁。

(69) これらの経過については、青山英夫「応永三十四年、赤松満祐下国事件について」(『上智史学』一八号、一九七三年)六五〜六六頁、同「室町幕府将軍権力に関する一断面」(『上智史学』二六号、一九八一年)一〇二〜一〇三頁参照。
(70) 『満済准后日記』永享二年二月二四日・二八日条など。
(71) 第二部第四章「足利義政期の軍事決裁制度」にて詳しく論じたが、本文で述べたような事柄が原因で、実際に義政期の軍事行動には様々な矛盾が生じていた。
(72) 上島有「室町幕府文書」(高橋正彦ほか編『日本古文書学講座第4巻 中世編Ⅰ』雄山閣出版、一九八〇年)五一〜五二頁。
(73) 尾下成敏「御内書・内書・書状論」(『古文書研究』四九号、一九九九年)四六〜四七頁。
(74) 松井輝昭「着到状の基本的性格について」(『史学研究』一九五号、一九九二年)によれば、着到状には幕府に直接報告されるものもあったという。ただし、松井氏も指摘しているように、ここで示された事例は恩賞請求に関連して合戦後の段階で上申されたものであり、軍勢催促時の手続きとは異なる。
(75) 以上、『満済准后日記』応永三一年正月二四日条、「足利将軍御内書幷奉書留」一。
(76) 戦功の確認時に提出される請文については、註(16)漆原前掲論文、二二五頁。
(77) 『満済准后日記』永享元年六月三日条、九月二日条。
(78) 『大日本古文書』「益田家文書」一一四・一一五。
(79) 『大日本古文書』「小早川家証文」四七。
(80) 管領奉書の場合、「御請」は提出されなかったという意味ではない。たとえば、管領奉書の軍勢催促状に対する、嘉吉二年(一四四二)六月二八日付禰寝重清の「御請」が存在する(『鹿児島県史料』「禰寝文書」二二八・二二九)。ただし管領奉書は、基本的に一般国人を対象とするので、「御内書―御請」の伝達・受理方法と異なることも予想される。
(81) たとえば、文和二年(一三五三)七月九日・二七日付の義詮御判御教書に対する同年一〇月二六日付の島津氏久請文(『南北〔九州〕』三五六五・三五七五・三六一五「薩藩旧記」)。なお、南北朝期における御内書に対する「御請」として、永和二年(一三七六)六月に野辺盛久が禰寝氏に、御内書の「御請」を管領に届けると申し出ている事例がある(『南北〔九州〕』五三〇五「禰寝文書」)。
(82) 『和簡礼経』に所載されている「御請」の文書様式を、参考までに掲げておく。

去十九日　御内書、今月廿三日到着。謹而頂戴仕候。抑〔ママ〕｜｜｜｜発向事、被二　仰出一候。不日馳二向彼舘一、可レ励二戦功一候。此旨、宜レ預二御披露一候。恐惶謹言。

十月廿三日　　　加賀守真吉上

裏判

進上御奉行所

これは、永享一二年三月三〇日に阿蘇惟忠が提出した「御請」（『大日本古文書』「阿蘇文書写」二九七頁）の様式と酷似していることから、義持・義教期に使用されていたものとほぼ同じ文書様式を示していると考える。

(83) 相田二郎「武家の合戦に関する古文書、とくに着到状と軍忠状とについて」（『古文書と郷土史研究』名著出版、一九七八年、初出一九四一年）二〇五〜二〇七頁、瀬野精一郎「軍事関係文書」（中尾堯ほか編『日本古文書学講座第5巻　中世編Ⅱ』雄山閣出版、一九八〇年）四五頁、日本歴史学会編『概説古文書学　古代・中世編』（吉川弘文館、一九八三年）一七六頁。なお、漆原徹「軍忠認定における着到状の意味」（註(12)漆原前掲著書、初出一九八五年）は、南北朝初期に着到状の機能が変化し、軍忠状と区別しえないものが増加すると述べる。

(84) こうした感状は多数あるが、たとえば永享一〇年、大和国能登山合戦の戦功を賞した管領奉書には「被官人等被レ疵之旨、注進到来」とある（『大日本古文書』「平賀家文書」三三）。

(85) 『大日本古文書』には比定されていないが、親宗が杉原氏であることについては、松浦義則「備後の諸豪族」（註(44)広島県前掲編書）五〇六頁、福本潤「備後国杉原氏についての一考察」（『横浜双葉社会科紀要』一号、一九七七年）二二頁参照。

(86) 『史料纂集』「入江文書」一〇七。

(87) 漆原徹「軍忠状の機能と型式」（註(12)漆原前掲著書、初出一九八三年）。

(88) 『新編信濃史料叢書』「市河文書」五三頁。

(89) 「足利将軍御内書并奉書留」七八。

(90) 『大日本古文書』「毛利家文書」五六。

(91) 川岡勉「室町幕府—守護体制の変質と地域権力」（註(22)川岡前掲著書、初出二〇〇一年）一〇三〜一〇八頁。ただし、本書序論第二章「室町幕府による都鄙の権力編成」で論じたように、「上意不在」は義満の幼少期にも先例がある。この時期には、管領細川頼之による執政代行のもと、幕府権力の強化が志向されており、「上意不在」が即幕府の求心力低下につながるものではない。「上意不在」期に異なる現象が起こった要因は、執政代行者の個性・政策のみならず、義満〜義勝・義政幼少期の間に進展した幕府の構造的な変質を考慮に入れる必要がある。軍事制度に関しては、第一節で述べたとおり、義満幼少期には幕府に対峙する南朝勢力が残存しており、効果的な軍事動員を行うために、守護は幕府の軍勢催促状をいまだ必要としていた。だが、義勝・義政幼少期には、すでに「守護請軍勢催促」が定着していた。「上意不在」により、義勝・義政幼少期に幕府—守護の軍事指揮系統が動揺したのは、義持期以来の軍制改変を前提として理解すべきである。

(92) 註(44)川岡前掲論文、一五一〜一五八頁。

(93) 註(9)佐藤前掲論文、一二三頁参照。

(94) 家永遵嗣「足利義政の古河公方征討政策と斯波義敏の失脚」(『室町幕府将軍権力の研究』東京大学日本史学研究室、一九九五年)二一五〜二二五頁。

(95) 設楽薫「足利義材の没落と将軍直臣団」(『日本史研究』三〇一号、一九八七年)。

第三章　室町幕府の戦功褒賞

はじめに

室町幕府の戦功認定およびその褒賞のあり方は、幕府が南北朝の内乱下で御家人や代官・沙汰人層を「国人」として組織し、彼らを基盤として成立した以上、幕府権力の根幹を支える重要な要素の一つといえる。

幕府の戦功褒賞の形態は、内乱が進行する中で変質し再編されていった。戦功認定や軍忠挙達の窓口は、当初侍所の権能であったが、応安初年（一三六八～）には管領が掌握するに至った。(1) 将軍足利義詮の没後に執政を代行した管領細川頼之は、義満の判始が行われた応安五年（一三七二）以降、委託されていた幕政上の諸権限を逐次返上していったが、恩賞挙状の受理については管領の職権として自らのもとに留保したのである。(2) またこのころまでに、行賞内容を審査する恩賞方も形式化し、その機能は室町殿（将軍）と管領とが主催する所務沙汰機関に統合されたという。(3)

以上のように先行研究は、南北朝内乱の最末期に至って、戦功の認定や褒賞に関する管領の制度的な位置づけが確定されたことを明らかにした。しかしながら、これらの研究はいずれも南北朝期をおもな分析対象としたため、内乱終息の直前に構築されたこうした戦功認定・恩賞宛行のあり方がその後いかに継承されていったのかは、いまだ十分に解明されていない。(4) そこで本章では、南北朝合一後の義満期を受け継いだ義持・義教期における幕府の戦功褒賞に対して考察を加えることにしたい。

一　戦功認定の審議過程

戦功褒賞を扱った幕府文書は、所領・所職の宛行・預置や感状の付与に大別される。そこでまず、これらが幕府でいかに審議され、勲功者に与えられたのかを確認する。

1　没収地の宛行

永享元年（一四二九）六月、伊勢国司北畠氏の討伐に勲功があった同国の守護土岐世保持頼と国人長野某に、それぞれ関氏跡・飯高郡と一志郡が与えられた。そこに至る過程は、次のようなものであった。

〔史料1〕『満済准后日記』永享元年二月一日条

自二管領（畠山満家）一両使遊佐河内守（国盛）、斎藤因幡守、来二壇所一。予（満済）対謁。三ヶ条被レ申旨在レ之。

一、①伊勢国司（北畠満雅）跡二郡事、長野幷雲林院両人ニ可レ被レ下条、尤可レ宜存也。今度忠節卜申、為二始終一旁可レ然云々。

〔二か条省略〕

此三ヶ条則令二披露一了。②両郡長野ニ可レ被レ下事、誠今度忠節神妙、尤可レ有二御計一也。但此二郡事、以前守護（土岐世保持頼）ニ被レ仰之間、所詮於二一郡一者、長野ニ可レ被レ下歟云々。

永享元年二月、管領畠山満家から、勲功者と宛行地の候補として、それぞれ長野・雲林院両氏と北畠満雅跡（一志郡・飯高郡）の推挙があった（傍線①）。これに対し室町殿義教は、あらかじめ守護の土岐世保持頼にこの北畠跡二郡を宛行うと約束していたと述べ、この二郡を持頼と長野氏にそれぞれ分与するという代替案の是非を管領に諮問した

（傍線②）。この義教の諮問を受けて、管領から史料2の答申がなされた。

〔史料2〕『満済准后日記』永享元年二月六日条

自二管領（畠山満家）一使遊佐斎藤来申趣、今度伊勢国司（北畠満雅）跡二郡事、可レ被レ下二長野・雲林院両人一之由申入処、以前ニ内々守護（土岐世保持頼）ニ御約束之子細在レ之。雖レ爾一郡ヲハ可レ被レ下二長野一之由被レ仰旨、上意尤候。爾ハ両郡之内一志郡ヲ可レ被レ下二長野一条、可レ宜云々。何様可レ令二披露一之由、申入了。

管領は義教の提案に賛同し、北畠跡二郡を土岐世保氏と長野氏とに分与することが内定したが、雲林院氏は勲功者の候補から外されたようで、以後の審議過程で見られなくなる。

その後、北畠氏に与同した関氏の討伐も終了し伊勢国は平定されたが、守護持頼は恩賞宛行の遅延を満済に訴えて、幕府への取り次ぎを依頼した。そこで、あらためて同年六月に、この討伐戦における勲功賞について幕府で議せられた。

〔史料3〕『満済准后日記』永享元年六月一九日条

伊勢守護（土岐世保持頼）申、長野恩賞事、遅々不レ可レ然。早早可レ有二御計一条、尤可二目出一之由、内々可二申沙汰一旨申之由、申入候了。在所何乎之由被二仰談一間、北畠国司（満雅）知行二郡之内、一志郡自レ兼望申入キ。以二此郡一可レ有二御計一歟旨、伊勢守護申入間、申入候了。雖レ然先可レ被レ仰二談管領（畠山満家）一歟旨申候也。①則以二大館上総入道（満信）一被レ仰二談管領一趣、伊勢守護幷長野恩賞事、可レ有二計御沙汰一也。在所等可レ被二計申入一云々。②管領御返事、早々御計尤珍重存候。於二守護一者、関入道跡幷北畠知行二郡内飯高郡両所宜候。長野ニハ一志郡可レ然云々。則以二此分一両人ニ被レ下二御判一。

守護持頼は長野氏への恩賞に一志郡を挙申したが、義教は再度闕所地の選定を管領に命じた（傍線①）。これを受けて管領は、飯高郡に関氏跡を加えた地を守護持頼に、一志郡を長野氏に宛行うのがよいと答申し、この内容に沿って御判御教書の発給に至った（傍線②）。その後この御判御教書は、管領から満済を介して守護側に遣わされた(5)。

この例からもわかるように、勲功賞としての所領・所職の恩給は、室町殿と管領との間で審議がなされ、管領の出した勲功者・恩賞地の候補を、室町殿が修正し決定していた。ここでは室町殿の主導が目立つものの、闕所地の選定については管領の意見が重視されている。室町殿が闕所地の把握作業を個人で行うことは困難であり、守護の注進情報に基づいて管領と相談しながら恩賞地候補を選定していく必要があったのだろう。なお、闕所地を選定する管領のこうした活動は、南北朝期に機能していた幕府恩賞方の一部局である所付方での執事（管領）の職掌と類似している(6)。右で述べた管領の役割は、この所付方の活動を継承したものではないだろうか。

ところで、以上のような室町殿と管領との連絡・審議を経て勲功者・宛行地が決定される過程は、設楽薫氏が明らかにした「御前沙汰体制」の審議過程と酷似している点に気づく(7)。御前沙汰は所務沙汰機関として論じられることが多いが、一五世紀後半に成立した『武政軌範』には御前沙汰の管轄事項の一つに勲功賞があげられている(8)。また、その前身の一部が南北朝期の恩賞方を含むとの指摘(9)も勘案すると、室町殿と管領とが勲功者・宛行地を議する右の事例は、「御前沙汰体制」における恩賞審理と考えてよい。

2　没収地の預置

永享六年（一四三四）五月、駿河では国人の狩野・富士・興津氏らが、新守護今川範忠の入国を拒み敵対していた。こうした中で範忠は狩野氏に打撃を与えるため、その知行地である安部山を幕府直轄領とした上で自らに預けてほしいと幕府に申請した。

〔史料4〕『満済准后日記』永享六年五月三日条

管領(細川持之)来臨。不例減気珍重云々。就二駿河事一、内々上意趣被レ申事在レ之。狩野事、興津事也。愚存旨具申了。①今度駿河守護(今川範忠)申請次、於二阿部山〔ママ〕狩野知行事一者、為二御料所一可レ被レ下二御判一。就レ其、狩野治罰事、可レ廻二料簡一云々。興津事、当レ身御判可二拝領一云々。②此事可レ為二何様一哉。可レ被レ下二御判一条、聊可レ為二楚爾〔卒カ〕一歟云々。③管領意見様、於二御判一者不レ可レ然。狩野事、不レ可レ入二立阿部山一由、可レ被レ成二御教書一歟云々。④上意御同心云々。予(満済)申入旨、〔中略〕所詮今河右衛門佐入道・同下野守以下、幸駿河ニ在国事候ヘハ、両様不レ残二心底一可二申入一旨、以二罰状一可レ申旨、可レ被二仰下一歟云々。狩野事非二何篇一。如レ今御下知候者、定可レ罷二成乱国一歟云々。管領同心。

史料4傍線①の守護方の申請に義教は難色を示し、管領細川持之に意見を求め（傍線②）、管領は御判御教書の発給を差し控えるようにと進言した（傍線③）。そののち、駿河国内の状況を見極めた上で処置を決定すべきだとする満済の意見に管領が同心し、約二か月後に安部山預置の御判御教書が守護今川氏に発給された[10]。ここで満済にも意見が尋ねられているが、それ以前には室町殿と管領とが審議を進め、傍線④のように一応の合意に達している点が注目される。また、満済への諮問から御判御教書が発給されるまでの二か月間、この預置に関して満済に再度諮問された形跡はないことや、この御判が管領を経て守護方に渡っていることから、預置の諾否については室町殿義教と管領細川持之との間で協議が進められ、安部山預置の決定に至ったのだろう。

このように宛行・預置は、守護方からの敵方所領注進→室町殿と管領との審議→御判御教書の発給といった過程を経てなされた。ここで注意したいのは、幕府は守護の申請に検討を加えるものの、注進された所領の闕否については調査・確認をせずに処分している点である。笠松宏至氏によると、元弘年間（一三三一～一三三四）以来続いた全国規模の流動的な動乱によって、中央の幕府機関（恩賞方）のみでは闕所地の把握が困難になり、闕所地処分の手続きに占める守護の役割が拡大されたという。こうした守護の役割は、南北朝の内乱が終結したのちも縮小されず、応永一五年（一四〇八）になると闕所地の認定は守護の注進に基づくとの幕府法が定められた(11)。右に掲げた事例においても、守護が申請した闕所地候補の枠内で、室町殿と管領とが協議していることから、中央の幕府が宛行や預置の決定権を握りつつも、闕所地の認定そのものは守護の注進に依存するという幕府の方針がうかがえる。

3　感状の付与

表6からわかるように、感状は義教期になると大量に発給されはじめるのと同時に、武具を下賜する文言を含むものが登場しだす。これまで武具は足利家の贈答品として用いられたり、出陣あるいは凱旋した武士に対して直接下賜されることはあったものの(12)、戦功に対する褒賞として継続的に用いられ、かつ御内書の感状に記載されるようになるのは義教期からのことである。恩賞としての武具は下賜文言とともに戦功内容が感状に併記されるのに対し、義教期以前から見られる贈答品としての武具は献上品の返礼という趣旨が明記される。これは双方が一紙に記された場合でも同様であり、戦功褒賞と贈答品としての武具の区別は文書の上で明確になされていた(13)。

前代以来あまり発給されなかった管領奉書による感状が急増することも、義教期の特徴であるが、管領奉書の感状には御内書感状に散見される武具などの恩賞下賜文言を載せるものはなく、両者は厳密に区分されていた。したがって、義教期に発給された感状を等級順に大別すると、恩賞（武具）下賜文言つき御内書・御内書・管領奉書の三つになる(14)。

ところで感状に記されるような戦功は、いかにして室町殿の耳まで達したのであろうか。

〔史料5〕『大日本古文書』「小早川家証文」三四二

六月十二日御注進、同廿四日到来。委細拝見申候。随而敵数輩被㆓討取㆒候条、誠目出度候。定可㆑有㆓御感㆒候哉。

勲功内容	武具	典拠
国澤長門守を開城降伏させる		『細川家文書』136
和泉国菊森城の攻落		『細川家文書』133
大内義弘の討伐に参陣		『萩藩閥閲録』巻37ノ1-55
和泉国合戦で子息本郷時泰の討死		『福井県史』「本郷文書」72
丹波国八田荘における山名時清との合戦で若党4人討死・自身負傷		『大日本史料7編之4』201～202頁「佐竹文書」
戦功［応永の乱］		『新訂増補国史大系』「後鑑」427頁
去月24日の大塔合戦		『新編信濃史料叢書』「市河文書」50頁
中国における忠節		『萩藩閥閲録』巻34-53
安芸守護代に属し忠功		『福原家文書』14
〃		『大日本古文書』「吉川家文書」254
参陣		『大日本古文書』「阿蘇文書」222
安芸守護山名満氏に属し度々忠功		『大日本古文書』「吉川家文書」36
須田為雄の討伐戦において若党数輩負傷		『新編信濃史料叢書』「市河文書」53頁
上杉禅秀の乱鎮定		『新編信濃史料叢書』「勝山小笠原文書」14頁
〃		『静岡県史』1585「今川家古文章写」
［上杉禅秀の乱鎮定］		『ビブリア』80号「大館記」63頁
武田信元の甲斐国入国に合力		『新編信濃史料叢書』「勝山小笠原文書」14頁
〃		『新編信濃史料叢書』「勝山小笠原文書」15頁
鎌倉府の討伐に参戦		『ビブリア』80号「大館記」62頁
去年12月19日，上野国に発向		『新編信濃史料叢書』「勝山小笠原文書」16頁
赤松満祐の追討に参陣		『愛媛県史』1220「村上文書」
注進［鎌倉府の動静］		『白河市史』451「国学院大学白河結城文書」
今度の忠節［上杉禅秀の乱］		『新編埼玉県史』738「安保文書」
越後国への鎌倉府の工作を京都に注進	○	『新潟県史』「上杉家文書」210
陸奥国宇多荘の争乱における籌策		『ビブリア』80号「大館記」49頁
戦功		『白河市史』490「結城古文書写」
鎌倉府に敵対する篠川御所足利満直への無二奉公		『ビブリア』80号「大館記」50頁
筑前国料国狼藉の輩を討伐		『ビブリア』80号「大館記」49頁
筑前国合戦における父益田兼理の討死（大内持世合力）		『大日本古文書』「益田家文書」114
出陣［大内持世合力］		『大日本古文書』「阿蘇文書」259
今月6日筑前国鞍持合戦において石垣図書助を討ち取る		『大日本古文書』「小早川家文書」22
今月6日筑前国鞍持合戦における忠節		「麻生文書」20
度々の合戦における忠節（大内持世合力）		『大日本古文書』「小早川家文書」14

表6　室町幕府感状

室町殿	No.	年　月　日	様式	勲　功　者	地　位
足利義満	1	[応永6]/10/15	御内	細川頼長	守護
	2	[　〃　]/11/8	〃	〃	〃
	3	応永6/12/8	御判	佐波一族	幕府奉公衆一族
	4	〃　/12/12	〃	本郷詮泰	幕府奉公衆
	5	〃　/12/15	〃	曾我祐明	〃
	6	〃　/12/18	〃	小枝次郎左衛門尉	[国人]
	7	応永7/10/5	〃	市河興仙	国人
	8	応永8/7/11	管奉	草苅満継	〃
	9	応永11/9/11	〃	福原広世	〃
	10	〃　/11/9	〃	吉川経見	幕府直属国人
	11	〃　/11/27	御判	[阿蘇惟政]	国人
	12	応永13/6/23	管奉	吉川経見	幕府直属国人
足利義持	13	応永22/7/19	〃	市河越中守	国人
	14	[応永24]/1/23	御内	小笠原政康	大名
	15	[　〃　]/⑤/7	〃	今川範政	守護
	16	[　〃　]/11/25	〃	薬師寺宮内少輔・一色五郎・一色六郎・新田田中竹寿	[関東奉公衆]
	17	[応永25]/2/21	〃	小笠原政康	大名
	18	[　〃　]/10/28	〃	〃	〃
	19	[応永30]/11/16	〃	小笠原政康・高梨陸奥守	大名・国人
	20	[応永31]/6/26	〃	小笠原政康	大名
	21	[応永34]/12/11	〃	村上吉資	国人
	22	年未詳/3/28	〃	白川満朝	郡守護（京都御扶持衆）
	23	〃　/8/28	〃	安保宗繁	国人
足利義教	24	[正長元]/11/28	〃	長尾邦景	守護代
	25	永享元/9/11	〃	伊達持宗	郡守護（京都御扶持衆）
	26	[永享元]/12/2	〃	小峰朝親	郡守護（京都御扶持衆）一族
	27	永享2/3/3	〃	高伊予守	篠川御所内衆
	28	[永享3]/2/25	〃	原田刑部少輔	国人
	29	[　〃　]/7/16	〃	益田兼理跡	幕府直属国人
	30	[永享5]/⑦/8	〃	阿蘇惟郷	国人
	31	永享6/9/26	管奉	沼田小早川熙平	幕府奉公衆
	32	〃	〃	麻生家春	〃
	33	[永享6]/9/29	御内	沼田小早川熙平	〃

勲 功 内 容	武具	典 拠
九州における忠節（大内持世合力）		『大日本古文書』「平賀家文書」14
〃		「麻生文書」78
豊後国立石城における忠節		『大日本古文書』「吉川家文書」264
豊後国岐陣合戦		『大日本古文書』「小早川家文書」23
肥前国滝川内合戦		『大日本古文書』「山内首藤家文書」93
信濃国芝生田・別府両城の攻落	○	『新編信濃史料叢書』「勝山小笠原文書」21頁
豊後国東神野の落城		『大日本古文書』「小早川家証文」341
〃		『大日本古文書』「毛利家文書」1353
信濃国禰津・海野合戦における親類・被官人らの負傷	○	『新編信濃史料叢書』「勝山小笠原文書」21頁
豊後国姫岳の攻落		『大日本古文書』「毛利家文書」1354
〃		『大日本古文書』「小早川家文書」24
〃		『大日本古文書』「平賀家文書」32
〃		『大日本古文書』「小早川家証文」343
芦田下野守の降伏	○	『新編信濃史料叢書』「勝山小笠原文書」21～22頁
敵軍迎撃のため所々に馳せ向かう		『大日本古文書』「小早川家文書」28
村上頼清以下の討伐	○	『新編信濃史料叢書』「勝山小笠原文書」22頁
筑前国萩原陣における忠節		「麻生文書」77
筑前・肥前国境三瀬合戦における被官人らの分捕り		「麻生文書」19
鳥取和泉入道・安野井らの討伐		『細川家文書』156
上神若狭入道の沙汰［討伐］		『細川家文書』155
豊後国南郡に発向		『熊本県史料』「志賀文書」237
大和国能登山合戦における被官人らの負傷		『大日本古文書』「毛利家文書」49
〃		『大日本古文書』「小早川家証文」324
〃		『大日本古文書』「平賀家文書」33
大和国能登山合戦における親類・被官人らの負傷		『大日本古文書』「益田家文書」135
大和国能登山合戦において自身負傷		『萩藩閥閲録』巻43-55
大和国能登山に在陣	○	『大日本古文書』「平賀家文書」17
大和国椋橋以下の合戦における被官人らの負傷	○	『大日本古文書』「毛利家文書」51
大和国椋橋以下の合戦において親類・被官人らの死傷，頸2分捕り	○	『大日本古文書』「小早川家証文」327
大和国椋橋以下の合戦における被官人らの負傷	○	『大日本古文書』「平賀家文書」18
大和国椋橋・北音羽以下の合戦において自身負傷		『大日本古文書』「吉川家文書」1113
〃		『大日本古文書』「熊谷家文書」112
大和国大会・北山以下の合戦における被官人らの負傷		『大日本古文書』「毛利家文書」52
大和国平城合戦における被官人らの負傷		『大日本古文書』「毛利家文書」57
〃		『大日本古文書』「小早川家証文」330
〃		『大日本古文書』「平賀家文書」34

室町殿	No.	年　月　日	様式	勲　功　者	地　位
足利義教	34	[永享7]/10/26	御内	平賀頼宗	幕府奉公衆
	35	[　〃　]　〃	〃	麻生家春	〃
	36	永享7/10/27	奉奉	吉川経信	幕府直属国人
	37	〃　/11/19	管奉	沼田小早川熙平	幕府奉公衆
	38	永享8/2/21	〃	山内時通	国人
	39	[永享8]/3/6	御内	小笠原政康	守護
	40	永享8/5/4	管奉	竹原小早川盛景	幕府奉公衆
	41	〃	〃	毛利少輔次郎	幕府直属国人
	42	[永享8]/5/18	御内	小笠原政康	守護
	43	永享8/7/5	管奉	毛利少輔次郎	幕府直属国人
	44	〃	〃	沼田小早川熙平	幕府奉公衆
	45	〃	〃	平賀頼宗	〃
	46	〃	御内	竹原小早川盛景	〃
	47	[永享8]/8/3	〃	小笠原政康	守護
	48	永享8/8/27	奉奉	沼田小早川熙平	幕府奉公衆
	49	[永享8]/12/20	御内	小笠原政康	守護
	50	[永享5～8]/5/25	〃	麻生家春	幕府奉公衆
	51	[　〃　]/12/18	〃	麻生弘家	幕府奉公衆一族
	52	[永享9]/3/16	〃	細川教春	守護嫡子
	53	[　〃　]/4/10	〃	〃	〃
	54	永享9/8/7	管奉	志賀親賀	国人
	55	永享10/3/4	〃	毛利熙元	幕府直属国人
	56	〃	〃	竹原小早川弘景	幕府奉公衆
	57	〃	〃	平賀頼宗	〃
	58	〃	〃	益田兼尭	幕府直属国人
	59	〃	〃	出羽祐房	国人
	60	[永享10]/3/9	御内	平賀頼宗	幕府奉公衆
	61	[　〃　]/5/7	〃	毛利熙元	幕府直属国人
	62	永享10/5/7	〃	竹原小早川弘景	幕府奉公衆
	63	[永享10]　〃	〃	平賀頼宗	〃
	64	永享10/5/7	管奉	吉川将監	幕府直属国人
	65	〃	〃	熊谷信直	国人
	66	[永享10]/5/20	御内	毛利熙元	幕府直属国人
	67	永享10/9/5	管奉	〃	〃
	68	〃	〃	竹原小早川弘景	幕府奉公衆
	69	〃	〃	平賀頼宗	〃

勲　功　内　容	武具	典　　拠
大和国平城合戦における被官人らの負傷		『大日本古文書』「益田家文書」136
相模国箱根山合戦における被官人らの負傷		『神奈川県史』5947「諸家文書纂」
上野国に着陣		『新潟県史』「上杉家文書」202
関東管領上杉憲実に従い，武蔵国府中に着陣		『新潟県史』「上杉家文書」204
鎌倉府の動向を注進		『新編信濃史料叢書』「勝山小笠原文書」23 頁
垣屋備中入道の討伐	○	『岡山県史』「竹田家文書」4
無二の忠節［鎌倉府の討伐］		『新編信濃史料叢書』「勝山小笠原文書」24 頁
今度の忠節［関東永享の乱］		『続群書類従』「御内書案」305 頁
足利春王丸・安王丸と合戦（結城合戦）		『神奈川県史』5998「箱根神社文書」
去月 17 日岩松持国・桃井憲義・結城氏朝以下を打破，被官人の軍功		『茨城県史料』「山川光国氏所蔵文書」8
土岐世保持頼誅伐における被官人らの負傷		『大日本古文書』「毛利家文書」61
一色義貫・土岐世保持頼の誅伐		『大日本古文書』「小早川家証文」56
土岐世保持頼誅伐における被官人らの負傷		『大日本古文書』「小早川家証文」331
〃		『大日本古文書』「平賀家文書」16
尾張国幡頭崎城攻略における計略	○	『大日本古文書』「蜷川家文書」26
一色義貫・土岐世保持頼誅伐における被官人らの忠節		『山口県史』「波多野家蔵文書（都野家文書）」2
去月 29 日下総国結城館における合戦で被官人負傷		『栃木県史』「小山文書」37
下総国結城館・福厳寺における合戦で越後国人死傷		『新潟県史』「上杉家文書」203
関東管領上杉憲実に対し即時決戦を進言（結城合戦）		『新潟県史』「上杉家文書」205
去月 13 日下総国結城館における合戦で被官人負傷		『新潟県史』「上杉家文書」199
結城合戦に参陣		『茨城県史料』「山川光国氏所蔵文書」10
今月 1 日下総国結城館における合戦で被官人負傷		『新潟県史』「上杉家文書」200
今月 1 日下総国結城館における合戦で自身・被官人負傷		『新潟県史』「古案記録草案」2037
去年 12 月 12 日・今月 1 日下総国結城館における合戦で親類・被官人負傷		『栃木県史』「小山文書」21
去月 13 日下総国結城館における合戦で関係者［被官人］負傷		『東京都古代中世古文書金石文集成』604「喜多見系図」
下総国野木原合戦で被官人が武藤・石崎らを討ち取る		『栃木県史』「小山文書」22
去月 6 日常陸国西蓮寺合戦における戦功		『茨城県史料』「烏名木文書」25
大覚寺義昭の殺害	○	『大日本古文書』「島津家文書」77
〃	○	『宮崎県史』「樺山文書」129
〃	○	『鹿児島県史料』「薩藩旧記雑録」1263
去年 7 月 10 日常陸国長堀原合戦における戦功		『茨城県史料』「烏名木文書」26
下総国結城館の攻落，足利春王丸・安王丸の捕縛	○	『新編信濃史料叢書』「勝山小笠原文書」24 頁

室町殿	No.	年　月　日	様式	勲　功　者	地　位
足利義教	70	永享10/9/5	管奉	益田兼尭	幕府直属国人
	71	〃　/9/8	御判	曾我平次左衛門尉	幕府奉公衆
	72	[永享10]/10/21	御内	長尾実景	守護代
	73	[　〃　]/11/1	〃	〃	〃
	74	[　〃　]/12/23	〃	小笠原政康	守護
	75	[永享11]/①/23	〃	細川持賢	大名
	76	[　〃　]/①/25	〃	小笠原政康	守護
	77	[　〃　]/9/10	〃	千葉胤直	東国大名
	78	[永享12]/3/28	〃	扇谷上杉持朝	〃
	79	[　〃　]/5/3	〃	小山持政	〃
	80	[　〃　]/6/9	〃	毛利熙元	幕府直属国人
	81	[　〃　]　〃	〃	沼田小早川持平	幕府奉公衆
	82	[　〃　]　〃	〃	竹原小早川弘景	〃
	83	[　〃　]　〃	〃	平賀頼宗	〃
	84	永享12/6/24	〃	蜷川親吉	政所代蜷川氏一族
	85	[永享12]/7/5	〃	都野弥次郎	国人
	86	[　〃　]/8/17	〃	小山持政	東国大名
	87	[　〃　]/9/26	〃	長尾実景	守護代
	88	[　〃　]/11/6	〃	〃	〃
	89	[　〃　]/11/21	〃	〃	〃
	90	[　〃　]/12/11	〃	小山持政	東国大名
	91	[嘉吉元]/1/25	〃	長尾実景	守護代
	92	[　〃　]　〃	〃	色部遠江守	国人
	93	[　〃　]　〃	〃	小山持政	東国大名
	94	嘉吉元/2/	〃	江戸駿河守	国人
	95	[嘉吉元]/4/5	〃	小山持政	東国大名
	96	嘉吉元　〃	管奉	鳥名木国義	国人
	97	[嘉吉元]/4/13	御内	島津忠国	守護
	98	[　〃　]　〃	〃	樺山孝久	国人
	99	[　〃　]　〃	〃	肝付兼忠	〃
	100	嘉吉元/4/21	管奉	鳥名木国義	〃
	101	[嘉吉元]/5/26	御内	小笠原政康	守護

勲　功　内　容	武具	典　　拠
下総国結城館の攻落，自身・被官人の負傷	○	『新編信濃史料叢書』「勝山小笠原文書」24 頁
下総国結城館の攻落，自身・息子２人・親類・被官人の負傷	○	『ビブリア』80 号「大館記」61 頁
下総国結城館の攻落，自身・息子・親類・被官人の負傷	○	『ビブリア』80 号「大館記」62 頁
下総国結城館の攻落，自身・被官人の負傷	○	『ビブリア』80 号「大館記」62 頁
大覚寺義昭の殺害［首級の進上］	○	『大日本古文書』「島津家文書」78

等の書状形式文書は除いた．(3)［　］は推定，○は閏月を示す．(4) 武具欄の○は，武具下賜文言を含
年)，岸田裕之「国人領主の成長」(『広島県史 中世 通史Ⅱ』広島県，1984 年)，石野弥栄「守護と国人」
大学日本文化研究』5 号，1986 年)，福田豊彦『室町幕府と国人一揆』(吉川弘文館，1995 年)，山田邦
等を参照．(6) 対象期間は，応永元年１月～嘉吉元年６月とした．

先急々際より一筆令㆑申候。恐々謹言。

永享八
七月四日　持賢（細川）

竹原太郎四郎殿（竹原小早川盛景）

御返事

〔史料6〕『大日本古文書』「小早川家証文」三四四

姫嶽（豊後）落去（居）之次第、御注進之趣、則令㆓披露㆒候。殊粉骨之至、尤以神妙之由、被㆓仰出㆒候。仍被㆑下㆓御内書㆒候。御面目之至候。自㆓大内方（持世）㆒可㆓渡進㆒候也。恐々謹言。

（永享八年）七月八日　持之（細川）（花押）

竹原太郎四郎殿（竹原小早川盛景）

史料6管領細川持之の書状には義教に披露した旨を示す文言があるのに対して、史料5細川持賢の書状にはそれがない。このことは、両者の書状一般にあてはまる傾向である。持賢のもとに届いた注進状は、彼から兄の管領細川持之に渡って義教に披露されたか、もしくは管領にも同内容の注進状が別に届けられ披露されたのか明らかでないが、いずれにしても持賢ではなく管領である持之が義教に注進状を披露したと考えられる。

よって、史料5と史料6の傍線部から、竹原小早川盛景の戦功を記した永享八年六月一二日付の注進状を、同月二四日に細川持賢が受け取り、管領細川持之が

室町殿	No.	年　月　日	様式	勲　功　者	地　位
足利義教	102	［嘉吉元］/5/26	御内	小笠原宗康	守護嫡子
	103	嘉吉元　〃	〃	小田讃岐守	東国大名
	104	〃	〃	北条駿河守	国人
	105	〃	〃	鳥山孫三郎	〃
	106	［嘉吉元］/6/17	〃	島津忠国	守護

註　(1) 御内＝御内書，御判＝御判御教書，管奉＝管領奉書，奉奉＝奉行人奉書．(2) 管領・奉行人
むことを示す．(5) 人名・地位の比定は，岸田裕之『大名領国の構成的展開』（吉川弘文館，1983
（『愛媛県史 古代Ⅱ・中世』愛媛県，1984 年），渡政和「『京都様』の『御扶持』について」（『武蔵
明『鎌倉府と関東』（校倉書房，1995 年），黒嶋敏「奥州探題考」（『日本歴史』623 号，2000 年）

これ（もしくは同内容の別の注進）を義教に披露したことが明らかとなる。その結果、七月五日に御内書感状が発給され、大内持世を介して盛景に与えられた（表6 No.46）。

またその一方で、これとは別の注進経路も存在した。

〔史料7〕『大日本古文書』「小早川家証文」三二五

天満山（大和）被㆑執寄㆑事、御注進之趣、致㆓披露㆒候。目出候。巨細追可㆑被㆑仰候也。恐々謹言。

（永享一〇年）五月二日　　飯尾大和守也 貞連（花押）

（竹原小早川弘景）竹原安芸入道殿

史料7の傍線部から、幕府奉行人の飯尾貞連が竹原小早川弘景より受けた注進を、五月二日から程遠くない時点で義教に披露したことがわかる。しかし、「巨細追可㆑被㆑仰候也」とあるように、この段階で義教の御感はいまだ詳細未定であった。一方、同じ合戦に参加していた平賀頼宗の注進は五月六日以前に管領が義教に披露し(15)、その直後の五月七日に大和国椋橋郷以下複数の合戦を総括した御内書感状が、さきの弘景を含む戦功者に対して一斉に出された（表6 No.61〜65）。つまり、幕府奉行人を介した披露過程も認められるものの、幕府感状の発給は管領の披露を経たのちに決定されているのである。それに加えて、当該期は幕府奉行人よりも管領が注進状を披露している例が圧倒的に多いので、基本的に届いた注

進状の披露は管領の職掌であったと考える。

このことを示す一例をあげると、永享七年（一四三五）四月二七日、沼田小早川持平は豊後国鹿越山に出陣した旨を幕府に注進した。これに対する五月二〇日付の管領細川持之の返書には、「尤則可レ令二披露一候処、自二大内方一敵悉没落之由、昨日既注進候、此御注進無二其儀一候間、先令二斟酌一候、重替二子細一候者、早々御注進可レ然候」とある。すなわち、大内方より報告を受けていた「敵悉没落」の情報が持平の「此御注進」にはなかったので、管領持之は義教への披露は「斟酌」して持平に再度の「注進」を求めている(16)。この事例からは、管領のもとに注進が届けられていたことのほか、管領の判断で義教に披露すべき注進内容の吟味や選別がなされていたことも判明し、注進の受理・披露に占めるその役割の大きさがうかがえる。これらのように管領は、諸方からもたらされる戦況報告に対する幕府の窓口としての機能を果たし、室町殿にそれを披露して感状発給の是非が決定された。

さて、こうした感状の文面を見ると明らかなように、この注進状には従軍者の戦功が記されており、それに対する恩賞として所領・所職が宛行われる可能性も存在した。すなわち、戦功注進がなされた時点では、先述した所領・所職の宛行や預置について審議される可能性もあり、ここで論じた感状・武具の下賜と所領・所職の宛行などとは、同一の審議過程を経て決定された。したがって双方を併せ考えると、①戦功の注進→②管領による受理・披露→③室町殿・管領の審議（御前沙汰）→④所領・所職の宛行・預置、感状・武具の給付という段階をたどったことになる。

これまで述べてきたように、戦功注進の受理や闕所地の選定など、南北朝末期の管領（執事）の職掌はこのころにもほぼ維持されており、一五世紀前半の幕府による戦功認定は南北朝末期のあり方を引き継いでいると思われる。ただし、宛行状・預置状・感状といった戦功認定文書の発給傾向は、南北朝期のそれと大幅に異なる。そこで次節では、義持・義教期における戦功褒賞の時期的な特質について考える。

二　戦功認定文書の変遷

1　宛行・預置状の減少（義持期）

収集しえた幕府文書には、なお遺漏が多いと思われるが、概要は把握できると思うので、これをもとに、応永・永享年間（一三九四〜一四四一）における幕府の戦功褒賞の内容や傾向について論じたい。

まず義持期を応永年間の義満期と比べると、宛行・預置の数がほぼ半減している（表7）。義満の全執政期をこれに含めると、その差はさらに広がるであろう。義持期におけるこのような宛行・預置のあり方は、基本的に義教期にそのまま移行しており、義満期と義持期との間で変質したことが推測される。これらの中には戦功褒賞と断定できないものも含まれるが、宛行・預置を広義の論功行賞と捉えたならば、幕府のこの変化は戦功関係を含めた一般的な傾向であったといえよう。

応永年間の義満期の例として、応永六年（一三九九）に勃発した応永の乱では、参戦者に対する宛行や預置が散見される[17]。また、乱後に行われた守護職の大幅な改替も論功行賞としての意味があったが、これを最後に守護の大人事異動は基本的に見られなくなる[18]。これに続く義持期は相対的に安定期といわれるが、この時期においても牙旗が軍勢に下賜され、室町殿の征討であることを内外に明示した大規模な軍事行動が断続的に行われた[19]。

応永二二年（一四一五）、幕府は伊勢国司北畠満雅を攻撃するにあたり、若狭・丹後・三

表7　宛行・預置・返付の実施状況

	義満	義持	義教
宛行	16	5	9
預置	4	5	1
返付	8	6	5
計	28	16	15

註　義満期は応永年間のみの数値.

河守護一色義貫、美濃守護土岐持益、飛騨・出雲・隠岐守護京極持光、能登守護畠山満慶らの軍勢を動員して伊勢に派遣し、伊勢国内で合戦がくり広げられた[20]。だが、後亀山上皇の弟説成親王の調停などにより、同年八月に諸将は京都に引き揚げ、一〇月になって満雅は赦免された[21]。幕府は、北畠氏の支配下にあった伊勢国飯野郡・多気郡・度会郡を没収したものの、これらはすべて伊勢神宮に返付されており[22]、従軍した将士に対して恩賞が宛行われた形跡は管見に触れない。幕府軍撤収後の応永二二年九月一八日に、北畠満雅は伊勢国一志郡高野跡を佐藤新蔵人に宛行っており、このことは幕府による敵方所領の没収が徹底されなかったことを裏づける[23]。

　また、応永二三年（一四一六）に起こった上杉禅秀の乱において、幕府は大名（前信濃守護家）小笠原政康、駿河守護今川範政、越後守護上杉房方に動員令を下し、鎌倉公方足利持氏への援軍として関東に発向させた[24]。この乱は、禅秀に呼応しようとした足利義嗣の失脚や、この陰謀をめぐって義持側近と在京大名との対立が表面化するなど、中央政局に少なからず影響をおよぼした[25]。しかし、戦闘そのものは幕府の間接統治下である東国で行われたため、禅秀の与同者跡は鎌倉府によって没収され、鎌倉府管轄国の勲功者に分け与えられた[26]。幕府の論功行賞で確認されるものとして、今川範政に富士下方が宛行われ（表8№36）、小笠原政康には感状が発給された（表6№14）。この乱鎮定の翌年、範政に出羽国竹嶋荘・安房国群房荘の還補、政康に信濃国住吉荘・春近領の返付がなされており、これらも勲功賞の一部とされた可能性がある（表8№38・39）。

　これに続く応永三〇年（一四二三）の鎌倉府討伐では、信濃・駿河・甲斐の軍勢に加え[27]、八月には遠江守護代甲斐祐徳・三河守護代氏家近江入道・尾張守護代織田常松が、相次いでそれぞれの守護国に下向しているので[28]、今回は遠江・三河・尾張の三か国の軍勢も動員されたことがわかる。「最勝光院方評定引付」[29]に、「甲斐方《（祐徳）》今度遠州下向、長々在陣」「正守護武衛《（斯波義淳）》可レ被二下向一歟、風聞有レ之」とあるように、遠江守護代甲斐祐徳は長期滞陣し、事態打開のため守護斯波義淳自ら出陣するとの噂が流れていた。このように、甲信・東海地方のほとんどの国々で軍勢催促がなされる中で、争乱は長期化の様相をおびはじめた。一〇月になると幕府は、九州探題の渋川義俊にも九州諸国に対する軍勢催促の用意を命じ、さらに大規模な軍事行動を計画していた(30)。しかし翌年の二月、鎌倉公方持氏は義持に罰文を提出して両者の間で和解が成立し、関東に発向していた軍勢は召し返された(31)。持氏の責任はこれ以上追及されなかったので京方の没収地は皆無に等しく、室町殿分国で軍事動員を受けた信濃・駿河・遠江・三河・尾張の勲功者に対する幕府の論功行賞は、信濃の国人高梨陸奥守・大名小笠原政康への感状付与と所領宛行以外に見あたらない（表6No.19・20、表8No.41）。

さらに応永三四年（一四二七）の赤松満祐追討に際しては、但馬・備後・四国（伊予を除いた細川氏守護国か）で軍事動員がなされた(32)。また、四国の軍勢が上洛する以前に、守護細川持元が前線に出陣していることから、播磨に隣接する彼の守護国摂津か丹波の軍勢も動員された可能性がある。この追討戦は諸大名の消極的な態度と満祐側の赦免運動により中止され貫徹されなかったが、満祐の赦免後もしばらく約一〇〇〇騎の幕府の留守部隊が播磨に滞陣しており、今回の軍事行動の規模も決して小さいものではなかったことがわかる(33)。しかし、満祐に対する罪科はこれ以上問われず、所領・所職の没収も行われなかった。幕府の論功行賞は、村上吉資に宛てて出された感状のほか確認できなかった（表6No.21）。

以上のように、義持期におけるたび重なる幕府の軍事行動は、すべて曖昧な形で中断されたため、謀反人跡の没収地もわずかであったことが予想される。幕府の恩地宛行文書が激減するのも、こうした事態と無関係ではあるまい。一方、現地の戦闘指揮にあたる守護方は、この時期に闕所地給与手続きにおける役割を制度的に確立させ、闕所地の恣意的な処理が可能になる中で(34)、幕府の討伐戦に参加した一般国人に所領・所職を給付している。例をあげると、応

対象地	内容	典拠
上総国畔蒜荘	返付	「佐々木文書」64
美濃国衙職（西園寺実永知行分）	〃	『岐阜県史』「宝鏡寺文書」5
近江国余呉荘・福永新荘	〃	「佐々木文書」65
出雲・隠岐両国守護職・闕所分	宛行	「佐々木文書」66
山城国京都四条富小路北東頬地	〃	「佐々木文書」70
美濃国中河地頭職	返付	『新編信濃史料叢書』「勝山小笠原文書」12頁
三河国渥美郡	〃	「佐々木文書」71
肥前国長嶋荘内志久村以下	〃	『佐賀県史料集成』「小鹿島文書」65
近江国伊香中荘	〃	「佐々木文書」77
信濃国住吉荘・春近	〃	『新編信濃史料叢書』「勝山小笠原文書」12頁
丹波国八田郷内本郷	宛行	『新潟県史』「上杉家文書」633
信濃国春近領下地一円	〃	『新編信濃史料叢書』「勝山小笠原文書」12～13頁
佐々木鏡跡	〃	「佐々木文書」83
山城国	預置	「佐々木文書」85
安芸国志芳荘（天野一族ら跡）	［宛行］	『大日本古文書』「小早川家文書」31
駿河国入江荘内入江駿河入道跡	宛行	『静岡県史』1271「今川家古文章写」
駿河国蒲原荘	預置	『静岡県史』1273「今川家古文章写」
丹波国八田本郷内四名	宛行	『新潟県史』「上杉家文書」631
丹波国八田郷	〃	『新潟県史』「上杉家文書」634
加賀国福田荘内狩野彦四郎跡	〃	『加能史料室町Ⅰ』97～98頁「狩野家文書」
近江国高宮上荘公文職・吉貞名等	〃	『大日本古文書』「大徳寺文書」2344-5
上野国闕所分	［宛行］	『新潟県史』「上杉家文書」629
美濃国厚見郡内井口二分方（武家二郎左衛門入道跡）	宛行	『岐阜県史』「前田家所蔵文書」12
周防・長門両国内平井祥助跡	預置	『大日本古文書』「小早川家文書」32
安芸国沼田荘領家職下地	［宛行］	『大日本古文書』「小早川家文書」12
飛騨国富安郷	預置	「佐々木文書」96
備中国浅口郡同闕所分・矢田郷，伊予国宇麻郡同闕所分，摂津国小林上下荘等	［宛行］	『兵庫県史』「細川文書」1
尾張国枳豆志荘	宛行	『大日本古文書』「醍醐寺文書」153
和泉国鶴原荘地頭・領家両職	返付	『和泉市史』1408「秋田藩採集文書」
丹波国畑荘下地	預置	『兵庫県史』「細川文書」2
加賀国若松荘地頭職（備後彦太郎跡）	返付	『加能史料室町Ⅰ』252頁「狩野家文書」
飛騨国富安郷	預置	「佐々木文書」99
飛騨国石浦郷地頭職・江名子・岡本保等	〃	「佐々木文書」101
和泉国国衙職半分下地	〃	『細川家文書』149
信濃国住吉荘・春近	返付	『新編信濃史料叢書』「勝山小笠原文書」14頁
駿河国富士下方	宛行	『静岡県史』1585「今川家古文章写」
上野・伊豆両国闕所分	［宛行］	『新潟県史』「上杉家文書」613

表8　室町幕府宛行・預置状

室町殿	No.	年　月　日	様　式	対　象　者	地　位
足利義満	1	応永元/7/13	御判	京極高詮	守護
	2	〃　/8/11	管奉	土岐頼忠	〃
	3	〃　/8/29	御判	京極高詮	〃
	4	応永2/3/20	〃	〃	〃
	5	〃　/10/22	〃	〃	〃
	6	応永3/5/6	〃	小笠原長秀	大名
	7	〃　/5/28	〃	京極高詮	守護
	8	応永4/12/18	管奉	渋江性淳	国人
	9	応永5/6/11	御判	京極高詮	守護
	10	〃　/8/24	〃	小笠原長秀	大名
	11	〃　/11/24	〃	山内上杉憲定	守護
	12	応永6/5/10	〃	小笠原長秀	[守護]
	13	〃　/7/20	〃	京極高詮	守護
	14	〃　/8/16	〃	〃	〃
	15	応永7/1/26	〃	沼田小早川春平	幕府奉公衆
	16	〃　/2/5	〃	今川泰範	守護
	17	〃　/4/25	〃	〃	〃
	18	〃　/5/3	〃	山内上杉憲定	〃
	19	[応永7/5/3]	〃	仁木義員	〃
	20	応永7/7/11	〃	狩野茂重	幕府奉公衆
	21	応永8/6/3	〃	河瀬善信	国人
	22	〃　/6/26	〃	山内上杉憲定	守護
	23	応永9/4/5	下文	進士氏行	幕府奉公衆
	24	応永11/5/28	御判	沼田小早川則平	〃
	25	応永12/2/28	〃	〃	〃
	26	応永13/3/4	〃	京極高光	守護
	27	応永14/12/9	〃	細川満国	〃
	28	年未詳/5/18	御内	斯波義教	〃
足利義持	29	応永15/9/27	御判	佐竹宣尚	幕府奉公衆
	30	〃　/9/30	〃	細川満国	守護
	31	〃　/10/19	〃	狩野茂重	幕府奉公衆
	32	応永18/8/4	〃	京極高光	守護
	33	〃　/10/14	〃	〃	〃
	34	応永22/11/10	〃	細川持有	〃
	35	〃　/12/5	〃	小笠原長秀	大名
	36	[応永24]/⑤/7	御内	今川範政	守護
	37	応永24/7/4	御判	山内上杉憲基	関東管領

対　象　地	内　容	典　　拠
信濃国住吉荘・春近	返付	『新編信濃史料叢書』「勝山小笠原文書」14 頁
出羽国竹嶋荘，安房国群房荘，相模国出縄郷，常陸国下妻荘内安敷郷	〃	『山形県史』「今川家古文章写」1
丹波国井原荘（広橋兼宣知行分）	預置	『兵庫県史』「細川文書」3
信濃国春近内船山郷	宛行	『新編信濃史料叢書』「勝山小笠原文書」16 頁
近江国今井美濃入道并堀次郎左衛門尉跡所職名田畠等	〃	「佐々木文書」112
筑前国御牧郡内頓野・広渡・底井野・香月・上津役等跡	〃	『大日本古文書』「蜷川家文書」3-2
丹波国漢部郷・八田郷上村	返付	『新潟県史』「上杉家文書」615
播磨国包沢村・高山村・栢坂村、丹波国春日部荘内黒井村、摂津国鳥養牧等	〃	『兵庫県史』「赤松（春日部）文書」8
近江国蒲生下郡篠田郷・馬淵北方	宛行	「佐々木文書」114
越後国紙屋荘	〃	『ビブリア』80 号「大館記」63 頁
加賀国若林村	〃	『加能史料室町Ⅱ』383 頁「飯尾文書」
麻生中務大輔入道照泉跡	〃	「麻生文書」17
美濃国中河御厨地頭職（斯波義郷知行）	返付	『新編信濃史料叢書』「勝山小笠原文書」21 頁
豊後国臼杵荘	宛行	『愛媛県史』1244「河野文書臼杵稲葉」
駿河国富士大別当跡	預置	『静岡県史』1889「宝幢院文書」
美濃国山口郷東方	返付	『岐阜県史』「秋田藩採集文書」12
美濃国中河地頭職	〃	『新編信濃史料叢書』「勝山小笠原文書」24 頁
播磨国米田村，備前国出石郷・平瀬郷，美作国高鳥荘・豊田荘等	宛行	『岡山県史』「赤松（春日部）家文書」5
兄沼田小早川持平知行分所々	〃	『大日本古文書』「小早川家文書」35
近江国馬淵荘北方	〃	『愛媛県史』1262「長州河野文書」
丹波国新屋荘・河口荘北方地頭職等	返付	『兵庫県史』「久下文書」19
沼田小早川熙平一跡	宛行	『大日本古文書』「小早川家文書」82

断定できないものも含む．(3) [　] は推定，○は閏月を示す．(4) 地位の比定は，福田豊彦・佐藤堅一『大名領国の構成的展開』（吉川弘文館，1983 年），岸田裕之「国人領主の成長」（『広島県史 中世 通史倉府と関東』（校倉書房，1995 年）等を参照．(5) 対象期間は，応永元年 1 月～嘉吉元年 6 月とした．

室町殿	No.	年　月　日	様　式	対　象　者	地　位
足利義持	38	応永25/9/9	御判	小笠原政康	大名
	39	〃　/10/20	御内	今川範政	守護
	40	応永28/11/28	御判	細川持春	〃
	41	応永30/11/16	〃	小笠原政康	大名
	42	応永32/4/3	〃	京極持清	守護弟
	43	〃　/7/10	〃	渋川満頼	大名（前九州探題）
	44	応永33/7/14	〃	山内上杉憲実	関東管領
足利義教	45	正長元/7/7	管下知	赤松貞村	室町殿近習
	46	〃　/9/16	〃	京極持清	守護弟
	47	永享3/3/5	御判	足利満直	篠川御所
	48	〃　/6/27	〃	飯尾貞連	幕府奉行人
	49	永享5/5/3	〃	麻生家春	幕府奉公衆
	50	永享7/2/21	〃	小笠原政康	守護
	51	〃　/10/2	〃	河野教通	〃
	52	〃　/10/20	管奉	今川範忠	〃
	53	永享10/11/9	御判	佐竹基永	幕府奉公衆
	54	永享11/6/20	〃	小笠原政康	守護
	55	永享12/3/12	〃	赤松教貞	室町殿近習
	56	〃　/6/27	〃	沼田小早川熙平	幕府奉公衆
	57	〃　/8/9	〃	河野教通	守護
	58	〃　/12/27	〃	久下重国	幕府奉公衆
	59	嘉吉元/3/16	〃	竹原小早川盛景	〃

註　(1) 御内＝御内書，御判＝御判御教書，管奉＝管領奉書，管下知＝管領下知状．(2) 戦功褒賞と
「室町幕府将軍権力に関する一考察（上）（下）」（『日本歴史』228・229号，1967年），岸田裕之
Ⅱ』広島県，1984年），福田豊彦『室町幕府と国人一揆』（吉川弘文館，1995年），山田邦明『鎌

永三〇年の鎌倉府に対する攻撃中に、駿河守護今川範政は国人伊達政宗に同国堤郷を預け置いている。(35)また、応永三四年の赤松攻めで義持から感状を得た村上吉資は、翌年に備後守護山名時熙から同国田島地頭職を与えられた。(36)おそらく吉資は、赤松追討戦で時熙の指揮下で従軍し、その勲功賞としてこの地頭職を与えられたのだろう。

2　感状の増加（義教期）

義教期にも、義持期における宛行のあり方は基本的に継続しており、恩地宛行に関する幕府文書は稀少である。しかしこの時期になると、幕府感状が前代に比べて継続的かつ大量に発給されはじめる。表6を見れば明らかなように、義教期には義持期の約七倍もの感状が発給されている。これは、永享元年（一四二九）にはじまる大和永享の乱、同四年（一四三二）ごろ激化する北九州の争乱、同一〇年（一四三八）の関東永享の乱、これに続く同一二年（一四四〇）の結城合戦というように、九州・大和・関東で同時多発化する地域紛争に、幕府が武力鎮圧という態度で臨んでいることを示している。義教政権下の幕府は、義持期にも増して軍勢を頻繁に催促し続けていたのである。

こうした状況の中で幕府感状は、これまで主流であった御内書様式のものに加えて、管領奉書様式のものも増加しだす。前節で述べたように、管領は諸方から持ち込まれた注進状を室町殿に披露していたが、そればかりでなく恩賞下賜について室町殿から制約を受けながらも、感状の発給を多く分担するようになり、(37)膨大な数にのぼるであろう勲功者に対する室町殿の戦功認定を補佐する役割をより積極的に担うこととなった。

感状の大量発給に反比例するかのように、幕府の宛行・預置・返付は激減していくが、単に減少するだけでなく、そのほとんどが守護と奉公衆をはじめとする幕府直属国人に宛ててなされるようになった（表8参照）。本書第一部第二章で明らかにしたとおり、義持期を経て義教期に移行する過程で、軍勢催促の対象が守護と幕府直属国人に集中しだす傾向が認められるが、これに対応して闕所地の分与も直接軍勢催促を受ける彼らに対してなされるようになったのである。闕所地の宛行が守護と幕府直属国人にほぼ限定してなされたのに対し、感状は守護配下の一般国人にも与えられた。さきほど述べたごとく、義教期には感状が大量に発給されはじめ、太刀や腹巻といった武具が恩賞として位置づけられて勲功者に幅広く下賜された。

南北朝期の感状の基本的な役割として、恩賞給付の公験と臨機の士気高揚との二つが指摘されている[38]。感状のこのような役割は、室町期においても基本的に変わらない。しかし、宛行・預置といった所領・所職の付与は、義持期になると減少傾向にあり、管見に触れた宛行の文書数と感状の数の不均衡は、義教期に入るとさらに顕著になる。よって室町期における幕府感状は、新恩の獲得のためよりも、むしろ当知行地安堵や旧領回復安堵を申請する際の支証として用いられることの方が多くなったと思われる。たとえば、文正元年（一四六六）三月、所領の返付を幕府に訴えた毛利豊元は、支証目録に義教の感状を三通載せている[39]。

このように、感状には権益獲得・保護を目的とした現実的用途も存在したが、同時に参戦者の戦功に対する精神的褒賞としての側面を有した点も看過できない[40]。永享四年（一四三二）、大和国人越智氏らとの合戦で戦功をあげた赤松義雅は、義教から「御書」（御内書感状か）と具足などを与えられ、「面目」と語っている[41]。また、勲功で得た武具には特別の価値がおかれていた。義持期の例だが、応永二一年（一四一四）に沼田小早川則平は、嫡子持平への譲状に相伝の所領などを列記したが、その中に「一、太刀一振依二軍忠一自二大将軍一給レ之」という一か条がある[42]。この事例から則平は、戦功で与えられた武具を所領と同様に重視し、子孫に伝えていくべきものと考えていたことがわかる。さらに永享一〇年（一四三八）三月、大和国能登山の合戦における出羽祐房の戦功を賞して、管領細川持之奉書の感状が発給された（表6№59）。このことに関して、守護山名氏側の関係者と思われる姓不詳の妙徳と清宗は祐房に書状を送り、彼の働きが義教の耳に達したのは「面目之至」であり、「国之名誉」であると祝福した。[43] 直状でない奉書による感状ですら、受給者をおおいに感激させた様子がうかがえる。

これらのように、戦功が上聞に達したことを示す感状の大量発給は、室町殿との主従関係を再確認させるのに役立ったと思われる。また守護にとっても、幕府の感状や武具を勲功者に取り次ぐ行為は、自らが幕府の支持や援助を得ていることを示し、国人の積極的な協力を促すことができる点で有益なものであった。たとえば、永享三年七月に大内氏内衆の内藤智得は、自らの書状を副えて御感の御内書を益田兼尭に取り次ぎ、今後の協力を依頼した。[44] また永享七年には、甲斐国人跡部氏の働きに報いたいと考える守護武田信重を支援するため、義教は跡部氏に剣を下賜している。[45]

ただしその一方で、義教期以降に顕著となる宛行・預置の減少と感状の増加現象は、一般国人に対する幕府の論功行賞が所領・所職から乖離し、儀礼化・名誉化の傾向を強めるようになる端緒としても評価できると考える。

おわりに

軍事行動の終了後に行われる戦功褒賞は、義教期にも室町殿と管領との審議を経て決定されていた。このように南北朝末期における管領の職掌は、このころにも維持されていた。だが戦功認定文書の発給傾向は、多くの宛行下文が発給された南北朝期と比べて著しく異なっていた。南北朝の内乱が終息したのにともない、敵方所領を大量に没収する機会が減少したのに加えて、義持のたび重なる軍事活動がすべて貫徹されず、没収地もきわめて狭小なものであったことから、宛行状などの幕府文書の発給数は激減しだす。義持期は、幕府の戦功褒賞のあり方が大きく転換する時期にあたると思われる。

こうした状況下で家督を継いだ義教は、慢性化する地域紛争に対応するため、前代にも増して頻繁に軍勢を動員する必要に迫られた。幕府は宛行・預置・返付を直接軍勢催促を受ける守護と幕府直属国人に対して行うようになり、討伐戦に参陣した多くの一般国人への闕所地宛行を事実上放棄した。このように減少していく幕府の恩地宛行を補うかのように、義教期から感状や武具が恩賞として大量に発給されはじめた。また、管領奉書による感状も急増し、恩賞付与に関して制約を受けつつも、御内書感状を補完する役割をより活発に果たすようになった(46)。これらは、継続的に軍勢催促を受ける諸国の一般国人に対する恩賞として位置づけられたが、同時に幕府の論功行賞が儀礼化・名誉化していく契機ともなった。

註

(1) 羽下徳彦「室町幕府侍所考」(小川信編『論集日本歴史5　室町政権』有精堂、一九七五年、初出一九六三年)三九~四三頁。

(2) 小川信「頼之の管領就任と職権活動」(『足利一門守護発展史の研究』吉川弘文館、一九八〇年、初出一九七八年)一三三~一三四頁。

(3) 山家浩樹「室町幕府訴訟機関の将軍親裁化」(『史学雑誌』九四編一二号、一九八五年)一四~一九頁。

(4) この問題点は、笠松宏至「恩賞方」(『国史大辞典　第2巻』吉川弘文館、一九八〇年)でもあげられている。

(5) 『満済准后日記』永享元年六月二〇日条。

(6) 註(3)山家前掲論文、一三~一四頁・一九頁。

(7) 設楽薫「将軍足利義教の『御前沙汰』体制と管領」(久留島典子・榎原雅治編『展望日本歴史11　室町の社会』東京堂出版、二〇〇六年、初出一九九三年)。設楽氏が提言した「御前沙汰体制」とは、伺事で奉行人が将軍(室町殿)に政務決裁を仰ぐという、狭義の御前沙汰ではなく、「将軍―奉行人」と「管領―奉行人」の二つの評議の場の連携によって政務が決裁されるシステムを指す。よって、それぞれの評議の場に属する奉行人も重要な構成要素となるが、本文に掲げた史料からはその存在を確認できなかった。しかし、室町殿と管領が個人で勲功者・恩賞地候補の選定や、それに関わる御判御教書・管領奉書などの作成を行ったとは考えにくい。また、のちに触れる史料7では、戦功注進状の披露に奉行人も携わっていたことが確認できるので、本文で見た論功行賞の審理においても室町殿・管領のもとで奉行人が活動していたものと判断する。

(8) 佐藤進一・池内義資編『中世法制史料集第二巻　室町幕府法』（岩波書店、初版一九五七年）所収。

(9) 註(3)山家前掲論文、一九～二三頁、註(7)設楽前掲論文、一〇三～一〇四頁。

(10) 『満済准后日記』永享六年七月二〇日条。

(11) 以上、笠松宏至「中世闕所地給与に関する一考察」（『日本中世法史論』東京大学出版会、一九七九年、初出一九六〇年）二二三頁。「室町幕府追加法」一五二条。

(12) たとえば、延元元年（一三三六）六月の京都争奪戦で、敵勢を防ぐために出陣しようとする土岐頼直に対し、足利尊氏は自らの太刀を与えたという逸話が、『太平記』巻一七「隆資卿自二八幡一被レ寄事」に見える。

(13) たとえば、熊本県教育委員会編『細川家文書』一三三、応永六年一一月八日付足利義満御内書。

(14) 本書第二部第三章「足利義教期の管領奉書」。

(15) 『大日本古文書』「平賀家文書」三〇。なお、管領持之がいつ竹原小早川弘景の注進状を入手したかは不明だが、『大日本古文書』「小早川家証文」三二六によると、弟の持賢は五月三日に弘景から注進を受けており、おそらくこの前後に管領へも注進状が届けられたものと思われる。義教死後の事例だが、嘉吉元年（一四四一）一〇月に万里小路時房は、尾張国の家領直務について持賢を介して管領持之に歎願しているので、持賢→持之といった細川氏内部における情報連絡ルートの存在も想定できる。『建内記』嘉吉元年一〇月七日条。

(16) 「足利将軍御内書幷奉書留」七八。

(17) たとえば、『岐阜県史』「前田家所蔵文書」一二、『大日本古文書』「小早川家文書」三二。このほか表6・表8参照。

(18) 今谷明「室町幕府と守護職論」（今谷明・藤枝文忠編『室町幕府守護職家事典』上巻、新人物往来社、一九八八年）三七頁。

(19) 義持期の征討で牙旗が下賜された徴証は、北畠満雅討伐＝『満済准后日記』応永二二年四月五日条、上杉禅秀の乱＝『看聞日記』応永二三年一二月一一日条、鎌倉府征討＝『看聞日記』応永三〇年八月一一日条、赤松満祐追討＝『満済准后日記』応永三四年一一月一四日条。

(20) 以下、派遣された守護の徴証は、一色氏＝『満済准后日記』応永二二年四月七日条、京極氏＝『満済准后日記』同年五月二四日条、能登畠山氏＝『満済准后日記』同年六月一九日条、土岐氏＝『岐阜県史』「長善寺文書」一四。満雅の乱に関しては、中野達平「室町前期における北畠氏の動向」（『国史学』一〇六号、一九七八年）を参考にした。

(21) 『大乗院日記目録』応永二二年八月一九日条、『満済准后日記』同年八月一八日条、一〇月一四日条。

(22) 大藪海「室町時代の『知行主』」（『史学雑誌』一一六編一一号、二〇〇七年）四六頁。

(23) 『三重県史』「石水博物館所蔵文書（佐藤文書）」一二七。

(24) 軍勢の徴証は、今川氏・上杉氏＝『看聞日記』応永二三年一〇月二九日条、小笠原氏＝『新編信濃史料叢書』「勝山小笠原文書」一四頁（応永二四年正月二三日付御内書）。上杉禅秀の乱・鎌倉府征討については、渡辺世祐『関東中心足利時代之研究』（新人物往来社、一九九五年、元版一九二六年）以来、多くの研究が蓄積されているが、和気俊行「応永三一年の都鄙和睦をめぐって」（『史潮』新六二号、二〇〇七年）によって近年の成果が総括されている。

(25) 伊藤喜良「義持政権をめぐって」（『日本中世の王権と権威』思文閣出版、一九九三年、初出一九七三年）、小林保夫「室町幕府将軍専制化の契機について」（上横手雅敬編『中世公武権力の構造と展開』吉川弘文館、二〇〇一年）。

(26) 『神奈川県史』五四九三・五五一一「皆川文書」、五四九九・五五二二「鶴岡八幡宮文書」、五五二八・五五二九・五五四四・五五四五「上杉文書」、五五四二「三嶋神社文書」。註(24)渡辺前掲著書、二四〇～二四一頁、山田邦明「鎌倉府の直轄領」（『鎌倉府と関東』校倉書房、一九九五年、初出一九八七年）二一七頁・二二二頁・二二五頁・二三四頁・二六五頁。

(27) 『花営三代記』応永三一年二月五日条。

(28) 『看聞日記』応永三〇年八月二〇日条、『康富記』応永三〇年八月二三日条。

(29) 『大日本古文書』「東寺百合文書る」三三。

(30) 『大日本古文書』「阿蘇文書写」一四八頁、（応永三〇年）一〇月二三日付御内書。「就㆓関東対治事㆒、雖㆑差㆓遣近国之軍勢㆒」とあるこの御内書の年代を、『大日本古文書』は応永二三年に比定し、上杉禅秀の乱で敗走した足利持氏に幕府が援軍を派遣した時のものと推測した。しかし、『看聞日記』によると、幕府が持氏の支援を決定したのは応永二三年一〇月二九日であり、援軍派遣の幕命はそれ以後に確認できるようになるので、この御内書の二三日という日付は早すぎる感がある。また、当時の九州探題は渋川満頼であり、その嫡子である義俊に九州諸国の軍勢催促を命じた御内書が出されることにも、やや違和感を覚える。したがって、さきほどの文言や渋川義俊の探題在職期間と、幕府軍による軍事行動の経過とが矛盾しない、応永三〇年にこの御内書の年代を比定しなおした。

(31)『花営三代記』応永三一年二月五日条。
(32)山名氏＝『満済准后日記』応永三四年一一月四日条、細川氏＝『満済准后日記』同年一一月六日条。なお、この出来事の政治過程や背景については、青山英夫「応永三十四年、赤松満祐下国事件について」(『上智史学』一八号、一九七三年)参照。
(33)『満済准后日記』応永三四年一二月一七日条。
(34)註(11)笠松前掲論文、二二三頁。
(35)『静岡県史』一六六八「駿河伊達文書」。
(36)『愛媛県史』一二二一「村上文書」。
(37)管領奉書の用途は、斯波義淳から細川持之に管領職が交替した永享四年(一四三二)前後に、所務沙汰から戦功褒賞を中心とした軍事事項に変化し、管領は前代よりも活発に、室町殿の戦功認定を補佐する傾向を示すようになる。管領奉書に関するこれらの点については、本書第二部第三章「足利義教期の管領奉書」で詳しく論じた。
(38)漆原徹「守護発給感状からみた足利一門」(『中世軍忠状とその世界』吉川弘文館、一九九八年、初出一九九四年)一八五〜一八六頁。
(39)『大日本古文書』「毛利家文書」一一七・一一九。
(40)佐藤進一『〔中公文庫改版〕日本の歴史9　南北朝の動乱』(中央公論新社、二〇〇五年、元版一九六五年)四九三頁。
(41)『満済准后日記』永享四年一二月二一日条。
(42)『大日本古文書』「小早川家証文」五三。
(43)『萩藩閥閲録』巻四三―五五・五六・五七。妙徳と清宗は、守護山名氏の内衆高山右京亮・山口豊後守の書状を出羽祐房に取り次いでいることから、守護方に近い関係者と推測した。
(44)『大日本古文書』「益田家文書」一一四・一一五。
(45)『満済准后日記』永享七年三月二九日条。
(46)このように義教は、管領に感状の発給を前代よりも積極的に行わせる一方で、大名衆議への軍事に関する諮問方式を、管領を介した間接諮問から、在宅する各大名への直接諮問に切り換えることで政務決裁を簡潔にした。義教は、従来から指摘されている奉行人・奉公衆の整備に加え、管領・諸大名の幕府内における位置づけをも改変し、臨戦体制ともいえる姿勢で、同時多発化する地域紛争に対処しようとしたものと考えられる。これらの点に関しては、本書第二部第一章「管領・諸大名の衆議」において詳述した。

第四章　室町幕府の守護・国人連合軍

はじめに

永享二年（一四三〇）末、幕府料国筑前の代官に任じられた周防・長門・豊前守護大内盛見と、同国に権益を保持する豊後守護大友持直との軋轢は北九州の争乱へと発展した。持直は永享三年六月に盛見を討ち、翌年にはその後継をめぐる持世・持盛兄弟の家督争いに介入しはじめた。ここに至り幕府は持世に合力するため、山名勢を主力とする援軍の派遣に踏み切った。(1) この軍事行動に関しては、幕府直属国人の出陣、上意を背景とした大内持世の北九州進出、幕府に起用された大友親綱の守護機構再編、(2) 九州探題渋川氏に備わる制度・形式上の指揮権活用、(3) 守護山名氏から独立的な安芸国人の存在などが指摘されている。(4) だが、参戦した諸勢力の動向は国ごとで個別に取り上げられる傾向にあり、国を横断した連合軍といった視点から考察されることは稀である。

当該期、幕府軍制の指揮系統は守護と幕府直属国人とに系列化していたと考えるが、(5) これを過度に評価すべきでないとの批判が呉座勇一・市川裕士両氏から寄せられている。(6) しかし、私もこの二つの指揮系統を固定的に理解しているわけではない。本書第一部第二章でも指摘したが、永享四年二月に安芸の守護である山名時熙は幕命を懈怠し出陣を渋る幕府直属国人（奉公衆）沼田小早川氏を詰問して返事を求め、一一月には義教が沼田小早川氏以下の動員と難渋者の注進を時熙に認めた。(7) 戦時には軍事行動の円滑な遂行が室町殿（将軍）・守護の至上課題となるのであり、両指揮系統を牽制面のみで捉えるのは妥当でないことはすでに論じた[8]。

ただし、この指揮系統の存在自体は、義教と時煕の双方から認識されている点も見落としてはならない。呉座・市川両氏は、幕府直属国人が守護の動員に応じた事例を強調するが、それらは「守護公権」に基づく軍勢催促（命令）ではなく、援軍要請（依頼）に近いものであろう。呉座氏は、守護に対する幕府直属国人の「合力」を協力と解釈しつつも、これを「守護公権」による軍役賦課とみなしており、この点には疑問がある[9]。

もちろん、軍事主導権の優劣に議論を矮小化させるつもりはない。幕府軍制を総体的に理解するためには、諸勢力で構成される連合軍の複線的な指揮系統を前提として認めつつ、その調和がいかに図られたのかを検討することが重要である。そこで本章では、永享の北九州争乱で山名勢を指揮した安芸・備後守護代犬橋満泰の動向を追いながら、多国間の守護と直属国人とを基軸に編制された幕府軍の連合形態について考える。

一　幕府直属国人との提携

1　用兵に関する談合

この時期、多国間にわたる軍勢発向の可否は、室町殿義教が在京大名の意見を個別に徴しながら決定した[10]。永享四年一〇月一〇日、但馬・安芸・備後守護の山名時煕は、三宝院満済を介して義教に「九州事条々意見」を具申した。この中で「安芸・石見・伊与三ヶ国勢、為二大内合力一早々可二罷立一事（中略）、石見勢ヲハ山名掃部守(頭)ヲ周防堺へ差遣、石州勢ヲハ可二催遣一。安芸勢事ハ備後守護代犬橋(満泰)ヲ安芸堺へ遣、芸州勢可二相催一」との案が示され、これを容れて義教は二三日に援軍の派遣を決断した[11]。犬橋満泰は永享・嘉吉年間（一四二九～一四四四）に安芸・備後両国の守護代を兼任し、備後国衙領（万里小路領）の守護請代官も務めるなど、山名氏による芸備統治の担い手であった[12]。派兵の決定日を勘案すると、満泰が芸備の軍勢を動員して大内氏に加勢したのは、一〇月下旬～一一月上旬ごろと思われる。

翌永享五年三月五日には、大友持直・少弐満貞の治罰御教書と武家御旗が大内持世に下賜され、上意による軍事行動が明示された[13]。幕府軍は豊前に渡海し四月八日に大内持盛を敗死させたあと、筑前に兵を進めて八月一六日と一九日に少弐方の二嶽城と秋月城を落とし少弐満貞を討った。大内方から幕府に届けられた注進によると、二嶽城は「備後勢、安芸勢、岩見（石）、大内四手同時ニ責入」り、陥落したという。また、山名方が受けた備後国人江田某からの注進には、「犬橋備後守護也（代イ）最前ニ城中へ切入、一城切落。仍方々同時責入」るとあり、犬橋の奮戦を伝えている[14]。これらから、幕府軍は複数国の守護・直属国人で編制された混成軍でありながら、相互に連絡を取り合って作戦を遂行し、その主力の一角は犬橋満泰に担われていたことが窺知される。

上意のもと動員されたこの遠征軍は、大内勢以外の軍事力の比重が大きく、その中でも中国地方の幕府直属国人が派遣されたことに、先行研究も注目している。だが既述したように、これらは義教の専制や大内勢力の拡大との関連で論じられるにとどまっている。幕府軍の足並みを揃えるため、いかにして多国間の守護・直属国人の連携が保たれたのか。

永享七年七月、幕府軍は持直を豊後国海部郡の姫岳城に追い込んだが、国東・立石城・王子城・東神野など豊後各地で、持直派の抗戦が続いた。ちょうどこのころ、山名氏は時熙から持豊へと代替わりするとともに[15]、犬橋満泰の動向も厳島社関係文書で再確認できるようになる。北九州の争乱には、厳島社の神主藤原親藤も幕府軍の一員として出陣していた。南北朝期以後、厳島神主家は国人領主化の道を歩み、周辺の国人と競合する必要から守護勢力と協力関係を築きつつも、応永の乱後の一五世紀には幕府との結びつきを強めた(16)。したがって、国人領主化した厳島神主家の存在形態は、守護の指揮下に編入された一般国人よりも幕府直属国人に近かった。たとえば、正長元年（一四二八）九月の段階で神主季藤（親藤）は在京しており、安芸下向前に義教に目通りして太刀・馬・扇を賜った(17)。また、長享元年（一四八七）九月に将軍義尚の六角征伐に参陣した宗親（親藤の義理孫）は、外様衆の家格を有していた(18)。これらの事例は、厳島神主家が幕府直属国人として位置づけられていたことを示している。以上をふまえると、藤原親藤と犬橋満泰とのやりとりは、前線における幕府直属国人と守護方との関係を知る手がかりとなる。そこで、親藤が出陣先より社家の野坂佐渡守に宛てて出した書状を次に掲げる。

〔史料1〕『広島県史』「厳島野坂文書」一七五七（以下、囲い数字・傍線は加筆）

〔追而書省略〕
①上様（義教）より御遷宮吉日事仰下れ候。日出候。霜月ニ定候て候。〔中略〕
②一、内藤方書状到来。委細得㆓其意㆒候。〔中略〕
③一、反銭等□□（之事カ）、何も所々准役候て、兵糧可㆑有㆓奔走㆒候。
④一、身之違例、腹末きわ〱とも候ハす候。腹わつらハしく候間、犬橋（満泰）方申談候て、今日十一日豊前へ罷立候。宿ハ江嶋にて候。如㆑今候者玖珠（豊後）□（日）田へハ代官を可㆑遣候。犬橋方ニ其分を申談候。只今罷立候間、不㆑能㆓委細㆒候。豊前にて定而人を可㆑上候。猶々何も〱存候ことく承候。悦喜千万候。恐々謹言。
（永享七年）八月十一日　親藤（藤原）（花押）
野坂佐渡守殿

史料1④から、腹痛に苦しむ親藤が犬橋満泰と相談し豊前へと退いたことがわかる。続けて彼は、玖珠・日田の戦地に代官を遣わすつもりでいることも満泰と談合しており、守護方からの上意下達で軍勢を指揮していたわけではなかった点に注意したい。また、②に記される「内藤方」が大内持世の内衆ならば、親藤は山名勢だけでなく大内勢とも意思疎通を図っていたことになる。永亨八年三月二七日には親藤の申し出により、「宿老」家格の大内内衆内藤盛貞らが奉書を出し、周防国山代荘宇佐山材木の河関勘過を認めている[19]。よって先述の「内藤方」が大内内衆でないとしても、厳島神主家と大内方が在陣中に連絡を取り合っていたことは確実である。

これと同時に親藤は、③で段銭を賦課して兵粮を調達せよと野坂佐渡守に命じており、幕府の軍役を領主段銭として社領に転嫁していた。一方で、一般国人を指揮する犬橋満泰は、備後国金丸名内の新宮神田修理免職を、本主長久の軍役緩怠により闕所処分としており、守護役として軍役を管国に賦課したことがわかる[20]。このように幕府直属国人藤原親藤と守護代犬橋満泰とは、用兵に関しては談合を経た上で行動しつつも、それぞれ別経路で軍役を収取し独自の軍勢を指揮していたのである[21]。

2　幕府内での利害調整

また犬橋満泰は、藤原親藤の社領保全要求を京都に仲介していたことも確認できる。永亨七年七月一七日、姓不詳の時朝という人物が、陣中の親藤に宛てて次のような書状を送った。

〔史料2〕『広島県史』「厳島野坂文書」一八五二

就㆓当社(厳島社)御遷宮日次事㆒、①御状之旨則致㆓披露㆒候。②仍其通被㆓伺申㆒候之間、③被㆑執㆓下吉日㆒候。目出候。さ様□(之)次第以㆑状被㆑申候。次④御神領惣御安堵之事ニ付て、犬橋(満泰)方よりの状委細令㆓披露㆒候。同奉行方へ被㆑申候処、御支証以㆓正文㆒御申可㆑然之由申候。其趣委細回暉庵令㆑申候。定可㆑被㆑申候哉。就㆑中三百疋拝領、不㆓存寄㆒御芳志之至祝着千万候。仍雖二軽微憚存候一、鞦一具赤大形令二進覧一候。併御礼斗候。長々御在陣御辛労乍レ恐奉レ察候。
於二向後一細々蒙レ仰、又可二申入一候。恐々謹言。

（永享七年）七月十七日　　時朝（花押）

御返報

（親藤）厳嶋殿

まず、差出人である時朝の立場を明確にしておきたい。史料2一行目にある厳島社遷宮の日程と同じ案件について、前掲史料1親藤書状の①には「上様（義教）より御遷宮吉日事仰下れ候」とあるので、史料2傍線③の「吉日」を選んだ主語は室町殿義教であることがわかる。したがってこの手がかりと、史料2傍線④にあるように時朝が犬橋満泰からの書状を受理する立場にあったことを勘案すると、①時朝が遷宮に関する藤原親藤の書状を主人山名持豊に披露し、②持豊はこれを義教に伺い、③義教によって「吉日」が選定されたと解釈できよう。よって時朝は、山名持豊の近辺に仕える在京内衆と推定される。

さて、厳島社領の安堵申請で犬橋の仲介が読み取れる傍線④は、主語が省略され難解だが、さきほど示した人物関係を参照すると、「厳島社領に対する（幕府の）惣安堵に関して、犬橋方から届いた書状の子細を（私時朝が山名持豊に）披露しました。（このことについて厳島遷宮の件と）同じく（持豊が幕府）奉行方に尋ねられたところ、（安堵に必要な）支証は正文で申請されるのが望ましいと（幕府奉行人は）申しました」[22]と解釈できよう。

つまりこれは、室町期における戦時の安堵申請過程がわかる事例である。もっとも、前線で指揮をとる守護（代）が、軍忠や戦況を京都に注進することは南北朝期にも見られた。また、室町期の幕府直属国人は守護とは別の注進ルートを確保しており[23]、守護方を介する申請に違和感も覚える。そこで、同じく厳島社領の保全に関わる次掲史料3〜

史料5の検討を通して、室町期の特色を明らかにしたい。

〔史料3〕『広島県史』「厳島野坂文書」一八一〇

①就二御神領事一、委細之書状并犬橋（満泰）状披見候了。②則備二　上覧一候間、③今時分甚不レ可レ然候由、完戸（智元）安芸入道方へ被レ成二下　御教書一候。目出候。在陣事候之間、万事を堪忍候て注進候。神妙之由　上意候。於二向後一此趣可レ有二存知一候。委細者犬橋方へ申下候。恐謹（ママ）言。

（永享八年）三月二日　（山名）持豊

厳嶋下野守（親藤）殿

〔史料4〕『広島県史』「厳島野坂文書」一八一一

①厳嶋下野守（親藤）申就二高田原事一、状委細披見候了。則備二②上覧一披露申候之間、③今時分菟角之儀甚不レ可レ然之由、完戸（智元）安芸入道方へ被レ成二下御教書一候。可レ被レ付候哉。④此仁管領（細川持之）被官人候者、別而堅可レ被二申付一之由、管領へ被二仰出一候。綴（縦）雖レ有二子細事一、九州在陣之間事者不レ可レ然候。可二申上一子細候者、追而可二申上一之旨可レ被レ申候哉。

今度之時宜厳嶋堪忍候て注進神妙之由　上意候。於二向後一も如レ此趣可レ然候。恐々謹言。

（永享八年）三月六日　（山名）持豊

犬橋近江守（満泰）殿

史料3と史料4の傍線①～③はそれぞれ対応する内容で、①には在京する山名持豊が、九州在陣中の藤原親藤と犬橋満泰から届けられた厳島社領に関する書状を披見したとある。さきの史料2時朝書状で指摘した事柄をふまえると、藤原親藤→犬橋満泰→山名在京機構（在京内衆→山名持豊）といった過程を経たものと考える。これらの書状は、さらに持豊から義教に披露された（②）。これにより守護代からの注進は、在京大名機構を経由して室町殿に披露されたことが明らかとなる。

さて、前線から届いた書状を見た義教は、「不レ可レ然」という内容の「御教書」を宍戸智元に下した（③）。史料3・史料4から、この「御教書」とは厳島社領高田原に関する宍戸氏の異議を軍事行動の間は抑止する命令であったことが読み取れる。こうした内容に符合するのが、次に掲げる史料である。

〔史料5〕『広島県史』「巻子本厳島文書」一二

安芸国高田原（高田郡）事、為二厳嶋社領一、神主下野守（親藤）至二去年一当知行之処、押妨云々。甚不レ可レ然。如レ元去二渡下野守代一、於二理非一者、追可レ有二糺明一之状如レ件。

永享八年三月五日　（細川持之）（花押）

宍戸安芸入道（智元）とのへ

三月二日付の史料3で「被レ成二下御教書一」とすでにあり、その三日後の三月五日付で出された史料5を、史料3・史料4で説かれる「御教書」にあたる文書とすることには異論もあろう。たしかに、この「御教書」は史料5とは別のもので、現存していないことも想定できる。しかし、仮にそうだとすると、幕命を体現する「御教書」の存在は、当事者の宍戸氏に宛てた史料5でも当然告知されるはずである。これにまったく言及しないのは、史料5そのものが「御教書」であるからだろう。このことに加えて、厳島社領高田原に対する「押妨」行為をとりあえず停止せよと宍戸氏に命じた内容も、史料3・史料4で示された「御教書」と史料5とで一致するので、両者は同一の文書と考える。さきほど述べた日付の問題は、三月二日の段階で「御教書」の発給が決定し、その上意を受けて管領細川持之が三月五日に史料5を作成したと理解したい(24)。

さて今回、幕府直属国人たる厳島神主家が安芸守護方に社領の保全を要求したのは、「押妨」行為におよぶ宍戸氏が安芸国人であったことによる。安芸の厳島社領は親藤の長期にわたる九州遠征の間に周辺国人に侵略されはじめており、さきの「御神領惣御安堵」申請もそれへの対策であった。出征中に安芸国人らの押領に直面した親藤は、軍事行動をともにする安芸守護代犬橋満泰に抗議を申し入れたのであろう。その都度、満泰が書状で子細を京都に知らせ、山名持豊や内衆が厚礼な返書を親藤にしたためたのは、守護（代）―一般国人間で処理される案件と扱いが異なることを示している。しかも、安芸国人の押妨行為であるにもかかわらず、停止命令は史料5のように守護山名持豊を介さず管領細川持之から下された。この事情は、山名持豊が前線の犬橋満泰に指示を与えた史料4④から判明する。すなわち、宍戸智元は細川持之の被官人であったため、守護の山名氏では対応しきれないとの判断から、こうした措置がとられたのである。

ところで『広島県史』の編者は、史料5の文書名を「室町将軍家御教書」としている。たしかに、史料3・史料4や既述の事柄を参照すると、史料5は室町殿（将軍）義教の上意を奉じた管領の「御教書」となるが、この文書のみ単独で見ると管領奉書ではなく直状形式の書下である。管領が守護を兼ねる国では、所務沙汰の遵行を命じる管領奉書は省略されて書下様式の遵行命令が出されたので[25]、史料5はこれにあてはまるようにも思える。だが、兼任守護国に対する書下遵行は管領・守護としての命令であるのに対して、史料5は宍戸がたまたま細川被官であったために発せられたものである。もし宍戸が他氏の被官ならば、義教はその主人に同様の文書の発給を命じたであろうから、管領在職は史料5発給の条件とはならない。よって史料5は、他国守護の細川氏が管領ではなく在京大名として出した命令であり、守護管国内に在京大名の所領や被官が点在する、室町期の都鄙間編成を前提としている[26]。

さらに史料5は、押妨停止を命じながらも反論の機会を約束するという、宍戸氏にも配慮した内容である。このことは、史料3のように山名氏側でも事前に把握しているので、室町殿義教・細川持之・山名持豊の協議を経てとられた対応と思われる。相論の当事者（国人）が異なる指揮系統下にある場合、軍事行動を優先させるための利害調整は、これに関わる幕府・守護・大名間で不可欠となる。複線的な指揮系統の調和は、前線のみならず京都でも図られていたのである。本節の冒頭でも述べたように、広域にわたる幕府の軍事方針は、大名衆議への諮問を経て定められていたので、これもその一環として捉えることができる。

各国の守護（代）と幕府直属国人は、系列化した軍役賦課・指揮系統のもと個別の軍隊を統率しながらも、談合・書状のやりとりを頻繁に行い、京都とも緊密に連携を保ちながら軍務を遂行した。これは、前項で述べた二嶽城陥落の様子からもうかがえるように、犬橋と厳島神主家に限ったことではあるまい。そこで次節では、守護勢力間の連合について検討を加えたい。

二　他国守護勢力との連合

1　計略についての合議

永享七年末から幕府軍は、大友持直方の切り崩し工作を開始した。旧領返付を条件とする大友一族田北親増への寝返り交渉には、豊後守護に新たに補任された大友親綱のほか[27]、幕府上使の景臨首座禅師、大内持世、犬橋満泰らが関わったことが知られる。ただし、彼らの連携のあり方については不明な点が多いので、本節ではこの点に留意し考察を進める。

田北親増の子息宮徳丸が大友親綱に属した関係で、永享七年一〇月下旬〜一二月上旬まで親綱が中心となり親増側との交渉を進め、造反の条件が詰められた（28）。しかし親綱側が、田北佐渡守（親顕）跡・大分郡敷戸の返付を約束し、速見郡日差もこれに含めて検討するとの意向を示したにもかかわらず親増の腰は重く、翌年二月まで交渉は中断した。上使の景臨が事情を問うたところ、大友親綱は「彼方（田北親増）本給事、此方へ罷出候者、不レ可レ有二相違一候」と述べ、さらに「彼望之地之事、治部少輔（田北親増）可レ依二身持一候。親子を分候する仁之事、あなたにも致二扶持一事如何候。親増一所居候者、何時も彼地事可二申与一候」と返答した（29）。親子が敵味方に分かれる田北氏を信用しきれない親綱は、参陣後に安堵状を与えるとの態度を崩さず（30）、親増がこれを警戒したことで交渉が難航したものと考えられる。

景臨は大友親綱が主導する工作では埒が明かないと判断したのか、永享八年二月二五日付で親増に書状を送り、右で述べた親綱の主張をくり返しつつも、「我々申候するニハ、親綱少もいき（異議）あるましく候」と保証し、親綱が約束を反故にする恐れはないと懐柔に努めた（31）。この書状の追而書には「大内方よりも此よし申され候間、同心の事候」とある。また前年一一月一五日の親綱書状でも、「度々大内方も懇申候」と親増に伝えている（32）。景臨・大友・大内は、この交渉にあたり意見を交わしていたことがわかる。犬橋満泰も永享八年二月二六日付で田北宮徳丸に書状を出し、「上使より制札事承候」「上使へ進レ之候」と報じるなど、田北氏側と接触していた（33）。もちろん、これは満泰の独断による行動ではなかった。

〔史料6〕『増補訂正編年大友史料』一〇—二三六「田北要太郎文書」

御札委細令二拝見一候。抑御座所（親綱）乱妨事、①当手之事者、猶可二申付一候。奉公面々者、貴所より被レ仰候ハん事、可レ然候。就レ中②御計策之事、大友申候。可レ然候。事行候様ニ御了簡肝要候。毎事期二面謁一候。恐々謹言。

（永享八年）二月廿六日　満泰（犬橋）（花押）

上使（景臨）侍者御中　御貴報

史料6は先述の宮徳丸宛書状と同じ日付で田北氏側に伝来し、内容も「御座所乱妨事」と「制札事」とが対応することから、関連文書と考えられる。史料6②にあるように、満泰も「御計策」（寝返り工作）について大友親綱と連絡を取り合い、景臨とも談合を行う予定であった。幕府陣営の要人間でやりとりされた文書が田北氏側に伝来したのは、内情を知らせることで田北氏側の信頼を得ようとした懐柔策の一環かもしれない。「御座所乱妨」の「制札」とは、幕府軍の本営が置かれ景臨が滞在していた萬寿寺、あるいはその所在地である豊後府内における、[34]狼藉行為を禁じた内容であろう。次節で詳述するが、連合軍の着陣にともなう狼藉行為は前線で頻発していた。制札研究の成果を参照すれば、連合軍の駐屯（予定）地域からの申請・礼銭を受けて、[35]景臨が満泰と制札の発給を話し合ったものと思われる。

この制札に関して注目すべきは、史料6①で「当手」（山名勢）に対しては申し付けるが、「奉公面々」（幕府直属国人）には上使である景臨から命じてほしいと、満泰が念を押した点である。前節で見たように、満泰は幕府直属国人と提携していたにもかかわらず、幕府直属国人勢と指揮下の守護勢とで制札の対象を分けるべきだと認識していた。連合軍における制札の適用範囲は、発給者の指揮下に属する軍隊に限定されたようである。これは、制札の内容が上意下達の命令・指示に属するものであったためであろう。つまり制札の発給も含め、連合軍の上層では情報交換により意思統一が図られ、その方針に沿った指令がそれぞれの指揮系統から麾下の軍隊に達せられたのである。指揮下にない軍隊に作戦行動を促す際には、厚礼な書状様式での依頼・要請が基本であり、これらを同一レベルで混同すべきではない。

さて田北親増は、三月上旬に寝返る意思を固めたようである。三月五日の親増書状に対する一〇日の景臨返状によると、「去三日大内方より重而僧遣越候て、早々御出可㆑然之由申候。直ニ大内陣へ御立寄候者、可㆑為㆓悦喜㆒申候」

と、来陣に関して大内方と打ち合わせを行っていることを示し、さらに追而書で「当陣今一陣も被二取寄一候者、不レ可レ有二通路一候間、早々御出可レ然候」と述べ、これ以上延期しては通路の安全を保障できないと伝えた。(36) これに関係して大内持世は三月九日、「此間念願満足候。歓悦過二御察一候」と親増の帰降を歓迎するとともに、「此状披見候ハヽ、案内者候て、当陣へ可レ有二同道一候」と、幕府方の王子城衆（森左馬助・阿野兵庫助）に申し含める内容の「通行手形」を親増に書き与えた。(37) つまり、田北親増が大友持直の陣営から離脱し、幕府方の陣営を目指して移動する途中で、王子城衆にこの「通行手形」を示したならば、大内持世の陣に案内してもらえる手はずになっていたのである。滞りなく陣替えさせるためのこの措置も、以上の経緯から景臨との相談を経たものであろう。

三月一七日の景臨宛大内持世書状には、親増に約束していた旧領の返付を早々に計らうよう大友親綱へ申し遣わしたので、景臨からも同様に催促してほしいとある。(38) 景臨から催促を受けた親綱は三月一八日に返事を出し、田北親増と弟九郎（親景か）の帰降を喜び旧領返付の意向を再確認しながらも、親増らが二〇日に来陣したあとに詳細を申し入れるとし、慎重な姿勢を取り続けた。(39) なお、二〇日に予定されている陣替えについては、犬橋満泰も親綱書状と同じく一八日の書状で景臨に知らせており、ここでも連合軍上層部で軍事情報が共有されていたことがわかる。(40)

2　旧領返付をめぐる協定

親増の陣替えは予定どおり行われたらしく、大友親綱は旧領返付に関する文書を発給した。

〔史料7〕『増補訂正編年大友史料』一〇—二四四「田北要太郎文書」

田北治部少輔（親増）申候在所之事、如二御意一候。別紙ニ認二進之一候。可レ得二御意一候。恐惶謹言。

（永享八年）三月廿四日　　（大友）親綱（花押）

上使　侍者禅師（景臨）

〔史料8〕『増補訂正編年大友史料』一〇―二四五「田北要太郎文書」

豊後国津守内敷戸拾弐町・山香郷之内日差村三十町事、預置候、任二先例一可レ有二知行一候。恐々謹言。

永享八年三月廿四日　親綱（大友）（花押）

田北治部少輔（親増）殿

史料8の差出人は大友親綱で守護預状としての様式を整えているが、史料7傍線部のように、その発給には親綱自身の主体性よりも景臨の働きかけがあった（大内持世も関与したことは前述）。宛行ではなく預置の形式である点も、親綱（大友方）が史料8の発給に消極的であったことをうかがわせる(41)。事実、この旧領返付をめぐっては、その後に一問着あった。

〔史料9〕『増補訂正編年大友史料』一〇―二四八「田北隆信文書」

又斎藤兵庫事、聢可レ有二在府一之由、申付候畢。

御札委細拝見候畢。〔中略〕①就レ其日差事、可レ致二知行一事、彼仁（田北親増）へ申遣候之処、重承候。不審千万候。②同九郎（親景カ）事、今程可レ致二扶持一無二在所一候。可レ然闕所候者、可二申付一候。不レ可レ有二等閑一候。③就レ中依レ□（為カ）二我々無沙汰一、京都可レ有二御注進一由、犬橋方（満泰）まで被レ仰候歟。同者子細具示給候者、令二悦喜一候。事々期二後信一候。恐々謹言。

（永享八年）閏五月四日　親綱（大友）（花押）

上使　侍者（景臨）御中

史料9から、田北氏になされた旧領返付の内実がうかがえる。すなわち史料9①で親綱は、日差の知行を親増に認めたにもかかわらず、景臨からその催促を重ねて受けた。親綱はこれを不審がっているが、閏五月一四日付の彼の書状（田北親増宛）に、「日差事、斎藤治部所ニ代所立、去月初比社、彼地事可ㇾ有二知行一通令ㇾ申候処、斎藤加賀所より、遅二其段一申候歟」とある。(42)これは「（現在日差を知行している）斎藤治部に代所（替地）を用意し、五月初旬には（親増に）日差を知行させよと命じたが、斎藤加賀よりの段取りが遅れたのだろうか」、と解釈できる。

親綱は奉行人（年寄）斎藤著利を重用しており、(43)この書状や史料9に登場する治部・加賀・兵庫はその一族だろう。斎藤加賀の役割は、守護奉行人としてのものと思われる。つまり大友方は、史料8の発給後三か月近く経っても、日差を親増に沙汰付していなかったのである。景臨が田北親増に宛てた閏五月一九日付の書状には、「日差之事、重而京兆様（大友親綱）へ申定候条、早々御知行可ㇾ然候。敷戸相残四町分可ㇾ有二御知行一候」とあり、(44)敷戸の知行も史料9の段階では全うされていなかった。このため、景臨は親綱と重ねて「申定」めなければならなかったのである。

また、史料9②で親綱は、田北九郎への経済的な保障も景臨から求められたが、「それに充てる所領がなく、適当な闕所があったならば与える」と約束し、この件を疎かに考えているわけではないと弁解している。さらに③では、「大友方が（田北氏の処遇を）無沙汰しているので、これを京都に注進するよう（景臨から）犬橋方に仰せになったのか」と、問い合わせ心配している。前項一八二頁であげた「我々申候するニハ、親綱少もいき（異議）あるまじく候」という景臨書状の文言が端的に示すように、上使・大内・犬橋・大友らで構成される連合軍中枢の総意による協定が、非制度的ながら大友守護権力の政策を規制したことがわかる。

軍事関係の御内書の中には、「諸陣加二談合一」えて作戦を遂行せよと命じるものがあり、(45)これは先述の連合軍中枢による前線の戦略・戦術に関する合議・調整を指すと考える。したがって、本章では幕府内での用語に則して、上使や守護など諸将の「陣」が寄り合う連合軍の中枢を「諸陣」、その合議を「諸陣談合」とそれぞれ呼ぶことにする。(46)

これまで論じてきた「諸陣談合」による旧領返付の協定は、次掲史料でも見られるように田北氏のみに限った特例ではなく、軍事行動の一環で随時実施されていたと考えられる。

〔史料10〕『熊本県史料』「志賀文書」二四一

①一ヶ条出羽方《（大友親隆）》へ申㆓子細㆒候。此時被㆑致㆓忠節㆒候者、本末肝要候。②然者御名字之地、先半分可㆑被㆓返付㆒候。就㆑中疑心事、努々不㆑可㆑有㆓怖畏之儀㆒候。若此条偽候者、日本国諸神殊八幡大菩薩、可㆑有㆓御照覧㆒候。早々御了簡候者、被㆑為㆓目出㆒候。恐々謹言。

六月廿三日《（永享八年）》　満泰《（犬橋）》（花押）

志賀《（親賀）》民部大輔殿

〔史料11〕『熊本県史料』「志賀文書」二四二

①彼一ヶ条事沙汰候者、②名字地半分先可㆓返付㆒候。次疑心一段不㆑可㆑有㆓怖畏㆒候。若此条偽候者、日本国大小神祇、殊八幡大菩薩可㆑有㆓御照覧㆒候。恐々謹言。

六月廿五日《（永享八年）》　親綱《（大友）》（花押）

志賀《（親賀）》民部大輔殿

史料10・史料11は敵方の志賀親賀に対して、「名字地」（豊後国大野荘志賀村）半分の返還を条件に帰降を促した文書であり、犬橋満泰もこれに関わったことがわかる。(47) 史料10①には、満泰が大友親隆に、「一ヶ条」のことについて子細を申したとある。大友親隆は幕府軍の攻撃対象であった持直の弟だが、この争乱では親綱にくみして永享一一年ごろに彼から家督を譲られる人物である。当時志賀村は、親隆に知行されていたのであろう。つまり犬橋満泰は大友親隆を説得し、志賀親賀が味方に参じたならば、現在知行している志賀氏の本領半分を手放す同意を取り付けたものと考えられる。また、史料10・史料11の傍線①②はそれぞれ対応した内容なので、満泰と親綱との間でも事前に協議がなされたことは明白である。

着目したいのは、史料10②満泰書状の「可レ被二返付一候」（大友方から返付されるだろう）と、史料11②親綱書状の「可二返付一候」（返付するであろう）といった文言の差違である。これは志賀氏の旧領回復が、大友守護権力の発給文書で認定される予定だったことを示す。前掲一八五～一八六頁の閏五月一四日付親綱書状も参照すると、「諸陣」（計略・返付の立案・合意）→守護（認定文書の発給）→守護機構（当知行者の替地準備・本主への沙汰付）[48]という過程をたどることになる。前線の作戦遂行に関わる知行秩序の改編方針は、「諸陣談合」を経て事実上内定される場合があったが、その認定文書は前項の制札と同様に指揮系統に基づいて発給されたのである。仮に史料8・史料11のみが単独で残存していたならば、これらは守護大友氏が独自の判断で発給した書状にしか見えないであろう。多国間の連合軍が動員・派遣された地域では、こうした点に留意して幕府・守護関係の文書を扱う必要がある。

三　幕府との意思疎通

1　戦略・戦術の指示

第一節・第二節では連合軍内部の談合・連絡のあり方を検討したが、本節では京都の幕府と前線の「諸陣」との役割分担について論じる。これまで述べてきたように、連合軍の足並みは「諸陣談合」により調整されたが、前線で対処できない事柄は、史料3・史料4宍戸智元の「押妨」や史料9大友親綱の「無沙汰」のように、幕府首脳に判断が仰がれた（後者は報告されたか不明だが可能性はあった）。これを受けた幕府では、室町殿義教が諸大名の意見を聴取して方針を定めた。このように、室町期の上意による「討伐」事業は、京都の幕府（室町殿・大名）と前線の「諸陣」（上使・諸将）とが連携して遂行された点に特徴がある。

大和永享の乱に関する史料だが、伊予守護河野教通に宛てた永享一一年三月二七日付の幕府奉行人連署奉書には、「和州発向事、伊予国幷他国輩相交之間、在陣中被官人等、若就二喧嘩以下一不慮之子細令二出来一者、不レ可レ然」とある(49)。呉座勇一氏は一揆研究の視点からこの史料を引用し、所属集団間の紛争に発展しうる被官個人の喧嘩を抑止することが、国人の領主間協約における課題の一つであったとした(50)。この指摘に加え、幕府が守護河野氏に伊予国人被官の喧嘩抑止をわざわざ命じたところを見ると、「他国輩相交」じる連合軍諸将の被官統制は、国人領主間のみならず室町殿・大名・守護相互の共通課題であったことがわかる（前掲史料5も参照）。前節の内容や、永原慶二氏の所論をもとに呉座氏が注意を喚起した武家一揆の軍事的な本質を勘案すると、連合軍の「諸陣」は上部権力に編制された戦時における武家一揆の一形態と捉えることもできよう(51)。

さて、北九州の争乱における幕府への戦況報告は、大内・犬橋・武田・渋川・小早川といった探題・守護（代）や直属国人によるものが知られるが(52)、上使景臨も注進を行った。

〔史料12〕『増補訂正編年大友史料』一〇―一二四七「田北要太郎文書(53)」

①方々被レ召二進御請一候。則披露仕候了。仍田北治部少輔（親増）事、参二御方一候。目出候。今度於二所々一、被レ致二粉骨一之由、大内修理大夫（持世）注進候。被レ思二食神妙一候。②以前伊東・土持方へ、被レ成二御書一候。定参着候哉。被レ持二向彼在所一、厳密被二申含一、自レ国御返事之趣、可レ有二御注進一之由、被二仰下一候。恐々謹言。

（永享八年）五月十三日

（飯尾）貞連（花押）

（飯尾）為種（花押）

景臨首座禅師

史料12は室町殿義教の意向を景臨に伝えた、書状様式の幕府奉行人連署奉書である。傍線①で景臨は「御請」（幕命受諾書）[54]を「方々」から召し集めて京都に進め、奉行人がこれを義教に披露したことがわかる。前節で取り上げた田北親増の参陣もこの連絡ルートで報告され、幕府は五月一三日以前の段階でこれを把握していた。また傍線②で幕府は、「以前、（日向国の）伊東・土持方に宛てて（義教は出陣を命じた）御内書を執筆されました。（景臨のお手元に）きっと届いていると思います。彼らの在所にこれを持参して（幕命を実行せよと）申し含められ、その返事を国許よりご報告ください」と、景臨に命じている。伊東・土持の両氏は、「御所奉公」の「百余人小番之衆」に加えられた幕府直属国人である[55]。日向には景臨の使者が赴いた可能性もあるが、いずれにせよ、御内書軍勢催促状の伝達（仲介）→命令内容の説明・説得→出陣受諾の「御請」報告といった、「御内書—御請」の下達・上申過程が具体的に判明する。

その他の連絡ルートでも、同様の過程を経て「御内書—御請」の伝達がなされたものと考えられる。たとえば、「諸陣」の構成員である大内氏の場合、内衆の内藤智得が石見の幕府直属国人益田兼堯に出陣を依頼した書状の中に、「御請事此使ニ給候て、京都可二注進申一候」とある。また、九州探題渋川満直も肥後の阿蘇惟郷に書状を出し、「昨日進二使者一候之処、委細示給候」「京都へ注進事、昨日具令レ申候了」と伝え合力を謝している[56]。それぞれ幕府に注進するために、使者を国人のもとに派遣して出陣の意向を問い質しており、さきほど述べた軍勢催促方式と類似している。なお、このころすでに探題渋川氏は、九州諸国に対する軍事指揮の実権を喪失しており、今回の争乱でも「諸陣」の中心から外されていた。しかし、幕府感状の授受などに際して、いまだ探題は制度的に九州守護・国人よりも上位に置かれており、その形式上の指揮権が幕府軍を補完したと指摘されている[57]。したがって、こうした探題の位置づけは、

「御内書―御請」の軍勢催促においても認めることができる。

さて、こうして幕府は戦地の情報収集に努め、在京大名に諮って軍事方針を定めた。ただし幕府の軍勢催促状では、ほとんどの場合「大内持世に合力せよ」といった大まかな指令が示されるのみである。また副状や使者による補足説明も、刻々と戦況が変化する中では限度がある。たとえば永享四年一一月、在京大名畠山満家と内衆遊佐国盛は肥後の菊池持朝に書状を出して上意を伝えたが、実際の軍事行動に関しては前線で相談せよと述べるにとどめている。[58]これまでの検討結果を勘案すると、軍事方針の大枠は幕府が定めつつも、軍勢発向後の事細かな作戦指示は、前線における「諸陣談合」によって臨機応変に出されたものと思われる。このことを裏づけるのが、次掲の史料である。

〔史料13〕『西国武士団関係史料集』「田北文書」六〇

其後可レ啓ニ案内一候処、便宜不レ輙候て無ニ其儀一候。一切非ニ等閑儀一候。〔中略〕

①一、先度当城へ敵さしよせ候時、御高名共承及候間、犬橋（満泰）方に物語候之処、事外ほうひ（褒美）申候。我々までも祝著仕候。

②一、因幡・伯耆・出雲の御勢廿四五日比は可ニ下着一候間、いかにも代（城）をかたく御持候て、勝利を本ニ御沙汰あるへく候。〔中略〕毎事期ニ後信一候。恐々謹言。

（永享八年）壬五月廿一日　弘忠（花押）

田北殿　進レ之候

史料13は『西国武士団関係史料集』『大分県史料』ともに文書名を姓不詳「弘忠書状」とし、『増補訂正編年大友史料』や先行研究においても差出人は特定されていない。そこで、『西国武士団関係史料集』「田北文書」五九頁に掲載されている史料13の原文書写真で、差出人の花押を確認すると鷲頭弘忠のものと一致する。[59]鷲頭弘忠は大内氏の「宿老」家格にある有力内衆で、永享四年より長門守護代を務めていた。[60] よって①は、長門守護代鷲頭弘忠と安芸・備後守護代犬橋満泰とのやりとりであり、連合軍では所属を異にする有力内衆どうしの談合も行われていたことがわかる。[61] 既述したように、大内持世や犬橋満泰は連合軍の主将であり、彼らと連絡を取り合える鷲頭弘忠は「諸陣」の戦略・戦術情報を直に知りうる立場にあった。

②で弘忠は、「因幡・伯耆・出雲の軍勢が二四日か二五日ごろには到着する予定だ」と述べている。出雲勢は三月八日に出陣したことが確認でき、[62] 史料13が出された以前の段階で北九州に着陣していた。よってその後の②は、田北氏が守備する城への後詰を目的とした行軍であり、かかる局地的な作戦を幕府が直接命じた可能性は低い。また、因幡・伯耆は山名守護国、出雲は京極守護国であり、大内内衆たる弘忠の指示による発向でないことは明らかである。山名・京極管国に跨る軍勢の発向が、いずれか一方の指揮官個人の判断で決められたとも考え難い。そこで再び①を見ると、敵軍の侵攻について「諸陣」で話し合われており、続く②はその対策として説明されている。すなわち、この戦略は「諸陣談合」で決定され、「諸陣」に連なる鷲頭弘忠がそれを田北氏側に伝えたと理解できる。[63] このように連合軍の「諸陣」は、幕府の軍勢催促によって送り込まれてくる多国間の軍勢を組織化し、前線における個別具体的な作戦を指揮していたのである。

2　政策矛盾の露呈

次に、連合軍の派遣が幕府の政策におよぼした影響について考える。先述したように、鷲頭弘忠は連合軍の中枢に近い武将であったが、九州在陣中に筑前国粥田荘を押領したとして、領家の高野山金剛三昧院から訴えられている。粥田荘の本家は成勝寺で、その本家権は仁和寺御室が執行しており、和泉堺津で得分二〇石を金剛三昧院から納入されていた。だが北九州の争乱が激化して年貢が滞ったため、永享六年に御室は金剛三昧院に無断で弘忠を代官に補任し権益の確保を目論んだ(64)。弘忠の押領行為はこれを契機としているが、この代官請負の前提となった年貢滞納のそもそもの原因は、連合軍の派遣にあった。

永享五年一〇月に金剛三昧院雑掌慶叶が幕府に訴えた言上状には、「寺領粥田庄者、為二当知行之地一近季九州雖レ令二籍乱一、大内方依レ無二等閑之儀一、庄主在庄無二其煩一年貢等運送之処、今度依二物忩一中国他国軍勢群集之間、甲乙人等寄二事於左右一成二所務之妨一」とある(65)。これを見ると、「近年九州で争乱が勃発したけれども、大内方の庇護のもと庄主は年貢を運送できた(①)。ところが今度、中国他国の軍勢が群集したので甲乙人らが所務を妨げた(②)」とし、同じ争乱中でも傍線部の①と②とで段階差が認められる。現地の治安を急激に悪化させた「中国他国軍勢」は、その構成や群集時期から、永享五年三月に九州へと渡海した幕府の連合軍であることは明らかである（第一節第一項参照）。それでは、連合軍の九州着陣と甲乙人の所務押妨と、いかなる因果関係にあるのか。

嘉吉二年（一四四二）六月、金剛三昧院雑掌宥海が幕府に提訴した言上状では、この時のことを振り返り「庄主所二収納一年貢当庄戦場之間、寄二事於軍議一方々甲乙人押取」と述べている(66)。これによると、粥田荘は戦場となったため、方々の甲乙人が「軍議」にかこつけて年貢米を押し取ったとしている。これは、前掲永享五年一〇月の言上状で引用した、「甲乙人等寄二事於左右一成二所務之妨一」に相当する。略奪を行った甲乙人は、争乱による無秩序化に便乗した不特定の人々であったろう。ただし軍用目的と称した略奪行為が、争乱の勃発当初でなく、「中国他国軍勢」が群集する永享五年以後に急増したところを見ると、軍事物資を調達するために荘内に押入った連合軍の正規兵も多く含まれたと考える。年貢米はまったく寺納されなくなり、金剛三昧院は「成勝寺米」（本家得分）を用意できなくなった。このため本項冒頭で述べたように、永享六年に至って御室は鷲頭弘忠の代官起用に踏み切り、金剛三昧院はこれを先例にない違乱行為として幕府に提訴したのである。

しかし幕府の対応は、金剛三昧院側の期待に背くものであった。永享八年六月に出された同院住持の庭中言上状には、「管領(細川持之)エ就レ無二歎申一、可レ経二上裁一之旨、被レ仰二付飯尾大和守(貞連)一処、依二御沙汰一于レ今不レ預二披露一事、不運之至也」とある。[67]この案件について幕府奉行人の飯尾貞連は、管領の賦（訴訟受理手続き）を経ず直接義教の決裁を仰ぐよう指示されたにもかかわらず、[68]「御沙汰」によりいまだ義教に披露していないという。この事例などから、奉行人の緩怠で審理が停滞する幕府訴訟制度の欠陥面も指摘されているが、[69]今回は「御沙汰」による披露延期なので、奉行人個人の緩怠とは一概に言いきれない。

それでは、この「御沙汰」とは何を意味するのか。先述した嘉吉二年六月の言上状によると、「関東和州様就二忿劇一御沙汰延引之間、乍レ含二愁訴一空馳過畢」と、この時の状況を説明している。[70]すなわち幕府は、北九州に引き続き大和・関東の地域紛争に対処するため、訴訟審理を延引していたというのである。さきほどの「御沙汰」による披露延期とは、このことを指すのであろう。軍事を最優先する幕府の姿勢は、粥田荘に関する訴訟に限って見られることではない。訴訟審理の延期は、戦地周辺に権益を持つ荘園領主のみならず、従軍中の武家にもおよんでいた。たとえば、第一節で触れた厳島神主家と宍戸氏との相論についても、山名持豊は前掲史料4後半部のように、軍事行動中の応訴を禁じる幕府の方針を犬橋満泰に伝えている。

鷲頭弘忠の押領は、「庄主僧称二小弐同意一無二跡形一構二無実一、収二公当庄於一円一、追二出庄主一奪二取資材・雑具等一」とあるように、敵方同意を名目とした闕所の形態をとっており、軍事行動と密接に関係していた。[71]第一節で述べたように備後国でも、長福寺領金丸名内の新宮神田修理免職が、軍役緩怠を理由に犬橋満泰から闕所処分を受けた。さらに安芸国では永享三年三月に、厳島社引声料所である長原の名主そう四郎入道が、「つくしたちはな(筑紫立花)の御ちん(陣)の時、御公事をゑつかまつり候ハす候によつて」、名田を手放す去渡状を書いている。(72) 厳島神主家から賦課された軍役負担に耐えきれず、田地の売却を余儀なくされたものと思われる。

加えてこの争乱では、長門・周防・石見・伯耆・因幡・出雲・伊予・豊後・肥後・日向・薩摩といった国々にも軍役が賦課された。国を横断した大規模な幕府の「討伐」事業は、前節の旧領返付も含め、広範囲にわたる在地社会の領有関係や秩序を不安定へと導く恐れを潜在させていた。それにもかかわらず幕府は、永享八年三月一〇日の景臨書状（田北親増宛）に「今度下候中国勢万一失レ利共、重而赤松勢を被レ下、五年十年之内に可レ有二対治一之由、被二仰下一候」とあるように、必要ならば赤松守護国（播磨・備前・美作）の軍勢をさらに投入しようと計画し、長期戦も辞さない構えであった。(73)

室町殿義教は、相論を公正かつ迅速に裁許するため、訴訟制度を改革したことで知られるが、(74) 一方で地域紛争に武力介入する姿勢を強め、これに即対応できる軍事制度の整備にも着手した。(75) しかし粥田荘の例で明らかなように、地域社会を圧迫した連合軍の派遣は、幕府への提訴増加の一因となりながらも、幕府は訴訟案件の審理を先送りして軍事行動を優先した。軍事と訴訟への積極的対処という義教政権の二大施政方針は、両立することが困難な矛盾を抱え込んでいたのである。永享八年六月一一日、姫岳城の陥落で大友持直は没落し、翌年正月には幕府に九州平定の戦勝報告が届けられた。(76) だが、大和・関東方面の「討伐」事業継続のため、金剛三昧院の訴訟は嘉吉二年に持ち越され、義教の生前に解決されることはなかった。

おわりに

以上、犬橋満泰とその周辺の動向を追いつつ、幕府軍として編制された守護・直属国人の連合形態を検討してきた。最後に本章で述べたところを整理して、要点を列記しておく。

一、前線において守護（代）と幕府直属国人とは、談合・書状のやりとりを頻繁に行い連携しつつも、別経路で軍役を収取し個別の軍勢を指揮した。また、在京大名機構は所属守護勢からの注進窓口となり、内衆→大名→室町殿といった連絡ルートも確認できた。

二、幕府上使や守護（代）をはじめとした多国間の諸将により構成される「諸陣」（連合軍中枢）でも、戦略・戦術の意思統一が図られ、その方針が各自の指揮系統に沿って麾下の軍隊や守護機構に達せられた。この「諸陣」の総意に基づく協定は、非制度的ながら個別守護の政策をも規制した。

三、前線で対処できない事柄は、幕府首脳に判断が仰がれた。これを受けた幕府では、室町殿義教が管領・諸大名の意見を聴取して方針を定めた。上意による軍事政策は、京都の幕府（室町殿・大名）と前線の「諸陣」とが連携する形で遂行された。だが連合軍の派遣は地域社会に重い負担を課し、義教が進めた訴訟制度改革の桎梏ともなった。

在地社会を圧迫する幕府軍の本質は時代を超えて共通しており、第二部第四章で論じたように、のちの義政親政期にも認められる。ただし、幕府による軍事統制という面で見ると、義政が寺社本所領の還付・直務政策に固執して押妨停止を命じても、軍勢はそれに従わず違乱行為をくり返しており、双方の思惑は乖離する傾向にあった。これに対して義教は、従軍中の国人所領や戦地の荘園における押妨に関して、在京大名らに諮って停止させたり、訴訟の裁許をあえて延引したりするなど、前線の「諸陣」と歩調を合わせて軍事行動を優先させる態度をとっていた。

このように、軍事方針を定める幕府の大名衆議と、前線の作戦を立案する「諸陣談合」とは、複数の指揮系統が混在する連合軍の足並みを揃える上で大きな位置を占めていた。したがって、嘉吉の乱後の管領政治～義政親政期における諸大名の党争激化・大名衆議の形骸化は、幕府による連合軍の編制や統率のあり方に直接影響をおよぼす問題であった。(77)

註

（1）佐伯弘次「大内氏の筑前国支配」（川添昭二編『九州中世史研究』一輯、一九七八年）二四九～二五七頁、渡辺澄夫「両統交立の展開と内紛」（大分県編集・発行『大分県史　中世篇Ⅱ』、一九八五年）一七〇～一八一頁、外山幹夫『大名領国形成過程の研究』（雄山閣出版、一九九五年）二三三～二三七頁、川岡勉「中世後期の守護と国人」（『室町幕府と守護権力』吉川弘文館、二〇〇二年、初出一九八六年）一六六～一六八頁。以下、永享の北九州争乱の経過について随時参照。

（2）註(1)佐伯前掲論文、二六〇～二六三頁、註(1)外山前掲著書、二六二～二六四頁、田北学編集・発行『増補訂正編年大友史料』（一九六四年）一八三頁、柳田快明「室町幕府権力の北九州支配」（木村忠夫編『戦国大名論集7　九州大名の研究』吉川弘文館、一九八三年、初出一九七六年）二一～二二頁、吉永暢夫「守護大名大友氏の権力構造」（川添昭二編『九州中世史研究』三輯、一九八二年）二五六～二六四頁。

（3）黒嶋敏「九州探題考」（『史学雑誌』一一六編三号、二〇〇七年）三七～三八頁。

（4）河合正治「室町前期の武家社会と文化」（『中世武家社会の研究』吉川弘文館、一九七三年、初出一九六三年）二〇五頁、岸田裕之「武田氏と安芸国人層」（広島県編集・発行『広島県史　中世通史Ⅱ』、一九八四年）三二一頁。

（5）本書第一部第二章「室町幕府の軍勢催促」、一一五～一一七頁。

（6）呉座勇一「伊勢北方一揆の構造と機能」（『日本歴史』七一二号、二〇〇七年）、同口頭報告「『都鄙関係を読みなおす』を読みなおす」（東京大学中世史研究会七月例会、二〇〇八年七月一九日、会場豊島区民センター・コアいけぶくろ）、市川裕士「南北朝・

室町期における伊予国大野氏の政治的動向」（『伊予史談』三四五号、二〇〇七年）。同「若狭本郷氏の動向と室町幕府・守護」（『若越郷土研究』五二巻一号、二〇〇七年）でも、同様の主張が展開されている。

（7）『大日本古文書』「小早川家証文」四七・四九。

（8）本書第一部第二章「室町幕府の軍勢催促」、一一六頁・一二五〜一二六頁。既述の「小早川家証文」四七・四九は、呉座氏が註（6）前掲口頭報告にて拙稿を批判する論拠とした。だが、本書第一部第二章の初出時に、同史料を用いて本文の趣旨を述べた点を確認しておきたい。

（9）註（6）呉座前掲論文、二六頁・三二頁・三六頁。たとえば、守護が幕府直属国人に出兵を促す場合には、書下よりも厚礼な書状での伝達を基本とした。これらの区別に関する私見については、吉田賢司「書評　小谷利明著『畿内戦国期守護と地域社会』」（『日本史研究』五一二号、二〇〇五年）四七頁参照。

（10）本書第二部第一章「管領・諸大名の衆議」、二一五〜二一七頁。

（11）『満済准后日記』永享四年一〇月一〇日・二三日条。

（12）岸田裕之「守護山名氏と備後国支配」（註（4）広島県前掲編書）三三八頁、同「守護（被官）請」（同上書）三五九〜三六〇頁。

（13）『満済准后日記』永享五年三月六日条。これ以前の大内氏に対する合力は、守護山名氏の「私儀」による「内々」の援助であった。この点、註（1）川岡前掲論文、一六七頁参照。

（14）以上、『満済准后日記』永享五年四月二〇日、八月二九日、九月五日条。

（15）時熙は、永享五年八月に家督を持豊に譲ったのちも、山名氏の家長として幕政に参与し続けた。だが翌年六月に日明貿易品の硫黄着服が発覚し失脚、永享七年七月四日に没した。本書第二部第一章「管領・諸大名の衆議」、二二五頁。

（16）角重始「厳島神主家」（註（4）広島県前掲編書）四七一頁、松岡久人「南北朝・室町時代の厳島」（同上書）八〇七〜八〇九頁、秋山伸隆「南北朝・室町期における厳島神主家の動向」（『史学研究』二一四号、一九九六年）二〜四頁。以下、室町期厳島社の動向についても参照。

（17）『満済准后日記』正長元年九月二日条。

（18）『群書類従　第二九輯（雑部）』「常徳院殿様江州御動座当時在陣衆着到」一八二頁。季藤を親藤の前名とする推定は、註（16）角重前掲論文、四七二頁。幕府直属国人たる外様衆の家格については、西島太郎「近江国湖西の在地領主と室町幕府」（『戦国期室町

幕府と在地領主』八木書店、二〇〇六年、初出二〇〇三年）参照。

(19)『広島県史』「厳島野坂文書」一八一三。大内内衆の家格については、藤井崇「持世期の大内氏分国支配システム」（『史潮』新五九号、二〇〇六年）参照。

(20)「長福寺文書」八六一・八六二（石井進編『長福寺文書の研究』山川出版社、一九九二年）。金丸名は応永初期に守護山名時煕から長福寺に寄進され、当時長福寺領であった。闕所処分を受けた新宮神田修理免職も、永享一二年九月には「御寺領内」との理由で犬橋満泰から長福寺に再寄進された。これらの点は、小川信「中世備後府中の考察」（『禅文化研究所紀要』二六号、二〇〇二年）一〇五頁参照。この遠征で満泰が一般国人を指揮した点については、本書第一部第二章「室町幕府の軍勢催促」、一一五頁。

(21)二経路の課役収取と軍事編制とが対応していた点は、本書第一部第二章「室町幕府の軍勢催促」、一一六～一一七頁。また、一族や被官で構成される厳島神主家の武力については、註(16)秋山前掲論文、九～一〇頁。

(22)戦時の安堵に関しては、本書第一部第一章「室町幕府の国人所領安堵」参照。

(23)本書第一部第二章「室町幕府の軍勢催促」、一一五頁。

(24)史料3山名持豊書状の日付が、本来「六日」とあったものを誤って「二日」と翻刻されたのであれば、本文で述べた問題は起こらない。しかし、東京大学史料編纂所架蔵影写本「厳島神社文書」（請求番号三〇七一・七六―一―六）の画像データで確認したところ、間違いなく「二日」とあった。持豊が日付を書き損じた可能性も皆無ではないものの、このことを裏づける根拠に乏しいので本文のように理解した。

(25)上島有「室町幕府文書」（高橋正彦ほか編『日本古文書学講座第4巻　中世I』雄山閣出版、一九八〇年）一〇〇～一〇一頁。「将軍家御教書」を「管領奉書」と称することの有効性については、同一〇二～一〇三頁参照。

(26)細川・宍戸の関係が所領を媒介としたものかは判然としない。ただし、大名所領が諸国に散在する以上、その経営のために被官が守護管国外に配置（採用）されるのは特殊なことではない。また大名所領が守護不入特権を有する場合、そこに配備された大名被官に対して守護の軍事指揮はおよび難かったと考える。本書序論第二章「室町幕府による都鄙の権力編成」、三九～四〇頁。

(27)大友持直の従兄弟甥にあたる親綱が豊後守護に就任したのは、菊池持朝の筑後守護補任と同じ永享四年一〇月二六日に推定されている。このことについては、註(1)外山前掲著書、二四四頁、註(2)吉永前掲論文、二六一頁参照。

(28)『増補訂正編年大友史料』一〇―二二五～二三〇「田北隆信文書」。

(29)『増補訂正編年大友史料』一〇―二三三「大友家文書録」。
(30)『増補訂正編年大友史料』一〇―二三七・二四二「田北隆信文書」。
(31)芥川龍男・福川一徳編『西国武士団関係史料集』(文献出版)所収「田北文書」五七。
(32)『西国武士団関係史料集』「田北文書」五四。
(33)『増補訂正編年大友史料』一〇―二三五「田北要太郎文書」。
(34)『増補訂正編年大友史料』一〇の一六九頁注釈。『日本歴史地名大系45　大分県の地名』(平凡社、一九九五年)五六五頁。
(35)峰岸純夫「戦国時代の制札とその機能」(『中世災害・戦乱の社会史』吉川弘文館、二〇〇一年、初出一九九三年)。形状・内容については、小島道裕「中世の制札」(『戦国・織豊期の都市と地域』青史出版、二〇〇五年、初出一九九六年)。
(36)『増補訂正編年大友史料』一〇―二四〇「田北隆信文書」。
(37)『西国武士団関係史料集』「田北文書」五八・五九。
(38)『増補訂正編年大友史料』一〇―二四一「田北隆信文書」。
(39)『増補訂正編年大友史料』一〇―二四二「田北要太郎文書」。
(40)『増補訂正編年大友史料』一〇―二四三「田北要太郎文書」。
(41)山口隼正「豊後国守護」(『南北朝期九州守護の研究』文献出版、一九八九年、初出一九八五年・一九八七年)二〇六～二〇七頁によると、南北朝期を通じて、大友氏による宛行状は確認されず、わずかに預置状が残るのみだという。したがって、大友親綱がここで預置状を用いたのは、大友氏の伝統的な所領給付のあり方を踏襲した可能性もある。ただし、本文で後述するように、この預置状の発給に親綱側が積極的でなかったのは確かである。
(42)『増補訂正編年大友史料』一〇―二五〇「田北隆信文書」。
(43)註(2)吉永前掲論文、二六二頁。
(44)『増補訂正編年大友史料』一〇―二五一「田北要太郎文書」。
(45)たとえば、信濃守護小笠原政康に宛てた永享一一年閏正月二四日付の御内書や、下野大名小山持政に宛てた永享一二年九月一七日付の御内書がある。『新編信濃史料叢書』「勝山小笠原文書」二三～二四頁、『茨城県史料』「山川光国氏所蔵文書」一九。
(46)註(45)で示した小山氏のように、守護に補任されていない大名も、連合軍の主将として「諸陣」に加わることがあった。また、同じく「諸陣」の構成員たる幕府上使には、直属国人が任じられる場合もあった。『大日本古文書』「小早川家証文」三五九・三六四など。

(47) 朝地町史編集委員会編『大分県朝地町史』（朝地町史刊行会、一九六八年）二八二頁。志賀親賀は大友持直方となったことで、幕府方から所領を没収されたのであろう。

(48) 親綱期の大友守護機構に関しては、前述した斎藤氏の起用とともに、年寄・打渡奉行人の存在や坪付状の発給が確認されている。註(1)外山前掲著書、二六二～二六四頁。

(49) 『愛媛県史』一二五七「萩藩閥閲録河野右衛門」。

(50) 呉座勇一「領主の一揆と被官・下人・百姓」（村井章介編『「人のつながり」の中世』山川出版社、二〇〇八年）四〇～四一頁。

(51) 永原慶二「国一揆の史的性格」（『永原慶二著作選集第四巻　荘園　荘園制と中世村落』吉川弘文館、二〇〇七年、初出一九七六年）五二一頁、註(50)呉座前掲論文、四〇頁。上部権力による軍事編制としての一揆類型については、福田豊彦「戦士とその集団」（『室町幕府と国人一揆』吉川弘文館、一九九五年、初出一九九三年）三〇三頁。もちろん、一揆の性格がこれに収斂されるわけではない。上部権力の主導性が一揆形成の一要素に過ぎない点は、久留島典子「領主の一揆と中世後期社会」（『岩波講座日本通史第9巻　中世3』岩波書店、一九九四年）、榎原雅治「一揆の時代」（同編『日本の時代史11　一揆の時代』吉川弘文館、二〇〇三年）四三～五〇頁。

(52) 註(1)佐伯前掲論文、二六三～二六四頁。本書第一部第二章「室町幕府の軍勢催促」、一一五頁・一二九頁、同第三章「室町幕府の戦功褒賞」、一四七頁・一五四頁。

(53) 一部の語句を、『大分県史料』「大友家文書録」二九八で補った。

(54) ここでは、出陣命令の受諾であろう。「御請」に関しては、本書第一部第二章「室町幕府の軍勢催促」、一二四～一二六頁。

(55) 『鹿児島県史料』「禰寝文書」四〇五。伊東氏が幕府に直結していた点は、佐藤進一「室町幕府論」（『日本中世史論集』岩波書店、一九九〇年、初出一九六三年）一三三頁、石田晴男「室町幕府・守護・国人体制と『一揆』」（池上裕子・稲葉継陽編『展望日本歴史12　戦国社会』東京堂出版、二〇〇一年、初出一九八八年）一一〇頁。

(56) 『大日本古文書』「益田家文書」一一五、「阿蘇文書」二五八。

(57) 註(3)黒嶋前掲論文、三七～三八頁。

(58)『大日本古文書』「阿蘇文書写」六四一～六四二頁。在京大名の畠山氏が、申次として幕府と菊池氏との連絡を媒介した点は、本書第二部第二章「在京大名の都鄙間交渉」、二四三～二四四頁・二四七～二五〇頁。
(59) 鷲頭弘忠の花押は、『山口県史　史料編　中世3別冊』（花押・印章集）三〇頁・一三三頁（花押番号四四三・二〇八九）に掲載されているものと照合した。
(60) 註(19)藤井前掲論文、四〇～四二頁、田村哲夫「守護大名『大内家奉行衆』」（『山口県文書館研究紀要』五号、一九七八年）九頁。
(61) こうした軍事提携は、在京する内衆間でも見られた。北九州で軍事行動が展開されていた永享五年四月、大内持世の内衆安富定範は「山名内者山口遠江守」と語らい、大内持盛方の馬場満世を京都で討ち取っている。『満済准后日記』永享五年四月二〇日条。「山口遠江守」は実名を国衡といい、山名時熙の内衆として都鄙間交渉の一端も担っていた。本書第二部第二章「在京大名の都鄙間交渉」、二五三～二六三頁。
(62)『増補訂正編年大友史料』一〇―二三二「如是院年代記」。
(63) 田北親増に宛てた永享八年四月一九日付の大内持世書状のように、持世から直接作戦や戦況が知らされる場合もあった（『増補訂正編年大友史料』一〇―二四六「田北隆信文書」）。
(64) 以下、粥田荘押領に関する経緯については、船越康寿「金剛三昧院領粥田庄の研究」（『社会経済史学』七巻一号、一九三七年）九〇～九一頁、註(1)佐伯前掲論文、二六五～二六六頁参照。
(65)『高野山文書』「金剛三昧院文書」一六五。
(66)『高野山文書』「金剛三昧院文書」一六八。
(67)『高野山文書』「金剛三昧院文書」一六六。
(68) 義教期の庭中規定・訴訟制度に関しては、設楽薫「将軍足利義教の『御前沙汰』体制と管領」（久留島典子・榎原雅治編『展望日本歴史11　室町の社会』東京堂出版、二〇〇六年、初出一九九三年）。
(69) 太田順三「将軍義教と御前落居奉書の成立」（日本古文書学会編『日本古文書学論集8　中世Ⅳ』吉川弘文館、一九八七年、初出一九七五年）四七～四九頁。
(70)『高野山文書』「金剛三昧院文書」一六八。

(71)『高野山文書』「金剛三昧院文書」一六八。

(72)『広島県史』「小田文書」一五。長原は久島郷の南に接する集落で、この地域では一五世紀前半に農民間の銭や籾の貸借が盛んになるという。松浦義則「郷村制の形成」（註(4)広島県前掲編書）五三二〜五三三頁。

(73)『西国武士団関係史料集』「田北文書」五六。

(74)桑山浩然「足利義教と御前沙汰」（『室町幕府の政治と経済』吉川弘文館、二〇〇六年、初出一九七七年）二七頁、註(68)設楽前掲論文、九二〜九五頁、川岡勉「室町幕府―守護体制の変質と地域権力」（註(1)前掲著書、初出二〇〇一年）一〇二頁など。

(75)本書第一部第二章「室町幕府の軍勢催促」、同第三章「室町幕府の戦功褒賞」、第二部第一章「管領・諸大名の衆議」、同第三章「足利義教期の管領奉書」。

(76)『看聞日記』永享八年六月二五日条、永享九年正月二三日条。

(77)この点については、本書第二部第四章「足利義政期の軍事決裁制度」において詳しく論じた。

第二部　室町幕府軍事親裁の展開過程

第一章　管領・諸大名の衆議

はじめに

三管領家である斯波・細川・畠山とその庶流家（畠山匠作家・細川讃州家）および山名・一色・赤松といった在京大名が室町殿に意見具申し、彼らの意見が幕政運営に反映されるあり方は、足利義満・義持・義教の執政期における室町幕府政治の特色とされている。(1)

管領以下諸大名による衆議（いわゆる「重臣会議」）の機能として佐藤進一氏は、室町殿の政務を補佐するとともに、その専権を牽制するという二側面を指摘し、(2)これは大名衆議に対する評価の通説となっている。(3)専制政治を志向した足利義教は大名衆議の牽制機能を嫌い、近習・奉公衆・奉行人を自らの政治基盤として整備する一方で、管領・諸大名を抑圧し幕政から疎外しようとしたために、この時期の幕府政治は義教の専制と管領・諸大名の衆議との間で葛藤しながら推移したと説明されてきた。(4)

これに対して川岡勉氏は、義教期においても大名衆議は幕府の意志決定過程の中で軽視されていなかったと指摘し、義教と諸大名とを対立する存在として捉えるこれまでの通説的理解に批判を加えた。(5)この川岡説の登場により、諸大名を幕政から一方的に排除しようとしたという従来の義教政権像は再検討される必要が出てきた。

しかしこれと同時に、義持期と義教期との質的な差異が曖昧になったことも否定できない。すなわち川岡氏によれば、義教が大名衆議を蹂躙した形跡は認められないとしながらも、衆議を主導してきた大名（具体的には畠山満家・山名時熙を指すと思われる）の相次ぐ死去によって衆議の機能は低下し、義教の専制的側面が強化されたという。そして、この「上意専制の拡大は、何よりも政務の円滑化、裁判の公正・迅速な処理を基本方針とする彼（義教＝筆者註）の意欲的な政治姿勢の表れ」であると述べた。(6) これに従えば、大名衆議は、宿老の死という偶発的な出来事が起こるまで、義持・義教期を通じて基本的に変わらず機能していたことになる。しかし、室町殿に対して政務補佐と牽制機能を有する大名衆議を幕府の意思決定システムに組み込む政治形態と、専制拡大の背景となる義教の施政方針とがいかに結合しえたかについては、必ずしも明確にされていない。

川岡説が義教政権を「幕府―守護体制」から逸脱したものではないとし、前代からの連続性に力点を置くのに対し、義持期と義教期との差異に注目したのが桜井英治氏である。桜井氏は、大名に対する室町殿の諮問方式に関して、義持期には会合が行われる「評定会議」であったのが、義教期になると在宅諮問に基づく「大名意見制」に変化したと指摘したのである。(7) これは幕府の意志決定過程が時期により異なることを示した貴重な見解だが、そもそも義持期と義教期とでなぜ諮問方式が相違するのか、また義教執政中のどの時点で、いかなる要因によって変化するのかが明らかでない。したがって桜井説においても、義教の施政方針が大名衆議に与えた影響については再考を要する。

そこで本章では、以上の諸点を念頭におきながら、義教の執政期を中心に大名衆議のあり方について考察を加える。

一　大名衆議の議題と類型

1　議題の内容

まず、大名衆議にもちあがる様々な議案が、なぜ諸大名に諮られる必要があったのかを確認し、その主要議題と諸大名との関わりについて検討する。

今谷明氏は、大名衆議で扱われる議題を、(1)武力紛争に対する処置、(2)守護・探題などの人事、(3)幕府財政の大枠、(4)制度・儀礼の運用に関するもの、と整理して(1)と(2)の事例が圧倒的に多く、(3)と(4)が議案となるのは稀であることに注目した(8)。このことから、大名衆議は守護間の地域紛争調停の役割を持ち、それに必要な軍勢を動員する軍事指揮権を集約するとともに、皇位や大寺社問題をも対象とする人事の最高決定機関であった、との評価がなされた。

しかしながら、こうした理解には再考の余地がある。たとえば軍事動員に関して、永享三年（一四三一）五月に細川持之は、九州で苦戦する大内氏への援軍を義教から命じられたが、個人でこれに返答しており、細川軍派遣が衆議に諮られた形跡はない(9)。また同年九月、伊予分郡守護細川持春は、無断で伊予に逃げ下った国人を自ら討つため、義教に暇を請い許された。細川宗家の持之はこれに不満を抱き、持春の下国中止を義教に取り計らってほしいと満済に依頼した。この求めに対して満済は、「此御暇事尤以楚忽」と持之に理解を示しつつも、「既御暇被﹂下候上者、又上意難﹂計」と返答し、義教の意向を尊重している(10)。このように、単独大名の軍勢派遣においては、室町殿と大名との個人的なやりとりで決定されており、そのほかの諸大名には諮問されなかった。ただしその一方で満済は、「大名両

「三人罷立程大儀」の場合には諸大名に相談すべきだと説き、義教もこの意見を採用している[11]。複数の大名に軍役負担を強いる可能性がある重大事には、彼らの意向を汲み入れるべきだと考えられていたことがわかる。したがって、武力紛争の対策が諸大名に対する諮問の大半を占めたのは、複数大名の軍勢派遣が強制的な紛争解決の手段としてつねに想定されたためであり、大名衆議が軍事指揮権を集約していたからではない。

人事における諮問も、軍事的な緊張を潜在させる地域の守護や探題に関するものが多く、恒常的な平時の人事には適用されなかった。北畠氏との緊張状態が続く伊勢国や乱国状態に陥った伊賀国の守護人事、北九州の争乱を鎮めるための九州探題人事、対鎌倉府の幕府前線である駿河守護今川氏の相続問題、大内氏合力を命じられていた沼田小早川氏の家督争いなどの諮問は、すべて地域紛争が関連している[12]。それ以外の石清水八幡検校人事や管領人事[13]も、それぞれ後小松上皇の口入や後任候補者の辞退といった問題への対策であり、これらの人事について常時諸大名に諮問されたわけではない。

また、皇位継承問題が大名衆議に諮られた可能性がある事例として、今谷氏は『満済准后日記』正長元年七月一一日条を引用した。しかしこれは、称光天皇没後における諸事の奉行と、新帝の選定を関白とよく相談して決めるよう、管領畠山満家が満済を介して義教に上申する記事であり、具体的な人事問題についてはいっさい触れていない。実際、この上申を受けた義教は、万里小路時房・勧修寺経成・広橋親光に関白二条持基と新帝の人選を相談せよと命じており、皇位の決定に大名衆議が介在した形跡は認められない[14]。なお、これに関連して管領畠山満家は、逐電した旧南朝皇胤小倉宮の捜索と、不測の事態に備えるようにと義教に上申している。管領によるこの一連の意見は、旧南朝勢力の不穏な動向にともなう、厳戒態勢下での対応であったことも考慮に入れる必要がある。

財政では、小倉宮に提供する要脚、室町第の移徙にかかる要脚、相国寺の造営に用いる段銭など、諸大名に課された負担の分担に関して話し合われている(15)。また儀礼では、義教の右大将拝賀に供奉する大名の選定や、同じく義教の内大臣任官に際しての大饗費用を諸大名に負担させることの可否について、それぞれ意見が聴取されている(16)。このように諸大名への財政・儀礼に関する諮問は、今谷氏が「幕府財政の大枠」「制度・儀礼の運用」とまとめたような包括的なものではなく、軍事事項の諮問と同様に複数の大名が影響を受け、それぞれの意向を調べて彼らの協力を得る必要がある場合に限ってなされた。このため、その事例数が少ないのであろう。

2　類型の整理

室町殿への意見具申は、管領・諸大名が幕政に参与する重要な機会であったが、その具体的な形態や性格、また、その時期的な変遷については諸研究によって見解が異なっている。そこで次に先学の研究を整理して、見解の一致していない点を確かめておきたい。

村尾元忠氏は、A管領邸などにおいて諸大名が自主的に会合し評議する場合、B室町殿からの諮問によって諸大名が管領邸などで会合する場合、C室町殿からの諮問はあるが会合は行われず管領が使者を遣わして諸大名に意見を求める場合、D室町殿から諸大名へ個別に諮問がある場合、と諸大名による意見提出のあり方を四つの類型に整理した。そして、Dは主として義教時代に見られ、管領と諸大名とが同列の関係にあり、A・B・Cは管領が諸大名の意見を調整し、彼らの意見を代表する立場にあると述べた(17)。村尾説は、諸大名が意見を述べ合う形態が複数存在することを明らかにした点で重要である。ただし、それぞれの類型が、室町殿との関係上いかに定位されていたのかは判然としない。

先行研究の評価を概観すると、大名衆議は義持期において円滑に機能したものの、義教期に入ると管領・諸大名の抑圧政策によって解体・形骸化したという点で一致するが、その基本構成については管領主導か管領不要（＝宿老中心）かで見解が分かれていた。[18] しかし、大名衆議に複数の類型が存在する以上、いずれが正しいか断定できるはずもなく、異なる諮問方式がなぜ認められるのかを検討しなければならない。

川岡勉氏は、議題の重要度や諸大名間の力関係などに応じて、意見聴取の手続きや諮問の対象となる大名は異なっており、こうした柔軟性は室町殿の諮問に答えるところに大名衆議の本質があったために保たれたと解釈した。そして、このような多様な諮問類型の中に、多数の大名への諮問と一部大名（宿老）への諮問が同時に並立する二重構造が認められ、義教は政務を主導するために後者を多用したと指摘した。つまり上記の類型は、大名衆議に備わる融通性のあらわれであり、義教はこれらを否定するのではなく、前代と同様に幕府の意志決定過程に組み込んでいたと主張するのである。[19] だが、後述するように、こうした異なった類型は義教期全体に均等に見られるものでなく、管領を介する諮問が義教初政期に偏って分布していることから、川岡氏の指摘が義教執政期の全般にあてはまるかについては検討の余地がある。

また桜井英治氏は、本章の冒頭でも紹介したように、大名衆議の形態を「評定会議」と「大名意見制」とに分類し、それぞれ義持期と義教期に特徴的な諮問方式とした。[20] 桜井氏が指摘したように、たしかに義教期になると大名に対する「大名意見制」が増加する。しかしながら、義持期＝「評定会議」、義教期＝「大名意見制」というような明確な区分が可能なのか、言い換えれば義教の執政当初からこうした変化が見られたのかは、十分に説明されていない。したがって、義教がいつの時点で諸大名への諮問形態を改めたのか、またそれはいかなる要因によるものなのかを明らかにしなければならない。さらに桜井氏は、大名衆議に占める管領の役割に関してほとんど注意を払っていない。さきほど見たCは管領が関与しながらも、室町殿主導のDと同様に会合を行わない在宅諮問であり、「評定会議」「大名意見制」といった分類方法では管領介在の有無が曖昧となる。

のちほど述べるように、義教期における諮問形態の変化は、大名衆議における管領の位置づけと密接に関わると考えるので、管領の存在が捨象されかねない桜井氏の分類方法を踏襲しなかった。本章では大名衆議における管領の役割に注目するため、室町殿と諸大名との間に管領が介在するB・Cのような諮問方式を間接諮問、室町殿から個別に直接諸大名に諮問されるDのような諮問方式を直接諮問と呼ぶことにする。

以下、大名衆議の時期的な変遷を確認するために、便宜的に義教の執政期を畠山満家・斯波義淳・細川持之の管領在職期間ごとに区分して、各期における諸大名への諮問形態を検討し、この結果をふまえて最後に義持期と義教期との比較を行うことにしたい。

二　義教初政期の大名衆議

1　畠山満家の管領在職期

正長元年（一四二八）正月一八日、足利義持は後嗣を定めないまま病死し、弟の青蓮院義円（義教）が還俗して家督を継いだ。しかし、将軍宣下がなされる永享元年（一四二九）三月までの約一年間、御判御教書で扱う案件は管領畠山満家の奉書・下知状によって処理された[21]。そのため意志疎通の必要もあってか、この時期には管領個人への諮問が多い。管領は個人でこの諮問に答申するだけでなく、諸大名の意見も反映させるべきだと判断した場合には、彼らにも諮問するようにと義教に勧めている[22]。では、その大名衆議の中で、管領はいかなる位置にあったのだろうか。

結論からいえば、この時期の大名衆議は管領主導のもとで行われている。たとえば、正長元年（一四二八）二月、後小松上皇から幕府に対して、石清水八幡宮寺検校の改替要求がなされた。この可否について、義教の諮問を受けた管領は、諸大名の意見をまとめて「不レ可レ然」と答申した。(23) また、鎌倉府の反幕的な姿勢について、義教は「関東事、面々ニ可二相談一旨、被レ仰二出管領（畠山満家）一了」と、管領に諸大名と談合せよと命じた。これを受けて管領は、「関東事、自二管領（畠山）一以二両使遊佐、斎藤一被レ相二尋諸大名一」とあるように、内衆の遊佐・斎藤を遣わして諸大名に意見を求めている。(24) このほかにも、九月二九日、鎌倉府に派遣する幕府使節の口上をいかなるものにするかとの諮問が下り、管領・諸大名は相国寺崇寿院の仏殿で会合した。そこで彼らは、鎌倉府が故義持を弔問するために使者を京都に遣わしたことをねぎらい、幕府・鎌倉府間の和平を保つようにと、まとまった意見を上申している。(25) さらに翌永享元年七月、鎌倉府から圧力を受ける南陸奥の白川氏に対する合力準備を、管領奉書で越後・信濃両国に命じるか否かが、管領から諸大名に尋ねられている。(26)

なお正長元年一〇月にも、「今日於二管領一諸大名会合。当御代初会也。仍伺二時宜一」と、管領邸に諸大名が参集している。(27) ただし、これは管領・諸大名の自主的な会合であるので、これまで述べてきた義教からの諮問と区別する。これらのように義教の嗣立直後には、義教の諮問内容はたいてい管領から諸大名に伝えられたり、あるいは諸大名が一所に会合して、管領を中心に答申案が練られた。管領を介して聴取された諸大名の意見は、一つにまとまることが特徴である。おそらくこれは、諸大名間で意見交換がなされ、管領によってそれがまとめられたためであろう。

この時期に管領が参加しない評定は、『満済准后日記』による限り永享元年八月二二日条の一例のみである。だがこの評定は、畠山満家が管領職を辞してから後任が就任するまでの間に開かれ、しかもその議題は、次期管領職に就任することを渋っている斯波義淳への対応に関してであり、管領不参加はむしろ当然である。ただし、この場合も諸大名は義教の御所である三条坊門第に参会し談合しており、「厳密ニ武衛（斯波義淳）ニ可レ被レ仰条、可レ宜」との一括した意見を答申している。

一方、義教から在宅する諸大名への個別的な直接諮問は、永享元年七月に確認できる。鎌倉府の攻撃にさらされる白川氏を援助してほしいと篠川御所の足利満直から要請され、義教は管領・諸大名のもとに奉行人を遣わし、その対処方法を直接諮問した[28]。その答申は一つにまとまらず、積極策（山名・赤松）、消極策（斯波・畠山匠作）、保留（管領畠山・細川讃州・一色）とばらばらであったが、これは直接諮問に対する答申の特徴である。この原因は、義教の使者（奉行人や側近）が各大名邸に赴いて意見を徴し、諸大名間で意見交換がなされないまま義教に披露されたためだろう。しかし、この時期において直接諮問は、『満済准后日記』による限り右の事例しか見あたらない。

なお永享元年六月には、間接諮問か直接諮問か不明な事例が一つ存在する。それは、大和国人吐田・楢原両氏の合戦を停止させるために、幕府上使の派遣を検討する諮問だが、当事者の大和国人は両人とも管領畠山満家の被官であった。また、「大和国民吐田・楢原弓矢事、先可レ閣之由、可レ被レ遣二御使一分治定了。此事自二管領一内々申入云々。就レ之諸大名意見、以二大館一御尋処、面々意見分大略同前」とあるように、この上使派遣は管領畠山の要望であり、かつ諸大名がまとまって彼に同調している[29]。したがって諮問方式は不明瞭ながら、この議題に対する管領の主導性がうかがえる。

以上から、畠山満家が管領を務めた義教嗣立直後における大名衆議の形態は、上意を受けた管領が諸大名に諮問内容を伝え、彼らの意見を取りまとめたのち、義教に一括して答申するのが一般的であったことが判明する。

2　斯波義淳の管領在職期（前半）

永享元年（一四二九）八月二四日、斯波義淳が管領に就任した。これを機に、義教から管領個人への諮問は減少する。それとともに大名衆議への諮問形態も、管領斯波に前管領畠山を加えた二名が中心的な役割を果たすようになる。これらを一瞥すると、管領の役割が相対的に低下したように思えるが、管領と前管領の存在が重んじられるのは義持期以来のことである。たとえば、応永三一年（一四二四）二月、当時交戦状態にあった鎌倉府との和睦が決定した際に、管領畠山満家と前管領細川満元のみが義持の御前に招かれたことや、応永三三年一〇月、重態の満元を案じて満済が「天下重人也。御政道等事一方ノ意見者」と評したことからも窺知される。(30) よって、管領・前管領の意見が重視される傾向は、前代にも見られるものであり、義教の政治方針がもたらした結果ではない。

永享元年九月、鎌倉府と対立を深める篠川御所の足利満直は、義持の代に拝領したという関東政務御内書の再付与と、満直への忠節を命じた御内書を東国大名らに発給してもらいたいと幕府に請うた。そこで義教は管領・諸大名に直接諮問を行ったが、その際にも「管領(斯波義淳)幷先管領(畠山満家)意見簡要(マヽ)」とあり、彼らの意見が重要視されていた。(31) ただし、直接諮問の結果、諸大名の答申内容はそれぞれ異なっており、こうした中で義教は、積極策を唱える山名時熙と赤松満祐の意見を採用しようとしたことが注目される。このような意見聴取のあり方は、諸大名の意見が一つにまとまる間接諮問においては不可能であろう。しかし、直接諮問はいまだ増加する傾向になく、定着していなかったようである。

管領が主導する間接諮問を以下に掲げると、まず永享元年一二月、大和国への軍勢派遣について、義教は管領に諸大名を召集して談合せよと命じた。(32) 翌年二月、近日中に鎌倉府に軍勢を発向させるべきかという義教の諮問に対し、「只今御勢仕事不レ可レ然」とした諸大名の反対意見が管領によって徴された。(33) 続いて四月、「伊勢国司(北畠顕雅)御免事、自二管領(斯波)一面々畠山(満家)・右京大夫(細川持之)・山名(時熙)意見相尋取調、可二申入一旨被レ仰」と、叛乱を起こした北畠氏の赦免が義教から管領を介して諸大名に諮られた。(34) 七月には、幕府・鎌倉府間の緊張緩和のため参洛した関東使節の二階堂盛秀との対面を、篠川御所満直より義教に勧めてもらいたいと依頼することが、管領を中心とした談合で決定された(35)。これらのように、管領職が斯波義淳に交替した当初は、前項の時期と同様に管領の意見が重視されていた。また、管領は諮問案件を諸大名とともに審議し、その結果をまとめて義教に上申する方式が一般的であった。

ところが永享二年八月ごろから、このような諮問方式に変化が見られる。その初期の例として、一色義貫の処分に関する諮問があげられる。永享二年七月、義教の右大将拝賀式に際し、義貫は供奉に列する一騎打の先頭を望んで許されなかったため、病を口実に供奉に従わず義教の不興を買った。八月六日、義教は義貫の処分について畠山満家と山名時熙に諮った。続いて一〇日、厳罰に処そうとする義教の強硬な態度に対して、満家は諸大名と寄合評定を開き、それまで処罰を主張していた時熙を説得して、義貫の赦免を求める意見を取りまとめた(36)。ここで、畠山・山名両氏が義教の諮問を受けたのは、この拝賀式前に一色義貫が山名時熙を仲介者として義教に要望を伝えていたことや、畠山満家の子息持国が義貫の望んだ一騎打の先頭内定者で、一方の当事者であったためと思われる(37)。だが、この一連の話し合いに管領である斯波義淳は積極的に加わっておらず、前管領畠山満家が諸大名の意見を調整している。

畠山満家と山名時熙の意見が重視されはじめる中で、管領を介して諸大名の意見を聴取する諮問方式が円滑に機能しなくなる事件が起こる。篠川御所満直は、対立する鎌倉府の軍事行動を制約してほしいと、たびたび幕府に申し入れていた。永享三年三月、義教はその求めに応じて、「一、那須・佐竹・白川、向後不レ可レ有ニ対治儀一(ママ)事。一、宇都宮藤鶴丸、如レ元可レ被ニ沙汰居一事。一、佐々川(篠川)事、京都御扶持異レ他。可下令ニ存知一給上事」と、東国の親幕勢力に圧力をかけないと誓わせる罰状を鎌倉府に提出させることにした。そして、これが実行されなければ、参洛した関東使節二階堂盛秀と対面しないとの態度を示し、この旨をまず管領斯波義淳に伝え、管領から諸大名に通達せよと命じた(38)。

ところが義淳は義教の意向に反対し、「面々御意見、若一同ニ被レ仰ニ付東使一候へトノ儀ニテ候トモ、管領(斯波義淳)儀ハ難レ被二申付一心中候」と、管領自身の意見と諸大名の意見とが一致しない場合を恐れ、義教の諮問内容を諸大名に正確に伝えていないことが、義教と管領との間を取り次いでいた満済に露顕した(39)。以後、義淳と満済との間で押し問答が続いたが、四月四日に至り、満済は管領の意見（罰状の提出反対）と他の諸大名の意見（罰状の提出賛成）とを別個の紙に注して、奉行人を以て義教に上申した。義教はこの二紙の意見状を見たのち、「只関東罰状事、早々可レ被二申付一」と管領を催促した。しかし、四月一〇日になっても、いまだに管領斯波が関東使節に上意を伝えていないことに、義教は「遅引以外無二正体一」と激怒している(40)。

本郷和人氏は、罰状提出の反対は管領・諸大名の一致した意見であり、このまとまった意見を義教に取り次ぐことを拒否した満済の政治的地位を高く評価している(41)。だが、罰状の提出に反対し無条件で関東使節と対面するよう強く主張しているのは管領斯波義淳ただ一人であり、満済の取り次ぎ拒否は、義教の諮問内容を衆議にかけず自らの意見のみを通そうとする管領斯波に対する当然の態度であろう。

それよりも、むしろここで注目すべきなのは、管領と諸大名との間で、意見の相違が見られることである。管領斯波と満済との間で右のやりとりがなされる中で、山名時熙は満済に「所詮今度被二仰出一関東罰状事ハ、先可レ被レ仰二付東使一条尤宜存」と伝え、畠山満家もこれに同調して罰状の提出に賛成していた。管領斯波はこうした大名の意見を無視し、「面々意見大略一同」と偽って義教に上申しようとしていたのである(42)。従来、管領と諸大名とを一つのまとまった政治勢力と認識し、これと義教との対立・葛藤という構図で語られることが多かったが、この図式は必ずしも妥当ではない。

河村昭一氏は、この東使対面問題で斯波義淳が義教の意向に抵抗しえたことから、義教政権内における管領の地位を再評価している(43)。だが、次節で詳しく述べるように、この問題を契機に大名衆議における管領の役割は改変されており、義淳の行動が諮問方式にもたらした影響に注意する必要がある。すなわち、これを機に管領を介した間接諮問はほぼ見られなくなり、各大名の意見が個別に聴取される直接諮問が急増するのである。さらに、その直接諮問を受ける大名は、畠山満家と山名時熙が中心となる。『満済准后日記』によると、義教の諮問のうち、畠山・山名両人のみへの在宅諮問は約九割を占めるに至る。[44] また管領である斯波義淳は、表9にあるような「重事」に限り意見を尋ねられたが、日常的な諮問にはほとんどあずからなくなった。

三　諮問・答申方式の変化

1　斯波義淳の管領在職期（後半）

本項では、畠山満家と山名時熙に諮問が集中する、斯波義淳の管領在職期間の後半について考察する。この時期における多数の諸大名への諮問は、当時「宿老」[45]と称された畠山・山名への諮問後に個別になされた。川岡氏が「二重構造」と称したこのような諸大名への諮問形態は、この時期に限って見られるものであり、宿老への諮問後に管領・諸大名に諮問される事例は、表9に示したように僅少である。川岡氏は、義教が多数の諸大名への諮問を省略し、宿老のみに意見を尋ねることが多かった理由として、「自ら意欲的に幕政を動かそうとした義教の、円滑で機能的な政務処理をめざす姿勢が表れているように思われる」と推測したが[46]、こうした義教の志向性の原因となる「宿老意見」と「管領以下諸大名意見」との差異はいかなるものであったのかを明示していない。そこで、この「二重構造」の性質を検証する。

表9　宿老と諸大名の意見披露

No.	年月日	議　題	諮　問　大　名	披　露　過　程
1	永享3/7/13	大内盛見敗死後の対策	畠山	大名内衆→満済→義教
	〃　/7/16		斯波（管）・畠山・山名・細川・赤松	各大名内衆→満済→幕府奉行人→義教
2	永享4/1/23	大内持世に合力の3か国軍勢発向	畠山・山名・斯波（管）	満済→義教
	〃　/1/24		斯波（管）・畠山・山名・細川・赤松・一色・畠山匠作	各大名内衆→満済→幕府奉行人→義教
3	〃　/2/10	九州の処置	畠山・山名・斯波（管）	各大名内衆→満済→満済使者→義教
	〃　/2/12～13		斯波（管）・畠山・山名・細川・赤松・一色・畠山匠作	伊勢・幕府奉行人→義教
4	〃　/5/8	重代剣の紛失	斯波（管）・畠山・山名・細川・赤松・一色	披露以前に発見．ただし畠山「内々」意見
5	〃　/5/9	大友持直の処分	斯波（管）・畠山・山名・細川・赤松・一色	幕府奉行人→義教
6	〃　/5/9	大友持直使者の処遇	畠山・山名	満済→義教
	〃		斯波（管）・畠山・山名・細川・赤松・一色	幕府奉行人→義教

註　(1) 典拠は『満済准后日記』による．(2)（管）は管領を示す．

北九州で勃発した争乱に際して、永享三年（一四三一）二月、幕府は大内氏と大友氏を和睦させるため、有雲和尚と裔西堂とを上使として西国に派遣した(47)。しかし、六月になっても事態は好転せず、義教は無為和尚と騰西堂を上使として重ねて下向させる可否を諮問し、併せて次のように満済に述べた。

〔史料1〕『満済准后日記』永享三年六月六日条

九州へ上使下向以下事、被レ仰二談諸大名一処、旁意見可レ為二難儀一哉由、聊被レ思二食子細一間御略也。只今又同前。此子細可レ仰二畠山（満家）・山名（時熙）等一云々。

このように義教は、前回の上使派遣の時には、諸大名の様々な意見は煩わしかったので、彼らへの諮問を省略したとし、今回も前回と同様に省略すると満済に語っている。しかしながらそのあと、畠山・山名両人には同一案件について諮問をしている(48)。義教が、諸大名の意見を「難儀」と認識し、これと畠山・山名の意見とを区別して諮問していたことがわかる。この義教の認識は、「宿老意見」と「管領以下諸大名意見」との差異を考える上で重要である。

永享四年二月、引き続き九州問題について、管領斯波・畠山・山名の三人に諮問がなされ、翌日には自余の大名細川・一色・赤松・畠山匠作にも意見が求められた。ただし、義教は、諸大名の意見提出が遅れたならば、管領斯波・畠山・山名三人の意見のみを参照して満済と相談するとしている[49]。義教が諸大名の意見聴取に要する時間を気にするこうした様子は、次の事例からも読み取れる。

〔史料2〕『満済准后日記』永享六年七月一二日条

山門事、関東辺雑説聞食合。能々被レ仰二談諸大名一、可レ有二御沙汰一条宜云々。此条誠可レ然歟。乍レ去延引追儀如何。巨細可二申入一云々。

史料2は、永享六年七月、山門延暦寺と鎌倉府とが通謀しているとの噂が流れ、義教が満済にその処置について諮問した時に述べた言葉である。すなわち、義教は諸大名への諮問の必要性を感じながらも、多人数の諸大名意見を徴することにより、裁許が延引するのを懸念しているのである。これらの史料から、義教は意見聴取に時間を要する多人数の諸大名への諮問を省略し、少人数の宿老への諮問のみによってスムーズに裁定を下そうとしていたものと考えられる。

さらに、両者の区別は、義教への意見披露のあり方にもあらわれる。畠山・山名は、義教から最初に意見を求められ、義教あるいは宿老の判断により、他の大名にも必要に応じて諮問がなされた。ただし、表9から明らかなように、管領を含めた多人数の諸大名意見は、すべて奉行人によって義教に披露されている。これに対し、畠山と山名の意見は満済を介して披露されることが多く、奉行人による披露は皆無である。奉行人に披露される「管領以下諸大名意見」よりも、満済に披露される[50]「宿老意見」の方が、より「内々」的な性質を帯びたものだったのである。いくつか例をあげると、永享三年七月、大内盛見敗死後の北九州の争乱対策について、義教は満済を介して畠山満家の意見を尋ねたが、これは「内々」のものであった。義教はこの満家の意見を容れて、一六日に奉行人をもって管領・諸大名の意見を聴取した（表9No.1）。また永享四年二月、大内盛見を敗死させた大友持直の処置につき、義教はまず管領斯波義淳・畠山満家・山名時熙に諮問し、満済は彼らの意見を「内々」に義教に伝えた。そののち、同一案件について、奉行人らが管領・諸大名の意見を調進して義教に披露している（表9No.3）。

一般的に、多数の諸大名（約四～七名）の意見は、たとえ満済を経由したとしても、最終的には奉行人が義教に披露することが多い[51]。満済が義教に直に披露するのは、二名（管領も含めると三名）の宿老意見に限られる。満済は宿老から届けられた意見状をそのまま披露するのに対し、奉行人は諸大名の意見状を清書したり、「銘」（花押か）を加えた上で義教に披露しており、より厳格な手続きを経ている点でも両者は異なる[52]。宿老意見の「内々」的な性格は、満済による披露とともに、こうした手続きの面からも垣間見ることができる。

室町第造営要脚の負担分担など、諸大名相互の意見調整が必要な場合は、管領が彼らを集めて意見を交換しているものの、こうした形態で開かれた大名衆議は議題・事例数ともに限られる[53]。このように管領が諸大名を召集する事例は、負担費用の振り分けに限られるようになり、頻出する軍事をめぐる諮問が、管領を経ずになされるようになった点は重視すべきである。なお、永享三年八月の大和への軍勢派遣ならびに政所執事伊勢貞経の不審行動に関する諮問は、貞経が記した怪文書を回覧させるため諸大名を召集してなされたが、管領からではなく義教から諸大名に直接指示が下っている[54]。

最初に義教から諮問されるという点で、宿老二名は、前節で述べた義教の嗣立直後における管領の位置にあてはまる。しかし、この義教初政期においては、諮問の上意を受けた管領が、しばしば諸大名の意見を徴したのに対し、宿老（畠山満家）が諸大名を召集した事例は、『満済准后日記』による限り、さきに二一六頁で触れた永享二年八月一

○日の一度しかない。諸大名の意見は、宿老への「内々」の諮問後に、義教から管領を通さずに個別に直接諮問によって聴取された。諸大名の意見を聴取する時に、室町殿と諸大名との間を満済や奉行人が介するものの、彼らは事務的に諸大名の意見を個々に集めて室町殿に取り次ぐのみで、義教初政期における管領のように諸大名の意見内容を一つにまとめることはしなかった。したがってこの場合、満済・奉行人を介してはいるが、諸大名の意見は室町殿のもとに直接そのままの形で届けられていた。

大名衆議に対する諮問形態が、管領に諸大名の意見をまとめさせ一括上申させる方式から、宿老・諸大名の意見を個別に直接聴取する方式へと変質した理由として、まず政務決裁の簡素化をあげることができる。「旁意見可レ為二難儀一」「延引追儀如何」といった言葉から明らかなように、義教は繁雑な意見は煩わしいとの理由から、あるいは裁許が延引する事態への懸念から、しばしば諸大名への諮問に難色を示した。義教は、地域勢力の自立化を抑えて諸権門の権益を擁護するため、裁判の迅速化を志向したといわれるが[55]、右の事例から義教のこの政治方針は、諸大名への諮問形態にも影響をおよぼしていたことがわかる。関東・九州・大和と各地で高まる軍事的な緊張に敏速に対応しうる点で、「宿老」二名のみへの諮問は、義教の意向に合致したものであったと考える。

その一方で、管領斯波義淳がとった行動は、このような義教の施政方針に反したものであった。前述のように、義淳は故意に義教の諮問内容を正しく諸大名に伝えないばかりでなく、訴訟受理の賦を止めて訴訟の延滞を招いていた[56]。これらは、政務決裁の敏速化を図る義教にとってきわめて遺憾な事態であった。斯波義淳が義教の諮問内容を正確に伝えなかった点について、筧雅博氏は「これは、室町殿の指示に対する事実上の拒否権発動であって、管領に賦与された力の強大さを示すもの」とした。また河村昭一氏も、これにより管領斯波の活動を再評価し、当該期の幕府の意思決定過程において管領制は完全に形骸化していなかったと説いた[57]。しかしながら、これ以後、軍事問題に関して管領斯波を介して諸大名の意見が徴されることは見られなくなるので、義淳が引き起こしたこうした事態は管領として越権行為、あるいはそうでなくても、義教としては否定すべきものであったと考える。いずれにしても二一七頁で述べたごとく、義教が義淳の行動に不快感を抱いていたことは確かである。

さて既述のとおり、義教と管領斯波義淳とが鎌倉府政策で対立する中で、管領を介して諸大名の意見を徴するこれまでの間接諮問は基本的に行われなくなり、義教から個別に諸大名に意見を求める直接諮問が急増したが、これは大名衆議が室町殿に直接把握されたことを意味する。たしかに、義教に対する諫言など「下」から「上」への働きかけは、意見調整の必要から諸大名間で談合がもたれている。しかし、諮問という「上」から「下」への働きかけについてのみ直接諮問が急増するのは、かえって「上」に位置する義教の強い意向により直結化されたことを示唆している。

もっとも、義教はこのような改変を加えながらも、諸大名の代表者（宿老）に意見を求めており、諮問そのものを否定したわけではなかった。義教としては、宿老のみに直接諮問を行うことで政務決裁を敏速に行うとともに、諸大名の反発を和らげて彼らの離反を防ごうとしたのではなかろうか。たとえば永享六年一一月、義教は管領・諸大名の諫止を無視して延暦寺攻めの軍勢を発向させた。しかし、諸大名の戦意は低く、結局本格的な攻撃はなされずに和議が成立した[58]。第一節で述べたように、大名衆議の議案は複数の諸大名の協力を必要とし、彼らの尽力がなければ有効な対策を施せないような事柄であった。諸大名の積極的な支持・協力を引き出すためにも、政治方針の決定過程で彼らの意見を何らかの形で反映させる必要があったのだろう。

従来、義教から管領斯波義淳への諮問回数が少なかったのは、管領職が儀礼化したため、あるいは彼が病弱であったためであり、畠山満家・山名時熙への諮問集中は、彼らの年功や官途の高さ、義教の信頼のあらわれである、といった説明がなされてきた[59]。しかし、直接諮問で明らかとなる管領・諸大名の各意見を確認すると、軍事関係の問題で、山名時熙の意見が義教の意にかなった強硬なものであったのに対し、斯波義淳の意見がつねに協調路線であったことには注意を要する[60]。また、畠山満家も基本的に対外融和政策の持ち主であったが、最終的な判断を上意に委ねるなど柔軟な態度を示した[61]。このように、各大名の個人的な意見はそれぞれ微妙に異なっており、いつも一枚岩で結束していたわけではなかった。義教が斯波義淳を大小の諮問の多くから排斥したのは、義淳との政治路線の不一致に加え、そのために惹起された義淳の反抗的な行動に起因しよう。畠山満家や山名時熙に諮問が集中した理由としては、年功や官途、また義教擁立の功績なども軽視すべきではないが、彼らの意見が義教の政務決裁の敏速化を支える内容であった点を考慮に入れる必要がある。

2　細川持之の管領在職期

前項で見たように、義教は間接諮問から直接諮問に切り換えながらも、そもそもの原因を作った管領斯波義淳を即座に罷免しなかったのには理由があった。すなわち、永享四年七月に義教は内大臣に任じられ、その大饗を「鹿苑院（義満）殿御佳例」に倣って挙行しようとしていた[62]。義満が内大臣となり大饗を行ったのは永徳元年（一三八一）で、当時の管領は義淳の祖父義将であった。義満の先例を尊ぶ義教としては、大饗時の管領は斯波氏でなければならなかったのである[63]。義淳が再三にわたり管領職の辞意を表明するたびに、義教は不本意ながらも大饗が終わるまで彼を慰留し続けなければならなかった[64]。そして永享四年（一四三二）八月の大饗が終了してまもなく、斯波義淳の後任に細川持之が内定し、一〇月に義淳はついに管領職を辞した[65]。

一〇月二二日、細川持之が管領に就任すると、再び管領を加えた諸大名への諮問が増加する。また、永享五年九月一九日に宿老畠山満家が死没したのに加え、山名時熙の政治的な失態によって宿老と諸大名への諮問といった二重構造にも変化があらわれる。すなわち、永享六年六月に山名時熙が遣明使道淵から輸出品の硫黄を着服したことが発覚し、道淵は流罪に処せられた。時熙は脚気を理由にしばらく出仕していなかったが、弁明のため出仕を願い出ると、義教は「一事両様申状、御不審千万」と不信感をあらわにし、これを許さなかった(66)。以後『満済准后日記』では、時熙が宿老として諮問にあずかることはなくなり、その状態のまま永享七年七月四日に没した。

このような、管領の交替や宿老の死没により、畠山・山名に諮問が集中するあり方も変化しはじめる。この時期、義教は多数の諸大名への諮問をほとんど省略し、おもに管領細川持之と山名時熙、時熙の失脚後には持之と赤松満祐といった少数の大名にのみ個別に意見聴取を行った。とくに、この時期には赤松満祐の発言が目立つ。たとえば、後述する山門攻めに関する諮問でも、意見を述べたのは満祐のみであった。また、山門攻めに発向中の六角勢への援軍や、大和への畠山勢派兵についての議論においても、満祐の意見が重視されている(67)。

細川持之の管領在職期間に赤松満祐の発言回数が増えた理由について今谷明氏は、大名衆議では官途・年齢と答申頻度の高さが比例したためと説明する(68)。また本郷和人氏は、南北朝期以来続く細川氏と赤松氏との協調関係が前提となったと考えている(69)。さらに森茂暁氏によると、赤松満祐は北畠氏と交渉し、伊勢国に出奔した南朝皇胤小倉宮の京都帰還を実現させたことで、幕府内での名声を高めたという(70)。

これらの事柄が、赤松氏の政治的地位を高める実績となったであろうことは無視できない。ただし、個別諮問の対象者は義教の恣意的な判断で決められるので、複数の答申候補者の中から満祐があえて選ばれた要因を探らなければならない。そこで、満祐の意見内容に注目すると、既述の山名時熙に近い強硬なものであり、義教の意向に合致する傾向を読み取ることができる(71)。満祐に諮問が集中する現象は、先学が指摘した赤松氏の履歴とともに、義教の施政方針を支持する側面があった点も考慮に入れる必要がある。

さて、赤松満祐とともに管領も再び諮問対象となる機会が増えたが、以前のように大名衆議において出された意見を調整し、取りまとめるようなことはしなくなった。例をあげると、永享六年九月、延暦寺攻めの方策について義教は諸大名に諮問したが、管領細川持之は、赤松満祐の意見をそのまま義教に披露し、これに対する義教の意向を満祐に知らせた(72)。ここで管領細川持之は、義教と大名（赤松）との間の伝達者としての役割しか果たしていない。また多人数の大名への諮問として、永享五年五月、駿河守護今川氏の家督争いについて、管領細川・畠山・斯波・山名・赤松の意見が聴取された。ただしこれも直接諮問であり、前項の時期と同様に奉行人によって個別に意見披露がなされた(73)。

しかし、義教に対する諫言では、諸大名が寄合談合してまとまった意見を提出しており、管領はなお諸大名の意見を調整している(74)。両者の形態のズレは、諮問が義教の意向を強く反映させた「上」からの働きかけである一方、管領・諸大名の自主的な寄合は義教の意向を離れたところで行われた「下」からの働きかけであることから起こるものである。よって、義教の志向性を探るためには、双方を区別して考える必要がある。

『満済准后日記』は永享七年四月の記事までしか残っていないので、それ以後の義教執政期における大名衆議の記録を『看聞日記』から摘出し、その推移と特色を概観しておく。

永享七年五月、諸大名の意見により延暦寺強訴の首謀者が斬られたとあり、このころも諸大名の意見が幕府の政策決定に影響をおよぼしていたことがわかる(75)。だがその一方で、諸大名が義教を諫める記事が散見される。永享九年三月に諸大名は大和の国人越智・箸尾氏攻撃のため親征しようとする義教を諫め、続く五月にもなお大和に進発しようとする義教を管領細川持之らが諫止した(76)。この五月二日に管領持之は、大和在陣中の畠山持国・一色義貫に宛てて書状をしたため討伐戦を督促した。その文面には、この軍事作戦が「遅々候上者、可レ有二御下向一之由被二仰出一候間、不㆑可㆑然之旨、山名《（持豊）》・赤松《（満祐）》談合仕、雖㆓申上候㆒、更無㆓御承引㆒候」とあり、大和動座に反対した諸大名は管領細川持之・赤松満祐・山名持豊であったことが具体的に判明する。(77) さらに永享一〇年九月、義教は鎌倉府への攻撃にまたも親征を企て、管領持之・山名持豊・赤松満祐らは談合してこれを中止させた。(78)

　これらのように、この時期の大名衆議は、管領細川・赤松・山名らを中心に構成されていたが、その多くは自主的な会合による義教への諫言であった。

3　義持執政期との差異

　以上のように変遷した義教期の大名衆議を、前代の義持執政期と比較して、その段階差をさらに明確にしておきたい。

　義持期は大名衆議の最盛期であるといわれながら、その史料は必ずしも多く存在しない。このことから川岡勉氏は、諸大名への諮問事例は義持期よりも義教期の方が多いとし、衆議治定の原則がもっとも重視されたのは義持期で、これが崩れだすのは義教期だとする今谷明氏の見解に疑問を呈した。(79) しかしながら、その主要な典拠として使用された『満済准后日記』に大名衆議の事柄が本格的に記されはじめるのは、満済が義持から大名衆議への出席を許された応永三〇年（一四二三）七月五日以降であり、この時期は義持の晩年期にあたる。(80) したがって、義持期の大名衆議に関しては、事例数だけで判断するのは困難であり、その形態を確認した上で義教期と比較検討しなければならない。

　義持期の大名衆議では、義教期に定着する個別的な直接諮問が見られず、管領・諸大名は諮問された議案について意見を交換していた。たとえば応永二三年（一四一六）、上杉禅秀の蜂起が京都に伝えられた際には、義持が因幡堂に参籠中であったので、馳せ参じた諸大名は室町殿不在のまま緊急の評定を開き、とりあえず情報を収集するという暫定的な措置がとられた。義持の帰還後、鎌倉公方持氏からの援軍要請を受け入れるか否かについて再び評定が開かれ、叔父足利満詮の意見に義持と諸大名が賛同し援軍の派遣を決定した。そののち、禅秀に通謀していた足利義嗣に同調した山科教高を糾問する是非をめぐって、管領細川満元と畠山満家との間で議論が交わされ、ここでも諸大名としての意見をまとめようとしている(81)。

また、応永三〇年（一四二三）、幕府の後援を受ける京都御扶持衆（その多くは禅秀与同者）を執拗に攻撃する鎌倉公方持氏の対処について、義持から諮問された管領・諸大名は寄合評定を開き、そこで出された諸大名の意見はまとまった形で義持に上申された(82)。さらに応永三一年六月には、室町殿御前評定において、石清水八幡宮神人の強訴に対する処置について話し合われ、武力弾圧で臨む方針が決せられた(83)。

これらのように、義持期の大名衆議の特徴は、室町殿の諮問を受けた管領・諸大名が、互いに意見を述べ合う場を共有し、これを一括して義持に答申する点にある。たとえ会合がもたれなくても、義持の諮問内容は管領を通して諸大名に伝えられるので、諸大名の返答は義持にではなく管領にもたらされた（第一節第二項のC型）。先述したように、室町殿と管領との間には、満済や奉行人のような仲介者が存在する場合もあったが、彼らは自らの意見を加えることなく、管領がまとめた諸大名の意見をそのまま室町殿に披露した。

こうした義持期の大名衆議の形態は、還俗してまもない義教の初政期に持ち越されたであろう。つまり、前節で論じた義教の嗣立直後にあたる畠山満家の管領在職期および斯波義淳の管領在職期前半においては、いまだ義持期の大名衆議の形態が色濃く残っていたと思われるのである。義教期で注目されるのは、義持期の形態を残していた義教初政期の大名衆議が、斯波義淳の管領在職期後半の永享三年ごろから、畠山満家と山名時熙とに諮問が集中する形態に改変されたことである。すなわち、室町殿の諮問は管領から諸大名に伝えられ、意見調整を経て管領が室町殿に一括して披露する形態から、少数の宿老にのみ諮問し、他の諸大名には必要に応じて個別に直接諮問する形態へと変化したのである。

管領によって諮問内容が諸大名に伝えられたり、彼らが会合した場合には、たとえ出された意見がばらばらでも調整が行われ、「諸大名意見」として一本にまとめられるので、その答申は室町殿の意向に合ったものでない可能性が大きくなる。斯波義淳の時のように、管領の主張によって諮問内容が意図的に歪曲される事態も起こりうる。これに対し、直接諮問は各大名の意見が別々にそのまま室町殿のもとに届くので、諮問内容の改変といった心配はない。個別ばらばらの意見の拘束力は、諸大名全員のまとまった意見よりも小さかったことが予想され、期待はずれの意見なら納得いくまで諮問し直すこともできた。

事実、斯波義淳の管領在職期後半においては再諮問が何度か見られる。たとえば永享四年二月、大内持世への合力の可否をめぐり畠山満家と山名時熙に諮問が下ったが、満家は慎重策を、時熙は積極策を述べ、判断に迷った義教は再び彼らに諮問した(84)。その際に義教は、時熙の意見状を満家に、満家の意見状を時熙にそれぞれ見せて、再度の意見を求めている。畠山満家と山名時熙は互いに意志疎通することなく、おのおの別に意見を上申していたことがわかる。

このように斯波義淳の管領在職期後半に見られた大名衆議の改変は、一部宿老のみへの諮問や諸大名への直接諮問により、室町殿におよぼす彼らの意見の影響力を軽減し、よりスムーズで自由な決裁を可能にするものであったと考えられる。細川持之が管領に就任した永享四年一〇月以降は、管領も含めた諸大名が談合し義教を諫めたり、管領が諸大名の意見を義教に取り次いだりした事例が散見され、管領は再び大名衆議の主要な構成員となっている。しかし、前者においては「下」から「上」への作用であり、後者においても赤松満祐など特定の大名の意見披露であって、多人数のまとまった諸大名の意見ではない。二二六頁で述べたように、管領細川持之は、赤松満祐が述べた意見をそのまま義教に取り次ぐに過ぎない。したがって、義教の諮問に対して管領が、義持期や義教初政期のように、多数の諸大名の意見をまとめる役割を果たしていたとは考えにくい。

おわりに

以上のように、大名衆議の主要議題は地域紛争に関するものであり、その諮問方式は時期により変化したことが明らかとなった。すなわち、義持期から義教の初政期においては、管領を介した間接諮問がなされ、管領は諸大名と会合したり彼らに使者を遣わすなどして意見をまとめ、室町殿に答申するのが一般的であった。だが、鎌倉府政策で義教と鋭く対立した管領斯波義淳は、関東問題についての諮問内容を正しく諸大名に伝えず、その議案決定までに大幅な遅延を招いた。これを機に、頻発する地域紛争に敏速に対処する必要から、宿老である畠山満家・山名時熙への個別的な直接諮問が急増し、他の多数の諸大名には必要に応じて諮られるようになった。管領の交替や宿老の死去・失脚後には、こうした二重構造はさらに変化したが、個別的な直接諮問は継続して行われた。第二部第三章で詳述したように、管領奉書の管轄事項も斯波義淳から細川持之に管領職が交替した時期に変化しており、管領の職掌全体にわたる改革がこの期間に推し進められた形跡がうかがえる。

大名衆議は室町殿の政務を支える一方で、本章で見た義教の意識が示すように、室町殿のスムーズな政務決裁を阻害する側面も有していたことも確かであろう。よって、地方の諸問題に幕府が敏速に対応するには、大名衆議がもたらすこの矛盾を解消する必要があった。義教は諸大名への直接諮問を行うことで、前代よりも積極的に彼らを政権内に組み込むと同時に、制御・管理する姿勢を強めた。この管理下に諸大名が順応すれば問題ないが、本章であげたいくつかの例が示すように、これから逸脱した者は不快感をあらわにした義教から譴責された。細川持之の管領在職期間に、諸大名の諫言（「下」から「上」への作用）が散見されるのは、こうした義教の意向と諸大名の意識とにズレが生じていたことをうかがわせる。諸大名に対する義教の専制的な性格は、彼らを幕政に参加させつつも、管理体制を強化し掣肘を加え、これに反する者を処罰の対象とした点にあらわれる。

だが、嘉吉元年（一四四一）六月に義教が暗殺され幼少の義勝が家督を継ぐと、室町殿によるこうした諸大名の管理は実質的に不可能となった。第二部第四章で述べたように、直接諮問（「上」から「下」への作用）が崩れた結果、嘉吉の乱後の大名衆議は管領・諸大名が意見を述べ合う形態へと再び変化する。義持・義教期の大名衆議は、意見調整の有無という点で差異があるものの、ともに室町殿が最終的に議案を決裁した。しかし、嘉吉の乱の勃発によって、大名衆議は絶対的な裁決者を欠いたまま運営されることになり、前代の諮問機関的な性格を希薄化させた。室町殿の諮問に答申してその政務を支える大名衆議の機能は、結局のところ義政の嗣立後にも回復しなかった。義政の親政が開始されても、大名衆議が幕府の意思決定過程の中心に位置づけ直されることはなかったのである。

註

（1）佐藤進一「将軍と幕府官制についての覚書」（豊田武・ジョン＝ホール編『室町時代』吉川弘文館、一九七六年）四五頁。大名衆議の基本的な構成員については、今谷明「室町幕府の評定と重臣会議」（『室町幕府解体過程の研究』岩波書店、一九八五年、初出一九八四年）八三頁。ただし、この論考で今谷氏が満済を大名衆議の構成員に含めた点に関しては、川岡勉「室町幕府―守護体制の権力構造」（『室町幕府と守護権力』吉川弘文館、二〇〇二年、初出二〇〇〇年）七四～七五頁に批判がある。これによると、満済の役割は室町殿の諮問と諸大名の答申を伝達・披露するものであり、大名衆議の枠外で別個に機能したとされる。本章も川岡氏の見解に従い、満済と大名衆議の構成員とを区別して論を進める。なお、庶流家でありながら衆議に参加した畠山匠作家と細川讃州家は、一族の中でも本宗家に次ぐ家格を保持し、それぞれ能登と阿波の守護職を兼任した。この点については、二木謙一「室

町幕府御相伴衆」（『中世武家儀礼の研究』吉川弘文館、一九八五年、初出一九七九年）三〇一〜三一〇頁、同「室町幕府の官途・受領推挙」（同上書、初出一九八一年）四二四〜四二六頁参照。

（2）註（1）佐藤前掲論文、四五頁・四八頁。「重臣会議」の用語は、佐藤氏がこの論文においてはじめて使用したようである。これに続いて註（1）今谷前掲論文、八七頁で、「重臣会議」を中心とした政治体制を「宿老制」と定義し、「宿老会議」の用語も使用されるようになった。その初期の使用例として、今谷明『土民嗷々』（新人物往来社、一九八八年）がある。こうした「重臣会議」「宿老会議」の用語に対して、註（1）川岡前掲論文、七七頁では、室町殿（将軍）が諸大名に諮問して意見を徴する形態を指すのにふさわしくないとして、これを「大名衆議」と表現した。川岡氏の提言をふまえ「重臣会議」の名称を再検討すると、たしかに幕府「重臣」は大名に限らない上に、当時の史料用語でもない。また「宿老」の呼称は、のちに掲げる註（45）のように、大名の中でも特定の人物を指す場合に用いられたので、衆議に参加する大名全体を指すのには不適当である。さらに「会議」という用語は、実際に会合が開かれない在宅諮問の場合には適切でない。これらの理由から、本章初出時に使用した「重臣会議」を「大名衆議」に改めた。ただし、本章第一節第二項で述べたように、諸大名が意見を述べ合う形態は多様であり、すべてが室町殿の諮問とも限らない。したがって私は、「大名衆議」を室町殿からの諮問に対する大名の意見具申を指すとした川岡氏の定義に限定せず、本文で示した様々な類型を包括する概念として用いた。また、本書序論第二章「室町幕府による都鄙の権力編成」、四七頁註（66）において述べた理由から、「大名衆議」を「たいめいしゅうぎ」と読むことにする。

（3）たとえば、五味文彦「管領制と大名制」（『神戸大学文学部紀要』四号、一九七五年）四二頁、註（1）今谷前掲論文、七六頁ほか。今谷説を批判した註（1）川岡前掲論文、七八頁においても、大名衆議は室町殿の政務を支えるとともに、室町殿の判断にチェックを加えていたとし、その評価は共通する。

（4）佐藤進一「足利義教嗣立期の幕府政治」（『日本中世史論集』岩波書店、一九九〇年、初出一九六八年）、註（3）五味前掲論文、四一〜四五頁、青山英夫「室町幕府将軍権力に関する一断面」（『上智史学』二六号、一九八一年）九九〜一〇三頁、註（2）今谷前掲著書、二五〜三二頁、同「一四―一五世紀の日本」（『室町時代政治史論』塙書房、二〇〇〇年、初出一九九四年）ほか。

（5）註（1）川岡前掲論文、七八頁。

（6）川岡勉「室町幕府―守護体制の変質と地域権力」（註（1）前掲著書、初出二〇〇一年）一〇一頁。

（7）桜井英治『［講談社学術文庫版］日本の歴史12　室町人の精神』（講談社、二〇〇九年、元版二〇〇一年）一五二〜一五四頁。

(8)註(1)今谷前掲論文、八五〜八六頁。
(9)『満済准后日記』永享三年五月二四日条。
(10)『満済准后日記』永享三年九月二八日条。
(11)『満済准后日記』永享元年一二月二日条。
(12)以上、それぞれ『満済准后日記』応永三三年六月一七日条、永享五年四月二日条、永享四年五月二五日条、永享五年四月一四日条。
(13)以上、それぞれ『建内記』正長元年二月二六日条、『満済准后日記』永享元年八月二二日条。
(14)『満済准后日記』正長元年七月一一日条。
(15)以上、それぞれ『満済准后日記』永享二年二月一日条、四月二日条、永享三年八月三日条、永享二年六月九日条。なお、室町第造営要脚の大部分が守護出銭によって賄われたことについては、桑山浩然「室町幕府経済の構造」(『室町幕府の政治と経済』吉川弘文館、二〇〇六年、初出一九六五年)一一四〜一一六頁、田坂泰之「室町期京都の都市空間と幕府」(『日本史研究』四三六号、一九九八年)六一頁、桜井英治「『御物』の経済」(『国立歴史民俗博物館研究報告』九二集、二〇〇二年)一一五〜一一六頁。
(16)以上、それぞれ『満済准后日記』永享二年六月一七日条、永享四年四月二六日条。
(17)村尾元忠「室町幕府管領制度について」(『学習院史学』七号、一九七〇年)二八〜三〇頁。
(18)管領が大名衆議をまとめ主導したと説くのは、註(3)五味前掲論文、四一〜四二頁、河合正治「将軍と守護」(註(1)豊田武・ジョン=ホール前掲編書)五九〜六〇頁、註(4)青山前掲論文、一〇三頁。これに対し管領の役割を消極的に評価するのは、註(1)今谷前掲論文、八三〜八四頁・八七頁。
(19)註(1)川岡前掲論文、七七〜七八頁。
(20)註(7)桜井前掲著書、一五二〜一五四頁。
(21)義教嗣立直後の管領奉書・下知状による御判御教書の代用については、上島有「室町幕府文書」(高橋正彦ほか編『日本古文書学講座第4巻　中世Ⅰ』雄山閣出版、一九八〇年)一二〇頁・一二二頁、太田順三「将軍義教と御前落居奉書の成立」(日本古文書学会編『日本古文書学論集8　中世Ⅳ』吉川弘文館、一九八七年、初出一九七五年)二二一〜二二五頁。
(22)『満済准后日記』永享元年二月一六日条、七月一一日条。

(23)『建内記』正長元年二月二六日条。
(24)『満済准后日記』正長元年九月一九日・二二日条。
(25)『満済准后日記』正長元年九月二九日条。
(26)『満済准后日記』永享元年七月一一日条。
(27)『満済准后日記』正長元年一〇月二日条。
(28)『満済准后日記』永享元年七月二四日条。
(29)『満済准后日記』永享元年六月一五日条。
(30)以上、それぞれ『満済准后日記』応永三一年二月五日条、応永三三年一〇月八日条。
(31)『満済准后日記』永享元年九月三日条。
(32)『満済准后日記』永享元年一二月二日条。
(33)『満済准后日記』永享二年二月二四日条。
(34)『満済准后日記』永享二年四月二日条。
(35)『満済准后日記』永享二年七月六日条。
(36)『満済准后日記』永享二年八月六日・一〇日条。
(37)『満済准后日記』永享二年七月七日・一一日・一二日・二〇日・二三日条。
(38)『満済准后日記』永享三年三月二〇日条、四月一三日条。
(39)『満済准后日記』永享三年三月二三日条。
(40)『満済准后日記』永享三年四月四日・一〇日条。
(41)本郷和人「『満済准后日記』と室町幕府」（五味文彦編『日記に中世を読む』吉川弘文館、一九九八年）二二九〜二三〇頁。
(42)『満済准后日記』永享三年三月二二日・二四日条、四月一〇日条。
(43)河村昭一「管領斯波義淳の政治活動」（Ⅰ）（Ⅱ）（『政治経済史学』四一七号・四一八号、二〇〇一年）。
(44)註(1)今谷前掲論文、八四頁。ただし今谷氏は、畠山・山名氏への諮問集中をもって、義教期を通じて管領の出席は大名衆議の成立要件ではなかったと述べており、この点は段階的な変化を重視する筆者の考えと異なる。

(45)『満済准后日記』に「両人大名内々宿老分トシテ候」（永享三年五月一二日条）、「山名宿老事也」（永享三年五月二四日条）、「管領以下宿老両三人」（永享四年二月一〇日条）と、また『看聞日記』に「前管領畠山死去。〔中略〕凡宿老之間、天下事以諫言被申沙汰」（永享五年九月一九日条）と、それぞれ記載がある。

(46) 註(1)川岡前掲論文、七八頁。

(47)『満済准后日記』永享三年一月二七日・二九日条。

(48)『満済准后日記』永享三年六月八日条。

(49)『満済准后日記』永享四年二月一二日・一三日条。

(50) 満済による「内々」の役割については、筧雅博「『内々』の意味するもの」（網野善彦ほか編『ことばの文化史　中世4』平凡社、一九八九年）、註(1)川岡前掲論文、七三～七五頁。とくに筧論文によると、室町殿に訴訟や情報を披露する手段には、公的なルートである「外様」の披露と、非公式のルートである「内々」の披露とがあり、両者は互いに補完し合う関係にあったという。そして、前者は管領や奉行人が、後者は満済がそれぞれ担当していたと指摘する。

(51) たとえば、『満済准后日記』永享元年七月二四日条、九月二日条、永享二年二月二四日・二八日条、永享三年三月二六日・二八日条、四月四日条、七月一六日条、永享四年正月二四日条、二月一二日・一三日条、五月九日条、永享五年五月晦日条、六月一日条。

(52)『満済准后日記』永享三年七月一六日条、永享四年正月二五日条。

(53)『満済准后日記』永享三年八月三日条。

(54)『満済准后日記』永享三年八月晦日条。

(55) 註(6)川岡前掲論文、一〇一～一〇二頁。ただし、本書第一部第四章「室町幕府の守護・国人連合軍」で論じたとおり、この施政方針がどこまで実現できたかは別問題である。

(56)『満済准后日記』永享三年九月一一日条。

(57) 註(50)筧前掲論文、六二頁、註(43)河村前掲（Ⅱ）論文、一八頁。

(58) 註(4)青山前掲論文、一〇二～一〇三頁。

(59) 註(1)今谷前掲論文、八六～八七頁、註(1)川岡前掲論文、七七頁。

(60) たとえば、『満済准后日記』永享元年七月二四日条、九月三日条参照。
(61) たとえば、『満済准后日記』永享元年七月二四日条、永享二年七月一二日条、永享四年二月一三日条、一〇月一〇日条、永享五年五月晦日条。
(62) 『満済准后日記』永享四年四月二三日条。
(63) 『満済准后日記』永享四年五月二日条には、「管領(斯波義淳)上表事申処、来七月大饗可レ被レ行。任二永徳鹿苑院(義満)殿御例一、職事可二堪忍一由、仰二付管領義淳一云々。永徳之時管領、義淳祖父義将朝臣也」とある。
(64) たとえば、『満済准后日記』永享四年五月三日条、六月一四日条。河村昭一「管領斯波義淳の就任・上表をめぐって」(『兵庫教育大学研究紀要』一八巻二分冊、一九九八年)七四～七六頁、註(43)同前掲(Ⅱ)論文、二八～三〇頁。
(65) 義淳は永享四年八月四日に上表を申し入れたが、義教は一〇月まで留任した。この理由は不明だが、八月の左大臣任槐、九月の富士遊覧と、立て続けに義満を先例とした行事(いずれも斯波義将の管領在職期)が予定されていたことも関係すると思われる。いずれにしても、義淳が上表を提出した直後の八月一一日には後任に細川持之が指名されており、実質的に大饗終了後の八月段階で管領職の改補は内定していた(各日付は『満済准后日記』による)。
(66) 『満済准后日記』永享六年六月九日条。
(67) 『満済准后日記』永享六年九月一八日条。
(68) 註(1)今谷前掲論文、八三～八四頁。
(69) 本郷和人「『満済准后日記』から」(『遙かなる中世』八号、一九八七年)四二頁。
(70) 森茂暁『闇の歴史、後南朝』(角川書店、一九九七年)一四七頁。赤松氏と伊勢北畠氏との連絡については、本書第二部第二章「在京大名の都鄙間交渉」、二四五頁参照。
(71) 『満済准后日記』永享元年七月二四日条、九月三日条、永享四年一〇月二一日条、永享五年五月晦日条。
(72) 『満済准后日記』永享六年九月一二日条。
(73) 『満済准后日記』永享五年五月晦日条、六月一日条。
(74) 『満済准后日記』永享五年閏七月五日・九日・一〇日条、八月六日条、永享六年一二月六日・一一日条。
(75) 『看聞日記』永享七年五月二三日条。

(76)『看聞日記』永享九年三月四日条、五月五日条。
(77)「足利将軍御内書幷奉書留」七〇。
(78)『看聞日記』永享一〇年九月二二日条。
(79)註(1)川岡前掲論文、七三頁、註(4)今谷前掲論文、四二～四三頁・五二～五三頁。
(80)新田英治「全盛期の将軍たち」(『週刊朝日百科　日本の歴史14　義満と室町幕府』朝日新聞社、一九八六年)五～七四頁。
(81)以上、『看聞日記』応永二三年一〇月一三日・二九日条、一一月九日条。これらの事柄は貞成親王の伝聞史料であるが、ここに記された幕府の様子は他史料と合致するので、おおむねその記事を信頼してもよいと思う。たとえば、『満済准后日記』応永二三年一〇月一五日条には「室町殿(足利義持)自二因幡堂一御出。直渡二御北野公文所坊一。社頭御通夜云々。但依二鎌倉事一夜半還御」とあり、翌日条には「参二室町殿一。昨夕自二駿河守(今川範政)護方一注進。鎌倉殿(足利持氏)於二伊豆一已御自害。当管領上杉房州(憲基)同自害。委細重可二言上一云々。御所様(足利義持)御仰天無二申計一」とある。満済は義持から直接、駿河守護今川範政からの注進内容を聞いているので、これはこの時の幕府の様子を伝える確実な史料である。禅秀の乱についての注進が一五日に京着したこと、この注進がもたらされたために義持は北野から還御したこと、その注進は持氏・憲基が敗死したとの内容(誤報)であったこと、さらに義持の周章ぶりも含めて、すべて『看聞日記』応永二三年一〇月一六日条の内容と合致しており、貞成親王が入手した幕府の情報はかなり確かなものであった。
(82)『満済准后日記』応永三〇年七月五日条。
(83)『看聞日記』応永三一年六月二五日条。
(84)『満済准后日記』永享四年二月二九日条。

第二章　在京大名の都鄙間交渉

はじめに

室町殿が諸大名に諮問する議案の大半は、人事問題も含めて地域紛争に関連していたが、(1)これらの情報を幕府はいかにして入手したのだろうか。義教期における幕府への情報伝達経路は、『満済准后日記』によって見られる事例だけでも多種多様であり、柔軟なものであった。諸方からもたらされる注進や嘆願を室町殿に取り次ぐ者としては、本書第一部第三章や次章で論及した管領・幕府奉行人のほか、①満済、(2)②室町殿側近、(3)③在京大名に大別できる。ここで注目されるのは、③の在京して室町殿の諮問に答申していた諸大名が仲介者となるケースである。満済や側近の取り次ぎ内容には、訴訟をめぐる嘆願が多かったのに対して、在京大名が扱う伝達事項の多くは、大名衆議で審議された地域紛争に関する問題と重複しており、両者の密接な連動性を推測させる（表10）。

今谷明氏は、大名衆議が地域紛争を調停する機能を担い、それに必要な軍事指揮権を集約していたとの見解を示した。(4)前章において指摘したように、軍勢派遣でも大名衆議に諮られない場合があったので今谷説には疑問もあるが、(5)幕政に参与した在京大名と地域の政治問題との関係に着目する視角が提示された点は重要である。今谷氏の先駆的な研究に続き本郷和人氏は、大名衆議を構成する在京大名が特定の地域と連絡を保ち、地方への対応を管掌していたと説いた。(6)また桜井英治氏は、在京大名が室町殿と地方の守護・国人との間を取り次ぐ際に発給する文書は単なる私信ではなく、その文面は室町殿によってチェックされていたと指摘した。(7)これらの先行研究により、在京大名が都鄙間の結節点としての役割を果たし、その活動と室町殿の政務決裁との関わりが明らかになった。

しかしながら、大名が担う都鄙間交渉の具体的な内容や、その際に発給された文書の様式、またその文言を室町殿がチェックしだした時期およびその理由など、いまだに不明瞭な点も残る。そのため、地方の諸問題に介在した在京大名の立場や役割が明確になっているとは言い難い。都鄙間を結びつける守護制度がすでに存在し、在京大名の大半が守護職を兼帯していたにもかかわらず、これとは別の都鄙間連絡ルートがなぜ必要であったのか。本章ではこれらの点に留意し、守護とは異なる都鄙間仲介者である大名申次(8)の任務内容や文書様式の検討を通して、その存在意義について考えることにしたい。

一　都鄙間問題と大名申次

1　大名申次の活動内容

大名申次として、東国方面の篠川御所足利満直・京都御扶持衆との間を仲介した細川氏、周防大内氏との間を仲介した山名氏、伊勢北畠氏・薩摩島津氏との間を仲介した赤松氏が、先学の研究によって指摘されている。(9)しかし、本章の冒頭でも述べたように、彼らの活動内容や幕府内部における位置づけについては、いまだ明らかでない点が多い。義教の執政期には、すでに指摘されている細川・山名・赤松三氏のほかに、畠山氏もこうした申次として『満済准后日記』に登場する。以下、各氏の活動および発給文書を検討し、大名申次の性格や役割について考えたい。なお、

Ⓑ　畠山氏

No.	年　月　日	差出人・受取人	伝　達　事　項
1	永享3/11/21	畠山満家→菊池持朝	大内合力の請文受理と返報
2	〃 /12/6	〃	不詳
3	永享4/1/16	畠山満家←菊池持朝	〃
4	〃 /1/23	畠山満家→菊池持朝	大内への合力
5	〃 /3/18	〃	〃
6	〃 /3/29	〃	不詳
7	〃 /4/26	〃	大内への合力
8	永享5/3/10	〃	九州情勢につき御内書伝達
9	永享2/8/6	畠山満家→越後，信濃	白川への合力
10	永享3/6/6	畠山満家→上杉幸龍丸（房朝），長尾邦景	在京機構の改善，八条上杉持房の所領
11	永享4/3/18	畠山満家→長尾邦景	山浦上杉頼方の赦免
12	〃 /3/29	〃	越後国紙屋荘・鵜川荘の沙汰付
13	永享5/6/11	〃	〃

Ⓒ　山名氏

No.	年　月　日	差出人・受取人	伝　達　事　項
1	永享2/8/6	山名時熙→駿河，信濃大文字一揆	白川への合力
2	永享3/3/8	山名時熙←今川範政	関東使節の上洛
3	永享4/3/29	山名時熙→今川範政	今川家相続の人選
4	永享3/9/3	山名時熙←大内持世	大内盛見遺領の相続申請
5	〃 /10/19	（山名時熙→大内持世）	No.4を義教に披露，安堵御判の取り次ぎ（延期）
6	永享4/4/13	山名時熙→大内持世	豊後侵攻の禁止

註　(1) 典拠は『満済准后日記』による．(2) 矢印は音信の送受をあらわす．(3) ○は閏月を示す．

表10　大名申次の活動

Ⓐ　細川氏

No.	年　月　日	差出人・受取人	伝　達　事　項
1	応永31/1/24	細川満元←足利満直，白旗一揆	関東進発の請文
2	応永32/3/3	細川満元→足利満直，関東	不詳
3	〃　/3/4	細川満元←足利満直	旧冬以来の返報を義持に披露
4	〃　/⑥/11	細川満元→山入祐義，武田信重	佐竹の鎌倉在住，武田の下国
5	〃　/⑥/12	細川満元→武田信重	武田の下国
6	〃　/8/24	〃	〃
7	正長元/10/23	細川持元→足利満直	不詳
8	〃　/10/25	細川持元→奥州，伊達，蘆名，白川，塩松石橋，懸田，岩城，岩崎，標葉，楢葉，相馬	御教書の伝達
9	永享元/2/21	細川持元←足利満直	伊達，蘆名，白川らの請文
10	〃　/4/26	細川持元→足利満直，伊達，蘆名，白川，塩松石橋	義持の遺物賜与
11	〃　/5/晦	細川持元←足利満直	那須に関する注進
12	〃　/6/3	細川持元→足利満直，伊達，蘆名以下13人	白川合力の御内書伝達
13	〃　/7/17	細川持之→足利満直	細川持元の死去を通告
14	〃　/7/24	細川持之←足利満直	満直の注進状を義教に披露
15	〃　/7/28	細川持之→足利満直	返報
16	〃　/9/2	細川持之←足利満直，伊達，蘆名，白川	注進状と請文を義教に披露
17	〃　/11/9	細川持之→足利満直	関東政策の条々
18	永享2/6/21	〃	満直・白川ら援助の確認
19	〃 /6/29	〃	関東使節対面の可否
20	〃 /7/6	〃	関東使節との対面
21	〃 /8/6	細川持之←白川	鎌倉府の軍事行動
22	〃 /9/4	細川持之←足利満直	関東使節との対面
23	〃 /9/6	(細川→足利満直，伊達，蘆名，白川以下奥州大名)	懸田治罰の御教書伝達（検討のみ，未実施）
24	〃 /9/10～14	細川持之→足利満直	関東使節との対面
25	永享3/6/6	細川持之←伊達	八条上杉持房の所領

管領の職権と区別するため、細川氏と畠山氏とが、それぞれ管領に在職した期間に検出された事例は、対象外としている。

〔細川氏〕　永享元年（一四二九）四月、故足利義持の遺物を篠川御所や奥州の京都御扶持衆に分与する際に、「毎時細川右京兆（持元）伝達也」とあり、細川持元が奥州の親幕勢力と幕府とを仲介していたことがわかる（表10Ⓐ№10、以下№のみ記す）。また、御内書などの幕府文書も細川氏を通じて奥州に伝達された（Ⓐ№12）。桜井氏が指摘したように、こうした細川氏の役割はあくまで室町殿から付与されたものであり、その発給文書は室町殿にチェックされていた。ただし、この検閲の厳格さは時期によって異なることから、段階差に注意して室町殿の政務決裁との関わりを論じる必要がある。

鎌倉府と対立する篠川御所足利満直は、鎌倉府からの使節が参洛しても対面しないでほしいと幕府に嘆願した。これを受けて義教は、満直からの申し出がなければ関東使節に謁見しないことを決定した。幕府と鎌倉府との関係がさらに悪化することを恐れた管領・諸大名は、永享二年（一四三〇）七月一日、満直に使者を遣わして関東使節との対面を義教に勧めてもらいたいと依頼することにした。この趣旨をしたためた管領斯波義淳と満済の書状は、細川持之の使者により篠川に届けられた。ところが、義教はこれを持之の独断と判断し、「無二左右一自二右京大夫（持之）方一下条、何様子細哉」とその行動を責めた。さらに書状案の文面も「文章以外大様」であると譴責し、満済は書状の送付前にその文言を上覧に備えて義教の確認を得なかったことを詫びている（Ⓐ№20）。二か月後、再び満直に書状を遣わすに際して、義教は中次を介して送られる書状を二度にわたり検閲し、自らの意向がより明確に伝わるように文面を修正している（Ⓐ№24）。このような検閲は、のちほど述べるように、他氏の大名申次に対しても見られる。

ところで、義持の執政期においても細川氏が奥州からの連絡窓口になっていた。応永三二年（一四二五）三月三日、室町殿義持は関東への使者と篠川への書状について、細川満元と相談するようにと満済に命じた。その翌日に細川満元は、昨年冬以来保管していた篠川御所満直の書状を義持に提出した（Ⓐ№2・3）。前年冬に細川氏に宛てて出された篠川側の文書が翌年三月までの間、義持にも披露されず細川氏の手元に保管されていたこの事実から、本郷氏は「細川氏は単なる申次ではなく、篠川御所との交渉を主導する立場にあった」としている(10)。

たしかに義持は、篠川への文書作成について「可レ被レ仰二談細河右京大夫入道（満元）一」と満済に指示を出すのみで、文書検閲は義持の執政期にまったく見られない。したがって、室町殿義持による緩やかな管理のもと、細川氏はある程度、主体的な判断で文書の文言を考案し、奥州との交渉を行いえたであろう。しかし義教期になると、地方からの音信は届いた直後に披露されている。また、先述した永享二年七月の譴責以後、都鄙間交渉における大名の独自の判断は否定され、その裁量が制限される傾向が顕著になる。申次の作成した書状に対する検閲は、大名の恣意が入らないように厳密化したのである。

なお、篠川との交渉を担当していた細川持元が永享元年七月に病死すると、義教は細川家を継いだ持之に篠川へ使者を送れと指示を出している（Ⓐ№13）。したがって、奥州方面の申次は、満元―持元―持之と細川氏に継承されたことが確認できる（表10Ⓐ）。特定の大名家が同地域の申次を世襲するのは、これから述べる他氏の申次では確認できない。細川氏と奥州との関係は一六世紀半ばまで持続したことが確認されており(11)、申次を世襲した細川氏は世代を超えて奥州との関係を深めていったものと考えられる。

〔畠山氏〕　畠山氏は、肥後菊池氏や、越後守護上杉幸龍丸（房朝）・守護代長尾邦景との連絡を担当した。まず菊池氏との連絡について分析する。

〔史料1〕『満済准后日記』永享四年正月一六日条（Ⓑ№3）

以二飯尾肥前守（為種）・同大和守（貞連）一被二仰出一。自二大内方一注進、幷今度上使両長老・探題・内藤入道等状到来。可レ令二一見一由被二仰出一。〔中略〕次自二菊池方一注進事哉。早々可レ相二尋畠山方（満家）一之由、同被二仰出一了。

永享初年、筑前における幕府料所の管理を委ねられた大内氏と、同国内に所領を有する大友氏との利害対立は、肥前の少弐氏と肥後の菊池氏とが大友氏に加担したために、北九州の争乱へと発展した。史料1傍線部にあるように、この紛争に際して、義教は大内氏らからの注進を受けたのち、菊池氏からの注進は畠山満家のもとに届いていると認識しており、満家が菊池氏側からの情報に対する幕府側の窓口になっていたことがわかる。

また、永享三年一二月に満家が菊池氏に文書を発給する様子を見ると、「自二畠山方（満家）一遣二菊池方一状文章、少々相違事可二直遣一由被レ仰間、召二寄遊佐一申付了」とあり、前述の細川氏の場合と同様に、畠山氏が出す文書は義教に検閲されていた（Ⓑ№2）。翌年四月にも、満家は菊池氏宛の書状案を事前に義教に提出しており、検閲が恒常化していた様子がうかがえる（Ⓑ№7）。

越後との連絡については、次のような事例がある。永享二年八月、幕府に通じる南陸奥の白川氏は、鎌倉府から攻撃を受けて、京都に救援を求めた。義教は越後・信濃・駿河の軍勢に白川氏への合力を命じたが、越後・信濃に対する幕命は畠山満家を介して下された（Ⓑ№9、信濃については後述）。また、このような軍事指令のみならず、雑掌一人しか在京させていない越後守護上杉幸龍丸に対して、その改善を命じる幕府の勧告や、越後国鵜川荘内の下地を八条上杉持房に渡付せよとの守護代長尾邦景に対する指示も、満家から伝えられた[12]（Ⓑ№10・12）。

〔山名氏〕　山名氏は、駿河守護今川氏や周防・長門守護大内氏と連絡を保っていた。まず前者の場合、さきほど述べた白川氏に対する合力を命じられた三か国のうち、駿河と信州大文字一揆への幕命下達は山名時熙を介してなされた（Ⓒ№1）。ここで、畠山満家が信濃守護小笠原政康（―一般国人）に幕命を伝えたのに対し、信州大文字一揆のみ山名時熙に直結したのは、信濃における春近領・住吉荘の領有問題をめぐって小笠原氏と大文字一揆とが対立していたためだという[13]。ただし、畠山氏と山名氏が信濃に幕命を伝達したのは、『満済准后日記』による限りこの時のみで、詳細は不明である。

さて表10Ⓒを見ると、山名氏と今川氏との交渉回数は少ないようだが、永享元年七月に義教は時熙と駿河のことについて「密々」に何かを相談しており、時熙は当国になんらかの関わりを持っていた[14]。ところが、永享五年に起きた今川氏の家督争いで、管領細川持之は今川弥五郎からの申請を、山名時熙は今川千代秋丸からの申請をそれぞれ取り次いで支持し、公平さが失われると判断した義教は、この問題に関して中立的な立場をとる畠山満家にのみ諮問した[15]。これ以後、時熙と駿河との連絡事例はなくなり、申次からはずされたようである。ここからも、諸大名の恣意が入ることを嫌う義教の姿勢が窺知される。

次に、大内氏との連絡内容を見る。永享三年に時熙は、豊後守護大友持直と争って戦死した周防・長門守護大内盛見の遺領に関して、跡を継いだ持世からの相続申請を義教に取り次いでいる（ⒸNo.4・5）。また永享四年四月、上意によらず豊後に進撃することを禁じた義教の内意が、満済の書状によって大内持世に命じられたが、その文書を大内氏に伝達したのも時熙であった。この満済書状の末尾には、「猶自二山名右金吾（時熙）方一可レ被レ申也」とあり、時熙がさらに詳細な上意の内容を大内氏に伝えたことが判明する（ⒸNo.6）。

〔赤松氏〕 赤松氏は伊勢国司北畠氏との連絡を保っていた。北畠満雅の乱後、永享二年に赦免された北畠顕雅は、赤松満祐に付き添われて義教との対面を果たした[16]。翌年には、伊勢国仙洞料所年貢の沙汰、同国平尾荘の渡付、顕雅の在京が、満祐を介して北畠氏に命じられており、赤松氏が北畠氏に対する幕府の交渉窓口となっていた[17]。

また、薩摩守護島津氏との交渉についても、北畠氏と同じく事例に乏しいので詳らかでないが、永享四年に伊集院氏と争う島津忠国を支援するため、赤松満祐は幕府に「御教書」を発給するよう取り次いでいる(18)。

以上のような諸氏の活動をまとめると、軍事的な緊張を含む地域における親幕勢力との音信や在国守護の相続申請受理、御内書・請文の取り次ぎといった都鄙の連絡を保つだけでなく、軍事動員や下地沙汰付などの幕命を下しており、守護制度の上意下達ルート（室町殿→管領→守護）とは別の指令系統が存在していることが注目される。

室町殿は諸大名に地方の特定の諸氏と交渉させて地方の情報を入手し、問題があれば大名衆議に諮問して幕府の方針・対策を定めた。たとえば、さきに見た白川氏の援軍要請は、篠川御所から細川持之に届けられ、義教がその対応を諸大名に諮った結果、持之から篠川に返報を出すことに決している（Ⓐ№14・15）。また、赤松満祐が取り次いだ島津支援の「御教書」についても、義教は畠山満家と山名時熙にその是非を諮問し、両人とも発給することに賛同している(19)。

2　大名申次の発給文書

さて、大名申次が発給した文書は、いかなる様式であったのか。さきほどあげた『満済准后日記』永享元年（一四二九）四月二六日条（Ⓐ№10）の内容に相当する細川持元の文書写や、畠山満家が菊池持朝に宛てて出した文書写を見ることで明らかにしたい。

〔史料2〕「足利将軍御内書并奉書留」一二

為ニ勝定院殿様（足利義持）御遺物一御太刀一腰被レ下候。目出候。殊御祝着察存候。尤雖下可レ被レ副ニ御書一候上、御元服以後未レ被レ仰候間、先自レ私可レ申由之〔ママ〕被ニ仰出一候。恐々。

（正長二年）四月廿六日

石橋治部大輔殿　　　白河入道(満朝)殿
伊達兵部少輔(持宗)殿　　　葦名伊予守殿(20)

〔史料3〕『大日本古文書』「阿蘇文書写」六四一頁

筑後国守護職事、去月廿六日被レ成二　御判一候。目出候。御祝着察申候。先度内々令レ申候之様、上意無二子細一之上、大内修理大夫(持世)及二度々一無二御等閑一之由、注進之間、御感異レ他候。近日大内可レ有二渡海一候。被レ加二談合一、弥被レ致二忠節一候者、於レ身可レ為二面目一候。委細遊佐(国盛)可レ申候。恐々謹言。

(永享四年)十一月一日　　　　畠山殿　沙弥道端(満家)

謹上　菊池肥後守(持朝)殿(21)

史料2細川持元書状写と史料3畠山満家書状写から、大名申次の発給する文書は書状様式をとりつつも、傍線部にあるように室町殿の意向を奉わった旨を記しており、奉書の性格を有していた。この「大名申次奉書」ともいえる文書は、さきに論じたように守護制度とは異なる下達ルート（文書様式）で宛所に伝達されたが、形式上は諸大名の個人的な書状であり、「内々」の性格を帯びていた。たとえば、永享二年六月に細川持之は義教から、篠川御所満直と白川氏ら京都御扶持衆にこれまで通り支援する旨を申し遣わせ、と命じられた。その際に義教は、「且不レ可レ有二上意一候儀也。堅固自レ私可二申入一」と述べ、上意としてではなく私的にこれを伝達せよと念を押している（Ⓐ№18）。しかし、大名申次は私的な立場で幕府と地方との連絡を担いながらも、永享二年七月に文書検閲が厳格化して以降、自身の個人的な意向を差し挟む余地はほとんどなくなったと考える。それでは、なぜ義教は文書検閲を強化してまで、諸大名の私的な書状をあえて用い続ける必要があったのか。その理由を語るのが、次の史料である。

〔史料4〕『満済准后日記』永享三年八月一一日条

酉初参了。御対面。二ヶ条被レ仰二畠山（満家）一事在レ之。一、為二大内合力一菊池致二忠節一者、筑後国可二申沙汰一由、自レ私（畠山）以レ状可二申下一云々。就レ之文章若又一廉ニ致二忠節一者、筑後国可レ被レ下由、可二申遣一歟云々。此儀ハ就二菊池大内合（力脱カ）事一、重可二申下一之由、以二飯尾肥前（為種）一被レ仰二畠山一処御返事也。①就レ之只今御不審ハ、菊池致二忠節一者、筑後国可レ被レ下由書状事ハ、一向為二上意一被二仰下一文章也。然者聊楚忽儀ニテモヤト被二思食一也。但如何由可二相尋一。〔中略〕②仍自二御所一召二寄遊佐於地蔵院壇所一申処、遊佐申入旨、此事不レ可レ及レ申二入道（満家）一。委細存知仕間申入也。筑後国事致二忠節一者、可レ被レ下二菊池一之由、以二私状一可二申下一歟由、伺二上意一段為二後日計一也。全不レ可レ有下被二仰出一儀上哉。雖レ然文章猶以相渉儀候者、可二申沙汰一由、文章尤宜存云々。

やや難解であるが、傍線部を中心に文意を要約すると以下のようになろう。大友・少弐両氏との戦闘で苦境に立つ大内氏に合力する見返りとして、筑後国を与える（守護職の補任）との内諾が、畠山満家から菊池持朝に与えられることになった。そこで満家は、その書状の文言を「筑後国可レ被レ下」とすることを提案した。これに対して義教は、「筑後国可レ被レ下」との文章は、「上意」すなわち室町殿の意向を示す表現であり、これを用いるのは軽率ではないかと懸念し、満家の意見を再度尋ねよと満済に命じた（①）。そこで満済が畠山内衆の遊佐を召し出し、満家の考えを問い質したところ、以前に使用してはどうかと義教に伺った「筑後国可レ被レ下」の文言は、のちのちに筑後国（守護職）を与える意味で用いたのであり、義教が懸念しているように「上意」として伝えるつもりはない。しかし、この文言に差し障りがあるならば、「可二申沙汰一」という表現の方がよいだろうと述べている（②）。

つまり、満家の書状が「上意」として伝わったならば、筑後守護職に補任するとの確約を菊池氏に与え、ひいてはこの満家書状が伝達された時点で菊池氏を守護に任じたのと等しくなる。満家が「可レ被レ下」といった表現は後日の計らいとして用いるつもりであったと釈明しながらも、菊池氏側にこの書状が「上意」と誤解されるのを恐れ、「可二申沙汰二」の文言に変更したのは、こうした認識に基づいてのことであろう。満家の与える内諾は、形式的には「上意」でなくあくまで「私」としてのものである。このように書状様式の「大名中次奉書」は、御判御教書や御内書などでいったん出すと撤回しづらい上意の内容を、諸大名が私的に宛所に伝えることで、室町殿の意向をより柔軟に伝達するのを可能にしていたのである。

ところで、さきに紹介した下地沙汰付に関する大名中次の活動は、いずれも初度の遵行が難渋した場合に見られる。初度の遵行は、おそらく守護制度の遵行手続きを経たものであると考えられるが、これが円滑に機能しない時に、大名中次を介して幕命が下達されているのである。これも、たびたびの遵行難渋（＝上意無視）といった事態を、諸大名による「私」の催促により回避する目的があったと考えられる。

もっとも、大名中次の活動は私的と位置づけられるものの、大名個人で行いえたわけではなく、彼らの内衆がこれを補佐した。たとえば、越後国紙屋荘の代官職を望む関東管領上杉憲実は、永享四年三月に幕府と交渉するため判門田壱岐入道(22)を上洛させたが、彼と「内々」に折衝したのは、越後の問題を取り次ぐ畠山満家の内衆遊佐であった(23)（Ⓑ№12・13参照）。また同年一一月に遊佐国盛は、史料3畠山満家書状に副えて次のような書状を発給している。

〔史料5〕『大日本古文書』「阿蘇文書写」六四一〜六四二頁

筑後国守護職事、被レ成二　御判一候。目出候。御祝着奉レ察候。併依レ無二御等閑一、如レ此之間、向後弥被レ致二御忠節一候者、可二目出一候。近日大内殿（持世）可レ有（脱アルカ）、安芸・石見・伊与（ママ）以下勢被二相添一、相構〳〵能々被二仰談一候て、被レ廻二新介（大内持盛）御退治之計略一候者、可レ然候。於レ国御忠節候へハ、対二入道（満家）一　上様（義教）御褒美候之間、殊更京都之時宜も面目敷候。此　此（御）判物路次無二心元一候間、先認二案文一、入道封レ裏、渡二進使者一候。可レ有二御心得一候。尚々、大内殿連々無二御等閑一候子細依二注進候一、上様も御悦喜之間、目出候。弥□（不歟）レ可レ有二御疎略一候。恐惶謹言。

（永享四年）
十一月一日　　　　　　　遊佐
　　　　　　　　　　　　河内守国盛
謹上　　御宿所

国盛は河内守護代を務める有力内衆であるが[24]、実務レベルで幕府の都鄙間交渉も担当し、主君畠山満家の申次活動を支えていた。史料5の遊佐国盛副状写から、大内氏に対する合力を命じる上意の内容を史料3よりも詳細に知ることができるが、とくに注目されるのは傍線部である。ここで国盛は、「菊池氏が上意に従って大内氏に合力し、国許において忠節を尽くしたならば、主人満家に対して上様（義教）はお褒めくださるであろう」と述べており、伝達された上意実現の成否が申次を務める大名の評価につながっていた。また、これに続けて記される「御判物」は、史料3を参照すると、菊地持朝を筑後守護職に補任する御判御教書と考えられるが、畠山氏側がその案文を作成し満家が裏を封じて使者に託したとある。これにより、大名申次は「遠国」勢力に対して、幕府発給文書案の信頼性を保障しうる立場にあったことが判明する。

このように、上意を受けた大名の申次活動は、傘下の在京大名機構によって組織的に遂行されていた。そこで次節では、大名だけでなくそのもとで働く内衆にも着目して、大名申次の都鄙間交渉を在京大名機構レベルで捉え直すことにしたい。

二　大名山名氏の医徳庵召還

1　大名家のネットワーク

前節で指摘した大名申次は、おのおのいつごろ成立し、また廃されたのかは明らかでないが、諸大名の私的な人脈がその活動の背景となっていた。

義持・義教期における細川氏の申次活動は、細川氏が斯波氏を牽制するため、明徳二年（一三九一）に奥州の斯波支流家（大崎・最上両氏）と対立する国人勢力に接近したことが、その前提として考えられている。[25]また、畠山満家は義持時代の管領在職期間に上杉幸龍丸や長尾邦景らと関係を持ち、越後上杉氏の家督争いで両者を支援していた。[26]この時の満家の活動が、管領としてのものなのか申次としてのものなのか判然としないが、義教期における満家の申次としての行動は、この延長線上にあると思われる。義教期に満家が越後上杉・長尾両氏の申次に選ばれたのは、義教が応永年間（一三九四～一四二八）における彼らの関係を考慮してのことであろう。

山名時熙は、永享元年（一四二九）一二月に大内盛見が守護国の周防に下向する際に、その有力内衆である内藤盛貞に宛てて書状を遣わした。そこには「多年於二京都一入二見参一候。取分此五六年毎事申承候」とあり、続けて自分が存命の間は「不二相替一可二申承一」としている。[27]したがって山名氏も、永享元年より五～六年前、すなわち義持の時代にすでに大内氏との連絡を担当していたことがわかる。

赤松氏と北畠氏との関係は、本郷和人氏によると建武政権のころまで遡り、赤松円心が護良親王の家人であったため、護良の支持者であった北畠親房と接触を持つに至ったという。[28]また岡野友彦氏は、赤松氏が自らを村上源氏一門と意識していたことが、同じ村上源氏である北畠氏との交流につながったと説明する。[29]建武年間（一三三四～一三三六）における接触が、約一世紀後の永享年間（一四二九～一四四一）に直結しうるのか、また赤松・北畠両氏が同じ系譜意識のみで結ばれていたのか、速断はできない。しかし、赤松満祐は嫡子教康の妻に北畠顕雅の女を迎えており、永享段階で赤松氏と北畠氏とが親密な関係にあったことは確かである。[30]

赤松氏と島津氏との親交も建武年間以来のもので、庶流の島津忠兼が赤松円心の指揮下で転戦したことが関係の端緒になったと、桜井英治氏は指摘している。(31)ただし、ここでの円心の立場は播磨守護としてのものであり、守護管国の枠を超えた交渉ではない。しかし南北朝時代後期には、赤松氏が在京大名として九州方面の連絡ルートを形成していたことが確認できる。すなわち、豊後の田原氏能に宛てたと思われる応安三年（一三七〇）六月二六日付の赤松則祐書状には、九州探題に今川了俊が決定したことを報じた上で、京都の沙汰は今後も等閑なく申沙汰すると伝えている。(32)これは島津氏の事例ではないが、在京大名の赤松氏が九州方面の交渉を担っていたことが明らかとなる。これらの実績をふまえてであろう、応永一七年（一四一〇）六月に薩摩守護島津元久が幕命によって上洛した際には、赤松義則が和泉国の堺まで出迎えの使者を派遣して京都の「仁義・礼法」を相談し、在京中も義持との謁見案内役を勤めるなど諸事万端を斡旋した。(33)

その他の諸氏との関係は詳らかでないが、大名申次が全国に網羅的に検出できないのは、室町殿が右のような前代以来培われてきた諸大名の人脈を考慮に入れながら、必要に応じてある特定の大名を申次に指名したためと思われる。したがって、第一節で述べた大名申次の活動は、彼らのネットワークが地域紛争などの諸問題に活用されたことであらわれたものといえる。実際に、大名を介した都鄙間の連絡は、緊迫した地域の政治・軍事問題ばかりでなく、室町殿の日常生活に関わる事柄でも行われていた。そのことを示すのが、宮崎県編集・発行『宮崎県史　史料編　中世一』（一九九〇年）所収の「郡司文書」に、年未詳「某書状」として翻刻された左掲の史料である。(34)

〔史料6〕『宮崎県史』「郡司文書」三六(35)（図1）

今朝出仕候時、医徳庵下向事、御所様御尋候。仍而去月のすゑ（末）に下向候由申上候。人をよくなをす人にて候。京におきたくおほしめされ候。年内ニ上洛候やうニ申くたし候へと蒙レ仰て候。此由をよく〳〵申くたされ候へく候。便宜候ハすは、わさとにても申下され候へく候也。謹言。
九月十二日　　常熙（花押）
山口遠江殿

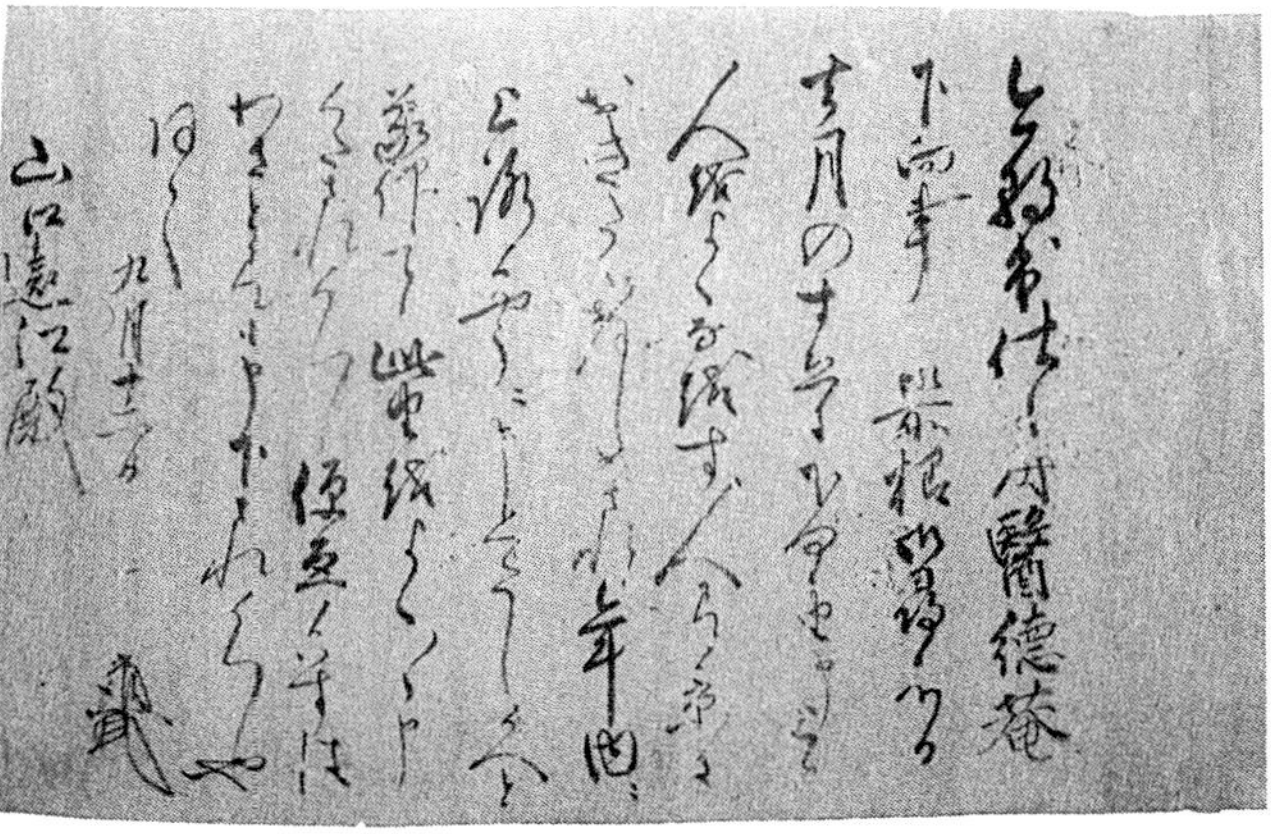
図1　山名時熙書状

『宮崎県史』では署名部分を「□□」として比定を保留され、年未詳の「某書状」という文書名がつけられている。だが図1で明らかなように、この差出人の花押は、足利義持・義教期における室町幕府の宿老山名時熙（但馬・備後・安芸守護）のものと一致する。[36] また署名は、時熙の法名「常熙」と記されていることも判明する。宛所の山口遠江（守）は山名氏の内衆で、実名を国衡という。山口国衡は、京都にて主人時熙の側近くに仕え、室町殿・諸大名間の意見調整などで山名氏側の連絡役となっていたことが、『満済准后日記』の随所で確認できる。[37] また彼は「山名殿之内奉行」と称され、守護管国安芸の厳島社からの訴えを受けて、毛利氏の社領押妨を停止させる書状を発給するなど、山名守護権力の都鄙間窓口としても活躍していた。[38]

このように史料6は、山名時熙が自身の内衆に下した書状であることが明らかになったが、その内容は単なる私信ではない。この文書の出された年代は永享二年であり（後述）、一行目の「御所様」は室町殿足利[39]義教を指す。つまり、史料6は、地方に下向している医師の医徳庵に上洛を促せとの義教の意向を受けて、時熙がその実現を内衆に命じた一種の上意下達文書なのである。

『宮崎県史』は優れた内容の史料集だが、「郡司文書」に収められた史料6に関連する文書数点についてはいずれも年未詳の扱いで、人名比定などで検討の余地のあるものも含まれている。これら一連の文書は、大名申次とその内衆の活動形態の一端を知る上で、貴重な史料と考える。よって、今後の研究の便に資するためにも、その内容を再検討したい。まず、史料6とともに医徳庵に届けられたと思われる文書をあげる。

〔史料7〕『宮崎県史』「郡司文書」三八（図2）

態申入候。①自㆓御屋形様㆒　上意之趣御書にて山口方へ被㆓仰出㆒候間、②急伯州定光寺より御僧を申のほせ下申され候。年内京着候は、我等までも畏入存へく候。③随而細川讃州九月廿八日御隠候。此時もいとく《（医徳）》庵京都ニ御座候は、たすけ御申候ハんする物をとて、今度御下向候て弥天下ニ名を御あけ候間、毎事目出候。恐々謹言。

十月十八日　　沙弥道恩（花押）

謹上　侍者御中

〔史料8〕『宮崎県史』「郡司文書」三九（図3）

御下向路次之間、定無為御付候覧。御床敷存候。随而④上意之趣屋形より承之間、態彼御書を下申候。年内京着候様に御上洛候者可㆑然候。⑤伯州定光寺へ御僧之事申候間遅なかり候。急々御のほりあるへく候。毎事期㆓面拝之時㆒候。恐々謹言。

十月十八日　　国衙（花押）

医徳庵　侍者御中

『宮崎県史』は、史料8の差出人を姓未詳「国衙」としたが、次に述べる事柄から「国衙」の誤りである（図3も参照）。すなわち、史料7傍線①（以下番号のみ記す）には、義教の意向（「上意」）を受けた山名時熙（「御屋形様」）が「御書」を出して、内衆山口にその実行を命じたとある。史料8④も、ほぼ同様の内容であるが、ここでは差出人自

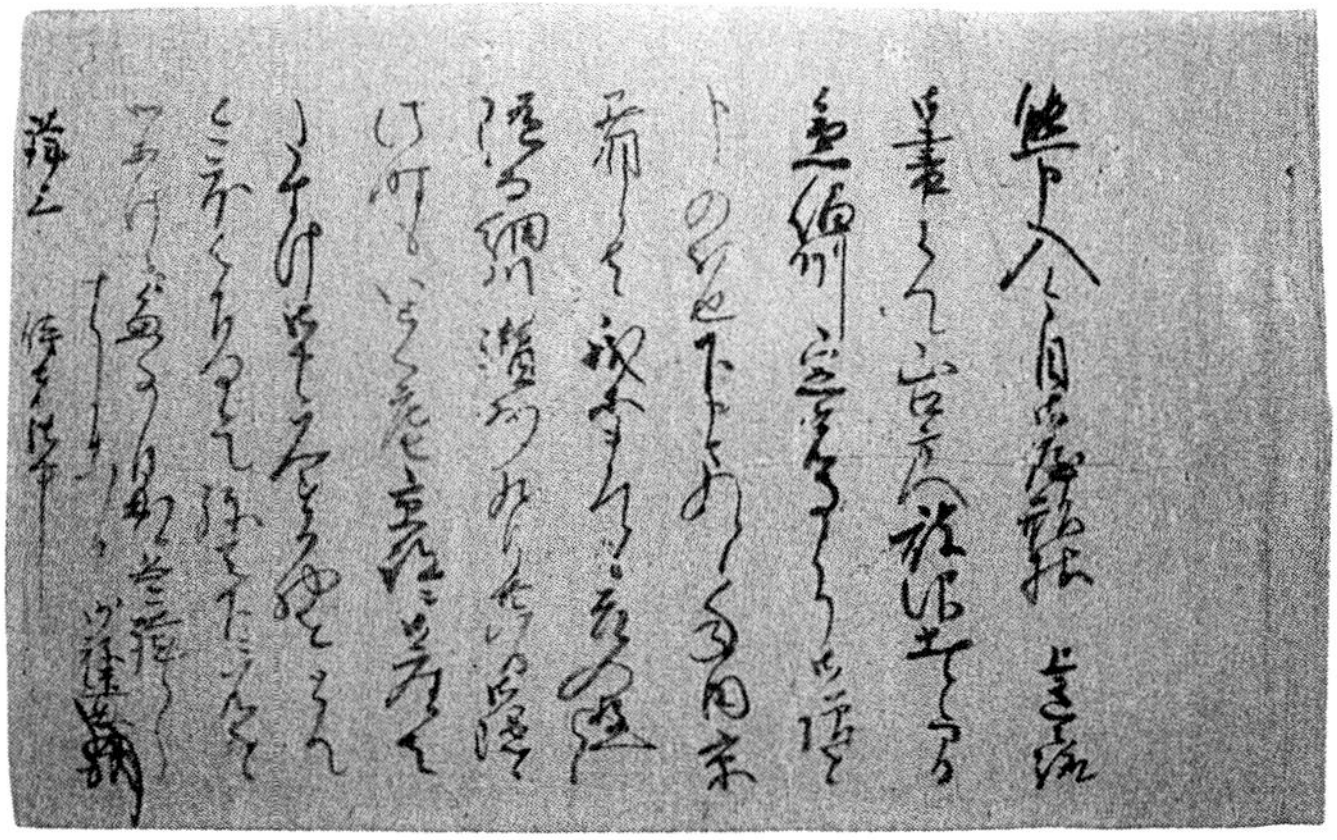

図2　道恩書状

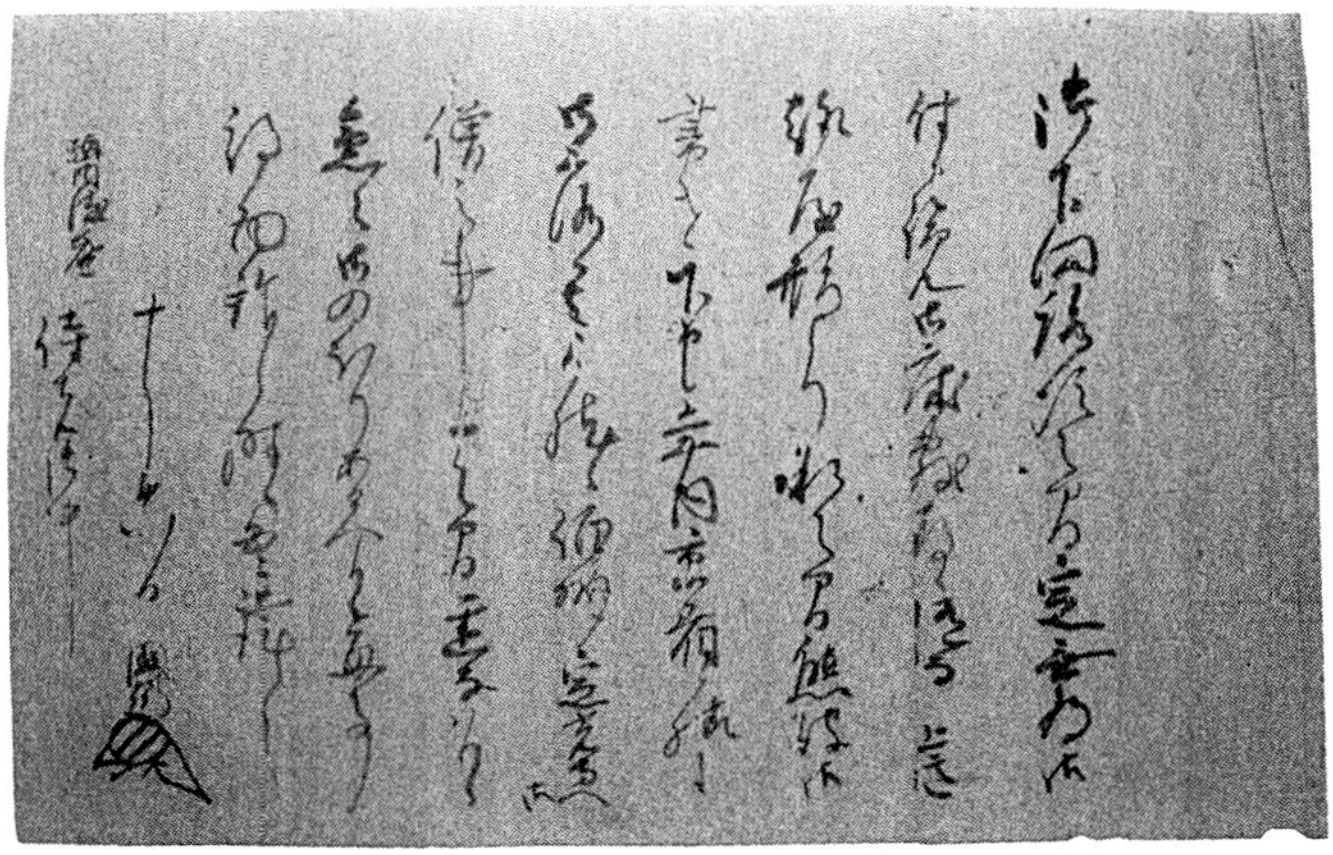

図3　山口国衡書状

身が時熙の命を承ったので、「彼御書」（時熙書状）を医徳庵に伝達するとしている。史料7・史料8でいう、時熙が山口に「上意」を伝えた「御書」とは史料6を指すと考える。これらから、史料6の宛所山口遠江と史料8の差出人とは同一人物である。よって、史料8の文書は、山名内衆山口遠江＝国衙の書状であることが判明する。

史料7の差出人道恩については、『宮崎県史』は姓を「山名」とするが、これは後掲史料10道恩書状の端裏に「山名殿御状」とあることによると思われる。しかし、道恩が山名姓であったかはほかに確証がなく、この端裏書は「山名時熙殿方よりの書状」と解釈する余地もある。いずれにしても道恩は、時熙を「御屋形様」と称するとともに、国衙と同様の役割を担っていることなどからして、山名氏に仕える有力内衆と思われるが、その詳細は後考を俟ちたい。

次に、年代比定を行う。史料7③には、細川讃州が九月二八日に死去したとある。一方、『満済准后日記』永享二年九月二八日条には、細川讃岐入道満久の死亡記事を載せる。よって史料7にある細川讃州は満久であり、この書状の年次は永享二年と判断できる。史料6・史料8をはじめ、後掲史料9〜史料12も、『宮崎県史』では年未詳とするが、以下で詳述するようにこれら一連の文書は互いに関連する内容であり、すべて永享二年に出されたものと判断する。(40)

2　大名内衆の人脈活用

さて、山口国衙は、主君山名時熙の命により、医徳庵の召還に努めることになるのだが、両者はもともと知己の間柄であった。それを示すのが、次の史料である。

〔史料9〕『宮崎県史』「郡司文書」三五（図4）

「⑥御状委細拝見仕候了。兼又御下向之事、⑦御□（所カ）さまよりやかた（屋形）へおほせ（仰）なされ候ハ、いとくあん（医徳庵）とく上洛候へと

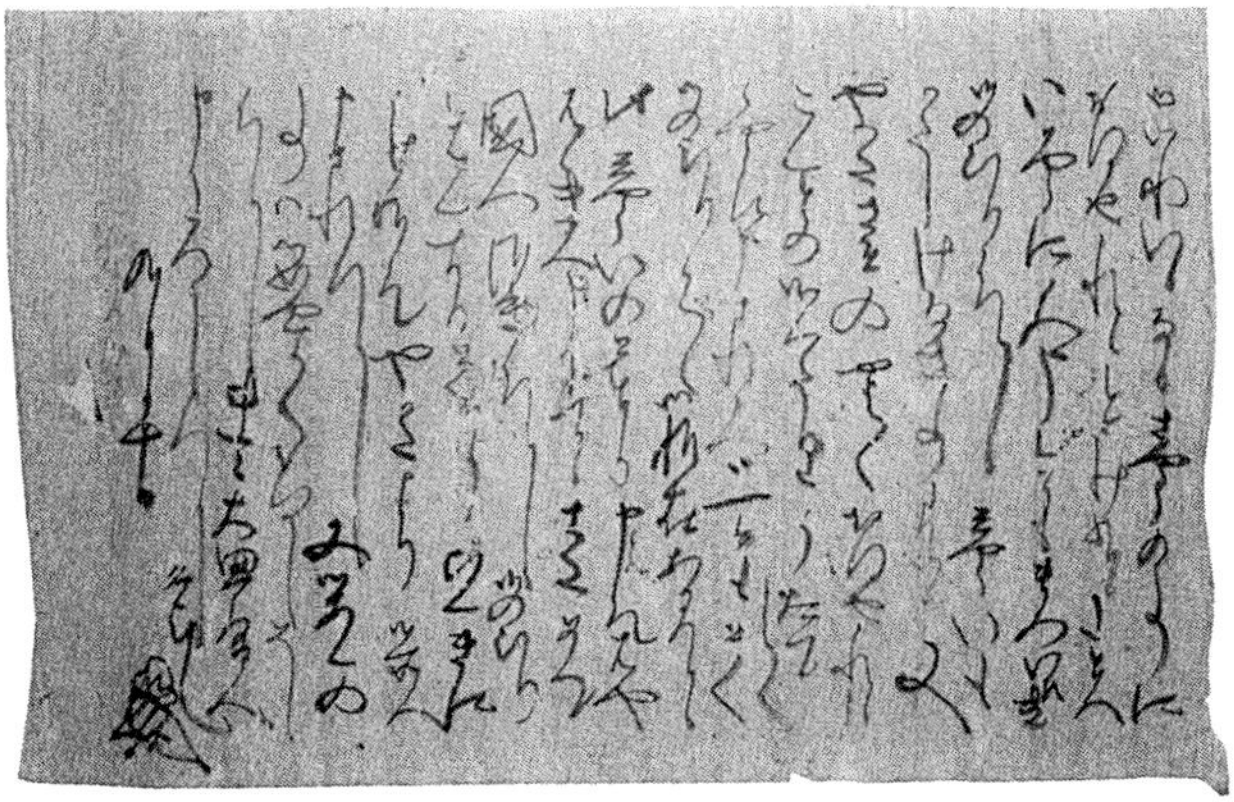

図4　山口国衡書状（二紙目）

おほせ候間、いかにもとくも御上り候へとひんき（便宜）をたつね（尋）て申候へと、やかた（屋形）より申され候。此ひんき（便宜）悦喜仕候て申入候。御所さまのきはい（気配）のとをり、やかて御上り候へきとおほしめされて候。何とし候ても霜月比に御上洛候へく候。⑧三てう（条）殿の御れうにん（料人）さま此□（間カ）又」（諸士顕功録によって補う＝『宮崎県史』註）(41)御いわい（祝）候なる、さやう（左様）の事におほせられ候とうけ給候。たとへいかやうに人申候とも、まついそき（先急）御のほり（上）候へく候。しやうい（上意）もかた（忝）しけなき事にて候。又やかたさま（屋形様）のやはく（夜白）おほせられ候。こんと（今度）の御くたり（下）うたてしく候やうに申され候へハ、一日もとく御のほり候ハ、、御悦喜あるへく候。此しやうい（上意）のとをり申候て、はやは、き（伯耆カ）へ申下へく候。さためて国へつき候へく候。⑨御のほり（上）候はんするとをり（通）ひんき（便宜）にうけ給候て、やかた（屋形）より御所へ申され候へく候。又万々の事ハ御心やすく（安）をほしめし候へく候。連々大□（田カ）舎人申たつし（達）候へく候。恐々謹言。

九月十日　　　国衡（花押）

「（切封ウハ書）（墨引）
侍者御中」

『宮崎県史』では、史料9の花押上部に文字はないと判断して（花押）とのみ翻刻し、文書名を「某書状」とされた。だが図4を見ると、この花押上にはかなりくずれた書体で、「国衡」と署名されているようである（「国」と「衡」とが一部重なるか）。さらに、この差出人の花押は、図

3の史料8山口国衙花押と酷似している。したがって、史料9も山口国衙の書状と考える。史料8と史料9の筆跡を見比べると、後者がややくずれているが、これは私信的な性格が前者よりも強いために、書き分けられたのであろう（同様のことは史料7＝図2と史料10＝図5・図6の道恩書状にもあてはまる）。史料9⑦にある、義教（「御□〔所カ〕さま」）↓時熙（「やかた」）↓差出人といった医徳庵召還命令の下達過程が、史料6・史料8の内容と合致することも、史料9差出人＝山口国衙の比定を裏づける。

次に、この文書の内容を見ると、義教の上意が伝えられる以前に、医徳庵から国衙に音信があったとある（⑥）。これに対する返信であるはずの史料9には、初対面の挨拶を示す文言がない。つまり、この上意に関わりなく、以前から両者の間には親交が結ばれていたのであろう。⑦にあるように、時熙が「早々に上洛するように、都合のよいおりを見計らって（医徳庵に）申すように」と国衙に命じたのは、両者の関係をふまえてのことだろう。国衙も、医徳庵からの音信を好機として悦び、上意を伝達している。義教が、こうした大名内衆の交友関係をどの程度把握していたかはわからないが、少なくとも時熙は自身の内衆の人的ネットワークを上意下達に活用していた。さらに⑨から、国衙が得た情報は主君時熙に伝えられ、時熙から義教に披露されることがわかる。

義教が突如として医徳庵を京都に呼び戻そうとした理由も、史料9からうかがえる。⑧によると、「三てう殿の御れうにんさま」の「御いわい」のことで、義教は医徳庵の召還を命じたという。『宮崎県史』は「御れうにん」を「御両人」と解釈したが、これは「御料人」のことであろう（「両」なら「りやう」となるはず）。この推定が正しいならば、「三てう殿の御れうにんさま」は、正親町三条公雅の女で義教の側室となった、尹子を指すと思われる。「御いわい」は、尹子の婚礼か懐妊を意味すると思われるが、尹子が懐妊した記録は他に見られないので、ここでは婚礼の祝いを指すと判断しておく。彼女が義教に嫁した時期は明らかでないが[42]、この文書により、永享二年九月の段階で婚儀の準備が進められていたことがわかる。(43) 尹子の体調管理か懐妊に備えて、医徳庵は幕府に呼び戻されたのだろう。

さて、史料6山名時熙書状は史料9山口国衡書状の二日後の日付であるが、一〇月一八日付の史料7道恩書状・史料8国衡書状とともに出されたことはさきに述べた。史料9は、史料6の日付と近接するが、単独で出されたものと考える。つまり、史料9が九月に出されたのち、一〇月になって史料6〜史料8が一緒に送られたことになる。再度の音信は、史料7・史料8傍線部にあるように、史料6によって主君時熙の意向を直接医徳庵に伝えるためであった。注目されるのは、同じく両史料の②⑤にある伯州定光寺である。定光寺は伯耆国の禅宗寺院で、伯耆守護家の山名氏から寺領寄進・安堵・諸役免除などの保護を受けていた(44)。このように山名一族の影響下にある禅宗寺院の寺僧に、使者の任務が担わされているのである。また、当時の伯耆守護は山名教之であったが、山名本家からの命により、庶子家管国内の寺僧が動員されたこともわかる。

だが、医徳庵の召還は順調に進まなかったようだ。その様子を伝えるのが、『宮崎県史』で「山名道恩書状」(史料10)と「某書状(追而書)」(史料11)として載せられる、次の史料である。

〔史料10〕『宮崎県史』「郡司文書」四〇(図5・図6)

(端裏書)「山名殿御状」

只今ある方より申され候。⑩いとく庵、あん(庵)をあけて他所に被」座候。御所様の御機にそむかれ候こと、とハれ候ほとにこそしりて候へ。なに事に庵をハあけられて候そと山口ニとひ(問)候へハ、我身ニ中たかひのふん(分)にてありけに候と申返候。もつたいなく候。⑪よく〳〵たつね(尋)候へハ、近江国人のさたの事にて候よし申。これ又しかるへからす。たゝまけてもと(元)のことく(如)庵へ御かへり(帰)候て、山口とも如」元申うけ給被」移候ハヽ、於」身候ても悦入候へく候。さそ山口もあやまり(誤)おゝく(多)候らめとも、人ハ御あやまり(誤)とならてハ中候ましく候。たゝ〳〵今明の間ニ庵へ御かへり候へく候。結句ハ庵をあけられ候事、此御僧御付候ハヽ、いそきて御上洛候ハヽ、いよ〳〵上意も可レ然候。御屋形様之事ハ申ニ不レ及候。遠江殿悦喜可レ被レ申候。我等も可ニ畏入一候。又遠州之内方様より御ふミ（文）まいらせ（進）たく候へ共、身之方よりよく〳〵可レ申候由候。毎事期ニ御上洛之時一候。恐々謹言。

十月十九日

道恩（花押）

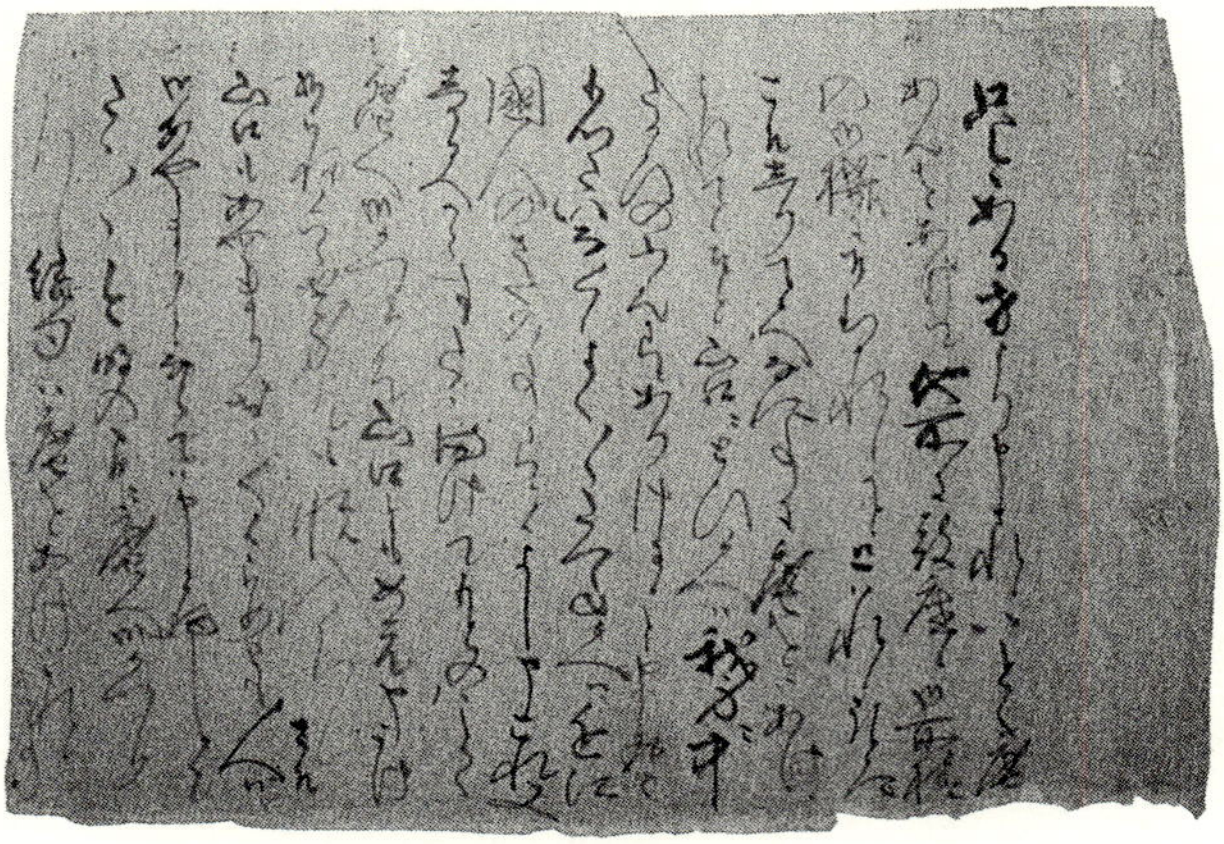
図５　道恩書状（一紙目）

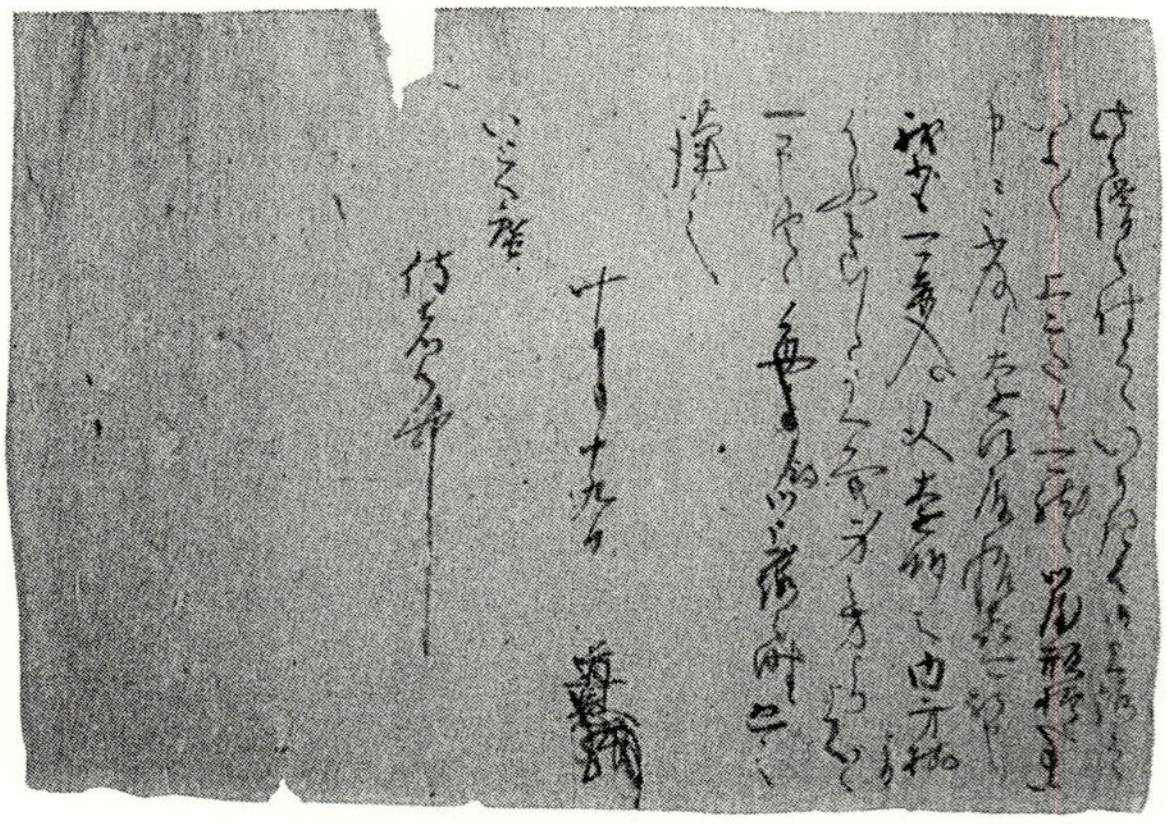
図６　道恩書状（二紙目）

いとく庵
　侍者御中

〔史料11〕『宮崎県史』「郡司文書」四一（図7）

追申入候。此御僧さまの旅銭、御くたり《（下）》分はかり弐貫文沙汰被」申候。御上之事ハ定御同道あるへく候間、其沙汰なく候。若又先いそき《（急）》のほせ御申候ハヽ、旅銭之事御はからい《（計）》あるへく候。⑫又六かく《（角）》殿之御状之事申候て進」之候。はわき《（伯耆カ）》へも身か人をくたし候て、此御僧之御事申へく候。堺よりの御状拝見仕候。京都之事諸事無為候。十月十四日くめ《（貢馬）》まいらせ、廿五日皇之御かふりはしめ、廿六日かすかの御はらい、十一月十八日大しやうゑ《（大嘗会）》候へく候。なを〳〵申入候。

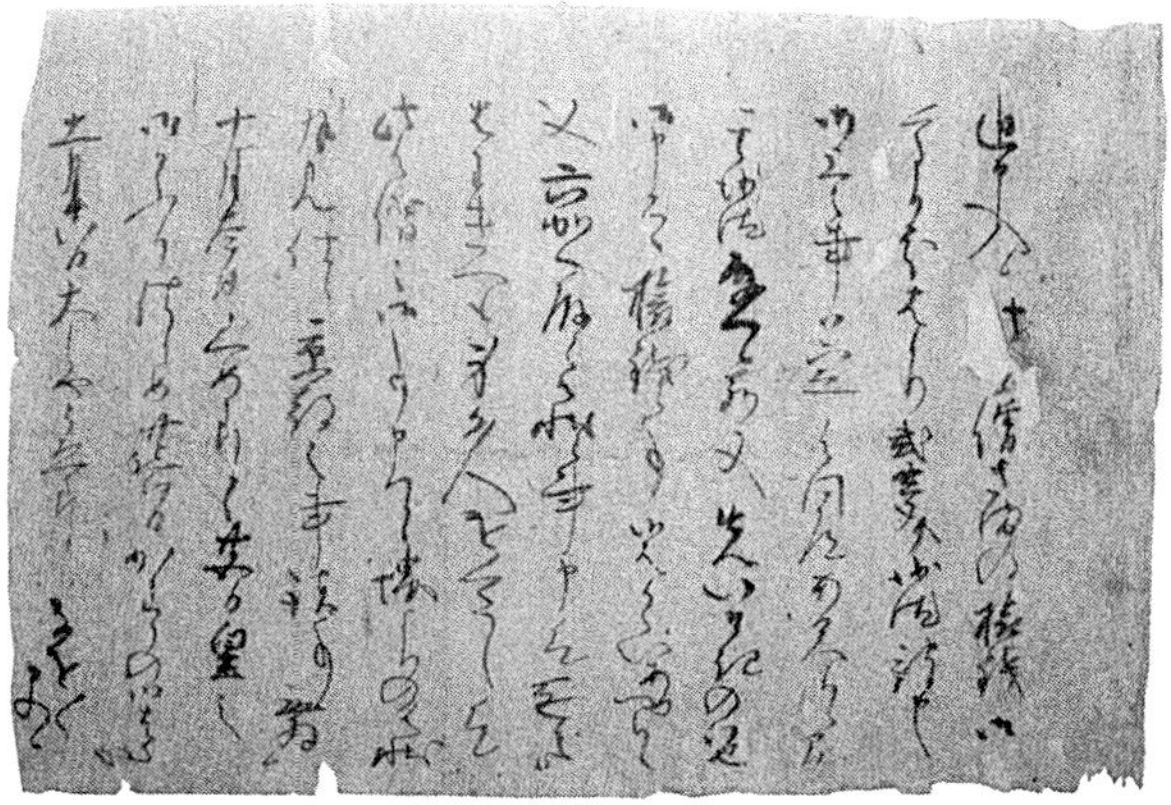

図7　道恩書状（追而書）

図5・図6＝史料10と図7＝史料11とは筆跡が似通っている上に、それぞれ近江国人と六角氏について触れるなど（⑪⑫）、内容にも関連性を見いだせる。また史料11は、註（40）で述べたように永享二年のものである。史料10の年代も、医徳庵に帰洛を促す文面から永享二年に比定できる。これらの点から、史料11は史料10道恩書状の追而書と推定する。

さて、その記載事項を検討すると、史料10⑩には、連絡を担当していた国衙と医徳庵とが仲違いし、医徳庵が庵を出奔したとある。しかも、このトラブルには近江国人が関与していたらしい（⑪）。詳しい事情は不明だが、この事件に関連する後述史料12の日付が一〇月一七日付であるので、史料7・史料8が出された一〇月一八日ごろには、事態は悪化していたようだ。当初国衙の手元に保管されたであろう九月一二日付の史料6時熙書状が、一〇月になって医徳庵に届けられたのも、上洛を渋る彼を説得するためにとられた手段かもしれない。窓口になっていた国衙の交渉が不調になったために、道恩が交渉に参加しだしたものと考えられる。ここで注目したいのは、道恩が国衙との和解を勧め事態の収拾を図る一方で、史料11⑫にあるように、「六かく殿之御状」を医徳庵側に送ったことである。『宮崎県史』には、「六角満齋書状」として史料12を掲げる。

〔史料12〕『宮崎県史』「郡司文書」三七（図8）

（端裏書）「六角殿之状」

今度御下向之後、便宜不㆓存知㆒候之間、無㆓其儀㆒候。仍　公方様より御尋候之由承及候。目出存候。早々御上洛候者、公私可㆑為㆓大慶㆒候。　上様就㆓御参宮㆒取乱候之間、不㆑能㆓委細㆒候。恐々謹言。

十月十七日　　　満綱（花押）

医徳庵

『宮崎県史』では、この文書の差出人を「満▨（齋カ）」と推測されたが、図8で花押を確認すると、近江守護六角満綱のものである。また署名は、「満齋」ではなく「満綱」と記されている。よって史料11にある「六かく殿之御状」とは、この史料12近江守護六角満綱書状を指すと考える。すなわち山名氏の内衆である道恩が、他家の大名六角氏から文書を調達し、自身の書状とともに医徳庵に送っているのである。おそらくこれは、トラブルに近江国人の行動が絡んでいたため、同国守護六角満綱の意向を医徳庵に伝える必要が生じたことからとられた措置であろう。これらからは、在京大名機構が相互に補完しながら、実務を遂行していた様子がうかがえる。

ところで史料11には、旅銭について触れる箇所がある。山名氏が必要経費として出した旅費は、二貫文であった。帰洛時には山名氏の派遣した使僧と同道するからとの理由で、旅費の提供はされなかったが（使僧が医徳庵の旅費を負担か）、行程を急いだ場合の必要経費は出すとしている。このように山名氏は、費用を捻出してまで上意の遂行に努めていたのである。

さて、山名内衆らの努力が実り、医徳庵の召還は成功したのだろうか。『満済准后日記』によると、永享三年六月一八日に「山口方」から「威徳庵」なる医師が満済のもとを訪れ、妙法院僧正の病状について語っている。「山口」と「威徳庵」とは、それぞれ山口国衡と医徳庵のことであろう。当初の目標どおり、永享二年の暮れまでに医徳庵が帰洛しえたのか定かでないが、永享三年六月以前には京都に戻っていたことがわかる。山名氏に命じられた医徳庵召還の任務は、内衆国衡と道恩によって完遂されたものと思われる[45]。

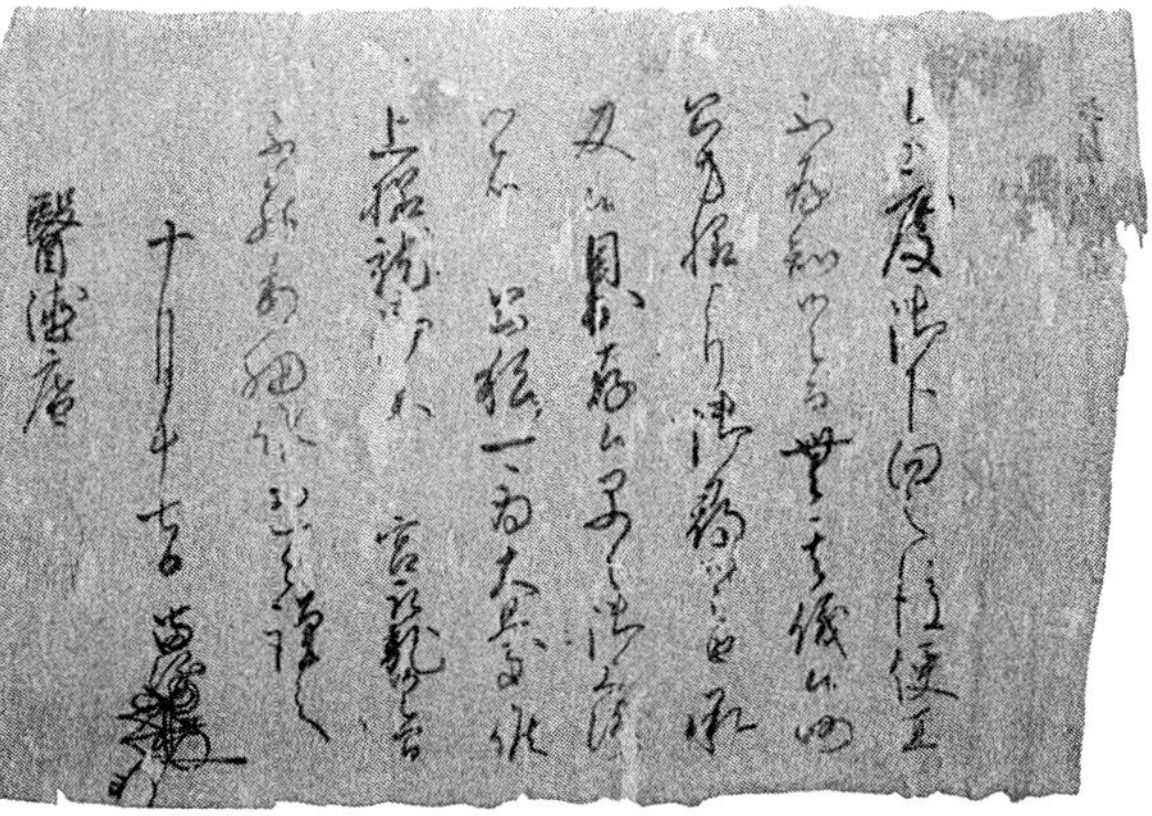

図８　六角満綱書状

おわりに

以上、おもに義教期を中心に大名申次の活動について論じてきた。最後に本章で述べたところを整理して、要点を列記しておく。

一、大名衆議の構成員たる細川・畠山・山名・赤松氏は、都鄙間交渉の窓口としての役割を担っていた。この大名申次は、親幕勢力との音信・相続申請・軍事動員・下地沙汰付などに関して、守護制度とは別の幕命下達ルートを形成した。ただし、その活動に対する管理のあり方は、義持期と義教期とで差異が見られた。
二、大名申次は、私的な書状によって「内々」の上意を宛所に伝えた。これは、いったん出すと撤回しづらい上意の内容を、諸大名が私的に宛所に伝えることで、室町殿の意向をより柔軟に伝達するのを可能にするものであった。上意を受けた大名の申次活動は、傘下の在京大名機構によって組織的に遂行された。
三、こうした申次活動は、大名家が培ってきたネットワークを基礎に展開された。大名に命じられた上意遂行の実務はその内衆が担い、一族の守護管国における人材も積極的に活用されることがあった。また、ときには他の大名家とも連携して文書を調達したり、経済的な負担もしながら、上意の実現に努めた。
これらの内容からは、使節遵行に典型的に見られる、守護制度を媒介とした上意下達過程とはまったく異なる、もう一つの上意下達のあり方が浮き彫りになる。これは本章で扱った事柄が、所務沙汰の執行や諸役免除の認可といった裁許の下達と根本的に異なることに起因する。だが、このような裁許の執行は、地方に伝達される幕命の一部に過ぎなかった点にも注意を払うべきである。

本章で論じたように、上意を受けた大名は、守護管国の範疇では把握できない活動や交渉を行っていた。すなわち、これは守護としてではなく、中央の幕政に参与する在京大名としての役割である。大名＝守護との認識は一面的であり、彼らの活動を総体的に捉えきれない点を確認しておきたい。史料6からは、常時幕府に出仕して上意を伺う在京大名の姿を読み取れる。もっとも大名申次の交渉が私的な書状によるものである以上、そこに担当大名の恣意が入り込む余地も存在した。義教は大名申次のこうした側面を嫌い、文書の検閲を行ったり、地域勢力からの情報を随時報告させるなどして、その活動を自身の管理下に置く姿勢を前代よりも強めた。

しかし、本書第二部第四章において述べたとおり、嘉吉の乱による義教の横死で幼少の義勝が擁立されると、上意を「内々」に伝える大名申次の機能は管領政治を補完するものへと変化し、義教主導のもと制御されていた都鄙間交渉のあり方は脆くも崩れることになった。

註

(1) 本書第二部第一章「管領・諸大名の衆議」、二〇八〜二一〇頁。

(2) 満済が幕府の窓口になる場合については、筧雅博「『内々』の意味するもの」(網野善彦ほか編『ことばの文化史 中世4』平凡社、一九八九年)参照。これによると満済は、室町殿に訴訟や情報を「内々」に披露する窓口になっていたという。したがって、満済は以下で述べる諸大名と異なり、不特定多数の多様な人物と連絡をとっていた。

(3) たとえば永享二年(一四三〇)一一月、九州探題渋川満直は備後の所領問題を幕府に嘆願するために使節板倉を上洛させ、当初満済がその対応にあたっていた。しかし翌月になって満済は、九州探題からの訴えは義教側近の赤松満政に引き継いだのでその後の経過は知らないと、管領斯波義淳の使者二宮に語っている。これ以降における九州探題からの申請、とくにここでは備後の所領に関する嘆願については、赤松満政が窓口になったと思われる。以上、『満済准后日記』永享二年一一月七日条、閏一一月三日条。

(4) 今谷明「室町幕府の評定と重臣会議」(『室町幕府解体過程の研究』岩波書店、一九八五年、初出一九八四年)八六頁。なお今谷氏は、大名衆議を「重臣会議」と表現する。

(5) 『満済准后日記』永享三年五月二四日条、九月二八日条。本書第二部第一章「管領・諸大名の衆議」、二〇八〜二〇九頁。

(6) 本郷和人「『満済准后日記』と室町幕府」(五味文彦編『日記に中世を読む』吉川弘文館、一九九八年)二三三〜二三四頁。

(7) 桜井英治『[講談社学術文庫版]日本の歴史12 室町人の精神』(講談社、二〇〇九年、元版二〇〇一年)一四八〜一五二頁。

(8) 註(6)本郷前掲論文は、都鄙間連絡にあたる大名を「重臣奉行」という用語で表現した。だが、こうした活動を行う大名を指して、「奉行」と称した史料はいまだ確認できない。また、註(7)桜井前掲書は、室町殿近習による申次と区別するため、このような大名を「取次」とした。しかし、『満済准后日記』永享元年六月三日条に、この任にあたる細川持元を指して「申次」とあるので、幕府中枢に近い満済は彼らを「申次」と呼んでいたことが判明する。したがって、本章もこれにならい「大名申次」の名称を用いた。

(9) 註(6)本郷前掲論文、二三三～二三四頁、家永遵嗣「斯波本宗家と奥州」(『室町幕府将軍権力の研究』東京大学日本史学研究室、一九九五年)二三五～二三六頁、註(7)桜井前掲著書、一四八～一五一頁、金子拓「室町幕府と奥州」(柳原敏昭・飯村均編『鎌倉・室町時代の奥州』高志書院、二〇〇二年)。

(10) 註(6)本郷前掲論文、二三三～二三四頁。

(11) 註(9)金子前掲論文。

(12) この下地沙汰付の経過については、山田邦明「応永の大乱」(新潟県編集・発行『新潟県史　通史編2　中世』、一九八七年)二一七～二一八頁。

(13) 湯本軍一「守護の支配と大塔合戦」(長野県編集・発行『長野県史　通史編第三巻　中世二』、一九八七年)九六頁、同「東と西のはざま」(同上書)一二八頁。

(14) 『満済准后日記』永享元年七月一一日条。

(15) 『満済准后日記』永享五年四月一四日条。

(16) 『満済准后日記』永享二年四月二六日条。

(17) 『満済准后日記』永享三年八月一九日条。

(18) 『満済准后日記』永享四年七月一二日条、八月晦日条。伊集院氏を含む国人一揆と島津忠国との抗争に関しては、福島金治「戦国大名島津氏の家督継承と守護職」(『戦国大名島津氏の領国形成』吉川弘文館、一九八八年)一七～二五頁、新名一仁「永享・文安の薩摩国『国一揆』について」(『九州史学』一二二号、一九九九年)参照。

(19) 『満済准后日記』永享四年八月晦日条。

(20) 篠川御所満直の内衆高南民部少輔宛で、同内容の文書写も残っている(「足利将軍御内書幷奉書留」一一)。

(21) 『大日本古文書』では、畠山道端を「持国」、菊池肥後守を「兼朝」に比定されているが、それぞれ満家と持朝の誤りである。富田紘一「菊池氏」・今谷明「畠山氏」(今谷明・藤枝文忠編『室町幕府守護職家事典』上巻・下巻、新人物往来社、一九八八年)参照。

(22)幕府と鎌倉府との対立が激化する中で、判門田氏が関東管領山内上杉氏側からの都鄙間交渉を担った点は、湯山学「山内上杉氏の在京代官判門田氏」(『湯山学中世史論集1　関東上杉氏の研究』岩田書院、二〇〇九年、初出一九八六年)一一六〜一一八頁、佐藤博信「上杉氏家臣判門田氏の歴史的位置」(『続中世東国の支配構造』思文閣出版、一九九六年、初出一九九〇年)一五六〜一五九頁。

(23)『満済准后日記』永享四年三月二九日条。

(24)遊佐国盛の守護代としての活動は、今谷明「室町時代の河内守護」(『守護領国支配機構の研究』法政大学出版局、一九八六年、初出一九七六年)一二二頁・一二六〜一二七頁。

(25)註(9)家永前掲論文、二三五〜二三六頁、遠藤巌「鎌倉公方と探題」(山形県編集・発行『山形県史第一巻　原始古代・中世編』、一九八二年)六五二〜六五三頁。

(26)註(12)山田前掲論文。

(27)『萩藩閥閲録』遺漏巻四の一、年未詳一二月一二日付山名時熙書状。刊本史料の編者は上記文書の年代を応永三二年に推定したが、文中に大内氏への筑前国委託に関する記事があり、永享元年と判断した。柳田快明「室町幕府権力の北九州支配」(『戦国大名論集7　九州大名の研究』吉川弘文館、一九八三年、初出一九七六年)一四頁も、この文書の年代について触れている。

(28)本郷和人「『満済准后日記』から」(『遙かなる中世』八号、一九八七年)三八頁。

(29)岡野友彦「中世後期における伊勢・播磨の久我家領荘園について」(『中世久我家と久我家領荘園』続群書類従完成会、二〇〇二年、初出一九九一年)四七八〜四七九頁。森茂暁『闇の歴史、後南朝』(角川書店、一九九七年)一四六〜一四七頁、註(7)桜井前掲著書、一五〇〜一五一頁も同様の見解をとる。

(30)なお、赤松教康は嘉吉の乱で幕府軍から攻撃を受けた際に、北畠顕雅を頼って伊勢国に逃れた。このことに関しては、高坂好『人物叢書　赤松円心・満祐』(吉川弘文館、一九七〇年)二六〇〜二六一頁、註(29)岡野前掲論文、四七九頁。

(31)註(7)桜井前掲著書、一五〇頁。

(32)『南北［九州］』四八一三「入江文書」。

(33)『大日本史料　第七編之二三』応永一七年六月一一日条。島津元久は上洛前に京都の邸宅を造営するため応永一四年に伊集院頼久を先遣したが、その時にも「赤松方」が取り次いだ。この「赤松方」は『大日本史料　第七編之九』応永一四年是歳条(四〇七頁）で満村に比定されているが、さきに掲げた応永一七年の記事を勘案すると義則で問題ないと考える。なお金子拓氏は、この赤松氏や細川氏の事例から、「遠国」守護・国人の上洛時には、管領に限らず在京大名が取成役を果たしたと指摘する。註(9)金子前掲論文、一〇七頁。

(34) 現在「郡司文書」は、宮崎県総合博物館に所蔵される。引用史料のマイクロフィルム閲覧・写真撮影には、同館学芸課の籾木郁朗氏にお世話になった。厚く謝意を表する。

(35) 以下、史料の文字・人名・比定は、付図により『宮崎県史』の翻刻を改めた箇所があるが、説明が必要なものは本文で触れた。また、同書では読点のみ使用されたが、本章では解釈をしやすくするために句読点を区別して必要に応じてその位置を移し、返り点をつけた。

(36) 花押の照合は、佐藤進一ほか編『書の日本史第九巻　古文書入門／花押・印章総覧／総索引』（平凡社、一九七六年）二三四頁。

(37) この中でもとくに、国衡の軍事活動に関する事例は、本書第一部第四章「室町幕府の守護・国人連合軍」、二〇二頁註(61)参照。

(38) 『広島県史』「厳島野坂文書」一七六二・一七六三。国衡の実名は、これらの史料から明らかになる。

(39) 医徳庵は、名を善逗という。史料6や後掲史料7からうかがえるように京都で評判の医師であったが、その活動範囲は都にとどまらない。永享二年八月六日、日向の幕府直属国人伊東祐賀は、やない（柳か）・田代などを医徳庵に渡付するとの約束をしている（『宮崎県史』「郡司文書」三一）。また、同年八月一〇日に祐賀は、医徳庵の申請により、郡司方が売却した土地の本物返を認めるとの判物も出している（同五二―一）。その後、医徳庵は郡司衛門太郎の子息松房丸を養子にし、永享三年二月五日、先述の柳・田代などを松房丸に譲与する意思を示している（同三二・三三）。永享六年五月六日には、郡司越中守の知行を保証しており、一介の都の医師とは思われない行動もしている（同三四）。医徳庵関係の史料が「郡司文書」として今日に伝存したのは、医徳庵と郡司一族との養子縁組も含めた密接な関係によるものだろう。これらの史料からは、都鄙に拠点を持ちながら双方を往還して活動する医徳庵の姿が浮かび上がってくる。なお、日向の伊東氏が幕府に直結する国人であった点は、佐藤進一「室町幕府論」（『日本中世史論集』岩波書店、一九九〇年、初出一九六三年）二三三頁、石田晴男「室町幕府・守護・国人体制と『一揆』」（池上裕子・稲葉継陽編『展望日本歴史12　戦国社会』東京堂出版、二〇〇一年、初出一九八八年）一一〇頁。

(40) 後掲史料11にある一〇月一四日のくめ（貢馬）、一一月一八日の大嘗会は、後花園天皇の即位にともなうもので、双方とも『満済准后日記』永享二年条の月日と一致する。

(41) 図4でわかるように、伝存部分は完全な一紙であり、本来この文書は二紙にわたって書き継がれたことがわかる。『宮崎県史』が「諸士顕功録」で補った部分は、この文書の一紙目にあたる。一紙目は、近世に「諸士顕功録」が編纂されたのちに散逸したのだろう。

(42) 羽下徳彦「義教とその室」(『中世日本の政治と史料』吉川弘文館、一九九五年、初出一九六六年)三四七頁。

(43) 『時代別国語大辞典　室町時代編二』(三省堂、一九八九年)の「ごれうにん〔御料人〕」項には、(1)身分の高い人の娘の敬称と、(2)身分の高い人の妻の敬称と、二つの意味が掲げられている。(1)か(2)かで尹子の立場の解釈が分かれるが、いずれにしても、永享二年九月の段階で彼女が義教に嫁することが決定していた点はわかる。註(42)羽下前掲論文を参照すると、永享元年八月二五日に院御所で舞が催された時に、後小松上皇と義教に対する役送の一人として尹子が登場する(『満済准后日記』)。だが、義教の側室であることを示す記述はなく、このころは嫁していなかったと考える。『看聞日記』永享二年一二月二九日条には、叙品宣下があった彼女を指して「室町殿上臈局」とあるので、このころには義教に侍していた。

(44) 『日本歴史地名大系32　鳥取県の地名』(平凡社、一九九二年)「定光寺」項参照。

(45) 医徳庵がどこに下向していたのかは、結局のところ判明しなかった。定光寺使僧の関与から伯耆とも考えられるが、註(39)で述べた永享二年八月六日・一〇日付伊東祐賀判物の事柄に関して、同年八月末(史料6)日向に赴いた可能性もある。ただ、史料10の追而書である史料11には「堺よりの御状拝見」とあり、一〇月一九日以前に堺に逗留していたことがわかる。よって、堺が下向先であったとも推測できるが、海路を利用して日向—堺—京を移動中に、立ち寄っただけかもしれない。

第三章　足利義教期の管領奉書

はじめに

足利義教は、管領を政務から排除しその地位権限を抑止することで、室町殿（将軍）権力の伸張を目指したとされてきた(1)。しかし、義教の執政期を通して、管領は訴訟受理の手続き（賦）を管轄し訴訟審議に関与していたことや(2)、管領・諸大名の意見が幕政運営に反映されていたことなどが指摘され(3)、義教の専制は管領と対立・対抗するものではなかったとの見解も近年示されている(4)。

ところがその一方で、この時期の幕府文書を検討した今谷明氏によると、管領奉書の発給は、義教の管領抑圧・排除政策の一環で、必要最低限に抑えられ減少傾向を示すという(5)。発給文書の様式と権限とを直接的に結びつけることはできないという留意すべき意見もあるが(6)、文書の発給傾向が前代と比較して明らかに断絶・変質しているならば、そこに文書発給者（もしくはそれを命じた者）のなんらかの意図が反映されていると思われる。よって、当該期の管領奉書に対するこうした見解も無視できず、最近の研究成果によって提示された義教政権に対する評価とのズレをいかに理解するかが問題となってくる。

そこで本章では以上の点に注目して、当該期の管領奉書について考察を加えたい。

一　義持・義教期管領奉書の用途

1　分布状況の確認

義教期の管領奉書については、上島有氏が義持期も含めて、発給数の減少、用法の固定化を指摘したが[7]、その変化の具体的な内容は明らかにされていない。

収集しえた文書にはなお脱漏が想定されるが、概要は把握できると思うので、これをもとに、まず義持〜義教期における管領奉書の用途を確認する（表11参照[8]）。

義持期に出された管領奉書の処理事項でもっとも多いのは押妨地沙汰付（五五通）で、以下、諸役催促（一六通）、押妨停止（一一通）、安堵（八通）、諸役免除（七通）、頭役・祭礼督励（六通）、遵行依頼（五通）、返付（四通）、競望停止（四通）、要脚付与（四通）、軍勢催促（四通）、過書（二通）、訴論人召喚（二通）、感褒（一通）、その他（一八通）と多岐にわたる。

このように義持期の管領奉書が、おもに所務沙汰に関わる事柄を扱っていたのに対し、義教期の管領奉書が取り扱った事項としてもっとも多いのは、感褒（二四通）であり、次いで押妨地沙汰付（六通）、軍勢催促（五通）、諸役催促（四通）、要脚付与（三通）、押妨停止（三通）、訴論人召喚（三通）、安堵（二通）、頭役・祭礼督励（二通）、過書（一通）、その他（一六通）となる。

次に、管領施行状が扱った事項について確認する（表12参照[9]）。なお、施行状は、先行する御判御教書や御内書が現存しない場合、その文言のみからは施行内容を読み取れないことがある。たとえば、『大日本古文書』「大徳寺文書（真珠庵文書）」の応永三一年九月二六日付管領畠山満家施行状には沙汰付文言しかないが、先行する同年九月一〇日付足利義持御判御教書から、この文書が返付を施行していることが判明する。(10) よって、沙汰付文言があるのみで、先行する室町殿発給文書が管見に触れない施行状は、仮に「下地沙汰付」項目に入れておく。

義持期における管領施行状の用途は、諸役免除（三二通）、安堵（一九通）、下地沙汰付（九通）、寄進（七通）、宛行（五通）、返付（三通）、その他（七通）である。

一方、義教期の管領施行状は、諸役免除（一七通）、宛行（八通）、返付（四通）、寄進（三通）、下地沙汰付（三通）、その他（二通）を取り扱っている。

これらを見ると、上島氏が指摘したとおり、義持～義教の執政期間には、管領奉書・施行状の発給数に減少傾向が

備考（その他）
関所停廃，論所調査，警固命令
祈願寺指定，年貢返弁命令
半済停止 警固命令×2、［勘料停止通知］ 油押買禁止
合戦調停，論所調査，所務沙汰裁許×2 相博安堵 大蔵経奉納、直務許可 段銭賦課免許 紛失安堵、祈禱、酒麴権益保護 住持任命
通路封鎖禁止，段銭賦課免許
預置 武田信重入国扶持命令，滞陣指示 和睦勧告 少弐嘉頼赦免通告×5、祈禱

め区別した.

表11　管領奉書（応永15年〜嘉吉元年）

室町殿	管領		所領・所職安堵	所領・所職返付	押妨地沙汰付	押妨停止	訴論人召喚	競望停止	遵行依頼	諸役免除	諸役催促	要脚付与	頭役・祭礼督励	過書	軍勢催促	感褒	その他
足利義持	斯波義教	応永15年			6	1	1						1				
	斯波義淳	〃 16年			1		1										3
	畠山満家	〃 17年			10	1				2	1						2
		〃 18年	[1]	1	3	3			1					1			
	細川満元	〃 19年			7			1		1	4		1				1
		〃 20年	2		1				1				2				3
		〃 21年	1	1	3				1	1			1				1
		〃 22年													1	1	
		〃 23年				1								1			
		〃 24年			4				1		2				2		
		〃 25年	[1]	1						1		1	1				
		〃 26年	1		8					1	1	1					
		〃 27年			2				1	1							
	畠山満家	〃 29年	1		5	2											4
		〃 30年			1	3					1				1		
		〃 31年	1								1	1					
		〃 32年			2			1			4						1
		〃 33年						1									2
		〃 34年		1	2			1			2	1					1
足利義教		正長元年	1		2								1				3
		〃 2年				1											1
	斯波義淳	永享元年			1	2	1										
		〃 2年											1				
		〃 3年			2						3						2
	細川持之	〃 5年					1									1	
		〃 6年										1				2	
		〃 7年									1					1	1
		〃 8年			1									1		6	
		〃 9年														1	
		〃 10年	1												3	11	2
		〃 11年					1					1					1
		〃 12年										1			2		6
		嘉吉元年														2	

註　(1)［　］は要検討文書を示す．(2) 正長2年と永享元年は同年だが，各管領文書を明確にするた

表12　管領施行状（応永15年～嘉吉元年）

室町殿	管領		所領・所職安堵	所領・所職宛行	所領・所職寄進	所領・所職返付	下地沙汰付	諸役免除	その他	備考（その他）
足利義持	斯波義教	応永15年	3			2	2	1	1	押妨停止
	斯波義淳	〃 16年			1					
	畠山満家	〃 17年	1				2	5		
		〃 18年	5						2	所領・所職預置×2
	細川満元	〃 19年	3		1			1		
		〃 20年	2					1		
		〃 21年	1		1		2	2		
		〃 22年	1							
		〃 24年	1							
		〃 25年	2				1		1	押妨停止
		〃 26年		2	1		1	1	1	酒麹売買規制
		〃 27年						13		
		〃 28年			1					
	畠山満家	〃 29年						1		
		〃 30年		2				2		
		〃 31年				1		1		
		〃 32年		1	1					
		〃 33年			1		1	2		
		〃 34年						2	2	紛失安堵，国衙検注
足利義教		正長元年		1		1			1	所務沙汰裁許
	斯波義淳	永享2年				2				
		〃 3年		1				2		
		〃 4年		1				1		
	細川持之	〃 6年		1				1	1	所務沙汰裁許
		〃 7年					2	1		
		〃 8年			1			3		
		〃 9年			1					
		〃 10年				1		3		
		〃 11年					1			
		〃 12年		4	1					
		嘉吉元年						6		

註　管領が自身の守護国に施行する場合に発給する，管領兼守護遵行状を含む．

認められるものの、その用法においては両期で相当の差異がある。

義教期に出された管領奉書・施行状の特色については、今谷明氏が幕府奉行人奉書を考察する過程で言及している。

それによると、義教期の管領が署判する奉書の大部分が御判御教書の施行（管領施行状）で、その主要部分は荘園知行や課役一般の総体的安堵・免除（今谷氏はこれらを「惣安堵」・「惣免除」と表現した）であり、個々の荘園に対する個別的な押領停止や課役免除のほとんどは奉行人奉書によって処理されたという。これらから、義教は管領奉書の発給を抑制し、管領が独自の権限で発給しうる文書は狭い範囲に縮小したと結論づけた(11)。

そこでまず、諸役免除について確認する。右の施行状の処理事項および表12を見ると、たしかに、義教期の管領施行状の多くが、御判御教書の「惣免除」を施行しているが、こうした施行状の発給は、義持期から変わらず義教期に至っている。一方、個別荘園の課役免除を命じる管領奉書は、すでに応永の末年ごろから発給されなくなるのに対し（表11）、同じ事項を扱う奉行人奉書は義持期から増加する傾向にある(12)。これらから、諸役免除に関する管領奉書・施行状と奉行人奉書の処理事項の変化は、義教期ではなく義持期の特徴であるといえる(13)。

次に、安堵について検証する。前述した諸役免除を除くと、義教期における管領施行状の大半が、宛行、返付、寄進を伝達する内容であり、「惣安堵」を施行するものは管見に触れなかった（表12）。これに対して義持期には、応永二五年まで安堵の管領施行状の存在を確認できた。応永二九年七月二六日に出された御成敗条々の一か条（「室町幕府追加法」一七七条）には、「一、諸人安堵事、就二当知行一、被レ下二安堵御判一者、普通之儀也。望二申御施行一之条、以レ次構二私曲一歟。慥可レ被二停止一也」とあり、当知行地安堵の御判御教書が下されても、下地の沙汰付を命じる施行状の発給は行わないとしている。応永二〇年代中ごろから、安堵の管領施行状が見られなくなるのは、幕府のこうした方針によるためであろう。よって、安堵を扱う管領施行状も、義持期に制限されて、義教期に移行したことがわかる(14)。

なお、この追加法が定められた応永二九年から永享一一年（一四二二〜一四三九）までに、当知行地安堵の御判御教書を先行文書とする守護遵行状が数通確認できる(15)。しかし、そのいずれもが下地の沙汰付を命じるものではなく、

「領掌不レ可レ有二相違一」といった安堵を確認するもので、宛名を欠くものもあるが、おそらくすべて被安堵者本人に宛てて出された文書であろう。したがってこれらの遵行状は、応永年間以前に見られた守護や守護代に宛てて、下地の沙汰付を命じる安堵の遵行状とは機能的に異なると考える。[16]

そのほか、鎌倉府に対して遵行を依頼する管領奉書も、応永二九年から永享年間にかけて、一時的に確認できなくなる（表11）。この時期、幕府と鎌倉府との関係が急激に悪化し、応永三〇年（一四二三）に両者は交戦状態に陥る。応永末年に鎌倉府への遵行依頼が見られなくなるのは、こうした政治状況が背景に考えられる。

このように、管領発給文書にあらわれる変化は義持期まで遡及するものもあり、その変質すべてを義教の専制に結びつけることはできないのである。

2　永享年間の変化

さて、義持期における管領奉書の用途として継続的に見られる押妨地沙汰付・押妨停止などの所務沙汰裁許は、今谷氏が指摘したように、たしかに義教の執政期になるとその数を激減させる。しかし、表11を見ればわかるように、義教期でも管領斯波義淳のころまでは、義持期に引き続き管領奉書で所務沙汰の裁許を取り扱っている。『御前落居記録』と『御前落居奉書』は、ちょうどこの斯波義淳が管領を務めていた期間を記録対象としており、所務沙汰やその遵行に関する管領の幕府文書発給に、この時期何らかの制約が加えられたのは確かである。[17]

しかしながら、所務沙汰関連の管領文書が激減する現象を、管領排除政策の一環であると評価するのは妥当ではない。なぜなら、細川持之の管領在職期間に、所務沙汰の裁許にかわって、戦功褒賞を中心に軍事事項を扱った管領奉書が急増するのである。

細川持之が管領に就任した永享四年（一四三二）ごろから、北九州・大和における争乱、永享一〇年の関東永享の乱、同一二年の結城合戦と、各地で武力抗争が激化していった。軍事事項を扱った管領奉書の増加は、幕府を取り巻くこのような政治状況の反映とも考えられる。今谷氏も、永享五年の山門騒乱について述べた際に、御家人の統制や軍事に関することは本来奉行人の権限ではないとの理由から、幕府奉行人の奉書では軍勢催促状や感状を出せず、義教はやむなく管領奉書を復活せざるを得なかったとしている(18)。ただし、こうした戦乱の頻発化と、軍事を処理した管領奉書の増加とを、単純な因果関係で結びつけることには慎重でありたい。

たしかに、小川信氏の研究によると、感褒は管領の職権の一つであり、義満の晩年期にあたる畠山基国の管領在任時に至るまで、継続的に管領奉書による感褒が発給されている。しかし、管領細川持之の感状発給数は、小川氏が示した南北朝期における歴代執事・管領と比較してもきわめて多く、室町殿権力を代行したとされる細川頼之の感状発給数に匹敵している(19)。また、義持期は相対的に幕府権力の安定期といわれているが、この時期においても応永二二年（一四一五）に伊勢の北畠満雅、応永二三年に相模・武蔵の上杉禅秀、応永三〇年に東国の鎌倉府、応永三四年に播磨の赤松満祐を、それぞれ攻撃するため幕府軍が断続的に発向した。これらは、いずれも牙旗が軍勢に下賜され、室町殿の「征討」であることを明示した大規模な軍事行動であったが(20)、その際の軍勢催促・感褒はおもに御内書で処理されており、軍事事項を内容とする管領奉書は稀少である(21)。

したがって、義教は基本的に管領奉書の発給を制限する方針をとり、地域紛争の多発化でしかたなく管領奉書を用いたというよりも、むしろ積極的に管領奉書の役割を所務沙汰から軍勢催促・戦功褒賞といった軍事事項に転換させたといえる。このような変化があらわれる斯波義淳～細川持之の管領在任期は、義教の大名衆議への諮問方式が、管領を介して諸大名の意見を聴取する間接諮問から、在宅する各大名に個別に意見を徴する直接諮問に変質した時期と重なる。(22)斯波義淳から細川持之に管領職が交替した期間は、義教による管領の職掌改革が実施された時期にあたるのではなかろうか。大名衆議の改変が、管領斯波義淳による諮問内容の意図的な歪曲や、意見聴取・決裁時間の短縮に起因したの同様に、こうした管領の職掌変化も、管領が独走しうる政治システムを改め、室町殿主導のもとに政務決裁を円滑に行うという、義教の志向性が影響していると考えられる。

たとえば、義持の執政期には所務沙汰の進行が停滞気味であり、義教は嗣立された直後からその改善に意欲を示していた。(23)また、永享元年（一四二九）の八幡放生会前に神人らの訴訟を裁許した報告を管領畠山満家が怠り、これに義教が不信感を募らせたことが『御前落居記録』・『御前落居奉書』成立の背景となり、所務沙汰における管領の行動を制約する契機の一つとなった。(24)さらに、満家にかわり管領に就任した斯波義淳は、対鎌倉府政策で義教と鋭く対立した上に、再三辞意を表明して賦を止める始末であり、(25)訴訟の処理は支障をきたしていた。こうした中で、「室町殿―奉行人」と「管領―奉行人」とで構成される所務沙汰を評議する場の連携が強められ、前者の監督下に置かれた後者の役割は相対的に低下した。(26)これと同時に、所務沙汰を扱う管領奉書もほとんど姿を消し、御判御教書や奉行人奉書がもっぱら使用されるようになるのである。

その反面、軍事に関する事柄、とくに戦功を褒賞する管領奉書が増加した理由として、さきに触れたような地域紛争の多発化によって、幕府の討伐事業が継続的に実施され、頻繁にその戦功認定を行わなければならなくなったことが考えられる。戦功認定を円滑に処理するため、管領奉書による感状が前代に比して大量に発給されるようになり、管領は室町殿の戦功認定を補佐する性格を、幕府文書の上で義持期よりも明確に示すようになった。(27)

ただし、こうした管領の軍事関連文書の増加も、所務沙汰における義教の主導・管理強化方針と不可分なものであったことが予想される。そこで次節では、この点を念頭に置きながら、義教期において急増する軍事事項を扱った管領奉書の内容について、具体的に検討することにしたい。

二　管領奉書の軍勢催促状と感状

1　今谷説の再検討

永享年間の軍勢催促状について今谷明氏は、守護や大寺社衆徒宛には御内書と奉行人奉書が、国人宛には管領奉書がそれぞれ用いられたとしている。(28)しかしながら、国人の中でも、奉公衆をはじめとする幕府直属国人(29)は御内書によって軍勢催促を受けており、管領奉書は一般国人に宛てて発給されている。(30)このように、宛所の身分の高低によって、使用される文書様式が規定されていたという側面を見落としてはならない。

たしかに、管領奉書によって守護に軍勢催促を行った例も存在するが、(31)これは初度の催促が実行されなかった際に発給されたものであり、再度の催促には守護に対しても管領奉書が用いられたようである。また、この時期の奉行人奉書による軍勢催促状は三通しか確認できず、軍勢催促の主流にはいまだなっていなかった上に、送達可能な宛所の範囲も規制されていた。(32)

また、感状の発給形態について今谷氏は、守護に対する感状は御内書で、国人・奉公衆・御家人への感状は御内書と管領奉書・奉行人奉書でなされたと指摘した。そして、その使い分けは、御内書は一定の戦役における戦功総体に対する感状であり、管領奉書・奉行人奉書は個別戦場における単一戦功に対する褒賞であると説いた。(33)こうした国人・奉公衆・御家人への感状の使い分けを示す例として今谷氏は、次に掲げる史料1と史料2とをあげた。

〔史料1〕『大日本古文書』「毛利家文書」五一

今度於二椋橋(大和国)以下一致二忠節一、被官人等被レ疵之条、尤神妙。太刀一腰遣レ之候也。

五月七日(永享一〇年)　(花押)(足利義教)

毛利治部少輔(熙元)とのへ

〔史料2〕『大日本古文書』「毛利家文書」四九

今度於二和州能登山一致二合戦一、被官人等被レ疵之旨、注進到来。尤以神妙。弥可レ被レ抽二忠節一之由、所レ被二仰下一也。仍執達如レ件。

永享十年三月四日　右京大夫(細川持之)(花押)

毛利治部少輔(熙元)殿

今谷氏は史料1の「以下」に傍点をつけてこの箇所を強調し、複数の戦功を一括して褒賞するこの御内書と、個別戦場における単一戦功を褒賞する史料2の管領奉書とを対比させ、これを一般化させて論じたのである。ところが、戦場名に「以下」という文言をつけ、戦功総体を褒賞する感状は管領奉書でも見られる。

〔史料3〕『大日本古文書』「吉川家文書」一一三

今度於二和州椋橋・北音羽以下一、致二忠節一被レ疵云々。尤神妙。弥可レ被レ抽二戦功一之由、所レ被二仰下一也。仍執達如レ件。

永享十年五月七日　右京大夫(細川持之)(花押)

吉川将監殿

史料3と同様の管領奉書は、『大日本古文書』「熊谷家文書」一一二にも所収されている。一方、御内書でも個別戦功の褒賞を行っているものがある。

〔史料4〕『大日本古文書』「小早川家証文」三四三

姫岳（豊後国）事攻落之由、大内修理大夫（持世）注進到来。尤神妙。弥可ㇾ抽二戦功一也。

張帋ニて
永享八年
七月五日　（花押）（足利義教）

竹原太郎四郎（小早川盛景）殿

これは豊後国姫岳における個別的な戦功を褒賞したものである。[34] 注目すべきは、史料4の御内書とほぼ同文言、同日付の管領奉書が存在することである。

〔史料5〕『大日本古文書』「小早川家文書」二四

姫岳事攻落之旨、大内修理大夫（持世）注進到来訖。弥可ㇾ被ㇾ抽二戦功一之由、所ㇾ被二仰下一也。仍執達如ㇾ件。

永享八年七月五日　右京大夫（細川持之）（花押）

小早川又太郎（熙平）殿

史料5と同様の管領奉書は、『大日本古文書』「毛利家文書」一三五四や「平賀家文書」三二にも存在する。これらから、御内書と管領奉書との間で、総体的戦功と個別的戦功の褒賞というような明確な区分はなされていなかったことが判明した。

2　管領の軍事的役割

以上のように、国人・奉公衆・御家人への感状に御内書と管領奉書との使い分けが曖昧であるとするならば、管領はいかなる役割をここで担っていたのであろうか。

結論からさきにいえば、感状における御内書と管領奉書との決定的な相違は、恩賞（武具）下賜文言の有無である。この時期の御内書には、史料1にある「太刀一腰遣ㇾ之」といった恩賞を付与する文言を含むものが散見されるのに対し、このような文言を載せる管領奉書は管見に触れない。もちろん、こうした文言のない御内書も存在するが、奉者を介せず室町殿が直接的に戦功を褒賞する御内書による感状が、管領奉書の感状よりも上位に位置づけられていたことは想像に難くない。また、武具下賜文言を含む御内書感状の方が、通常の御内書感状よりも付加価値は高いので、勲功者に望まれたであろう。

したがって、義教期の幕府文書による感状をその等級によって大別したならば、武具下賜文言つき御内書・御内書・管領奉書の三種になる。従来の幕府感状は、室町殿の発給文書によるものが基本であったが、御内書感状よりも下位の管領奉書感状が大量に発給され、幕府感状の等級が明確になることで、相対的に御内書感状の価値が上昇する効果が得られたと思われる。

このように、義教は恩賞付与権を独占して管領を掣肘しながらも、自らの軍事指揮を補完するものとして、管領奉書を位置づけていたことがわかる。すなわち、幕府文書の発給傾向にあらわれる義教専制の特色は、一方的に管領を文書発給の場から疎外するのではなく、室町殿の主導・管理のもとに、管領の発給文書で扱う事項を積極的に改変していった点に認められる。

管領は、感状発給を分担するとともに、諸方からもたらされた注進状の内容に基づいて、膨大な数にのぼるであろう勲功者に対する室町殿の戦功認定を補佐する役割を担っていた。このことを示す事例の一つとして、管領の書状様式による感状があげられる。

今谷氏によると、管領の書状様式の感状は、軍忠の注進直後に与えられる臨時的な措置で、数日後にあらためて管領奉書によって追認するのが公式の感状であったと説明している(35)。今谷氏が説いたように、たしかに管領奉書は管領書状のあとに出されていることが多い。しかし、今谷氏の規定からはずれる管領書状も存在する。

〔史料6〕『大日本古文書』「平賀家文書」三四

今度於㆓和州平城㆒、被官人等被㆑疵之条、尤神妙。弥可㆑被㆑致㆓忠節㆒之由、所㆑被㆓仰下㆒也。仍執達如㆑件。

永享十年九月五日　右京大夫（細川持之）（花押）

平賀尾張守（頼宗）殿

〔史料7〕『大日本古文書』「平賀家文書」三一

去月廿八日、於㆓平城㆒被㆑致㆓忠節㆒之由、御註進之趣、令㆓披露㆒候了。尤以神妙之由、被㆓仰出㆒候。恐々謹言。

（永享一〇年）九月五日　（細川）持之（花押）

平賀尾張守（頼宗）殿

史料6と史料7のように、管領奉書と管領書状の感状が同日付で出される場合もあり、一概に管領書状が管領奉書発給までの臨時的な措置であったとは言いきれない。この種の管領書状には、史料7傍線部のように、注進状を義教に披露した旨を記すものが頻出するのに対して、管領奉書にはこうしたことがまったくないので、内容上、両者の明らかな相違点は「披露」文言の有無である。つまりこうした管領の書状は、戦功注進の直後ではなく義教への披露を経たのちに発給されているのであり、正式の感状とされる御内書や管領奉書との日付も、一日遅れに過ぎないものがほとんどである。そのわずかな時間をつなぐことが、臨時としての意味があったのか疑わしくなってくる。

さらに、史料4・史料5で述べた姫岳での合戦に関する竹原小早川盛景の注進は永享八年六月二四日に京着したが、管領書状は七月五日付で出された御内書よりも三日遅い八日付で発給されており[36]、臨時の感状としての役割を果たしていない。したがって、これらの管領書状は、臨時的な措置という意味よりも、注進状を義教に披露した旨を先方に告知する副状的な役割を果たしていたと考えられる[37]。

ここで注目されるのは、これらの文書には史料7のように「御注進之趣、令二披露一候」とあることから、この注進が管領細川持之を経由して義教に披露されたと判明する点である。幕府への情報伝達経路は柔軟で多様なものであったので、こうした注進の窓口が管領に独占されていたとは考えにくい[38]。だが、管領の書状様式による感状に頻出する「披露」文言は、管領（もしくはその指揮下にある関係者）が、南北朝期と同様に[39]、これらの戦功注進に対する幕府側窓口の重要な一角を形成していたことを示している。

各地からもたらされる戦功の認定を円滑に処理するため、管領は注進状の受付口となり、それらを室町殿に披露して感状の発給を分担した。しかし前述したように、管領奉書による感状は恩賞下賜文言を欠き、御内書による感状と厳密に区別されており、室町殿に掣肘を加えられながら、御内書感状の補助的な役割を果たしていた。

おわりに

義教期の管領奉書は斯波義淳の管領在職時まで、義持期から継続して所務沙汰の裁許をおもに扱っていた。ところが管領が細川持之に交替すると、その用途は軍勢催促・戦功褒賞を中心とした軍事に関するものへと変化した。この転換は、延滞気味であった所務沙汰の円滑な裁許や、多発化する地域紛争への積極的な対応といった、義教の施政方針に沿って図られたと考える。

管領細川持之は所務沙汰を処理する管領奉書をほとんど発給せず、この時期には管領（奉書）―守護（遵行状）―守護代（打渡状）といった幕府の遵行過程は、事実上中絶状態に陥った。しかしその一方で、細川持之は義持期の管領よりも多数の軍事事項を扱う奉書を発給し、室町殿の軍事指揮を補佐する管領の性格を前代よりも明確に示すようになった。

ここで注意したいのは、管領が義教に戦功注進状を披露する段階では、感状発給ではなく恩地宛行がなされる可能性も存在したことから、幕府の恩賞決定過程に管領の関与が確認できる点である。すなわち、義教期におけるこのような管領の活動は、本書第一部第三章で検討したとおり、「室町殿―奉行人」「管領―奉行人」といった二つの評議の場で政務が処理される「御前沙汰体制」のもとで位置づけられるべきものである(40)。

義教の専制は、単純に管領を幕府文書の発給から排除するのではなく、むしろ室町殿の主導・管理を強化して、管領の職掌を自己の政務を支えるものに改変し、政務処理システムに組み込んでいった点に認められる。

註

（1） 佐藤進一「足利義教嗣立期の幕府政治」（『日本中世史論集』岩波書店、一九九〇年、初出一九六八年）二五〇頁、今谷明『〔講談社学術文庫版〕戦国期の室町幕府』（講談社、二〇〇六年、元版一九七五年）九八～九九頁など。

（2） 鳥居和之「室町幕府の訴状の受理方法」（『日本史研究』三二一号、一九八八年）六～一〇頁、設楽薫「将軍足利義教の『御前沙汰』体制と管領」（久留島典子・榎原雅治編『展望日本歴史11　室町の社会』東京堂出版、二〇〇六年、初出一九九三年）。

（3） 川岡勉「室町幕府―守護体制の権力構造」（『室町幕府と守護権力』吉川弘文館、二〇〇二年、初出二〇〇〇年）七八頁。

（4） 川岡勉「室町幕府―守護体制の変質と地域権力」（註（3）川岡前掲著書、初出二〇〇一年）一〇〇～一〇一頁。

（5） 註（1）今谷前掲著書、九八～九九頁・一一三頁。

（6） 桑山浩然「〈書評〉小川信著『足利一門守護発展史の研究』」（『国学院雑誌』八二巻四号、一九八一年）一〇八頁、註（2）設楽前掲論文、九八～九九頁。

（7）上島有「室町幕府文書」（高橋正彦ほか編『日本古文書学講座第4巻　中世編Ⅰ』雄山閣出版、一九八〇年）一一二頁。

（8）表11の典拠は、次のとおりである。なお、東京大学史料編纂所編『大日本古文書』（東京大学出版会）＝『大古』、信濃史料刊行会編集・発行『新編信濃史料叢書』＝『信叢』、宮内庁書陵部編『図書寮叢刊』（明治書院）＝『図書』、早稲田大学図書館編『早稲田大学所蔵荻野研究室収集文書』（吉川弘文館）＝『早稲』、鹿王院文書研究会編『鹿王院文書の研究』（思文閣出版）＝『鹿王』、石井進編『長福寺文書の研究』（山川出版社）＝『長福』、曾根研三編『鰐淵寺文書の研究』（鰐淵寺文書刊行会）＝『鰐淵』と略記した。そのほかの略記は、本書の凡例に従う。

A　管領斯波義教奉書

①押妨地沙汰付＝〔応永一五〕『大古』「山内首藤家文書」八三、「石清水文書（田中家文書）」二一四、「醍醐寺文書」二七七八、『水口町志』「蒲生文書」五八、『鹿王』三三四「鹿王院文書」、『近江東浅井郡志』「沙々貴神社文書」二。

②押妨停止＝〔応永一五〕『図書』「九条家文書」一七九三。

③訴論人召喚＝〔応永一五〕『箕面市史』「勝尾寺文書」八一九。

④頭役・祭礼督励＝〔応永一五〕『大古』「東寺百合文書い」一〇。

B　管領斯波義淳奉書

①押妨地沙汰付＝〔応永一六〕『近江東浅井郡志』「永田文書」二。

②訴論人召喚＝〔応永一六〕『長福』七四二「宍道文書」。

③警固命令＝〔応永一六〕『大古』「東寺百合文書を」九九。

④関所停廃＝〔応永一六〕『熊野速玉大社古文書』一〇八。

⑤論所調査＝〔応永一六〕『長福』七三八「長福寺文書」。

C　管領畠山満家奉書

①所領・所職安堵＝〔応永一八〕『和歌山市史』九八「誓度寺文書」（要検討）。

②所領・所職返付＝〔応永一八〕『長岡京市史』「調子家文書」四五。

③押妨地沙汰付＝〔応永一七〕『広島県史』「士林証文」六、『和泉市史』一四一〇「前田家所蔵文書」、『大古』「醍醐寺文書」四五八―一三・一四、「小早川家証文」五〇六、『南禅寺文書』一〇二、『長岡京市史』「調子家文書」四四、『島本町史』「水無

瀬神宮文書」七四、『鹿王』三三九・三四〇「鹿王院文書」。〔応永一八〕『広島県史』「士林証文」七、『大古』「吉川家中幷寺社文書（小早川家文書拾遺）」一、『兵庫県史』「東寺文書（丹波国大山荘）」三九九。

④押妨停止＝〔応永一七〕『近江蒲生郡志』四四五「石山寺文書」。〔応永一八〕『南禅寺文書』一〇三、『鹿王』三四四「鹿王院文書」、『加能史料室町Ⅰ』三〇八頁「勧修寺文書」。

⑤諸役免除＝〔応永一七〕『大古』「醍醐寺文書」四五八―二八・二九。

⑥諸役催促＝〔応永一七〕『近江蒲生郡志』四四八「来迎寺文書」。

⑦祈願寺指定＝〔応永一七〕『改訂近江国坂田郡志』「西円寺文書」二。

⑧年貢返弁命令＝〔応永一七〕『大古』「東寺百合文書り」一一三。

⑨遵行依頼＝〔応永一八〕『久我家文書』一五五。

⑩過書＝〔応永一八〕『妙法院史料』「妙法院文書」七九。

D　管領細川満元奉書

①所領・所職安堵＝〔応永二〇〕『愛知県史』一〇二九「永源寺文書」、『鹿王』三四八「鹿王院文書」。〔応永二一〕『新修彦根市史』二二三九「崇徳寺文書」。〔応永二五〕『静岡県史』一六一三「醍醐寺文書」（要検討）。〔応永二六〕『早稲』「東寺遍照心院文書」四六八。

②所領・所職返付＝〔応永二一〕『岐阜県史』「古簡雑纂」一。〔応永二五〕「足利将軍御内書幷奉書留」一三五。

③押妨地沙汰付＝〔応永一九〕『大古』「醍醐寺文書」四五八―三〇・三一・三二・三三、二七七七、「毛利家文書」一三六八、『静岡県史』一四八八「尊経閣古文書纂所収天野文書」。〔応永二〇〕『久我家文書』一六七―二。〔応永二一〕『富山県史』五九七「徳大寺家文書」、『岐阜県史』「永源寺文書」一、『近江蒲生郡志』四五一「永源寺文書」。〔応永二四〕『大古』「醍醐寺文書」二〇八〇―六、『静岡県史』一六〇二「尊経閣古文書纂所収天野文書」、『高山寺資料叢書』「高山寺文書」二〇三―二、『福井県史』「本郷文書」八四。〔応永二六〕『大古』「毛利家文書」一三六九、『静岡県史』一六一九「天龍寺重書目録」、『富山県史』六〇七「仁和寺文書」、『近江東浅井郡志』「永田文書」三、『大宰府・太宰府天満宮史料巻一二』六一五頁「永弘文書」、『図書』「九条家文書」七一―四・五、『鹿王』三六九「天龍寺重書目録写」。〔応永二七〕『大古』「東福寺文書」四九八、『鹿王』三九八「天龍寺重書目録写」。

④押妨停止＝〔応永二三〕『高山寺資料叢書』「高山寺文書」二〇三―一。
⑤諸役免除＝〔応永一九〕『新修彦根市史』二二九「永源寺文書」。〔応永二二〕『福井県史』「本郷文書」八三。〔応永二五〕『新編埼玉県史』七〇〇「鶴岡八幡宮文書」。〔応永二六〕『鹿王』三六五「天龍寺重書目録写」。〔応永二七〕『鹿王』三八九「天龍寺重書目録写」。
⑥諸役催促＝〔応永一九〕『大古』「石清水文書（菊大路家文書）」二〇五、『岡山県史』「東寺百合文書ヌ」五九、『富山県史』五七四・五七六「東寺百合文書」。〔応永二四〕『大古』「吉川家文書」二五二、『宇佐神宮史巻九』二一二～二一三頁「樺山文書」。〔応永二六〕『猪熊文書』「進士文書」二五。
⑦要脚付与＝〔応永二五〕『静岡県史』一六一〇「大宮司富士家文書」。〔応永二六〕『熊野速玉大社古文書』二一一。
⑧頭役・祭礼督励＝〔応永一九〕『新修島根県史』「千家文書」二四九頁。〔応永二〇〕『大古』「石清水文書（田中家文書）」所収「宮寺見聞私記」四三七～四三九頁（二通）。〔応永二一〕『島本町史』「離宮八幡宮文書」八一。〔応永二五〕『新修島根県史』「出雲大社文書」一九二頁。
⑨軍勢催促＝〔応永二二〕『岐阜県史』「長善寺文書」一四。〔応永二四〕『栃木県史』「皆川文書」八七、『白河市史』四三五「結城家文書」。
⑩感褒＝〔応永二二〕『信叢』「市河文書」五三頁。
⑪警固命令＝〔応永二〇〕『大古』「石清水文書（田中家文書）」所収「年中用抄」五四六頁、「東寺百合文書を」一〇四。
⑫競望停止＝〔応永一九〕『兵庫県史』「楞厳寺文書」一七。
⑬勘料停止＝〔応永二〇〕『和歌山市史』一〇四「誓度寺文書」（要検討）。
⑭油押買禁止＝〔応永二一〕『島本町史』「離宮八幡宮文書」八三。
⑮遵行依頼＝〔応永二〇〕『新編埼玉県史』六七七「鶴岡八幡宮文書」。〔応永二一〕『神奈川県史』五四七九「円覚寺文書」。〔応永二四〕「佐々木文書」一〇七。〔応永二七〕「佐々木文書」一〇九。
⑯過書＝〔応永二三〕『改訂新編相州古文書』「清浄光寺文書」一八八八。
⑰半済停止＝〔応永一九〕『宮津市史』一九九「醍醐寺文書」。

E　管領畠山満家奉書（第二次在任期）

① 所領・所職安堵＝〔応永二九〕『鹿王』四一〇「天龍寺重書目録写」。〔応永三一〕『高槻市史』一六八参考「保井文庫文書」。〔正長元〕『信叢』「勝山小笠原文書」一八頁。

② 所領・所職返付＝〔応永三四〕『近江東浅井郡志』「竹生嶋文書」三五。

③ 押妨地沙汰付＝〔応永二九〕『高山寺資料叢書』「高山寺文書」二〇三―三・四、『岐阜県史』「地蔵院文書」二、『大古』「益田家文書」九八、「醍醐寺文書」二七七九。〔応永三〇〕『大古』「醍醐寺文書」六六六―九。〔応永三二〕『大古』「醍醐寺文書」二六三〇、『萩藩閥閲録』巻一二一ノ一―九七。〔応永三四〕『大古』「醍醐寺文書」二七八〇、『萩藩閥閲録』巻一二一ノ一―九八。〔正長元〕『大古』「醍醐寺文書」二八〇一、『近江東浅井郡志』「三宝院文書」二。

④ 押妨停止＝〔応永二九〕「近江井口日吉神社文書」一六・二五（福田榮次郎「山門領近江国富永荘史料」『駿台史学』五八号）。〔応永三〇〕『兵庫県史』「東大寺文書」二〇五・二〇六、「近江井口日吉神社文書」四一（福田榮次郎「山門領近江国富永荘史料」『駿台史学』五八号）。〔正長二〕『長岡京市史』「調子家文書」六七。

⑤ 諸役催促＝〔応永三〇〕『図書』「壬生家文書」一一九三。〔応永三一〕『川西市史』「多田神社文書」二六九。〔応永三二〕『図書』「九条満家公引付」九三頁、『改訂近江国坂田郡志』「平野神社文書」一・二、『春日大社文書』三〇三。〔応永三四〕『春日大社文書』三〇四、『静岡県史』一七〇〇「壬生文書」。

⑥ 要脚付与＝〔応永三一〕『川西市史』「多田神社文書」二六八。〔応永三四〕『大古』「東寺百合文書を」一三七―一。

⑦ 頭役・祭礼督励＝〔正長元〕『北野天満宮史料』「三年一請会停止記録」二三八〜二三九頁。

⑧ 軍勢催促＝〔応永三〇〕『信叢』「市河文書」五四頁。

⑨ 競望停止＝〔応永三二〕『愛媛県史』一二二八「萩藩譜録」。〔応永三二〕『泉大津市史』一二八「薬師寺文書」。〔応永三四〕「佐々木文書」一二三。

⑩ 合戦調停＝〔応永二九〕『大古』「阿蘇文書写」三八〇頁。

⑪ 所務沙汰裁許＝〔応永二九〕『鹿王』四〇八「天龍寺重書目録写」、『兵庫県史』「天龍寺文書」三三。

⑫ 大蔵経奉納＝〔応永三三〕『三重県史』「氏経卿引付」三―六六。

⑬ 直務許可＝〔応永三三〕『大古』「東大寺文書」六九九。

⑭ 論所調査＝〔応永二九〕『萩藩閥閲録』巻一二一ノ一―九五。

⑮　相博安堵＝〔応永三二〕『鹿王』四一七「鹿王院文書」。
⑯　紛失安堵＝〔正長元〕『久我家文書』一六九。
⑰　祈禱＝〔正長元〕『兵庫県史』「松原八幡神社文書」二五。
⑱　酒麴権益保護＝〔正長元〕『北野天満宮史料』「北野天満宮古文書」六三。
⑲　住持任命＝〔正長二〕『鹿児島県史料』「旧記雑録前編」一〇九二。
⑳　段銭賦課免許＝〔応永三四〕『春日大社文書』四二三。

F　管領斯波義淳奉書（第二次在任期）

①　押妨地沙汰付＝〔永享元〕『図書』「九条家文書」四四七。〔永享三〕『大古』「石清水文書（菊大路家文書）」七九、『水口町志』「山中文書」一四八。
②　訴論人召喚＝〔永享元〕『川西市史』「多田神社文書」二七四。
③　押妨停止＝〔永享元〕『和泉松尾寺文書』五五・五六。
④　諸役催促＝〔永享三〕『図書』「九条満家公引付」二五～二六頁（三通）。
⑤　段銭賦課免許＝〔永享三〕『図書』「九条家文書」三七八―四。
⑥　頭役・祭礼督励＝〔永享二〕『島本町史』「離宮八幡宮文書」九二。
⑦　通路封鎖禁止＝〔永享三〕『葛川明王院史料』「国立国会図書館所蔵史料」一〇九。

G　管領細川持之奉書

①　所領・所職安堵＝〔永享一〇〕『新潟県史』「本田寺所蔵文書」三〇五五。
②　押妨地沙汰付＝〔永享八〕『高山寺資料叢書』「高山寺文書」二〇八。
③　訴論人召喚＝〔永享五〕『和歌山県史』「湯橋家文書」一四。〔永享一二〕『宗像大社文書』「出光佐三氏奉納文書」二六。
④　諸役催促＝〔永享七〕『和歌山市史』一六二「日前宮文書」。
⑤　要脚付与＝〔永享六〕『福井県史』「東山御文庫記録」一九。〔永享一二〕『川西市史』「多田神社文書」二八四。〔永享一二〕『富山県史』六九〇「室町家成敗寺社御教書」。
⑥　軍勢催促＝〔永享一〇〕『神奈川県史』五九四〇「真壁文書」・五九四三「古文書」、『信叢』「勝山小笠原文書」二三頁。〔永

享一二〕『神奈川県史』六〇〇一「古今消息集」、『新編埼玉県史』七九六「安保文書」。

⑦ 感褒＝〔永享五〕『園城寺文書』一一一。〔永享六〕「麻生文書」二〇、『大古』「小早川家文書」二二。〔永享七〕『大古』「小早川家文書」二三。〔永享八〕『大古』「小早川家文書」二四、「小早川家証文」三四一、「山内首藤家文書」九三、「毛利家文書」一三五三・一三五四、「平賀家文書」三二。〔永享九〕『熊本県史料』「志賀文書」二三七。〔永享一〇〕『大古』「小早川家証文」三三〇・三三四、「毛利家文書」四九・五七、「熊谷家文書」一一二、「平賀家文書」三三・三四、「吉川家文書」一一一三、「益田家文書」一三五・一三六、『萩藩閥閲録』巻四三―五五。〔嘉吉元〕『茨城県史料』「鳥名木文書」二五・二六。

⑧ 預置＝〔永享七〕『静岡県史』一八八九「宝幢院文書」。

⑨ 武田信重入国扶持命令＝〔永享一〇〕『信叢』「勝山小笠原文書」二二頁。

⑩ 滞陣指示＝〔永享一〇〕『信叢』「勝山小笠原文書」二三頁。

⑪ 和睦勧告＝〔永享一一〕『大古』「益田家文書」一〇八。

⑫ 赦免通告＝〔永享一二〕『大古』「蜷川家文書」二八―四、「阿蘇文書写」一五四〜一五五頁（二通）、『熊本県史料』「志賀文書」二三九、『大宰府・太宰府天満宮史料巻一三』二〇二〜二〇三頁「碩田叢史所収文書」。

⑬ 祈禱＝〔永享一二〕『神奈川県史』六〇〇二「相承院文書」。

⑭ 過書＝〔永享八〕『改訂新編相州古文書』「清浄光寺文書」一八九三。

(9) 表12の典拠は、次のとおりである。典拠史料の略記方法は、註(8)参照。

A 管領斯波義教施行状

① 所領・所職安堵＝〔応永一五〕『水口町志』「蒲生文書」五七、『曹洞宗古文書』「総持尼寺文書」一三一一、『兵庫県史』「松原八幡神社文書」二二。

② 所領・所職返付＝〔応永一五〕『和泉市史』一四〇八「秋田藩採集文書」、『福井県史』「本郷文書」七九。

③ 下地沙汰付＝〔応永一五〕『富山県史』五五七「前田家所蔵文書」、『猪熊文書』「進士文書」二〇。

④ 諸役免除＝〔応永一五〕『加能史料室町Ⅰ』二五一頁「天龍寺所蔵文書」。

⑤ 押妨停止＝〔応永一五〕『近江蒲生郡志』四四四「石山寺文書」。

B 管領斯波義淳施行状

①　所領・所職寄進＝〔応永一六〕『加能史料室町Ⅰ』二六四頁「等持院文書」。

C　管領畠山満家施行状

①　所領・所職安堵＝〔応永一七〕『大古』「醍醐寺文書」四五八—二〇。〔応永一八〕『大古』「醍醐寺文書」六六六—五、「益田家文書」八七、『和歌山市史』九七「醍醐寺文書」、『萩藩閥閲録』巻一二一ノ一—九三、『宗像大社文書』「出光佐三氏奉納文書」三五。

②　所領・所職預置＝〔応永一八〕「佐々木文書」一〇〇・一〇二。

③　下地沙汰付＝〔応永一七〕『大古』「醍醐寺文書」四五八—一二・一三。

④　諸役免除＝〔応永一七〕『大古』「醍醐寺文書」一四四—一二・一四・四五八—一七・一八、『加能史料室町Ⅰ』二八八頁「天龍寺所蔵文書」。

D　管領細川満元施行状

①　所領・所職安堵＝〔応永一九〕『兵庫県史』「東寺文書（その他所領関係等）」三七、『静岡県史』一四八〇「醍醐寺文書」、『福岡県史資料四輯』一四〇頁「草野文書」。〔応永二〇〕『香川県史』「永源師壇紀年録」八、『福井県史』「本郷文書」八一。〔応永二二〕『冷泉家古文書』四六。〔応永二三〕『大乗院寺社雑事記紙背文書』三三六。〔応永二四〕『大古』「阿蘇文書写」一五三頁。〔応永二五〕『静岡県史』一六一三「醍醐寺文書」、『大古』「平賀家文書」一四二。

②　所領・所職宛行＝〔応永二六〕『大古』「醍醐寺文書」九三・一三九〇—四。

③　所領・所職寄進＝〔応永一九〕『大古』「石清水文書（菊大路家文書）」七五。〔応永二一〕『大古』「石清水文書（菊大路家文書）」九一。〔応永二六〕『大古』「醍醐寺文書」二六六〇。〔応永二八〕『大古』「石清水文書（菊大路家文書）」七七。

④　下地沙汰付＝〔応永二二〕『冷泉家古文書』三七、『兵庫県史』「宝鏡寺文書」三。〔応永二五〕『岐阜県史』「瑞巌寺文書」二。〔応永二六〕「足利将軍御内書幷奉書留」八。

⑤　諸役免除＝〔応永一九〕『加能史料室町Ⅰ』三二五頁「天龍寺所蔵文書」。〔応永二〇〕『久我家文書』一五六—一二。〔応永二一〕『南禅寺文書』一〇八、『静岡県史』一五一九「秋元興朝氏所蔵文書」。〔応永二六〕『図書』「九条家文書」八九七。〔応永二七〕『南禅寺文書』一二三、『鹿王』三八五・三八六・三八七・三八八・三九〇・三九一・三九二・三九三・三九四・三九五・三九六「天龍寺重書目録写」、『加能史料室町Ⅱ』九二頁「天龍寺所蔵文書」。

⑥ 押妨停止＝〔応永二五〕「足利将軍御内書并奉書留」六。

⑦ 酒麴売買規制＝〔応永二六〕『北野天満宮史料』「北野天満宮古文書」八。

E 管領畠山満家施行状（第二次在任期）

① 所領・所職宛行＝〔応永三〇〕『大古』「石清水文書（菊大路家文書）」二〇八、『静岡県史』一六六九「宝鏡寺文書」。〔応永三二〕『大古』「蜷川家文書」三—三。〔正長元〕「佐々木文書」一一五。

② 所領・所職寄進＝〔応永三二〕『図書』「壬生家文書」三八九—五。〔応永三三〕『静岡県史』一六九二「清和院文書」。

③ 所領・所職返付＝〔応永三二〕『大古』「大徳寺文書（真珠庵文書）」二三六—七。〔正長元〕『岡山県史』「赤松（春日部）家文書」四。

④ 下地沙汰付＝〔応永三三〕『広島県史』「長府毛利文書（無銘手鑑）」二。

⑤ 諸役免除＝〔応永二九〕『岐阜県史』「楓軒文書纂」二一。〔応永三〇〕『曹洞宗古文書』「総持尼寺文書」一三一三、『図書』「九条家文書」九〇一。〔応永三二〕『大古』「東寺百合文書い」一三。〔応永三三〕『近江蒲生郡志』四六一・四六二「永源寺文書」。〔応永三四〕『大古』「大徳寺文書」一九九・三一三〇。

⑥ 国衙検注＝〔応永三四〕『愛知県史』一二七八「醍醐寺文書」。

⑦ 紛失安堵＝〔応永三四〕『静岡県史』一六九八「御感状之写并書翰」。

⑧ 所務沙汰裁許＝〔正長元〕『和泉松尾寺文書』五三。

F 管領斯波義淳施行状（第二次在任期）

① 所領・所職宛行＝〔永享三〕『加能史料室町Ⅱ』三八三〜三八四頁「飯尾文書」。〔永享四〕『冷泉家古文書』五五。

② 所領・所職返付＝〔永享二〕『福井県史』「天龍寺文書」二八、『早稲』「上賀茂神社文書」三四。

③ 諸役免除＝〔永享三〕『向日市史』二四二頁「清和院文書」、『島本町史』「水無瀬神宮文書」七八。〔永享四〕『松尾大社史料集文書篇』「社蔵文書」一七〇七。

G 管領細川持之施行状

① 所領・所職宛行＝〔永享六〕『大古』「石清水文書（菊大路家文書）」一九〇。〔永享一二〕『大古』「小早川家文書」一五・一六・三六、『愛媛県史』一二六三「黄薇古簡集」。

②　所領・所職寄進＝〔永享八〕『春日大社文書』一一一。〔永享九〕『大古』「大徳寺文書」一一三八。〔永享一二〕『岐阜県史』「清和院文書」四。

③　所領・所職返付＝〔永享一〇〕『岐阜県史』「秋田藩採集文書」一三。

④　下地沙汰付＝〔永享七〕『福井県史』「佐藤行信氏所蔵文書」二、『武家手鑑』中ノ一一。〔永享一一〕『白河市史』四九九「東京大学白川文書」。

⑤　諸役免除＝〔永享六〕『加能史料室町Ⅱ』四九九頁「天龍寺所蔵文書」。〔永享七〕『久我家文書』一八五。〔永享八〕『近江東浅井郡志』「竹生嶋文書」三八、『長福』八四一・八四二「長福寺文書」。〔永享一〇〕『鰐淵』「鰐淵寺文書」一〇七、『島本町史』「水無瀬神宮文書」八一、『大古』「平賀家文書」一六三。〔嘉吉元〕『大古』「東福寺文書」四一二―二・四、『堺市史』二一六頁「開口神社文書」（三通）、『図書』「九条家文書」一七九七―一。

⑥　所務沙汰裁許＝〔永享六〕『大古』「醍醐寺文書」二七五七。

(10)　『大日本古文書』「大徳寺文書（真珠庵文書）」二三六―七・八。

(11)　今谷明「室町幕府奉行人奉書の基礎的考察」（『室町幕府解体過程の研究』岩波書店、一九八五年、初出一九二年）一八七頁、註(1)同前掲著書、九八～九九頁・一一三頁。

(12)　今谷明・高橋康夫編『室町幕府文書集成　奉行人奉書篇』（思文閣出版、一九八六年、以下の数字はこの文書番号）によれば、義持執政期（応永一五～応永三五年）における個別荘園の課役免除の奉行人奉書は、六三、六九、七〇、七二、七七、八一、八五、八六、九三、九六、九七、九八、一〇四、一〇九、一一〇の計一五通を確認でき、当該期の奉行人奉書発給数の約三分の一を占めている。

(13)　小林保夫「室町幕府における段銭制度の確立」（『日本史研究』一六七号、一九七六年）は、将軍（室町殿）御判御教書による段銭免除機構の成立を応永三〇年前後であると論じた。また、段銭免除の奉行人奉書が単署から連署制へと移行したのも、応永末年から永享初年のことと指摘した。これらは、応永末年における幕府の課役免除制の変化を考える上で、注目される現象である。

(14)　本文でも触れたように、「任二安堵旨一」というような文言を含む施行状は姿を消すのに対し、宛行の施行状は継続的に発給され続けていることが注目される。これに関しては、幕府の安堵政策も含めて、本書第一部第一章「室町幕府の国人所領安堵」で検討した。

(15)本書第一部第一章「室町幕府の国人所領安堵」、八七～八八頁および表4参照。
(16)たとえば、熊本県教育委員会編『細川家文書』一八五。
(17)設楽薫氏によれば、「将軍（室町殿）—奉行人」と「管領—奉行人」とで構成される二重の評議体制（「御前沙汰体制」）において政務が処理される中で、個々の事案や管領・奉行人の行動をチェックするために、義教は『御前落居記録』と『御前落居奉書』の作成を意図したという。註(2)設楽前掲論文、九八頁。
(18)註(1)今谷前掲著書、一一三頁。
(19)小川信「基国の管領就任と職権活動」（『足利一門守護発展史の研究』吉川弘文館、一九八〇年）七〇二頁。また、同「頼之の管領就任と職権活動」（同上書、初出一九七八年）二四二頁によると、細川頼之が発給した管領奉書の感状数は一八通であり、細川持之の二三通は歴代管領の中でも最多に属すると思われる。
(20)義持期における軍事行動で牙旗が軍勢に下賜された徴証は、北畠満雅の乱＝『満済准后日記』応永二二年四月五日条、上杉禅秀の乱＝『看聞日記』応永二三年一二月一一日条、鎌倉府攻撃＝『看聞日記』応永三〇年八月一一日条、赤松満祐追討＝『満済准后日記』応永三四年一一月一四日条。
(21)御内書軍勢催促状の徴証は、本書第一部第二章「室町幕府の軍勢催促」、表5№28・30～35。御内書感状の徴証は、本書第一部第三章「室町幕府の戦功褒賞」、表6№14～23。
(22)本書第二部第一章「管領・諸大名の衆議」、二一八～二二四頁。
(23)桑山浩然「足利義教と御前沙汰」（『室町幕府の政治と経済』吉川弘文館、二〇〇六年、初出一九七七年）二七～二八頁。
(24)註(2)設楽前掲論文、九六～九八頁。
(25)『満済准后日記』永享三年九月一一日条。対鎌倉府政策をめぐる、室町殿義教と管領斯波義淳との対立については、河村昭一「管領斯波義淳の政治活動」（Ⅰ）（Ⅱ）（『政治経済史学』四一七号・四一八号、二〇〇一年）。本書第二部第一章「管領・諸大名の衆議」、二一六～二一八頁。
(26)註(2)設楽前掲論文。
(27)註(2)設楽前掲論文、一〇一～一〇二頁。こうした義教の姿勢は、所務沙汰に限らず、幕政に参与する諸大名に対しても見られる。本書第二部第一章「管領・諸大名の衆議」、同第二章「在京大名の都鄙間交渉」。

(28) 註(11)今谷前掲論文、一八八頁・二二一～二二二頁。

(29) 奉公衆ではないが幕府に直属する国人の例として、安芸国の毛利氏があげられる。この点に関しては、岸田裕之「国人領主の成長」(広島県編集・発行『広島県史　中世通史Ⅱ』、一九八四年) 三七〇～三七一頁参照。

(30) たとえば『大日本古文書』「小早川家証文」三二三、「毛利家文書」一三五六。本書第一部第二章「室町幕府の軍勢催促」、表5も参照。

(31) たとえば『新編信濃史料叢書』「勝山小笠原文書」二二頁 (信濃守護小笠原政康宛、永享一〇年九月六日付管領細川持之奉書)。

(32) 『室町幕府文書集成　奉行人奉書篇』一二八・一三〇・一四三「御前落居奉書」。このほか、より厚礼な書状様式の奉行人奉書軍勢催促状も存在するので例をあげておく。

関東発向御勢事、被レ執二寄美濃国一、可レ被レ待二申御一左右一之由、自レ私内々可レ申之旨、被二仰出一候。恐々謹言。

(異筆)「永享十一」
閏正月廿四日　　貞連(飯尾)(花押)

河野殿(教通)

(『岐阜県史』「山城淀稲葉文書」一)

内容は御内書や管領奉書には記されない細々とした指示や、室町殿の意思を「内々」に伝達するものが多く、御内書・管領奉書の補助的な役割を果たしていたと考えられる。奉行人層の職制上における身分の低さにより、奉行人奉書の宛所が規制された点については、小泉義博「室町幕府奉行人奉書の宛所」(日本古文書学会編『日本古文書学論集8　中世Ⅳ』吉川弘文館、一九八七年、初出一九七六年)。

(33) 註(11)今谷前掲論文、二二一～二二二頁。

(34) このほか、単一戦功の褒賞を行っている御内書の例として、『大日本古文書』「平賀家文書」一七に次のようなものがある。

(大和)能登山陣執寄事、最前令二同心一云々。尤被二感思食一。向後弥廻二了簡一、無二越度一之様、可レ致二忠節一。仍太刀一腰遣レ之也。

(永享一〇年)三月九日　　(足利義教)(花押)

平賀尾張守(頼宗)とのへ

この文書は、本文で触れた単一戦功の褒賞例として今谷氏が示した、史料2の管領奉書と同じ戦場における戦功を賞した御内書である。

(35) 註(11)今谷前掲論文、二二二頁。
(36) 『大日本古文書』「小早川家証文」三四二・三四三・三四四。
(37) 書状様式の副状が申次や内談衆に限らず、管領や奉行人など幕府内の様々な階層から出されたことについては、今岡典和「御内書と副状」(大山喬平教授退官記念会編『日本社会の史的構造　古代・中世』思文閣出版、一九九七年)六一一～六一三頁。
(38) たとえば永享五年九月、駿河守護今川範忠が湯嶋城を攻め落とした注進は、九日に京都の満済のもとに届けられた。翌日に満済はこれを義教に披露し、御内書感状が発給された(以上『満済准后日記』)。管領や満済のほか、義教期に地方からの注進窓口になっていたのは、室町殿側近、幕府奉行人、在京大名らに大別できる。本書第一部第三章「室町幕府の戦功褒賞」、一五五頁、第二部第二章「在京大名の都鄙間交渉」、二三八頁。
(39) 註(19)小川前掲「頼之の管領就任と職権活動」、二三三～二三四頁。
(40) 本書第一部第三章「室町幕府の戦功褒賞」、一四三～一四五頁。「御前沙汰体制」については、註(17)参照。

第四章　足利義政期の軍事決裁制度

はじめに

嘉吉の乱で室町殿足利義教が暗殺されたのち、室町幕府政治は管領の執政代行から足利義政の親政へと推移していく。百瀬今朝雄氏によって示されたこの政治過程の視角は、(1)当該期の幕府研究に大きな影響を与え、(2)室町殿側近や守(3)護勢力についても成果が蓄積されている。(4)だがその考察対象は、所務沙汰や雑務沙汰などの訴訟制度や、守護家の内紛・対立に偏る傾向にあり、軍事制度に関する指摘は少ない。後掲の表13からわかるように、この時期も幕府は軍事行動を断続的に発令しており、管領政治から義政親政へと移行する中で、軍事がいかに処理されたのかを検討することは、幕府軍制の変質過程を考える上でも軽視できない。

これに関係して問題となるのは、室町殿の軍事指揮を補佐する役割を担う管領の位置づけである。佐藤進一氏によると、管領制は「主従制的支配権」と「統治権的支配権」とが、将軍のもとで統合されて成立したという。(5)「統治権的支配」を反映する幕府訴訟制度は、管領制の末期にあたる義政親政期にも研究が深められている。(6)

だが一方で、「主従制的支配」の分野に関連して、義政親政のもとでの管領の軍事的位置づけについての考察はほとんど行われていない。管領の軍事指揮権への関与は、義教期に儀礼化したとし、その延長に義政期を理解する研究もある。(7)しかし義教期の管領は、幕府の軍事方針の決定過程に関わり、また諸方からもたらされる注進状を披露するなどして、室町殿の軍事指揮を補佐していた。(8) よって、室町殿・管領を中心とした軍事処理のあり方が、管領政治期から義政親政期にかけていかに変質したのかは、いまだ不明な点が多く残っている。

以上の問題関心のもと、本章は制度的な側面を中心に幕府の軍事処理の変質過程を明らかにしたい。なお考察対象とする時期は、管領が室町殿権力の主要部分を代行した嘉吉の乱後から、復活した室町殿の軍事親裁が再び動揺する応仁・文明の乱勃発時までとした。

一　管領政治期の軍事処理

1　幕府奉行人の活動

嘉吉の乱後の幕府軍事制度について述べるに際し、まず確認しなければならないのは、大名衆議（いわゆる「重臣会議」）との関わりである。今谷明氏は、幕府の軍事指揮権は「重臣会議」に集約されたとし、嘉吉の乱後は室町殿生母の日野重子がこれを召集する「寵嬖政治」が行われたと展望した。(9) だが、重子が室町殿権力を代行したのは、実子の義勝と義政とがそれぞれ将軍宣下を受けた嘉吉二年から宝徳元年（一四四二～一四四九）の間に限られる上に、武家内部の問題には積極的な介入は確認されていない。(10) また、本書第二部第一章、二〇九頁で明らかにしたように、大名衆議に軍事が諮問されるのは複数守護の軍勢派遣を検討する際であり、大名衆議と軍事指揮権とを直結させる考えには問題がある。軍事と大名衆議とがまったく無関係とはいえないが、軍勢催促・戦功注進といった事柄も含めて、当該期の軍事処理のあり方を総体的に把握する必要がある。

嘉吉元年から宝徳三年（一四四一〜一四五一）の期間、幕府の軍勢催促状と感状は管領奉書に限られることから、今谷氏は義教期に幕府奉行人が分有していた軍事指揮権・戦功認定権を、管領が剝奪したと述べた。[11]しかし訴訟制度の分野では、幕府奉行人は意見具申機関の構成員として管領の政務を補佐していたことが指摘されており、[12]軍事制度における奉行人の評価と乖離している状況にある。したがって、管領が決裁するにしても、軍事に関わる実務を誰が担っていたのかを、具体的に明らかにしていかなければならない。

たしかにこの時期、軍事事項を扱った幕府奉行人奉書は見られなくなるが、管領奉書様式の軍勢催促状に副えられた奉行人書状は複数確認できる。たとえば嘉吉元年一〇月、周防・長門守護大内教弘に、少弐教頼らを討てと命じた管領細川持之奉書が発給された。奉行人飯尾貞連はこれに副状を出し、以前に下賜した牙旗を再使用することや、大友持直・菊池元朝・千葉胤鎮らの「治罰」は数度におよぶので攻撃対象として管領奉書に載せなかったことなど、補足説明を伝えている（表13No.6、以下No.のみ記す）。

戦場から届く注進も、奉行人が管領に披露していた。嘉吉元年九月、赤松満祐を攻囲していた周防・長門守護大内教弘と伊予守護河野教通からの注進に対し、奉行人飯尾貞連は管領細川持之に披露した旨を両者にそれぞれ知らせている。[13]また奉行人は、軍勢催促に対する請文（御請）の窓口になっていた。嘉吉元年一二月、薩摩守護職をめぐる島津忠国・持久兄弟の内訌を解決するため、管領細川持之は有力国人に忠国への合力を命じたが（No.10〜13）、それを受けた禰寝重清の御請は「御奉行所」宛であった。[14]

さらに奉行人は、上使として戦陣に派遣されることもあった。文安元年（一四四四）一一月、播磨で挙兵した赤松満政を攻撃するために、守護山名持豊らの軍勢が進発したが、幕府奉行人斎藤熙基・飯尾為数も上使として下向した。[15]幕府奉行人が上使となることについて今谷氏は、「義教政権期に、幕府奉行人が使節として戦場に随行し、監軍的役割を果たしているらしい〔中略〕事実は、奉行人層が軍忠の注進、行賞決定の過程に何らかの形で関与するようになったという意味で注目される」と積極的な評価を与えた(16)。同時に今谷氏は、管領政治期における幕府奉行人の役割低下を説いたわけだが、彼らのこうした活動が管領政治期にも継続して見られる点に注意すべきだろう。幕府奉行人は管領に権限を剥奪されたわけではなく、その軍事処理を補佐していたのである(17)。

2 管領内衆の進出

ただしその一方で、管領(細川・畠山)内衆の活動が次第に目立つようになることも看過できない。嘉吉の乱後、幕府裁判手続きにおける管領内衆の役割比重が増すとの指摘があるが(18)、こうした現象は軍事の分野にもおよんでいる。これまで管領内衆は、室町殿や大名との意見調整の際に派遣される使者としての任務が中心であった(19)。だがこの時期、幕府の軍勢催促に対する御請受理・戦功披露など、従来は幕府奉行人が担っていた事項に新たに関わりだしてくる。

細川氏の場合、内衆とともにまず触れなければならないのが、典厩家の細川持賢である。本書第一部第三章、一五四頁でも述べたように、持賢は義教期にも兄持之の管領としての職務を補佐し、戦陣からの注進状を受け取っていたが、こうした活動は嘉吉の乱後も引き続き見られる。たとえば、嘉吉元年(一四四一)秋、故一色義貫の元被官牢人と土一揆が若狭で蜂起し、幕府は近隣国人に鎮圧を命じた(No.9)。この時、義教を暗殺した赤松満祐・教康父子を攻めるため播磨に在陣していた若狭守護武田信賢はじめ、安芸の吉川氏も若狭への転進を命じられた(20)。一〇月二六日、細川持賢は武田方から戦功注進状が届いたと吉川経信に書状で告げ、二九日には管領持之も書状で経信の戦功をねぎらった(21)。この持賢の書状には、細川京兆家の守護国である丹波の野伏を国人にともなわせて出陣させたともあり、持之・持賢兄弟が連携して軍務を処理していた様子がうかがえる(22)。持賢は、嘉吉二年八月に持之が亡くなったのちも、

特記指示事項（副状の内容含む）	難渋	副　状	典　　　　拠
			『大古』「吉川家文書」37
			『大古』「小早川家文書」25
一族の催促			『大古』「小早川家証文」348
			『大古』「益田家文書」137
備前国豊原六郷（河南寺社領を含む）の野伏動員			『建内記』嘉吉元年7月26日条
		飯尾貞連	『大古』「蜷川家文書」28-1・2
周防・長門守護大内教弘への合力			『大古』「毛利家文書」62
〃			『大古』「益田家文書」503
若狭守護武田信賢への合力			『史料纂集』「朽木文書」62（『福井県史』「朽木家古文書」7参照）
薩摩守護島津忠国への合力			『宮崎県史』「野辺文書」8
〃			『宮崎県史』「樺山文書」134
〃			『鹿児島県史料』「旧記雑録前編2」1273
〃			『鹿児島県史料』「禰寝文書」228
加賀守護富樫泰高代山川家之への合力			『加能史料室町Ⅲ』100頁「美吉文書」
薩摩守護島津忠国への合力			『鹿児島県史料』「旧記雑録前編2」1287
〃			『鹿児島県史料』「旧記雑録前編2」1288
〃			『鹿児島県史料』「禰寝文書」230
落所の捜索			『熊本県史料』「志賀文書」246
〃			『熊本県史料』「志賀文書」247
安芸奉公衆沼田小早川熙平代弟又次郎への合力			『大古』「小早川家証文」87（86・88参照）
伊予守護河野教通への合力	●		『大古』「小早川家証文」89
〃	●		『萩藩閥閲録』巻43-59
石見守護山名教清への所属			『大古』「益田家文書」139
加賀守護富樫泰高代山川近江守への合力			『加能史料室町Ⅲ』175頁「美吉文書」
加賀守護富樫泰高代への合力			『加能史料室町Ⅲ』180～181頁「慶元諸大名直判集」
〃			『史料纂集』「朽木文書」63
加賀守護富樫泰高への合力			『加能史料室町Ⅲ』191頁「美吉文書」
〃			『加能史料室町Ⅲ』191～192頁「佐藤行信氏所蔵文書」
兵庫頭入道常秋への合力			『岐阜県史』「土岐文書」16
			『北野天満宮史料 古記録』「目安等諸記録書抜」269頁
出雲守護京極持清への合力			『萩藩閥閲録』巻121ノ2-117
伊予守護河野通春への合力			『愛媛県史』1296「大野系図」
諸軍勢の動員，備後奉公衆杉原伯耆守とともに伊予守護河野教通への合力			『大古』「小早川家証文」356
土佐守護代とともに軍事行動（No.38の写しか）			『高知県史』「土左国古文叢」418
安芸直属国人吉川経信への合力（準備）			『大古』「吉川家文書」274

表 13　室町幕府軍勢催促状②

室町殿	No.	年　月　日	様式	宛　所	地　位	動員地域	攻撃対象（発向地域）
足利義勝	1	嘉吉元/7/4	管奉	吉川経信	幕府直属国人	安芸	赤松満祐・教康（播磨）
	2	〃	〃	沼田小早川煕平	幕府奉公衆	〃	〃
	3	〃	〃	竹原小早川盛景	〃	〃	〃
	4	〃	〃	益田兼堯	幕府直属国人	〃	〃
	5	〃 /7/8	〃	片岡次郎左衛門入道	幕府奉行人内者	備前	［赤松満祐］（播磨）
	6	〃 /10/14	〃	大内教弘	守護	周防長門	少弐教頼，［大友持直残党］（肥前，豊後）
	7	〃	〃	毛利煕元	幕府直属国人	安芸	［少弐教頼，大友持直残党］（肥前，豊後）
	8	〃	〃	益田藤次郎［兼堯］	〃	石見	［〃］〃
	9	〃 /11/3	〃	朽木貞高	幕府外様衆	近江	［一色義貫残党・土一揆］（若狭）
	10	〃 /12/12	〃	野辺盛仁	国人	日向	島津持久，高木殖家，市来久家（薩摩）
	11	〃	〃	樺山孝久	〃	〃	〃
	12	〃	〃	吉田若狭守	〃	大隅	〃
	13	〃	〃	禰寝重清	〃	〃	〃
	14	〃 /12/24	〃	摂津満親	幕府評定衆	加賀	本折但馬入道父子（加賀）
	15	嘉吉2/10/25	〃	吉田若狭守	国人	大隅	島津持久，高木殖家，市来久家（薩摩）
	16	〃	〃	入来院重長	〃	薩摩	〃
	17	〃	〃	禰寝重清	〃	大隅	〃
	18	〃 /12/15	〃	志賀親賀	〃	豊後	少弐教頼，大友持直，大内教幸（北九州）
	19	〃	〃	志賀親泰	〃	〃	〃
	20	〃 /12/19	〃	山名持豊	守護	備後	沼田小早川持平親類・被官（安芸）
足利義政	21	文安元/4/5	〃	沼田小早川煕平	幕府奉公衆	安芸	［河野通春］（伊予）
	22	〃 /8/16	〃	出羽祐房	国人	石見	［〃］〃
	23	〃 /11/22	〃	益田兼堯	幕府直属国人	〃	赤松満政・三郎［満直］・則尚（播磨）
	24	文安2/8/28	〃	摂津満親	幕府評定衆	加賀	［富樫成春］（加賀）
	25	〃 /12/27	〃	狩野家澄	幕府奉公衆	〃	富樫成春，本折（加賀）
	26	文安3/3/27	〃	朽木高親	幕府外様衆	近江	〃
	27	〃 /7/10	〃	摂津満親	幕府評定衆	加賀	〃
	28	〃	〃	狩野家澄	幕府奉公衆	〃	〃
	29	文安4/8/6	〃	明智頼秀	幕府外様衆	美濃	中条左馬助（美濃）
	30	〃 /12/14	〃	六角久頼	守護	近江	多胡一類（近江）
	31	宝徳元/2/25	〃	周布次郎［和兼］	国人	石見	佐波弘行（出雲）
	32	〃 /3/30	〃	大野［繁直］	幕府直属国人	伊予	河野教通，宇都宮遠江守（伊予）
	33	宝徳2/8/19	〃	竹原小早川盛景	幕府奉公衆	安芸	［河野通春］（伊予）
	34	〃 /10/22	〃	大野繁直	幕府直属国人	伊予	津野之高（土佐）
	35	〃 /11/16	〃	沼田小早川煕平	幕府奉公衆	安芸	綿貫左京亮（安芸）

特記指示事項（副状の内容含む）	難渋	副　状	典　　　拠
安芸・石見の諸軍士動員，伊予守護河野教通への合力	●		『大古』「小早川家証文」359
越後守護上杉房定への合力			『新潟県史』「古案記録草案」2036
土佐守護代とともに軍事行動			『愛媛県史』1318「大野文書」
伊予守護河野教通への合力	●		『室奉』374「吉川家文書」
代官派遣の叱責，守護河野教通への合力			『萩藩閥閲録』巻43-60
伊勢直属国人長野教高への合力			『三重県史』「氏経卿引付」2-42
No. 41 の催促	●		『三重県史』「氏経卿引付」2-58
			『細川家文書』169
与同の禁止			『大古』「毛利家文書」81
〃			『大古』「毛利家文書」1337
山内上杉憲実遺跡への合力			『信叢』「勝山小笠原文書」26頁
一族・親類の動員，河内守護畠山義就への合力	●		『大古』「小早川家証文」116（117参照）
島津祐貞への合力			『大古』「島津家文書」1180
幕府使節諏訪忠郷・飯尾隼人佑の派遣通告	●	細川勝元	『信叢』「勝山小笠原文書」26～27頁
一族の動員	●		『大古』「毛利家文書」85
〃			『大古』「山内首藤家文書」560
〃	●		『萩藩閥閲録』巻43-61
			『室奉』477「大乗院寺社雑事記」
			『群馬県史』「正木文書」171
			『群馬県史』「正木文書」172
			『群馬県史』「正木文書」201
堀越公方足利政知への合力	●	細川勝元	『白河市史』557・558「熱海白川文書」
岩松家純の計らいに服属（感褒文言を含む）			『信叢』「勝山小笠原文書」28頁
	●		『白河市史』560「白河證古文書中仙台白河家蔵」
	●		『信叢』「勝山小笠原文書」28頁
	●	細川勝元	『信叢』「勝山小笠原文書」28頁
奥州探題大崎教兼との談合	●	細川勝元	『白河市史』563「国学院大学白河結城文書」，565「熱海白川文書」
越前守護代甲斐常治代敏光への合力（準備）			『室奉』541「大乗院寺社雑事記」
遠江榛原新所地下人の動員，遠江守護代への合力			『室奉』552「南禅寺文書」
遠江蒲御厨住人の動員，遠江守護代への合力			『室奉』579「東大寺文書」
父教房討死の際，誅罰の御内書紛失につき再発給			『続群書類従』「御内書案」291頁
	●	［細川勝元］	『続群書類従』「御内書案」291頁
難渋者の交名注進	●		『続群書類従』「御内書案」291頁
宇都宮等綱の死去後も，同心忠節を求む		［細川勝元］	『続群書類従』「御内書案」291～292頁
蘆名盛詮との和睦を褒す	●		『続群書類従』「御内書案」293頁

室町殿	No.	年　月　日	様式	宛　所	地　位	動員地域	攻撃対象（発向地域）
足利義政	36	宝徳3/4/11	管奉	竹原小早川盛景,杉原伯耆守	幕府奉公衆	安芸備後	［河野通春］（伊予）
	37	〃 /5/4	〃	欠	不明	不明	長尾実景，同意輩（越後）
	38	〃 /10/23	〃	大野繁直	幕府直属国人	伊予	津野之高（土佐）
	39	〃 /12/26	奉奉	吉川経信	〃	安芸	［河野通春］（伊予）
	40	〃 /12/29	管奉	出羽祐房	国人	石見	［　〃　］　〃
	41	享徳元/11/24	奉奉	藤波清忠	祭主	伊勢	九鬼遠江守跡知行分地下人（志摩）
	42	享徳2/5/10	〃	〃	〃	〃	〃
	43	［享徳3］/11/3	御内	細川常有	半国守護	和泉	山名持豊（山城京都）
	44	享徳3/12/15	管奉	毛利熙元	幕府直属国人	安芸	山名八郎（備後）
	45	〃	〃	麻原広顕	幕府奉公衆	〃	〃
	46	康正元/1/16	御判	小笠原光康	守護	信濃	［足利成氏］（関東）
	47	〃 /8/15	管奉	沼田小早川熙平	幕府奉公衆	安芸	片岡，龍田，箸尾（大和）
	48	〃 /10/26	〃	和田［正存］	国人	日向	島津忠国（薩摩）
	49	［康正元］/11/27	御内	小笠原光康	守護	信濃	足利成氏（関東）
	50	康正2/7/13	管奉	［毛利熙元］	幕府直属国人	安芸	津野之高，同意輩（土佐）
	51	〃	〃	杉原因幡守	幕府奉公衆	備後	〃
	52	〃	〃	出羽祐房	国人	石見	〃
	53	長禄元/6/2	奉奉	楊本，蓬来，超昇寺，吐田，丹生，箕田，鷹山奥，豊田，秋篠，越智，布施，十市，古市，小泉，狭川，福住，簀川，万歳，井戸，高田，楢原，福智，岡（別紙）	衆徒，国民	大和	番条，常善院宗観（大和）
	54	長禄2/3/27	御判	岩松持国	古河公方近臣	上野	足利成氏（関東）
	55	〃	〃	岩松次郎	古河公方近臣子息	〃	〃
	56	〃	〃	岩松成兼	〃	〃	〃
	57	［長禄2］/4/28	御内	白川直朝	郡守護	陸奥	〃
	58	長禄2/7/29	管奉	小笠原光康	守護	信濃	［足利成氏］〃
	59	［長禄2］/8/17	御内	白川直朝	郡守護	陸奥	足利成氏　〃
	60	［　〃　］/8/27	〃	小笠原赤沢一族	国人	信濃	［足利成氏］〃
	61	［　〃　］　〃	〃	小笠原被官	守護被官	〃	［　〃　］〃
	62	［　〃　］　〃	〃	白川直朝	郡守護	陸奥	足利成氏　〃
	63	長禄3/3/17	奉奉	興福寺雑掌	雑掌	越前	［斯波義敏派国人］（越前）
	64	〃 /8/9	〃	南禅寺雑掌	〃	遠江	今川治部少輔［範将］，牢人（遠江）
	65	寛正元/4/2	〃	［東大寺］		〃	原遠江入道（遠江）
	66	［寛正元/4/19］	御内	八条上杉政藤	大名	［武蔵］	足利成氏（関東）
	67	［寛正元/4/21］	〃	伊達持宗	郡守護	陸奥	［足利成氏］〃
	68	［寛正元］/4/21	〃	塩松石橋松寿，二本松畠山七郎	旧陸奥国大将旧奥州管領	〃	足利成氏　〃
	69	［寛正元/4/21］	〃	宇都宮等綱親類，同被官（別紙）	大名親類，同被官	下野	［足利成氏］〃
	70	［　〃　］	〃	白川直朝	郡守護	陸奥	［　〃　］〃

特記指示事項（副状の内容含む）	難渋	副　状	典　　拠
白川直朝との和睦を褒す	●		『続群書類従』「御内書案」293頁
相模箱根山越えを制止		［細川勝元］	『続群書類従』「御内書案」298頁
〃		［細川勝元］	『続群書類従』「御内書案」298頁
			『大乗院寺社雑事記』寛正元年閏9月8日条
大乗院門跡から衆徒・国民の動員を促す			『大乗院寺社雑事記』寛正元年閏9月8日条
河内守護畠山政長との談合			『加能史料室町Ⅳ』162～163頁「大館記」
自身の出陣を促す			『加能史料室町Ⅳ』163頁「大館記」
旧奥州管領二本松畠山七郎との談合	●		『続群書類従』「御内書案」299頁
旧陸奥国大将塩松石橋松寿との談合	●		『続群書類従』「御内書案」299頁
	●	［伊勢貞親］	『続群書類従』「御内書案」299頁
下野大名小山・宇都宮・那須氏参陣の計略		［伊勢貞親］	『続群書類従』「御内書案」299頁
一揆の動員	●		『続群書類従』「御内書案」299～300頁
陸奥郡守護伊達持宗への所属			『続群書類従』「御内書案」300頁
陸奥郡守護白川直朝との談合	●		『続群書類従』「御内書案」300頁
陸奥郡守護蘆名盛詮との談合	●		『続群書類従』「御内書案」300頁
陸奥郡守護白川直朝との談合	●		『続群書類従』「御内書案」300頁
	●		『続群書類従』「御内書案」300頁
	●		『続群書類従』「御内書案」300頁
陸奥郡守護白川直朝との談合	●		『続群書類従』「御内書案」301頁
陸奥国人田村氏との談合	●		『続群書類従』「御内書案」301頁
陸奥郡守護岩崎氏との談合	●		『続群書類従』「御内書案」301頁
陸奥郡守護岩城氏との談合	●		『続群書類従』「御内書案」301頁
陸奥郡守護相馬氏との談合	●		『続群書類従』「御内書案」301頁
陸奥郡守護岩崎氏との談合	●		『続群書類従』「御内書案」301頁
私戦の制止，陸奥郡守護白川直朝との談合	●		『続群書類従』「御内書案」301頁
〃	●		『続群書類従』「御内書案」301～302頁
国人の動員，難渋者の交名注進	●		『続群書類従』「御内書案」302頁
奥州探題大崎教兼への所属	●		『続群書類従』「御内書案」302頁
奥州探題大崎教兼との談合			『続群書類従』「御内書案」302頁
治罰綸旨発給の通告と，参陣の督促			『続群書類従』「御内書案」302頁
治罰綸旨発給の通告と，下野大名小山・宇都宮氏に参陣を促すため，陸奥郡守護白川直朝との談合			『続群書類従』「御内書案」303頁
国人の動員		［伊勢貞親］	『続群書類従』「御内書案」303頁
諸軍出陣の計略（未発給）		［伊勢貞親］	『続群書類従』「御内書案」303頁
治罰綸旨発給の通告と，下野大名宇都宮氏の遅参を叱責	●		『続群書類従』「御内書案」303頁
治罰綸旨発給の通告，参陣の督促		［伊勢貞親］	『続群書類従』「御内書案」303頁

室町殿	No.	年　月　日	様式	宛　所	地　位	動員地域	攻撃対象（発向地域）
足利義政	71	[寛正元/4/21]	御内	蘆名盛詮	郡守護	陸奥	[足利成氏]（関東）
	72	[寛正元]/8/22	〃	足利政知	堀越公方	伊豆	[　〃　]　〃
	73	[寛正元/8/22]	〃	渋川義鏡	堀越公方重臣	〃	[　〃　]　〃
	74	寛正元/9/30	管奉	長谷寺衆徒	衆徒	大和	畠山義就（河内）
	75	〃	〃	東院		〃	〃
	76	寛正元/⑨/5	御内	筒井順永ほか2名	衆徒	〃	〃
	77	[寛正元/⑨/5]	〃	白山長吏，西郡筑前入道	長吏，幕府奉公衆	加賀	畠山義就，同被官（[越中]）
	78	[寛正元]/10/21	〃	塩松石橋松寿	旧陸奥国大将	陸奥	足利成氏（関東）
	79	[　〃　]　〃	〃	二本松畠山七郎	旧奥州管領	〃	〃
	80	[　〃　]　〃	〃	白川直朝	郡守護	〃	〃
	81	[寛正元/10/21]	〃	〃	〃	〃	[足利成氏]　〃
	82	[寛正元]/10/21	〃	伊達持宗	〃	〃	足利成氏　〃
	83	[　〃　]　〃	〃	懸田次郎	国人	〃	〃
	84	[　〃　]　〃	〃	小峰直親	〃	〃	〃
	85	[　〃　]　〃	〃	猪苗代刑部大輔	〃	〃	〃
	86	[　〃　]　〃	〃	須賀川二階堂次郎	〃	〃	〃
	87	[　〃　]　〃	〃	安積伊東右兵衛尉	〃	〃	〃
	88	[　〃　]　〃	〃	国分備前守，石川一族，信夫一族	〃	〃	〃
	89	[　〃　]　〃	〃	蘆名盛詮	郡守護	〃	〃
	90	[　〃　]　〃	〃	相馬高胤	〃	〃	〃
	91	[　〃　]　〃	〃	岩城隆忠	〃	〃	〃
	92	[寛正元/10/21]	〃	岩崎修理大夫	〃	〃	〃
	93	[　〃　]	〃	標葉常陸介	国人	〃	〃
	94	[　〃　]	〃	標葉伊予守	〃	〃	〃
	95	[　〃　]	〃	田村次郎[直顕]	〃	〃	〃
	96	[寛正元]/10/21	〃	田村一族	〃	〃	〃
	97	[寛正元/10/21]	〃	大崎教兼	奥州探題	〃	[足利成氏]　〃
	98	[　〃　]	〃	葛西亀若，同一族	郡守護，同一族	〃	足利成氏　〃
	99	[　〃　]	〃	黒川右馬助	国人	〃	〃
	100	[寛正元]/10/21	〃	宇都宮明綱，小山持政，那須資持，佐野伯耆守[盛綱]	大名，関東奉公衆	下野	〃
	101	[寛正元/10/21]	〃	那須氏資	大名	〃	〃
	102	[　〃　]	〃	左京大夫[最上義春]，修理大夫[天童頼勝]	出羽探題，同一族	出羽	〃
	103	[寛正元]/10/21	〃	有良西堂	幕府上使		[足利成氏]　〃
	104	[寛正元/10/21]	〃	芳賀景高	大名被官	下野	足利成氏　〃
	105	[寛正元]/10/21	〃	武田信長	古河公方近臣	上総	〃

特記指示事項（副状の内容含む）	難渋	副　状	典　　拠
出羽・陸奥の軍勢催促を告知，白川直朝との談合		［伊勢貞親］	『続群書類従』「御内書案」303～304 頁
一族・被官の動員	●	［伊勢貞親］	『続群書類従』「御内書案」304 頁
衆徒・国民の動員，難渋者の注進命令			『大乗院寺社雑事記』寛正 2 年 2 月 10 日条
山名是豊との相談			『大古』「益田家文書」555
堀越公方への援軍			『続群書類従』「御内書案」305 頁
千葉自胤の滞陣指示			『続群書類従』「御内書案」306 頁
兄実胤の隠遁制止，滞陣を指示			『続群書類従』「御内書案」306 頁
計略相談のため上洛指示			『続群書類従』「御内書案」307 頁
			『続群書類従』「御内書案」308 頁
紀伊守護畠山政長との相談			『和歌山県史』「湯河家文書（広島県）」11
堀越公方への援軍			『続群書類従』「御内書案」308 頁
上洛催促	●		『続群書類従』「御内書案」308 頁
治罰綸旨・錦旗の発給通告と，幕府方への転向勧誘			『続群書類従』「御内書案」309 頁
下野守護小山持政の参陣勧誘			『続群書類従』「御内書案」309～310 頁
治罰綸旨・錦旗の発給通告と，参陣の勧誘			『続群書類従』「御内書案」310 頁
合戦の即時遂行を促す			『続群書類従』「御内書案」310 頁
大名一族佐竹実定への諷諫			『続群書類従』「御内書案」310 頁
奥州探題大崎教兼と富沢河内守の私戦調停			『福島県史』「角田石川文書」43
越後守護上杉房定との相談	●		『信叢』「勝山小笠原文書」29 頁
伊予守護細川勝元代への合力			『大古』「吉川家文書」47
一族・親類の動員，伊予守護細川勝元代への合力			『大古』「小早川家証文」136
伊予守護細川勝元代への合力			『萩藩閥閲録』巻 43-68
〃			『大古』「毛利家文書」95
〃			『新訂増補国史大系』「後鑑」378 頁
伊予守護細川勝元代への合力			『愛媛県史』1408「古証文」
大内教幸との談合	●		『大古』「吉川家文書」312
一族・親類の動員			『大古』「小早川家証文」140
			『広島県史』「長府毛利文書（無銘手鑑）」3
			『大古』「吉川家文書」48
			『萩藩閥閲録』巻 43-69
上杉氏以下との相談，計略・注進を促す			『新編埼玉県史』937「足利家御内書案」
伊勢貞親代への合力			『室奉』699「親元日記」
〃			『室奉』700「親元日記」
〃			『室奉』701「親元日記」
	●		『静岡県史』2499「足利家御内書案」
越前守護代甲斐氏合力を同国寺門領に伝達指示			『室奉』704「大乗院寺社雑事記」

室町殿	No.	年　月　日	様式	宛　所	地　位	動員地域	攻撃対象（発向地域）
足利義政	106	［寛正元］/10/21	御内	佐竹義俊	大名	常陸	足利成氏（関東）
	107	［　〃　］　〃	〃	大宝寺淳氏	国人	出羽	〃
	108	［寛正2］/1/23	〃	尋尊	大乗院門跡	大和	畠山義就（河内）
	109	寛正2/9/16	奉奉	益田兼尭	幕府直属国人	石見	〃
	110	［寛正2］/12/19	御内	今川義忠	守護	駿河	［足利成氏］（関東）
	111	［寛正3］/4/23	〃	足利政知	堀越公方	伊豆	［　〃　］　〃
	112	［　〃　］　〃	〃	武蔵千葉自胤	大名一族	武蔵	［　〃　］　〃
	113	［　〃　］/11/9	〃	大森氏頼	関東奉公衆	駿河	［　〃　］　〃
	114	［寛正4］/4/10	〃	宇都宮明綱	大名	下野	［　〃　］　〃
	115	［　〃　］/10/30	〃	湯河政春	幕府奉公衆	紀伊	畠山義就（紀伊）
	116	［　〃　］/11/7	〃	今川範将	幕府直属国人	駿河	足利成氏（関東）
	117	［　〃　］/12/26	〃	大森氏頼	関東奉公衆	〃	〃
	118	［寛正5］/8/17	〃	小山持政	守護	下野	〃
	119	［　〃　］　〃	〃	水谷壱岐守	大名被官	〃	［足利成氏］〃
	120	［寛正5/8/17］	〃	鹿島出羽守［実幹］	国人	常陸	足利成氏　〃
	121	［　〃　］	〃	佐竹実定	大名一族	〃	〃
	122	［　〃　］	〃	江戸通房	国人	〃	〃
	123	寛正6/5/19	管奉	石川宗光	〃	陸奥	［足利成氏］〃
	124	〃　/6/9	〃	小笠原六郎［家長］	守護	信濃	村上政清，高梨政高（信濃）
	125	〃　/6/25	〃	吉川元経	幕府直属国人	安芸	河野通春（伊予）
	126	〃	〃	沼田小早川熙平	幕府奉公衆	〃	〃
	127	〃	〃	出羽祐房	国人	石見	〃
	128	［寛正6/6/25］	〃	［毛利熙元］	［幕府直属国人］	安芸	〃
	129	寛正6/6/25	〃	得屋遠江入道	国人	石見	〃
	130	〃	〃	欠	不明	不明	河野通春（伊予）
	131	［寛正6］/6/29	御内	吉川元経	幕府直属国人	安芸	大内政弘（周防，長門）
	132	寛正6/10/26	管奉	沼田小早川熙平	幕府奉公衆	〃	〃
	133	〃	〃	麻原広顕	〃	〃	〃
	134	〃	〃	吉川元経	幕府直属国人	〃	〃
	135	〃	〃	出羽祐房	国人	石見	〃
	136	［寛正6］/11/27	御内	木戸実範	関東奉公衆	［下総］	［足利成氏］（関東）
	137	［寛正6/11/28］	奉奉	筒井	衆徒	大和	御料所稲八妻公文進藤（山城）
	138	寛正6/11/28	〃	番条・高山・秋篠・超昇寺，瓶原・賀茂・相楽・吐師・田辺・薪・草内・普賢寺・菱田・綺・上狛・下狛・祝園各名主沙汰人，木津執行，守護代	国民，名主沙汰人，守護代	〃山城	〃
	139	〃	〃	松梅院，聖護院門跡雑掌，楢葉	楢葉＝［幕府奉公衆］	〃	〃
	140	［寛正6］/12/8	御内	今川義忠，武田信昌	守護	駿河甲斐	足利成氏（下総）
	141	寛正6/12/30	奉奉	興福寺雑掌	雑掌	越前	牢人［斯波義敏派国人］（越前）

特記指示事項（副状の内容含む）	難渋	副　状	典　　　拠
			『大古』「小早川家証文」142
堀越公方重臣渋川義鏡への所属			『続群書類従』「御内書案」312 頁
合戦の計略を促す			『新編埼玉県史』944「足利家御内書案」
下総松戸城の堅守			『続群書類従』「御内書案」312 頁
幕府方への転向勧誘			『続群書類従』「御内書案」312〜313 頁
			『続群書類従』「御内書案」313 頁
治罰綸旨・錦旗の発給通告と，幕府方への転向勧誘			『続群書類従』「御内書案」313 頁
			『続群書類従』「御内書案」313 頁
			『続群書類従』「御内書案」313 頁
			『栃木県史』「御内書案」17
（感褒文言を含む）			『続群書類従』「御内書案」313〜314 頁
	●		『続群書類従』「御内書案」314 頁
	●		『続群書類従』「御内書案」314 頁
	●		『続群書類従』「御内書案」314 頁
	●		『続群書類従』「御内書案」314 頁
			『続群書類従』「御内書案」314 頁
河内守護畠山政長への合力			『室奉』713「大乗院寺社雑事記」
			『続群書類従』「御内書案」315 頁
通路の封鎖			『室奉』731「東寺百合文書」
			『室奉』736「東寺百合文書」
治罰院宣の伝達			『経覚私要鈔』応仁元年 10 月 9 日条
上洛指示	●		『経覚私要鈔』応仁元年 10 月 9 日条
			『大古』「小早川家証文」151
郷々村々との相談，要害の構築・結番指示			『室奉』760「山科家礼記」
〃			『室奉』761「山科家礼記」
通路の警固，敵方在所に発向			『室奉』768「山科家礼記」
通路の確保，郷民の催促，槇島・宇治大路との談合			『室奉』770「山科家礼記」
敵通路の封鎖，御方往反の警固，所々との相談			『室奉』772「山科家礼記」
郷民の催促，青蓮院門跡庁法印桓幸との相談			『室奉』773「山科家礼記」
境内地下人の動員	●		『室奉』774「祇園社記」
要害の構築，通路の封鎖，潜伏中の敵方捜索			『室奉』775「山科家礼記」
		［細川勝元］	『大日本史料 8 編之 2』201〜202 頁「黒岡帯刀所蔵文書」
尾張守護斯波義寛への合力，近所族の動員			『室奉』779「室町家御内書案」
備後守護山名是豊勢との相談（感褒文言を含む）			『大古』「小早川家証文」188
〃			『大古』「吉川家文書」51
（宛行文言を含む）			『大古』「相良家文書」203
〃	●		『大日本史料 8 編之 2』202 頁「黒岡帯刀所蔵文書」

室町殿	No.	年　月　日	様式	宛　所	地　位	動員地域	攻撃対象（発向地域）
足利義政	142	文正元/3/6	奉奉	沼田小早川熙平	幕府奉公衆	安芸	乃美員平（安芸）
	143	[文正元]/6/2	御内	佐々木近江守，簗田持助	関東奉公衆	[下総]	[足利成氏]（関東）
	144	[　〃　]/6/3	〃	扇谷上杉持朝	守護	相模	足利成氏　〃
	145	[　〃　]　〃	〃	原信濃入道	武蔵千葉被官	下総	[足利成氏]（上総，下総）
	146	[　〃　]　〃	〃	小山持政	守護	下野	足利成氏（関東）
	147	[　〃　]　〃	〃	宇都宮弥三郎	[大名一族]	[下野]	〃
	148	[文正元/6/3]	〃	結城氏広，小田光重	大名	下総 下野	〃
	149	[　〃　]	〃	鹿島出羽守［実幹］	国人	常陸	〃
	150	[文正元]/6/3	〃	佐野遠江守	〃	[下野]	〃
	151	[　〃　]　〃	〃	那須資持	大名	下野	〃
	152	[文正元/6/3]	〃	白川直朝，小峰直親	郡守護，同一族	陸奥	[足利成氏]　〃
	153	[　〃　]	〃	伊達持宗	郡守護	〃	足利成氏　〃
	154	[　〃　]	〃	須賀川二階堂遠江守	国人	〃	〃
	155	[　〃　]	〃	田村次郎［直顕］	〃	〃	〃
	156	[　〃　]	〃	蘆名盛詮	郡守護	〃	〃
	157	[　〃　]	〃	武田信高	[古河公方近臣]	上総	〃
	158	文正元/8/28	奉奉	古市胤栄	衆徒	大和	畠山義就（河内）
	159	[文正元]/12/29	御内	岩松明純	幕府外様衆	上野	足利成氏（関東）
	160	応仁元/6/13	奉奉	西岡中脈地頭御家人	御家人	山城	畠山義就（河内）
	161	〃　/8/27	〃	〃	〃	〃	[畠山義就]　〃
	162	[応仁元]/10/3	御内	興福寺衆徒	衆徒	大和	山名持豊（山城京都）
	163	[　〃　]/10/5	奉奉	〃	〃	〃	[山名持豊]　〃
	164	応仁元/12/29	〃	沼田小早川熙平	幕府奉公衆	安芸	竹原小早川弘景（安芸）
	165	応仁2/2/21	〃	山科家雑掌	雑掌	山城	西軍（山城京都粟田口）
	166	〃	〃	山科七郷住人	荘郷住人	〃	〃
	167	〃　/4/10	〃	山科名主沙汰人	名主沙汰人	〃	〃　（山城）
	168	〃　/5/20	〃	山科沙汰人	沙汰人	〃	〃　（山城宇治）
	169	〃　/5/28	〃	山科家雑掌	雑掌	〃	〃　（山城）
	170	〃　/6/26	〃	〃	〃	〃	〃　（山城京都河原）
	171	〃　/7/11	〃	祇園社執行	執行	〃	〃　（山城）
	172	〃　/7/22	〃	山科七郷名主沙汰人	名主沙汰人	〃	〃
	173	[応仁2]/8/6	御内	島津季久	守護一族	薩摩	大内政弘（周防，長門，豊前，筑前）
	174	応仁2/9/8	奉奉	飯尾弥三郎	[守護被官]	[尾張]	西軍（尾張）
	175	〃　/10/4	管奉	沼田小早川元平	幕府奉公衆	安芸	〃　（備後）
	176	〃	〃	吉川元経	幕府直属国人	〃	〃
	177	〃　/10/28	〃	相良為続	国人	肥後	大内政弘，与力輩（周防，長門，豊前，筑前）
	178	〃	〃	島津季久	守護一族	薩摩	大内政弘（周防，長門，豊前，筑前）

特記指示事項（副状の内容含む）	難渋	副　状	典　　拠
治罰院宣の伝達，軍陣の祈禱			『大乗院寺社雑事記』応仁2年12月19日条
朝倉孝景との相談		細川勝元	『福井県史』「尊経閣文庫所蔵文書」37, 38
			『室奉』795「離宮八幡宮文書」
（感褒文言を含む）			『大日本史料8編之2』858～859頁「大友文書」
一族・被官の動員（譲与安堵文言を含む）			『岡山県史』「赤松（春日部）家文書」6
大内教幸との相談，作戦終了後に上洛指示			『広島県史』「大友文書」1
豊後守護大友親繁との相談，作戦終了後に上洛指示			『西国武士団関係史料集』26「戸次文書」15
大内教幸との相談，作戦終了後に上洛指示			『大古』「益田家文書」125
一族・御方の動員，防衛指示			『大古』「小早川家証文」162
御方と談合，防衛指示			『室奉』820「毛利家文書」
安芸口より軍勢動員，大内教幸への合力			『大古』「三浦家文書」70
大内教幸への合力	●		『萩藩閥閲録』巻121ノ2-132
衆徒・国民の動員，防衛指示			『室奉』824「大乗院寺社雑寺記」
			『兵庫県史』「上月文書」17
安芸分郡守護武田信賢代への合力			『室奉』844「萩藩閥閲録」
一族との相談		細川勝元	『大古』「小早川家証文」167, 168
帰国を制止	●		『新編埼玉県史』963「御内書符案」
	●		『栃木県史』「御内書符案」2
安芸分郡守護武田国信への合力			『大古』「小早川家証文」173
			『栃木県史』「御内書符案」9
			『栃木県史』「御内書符案」10
			『栃木県史』「御内書符案」14
	●		『栃木県史』「御内書符案」16
下野守護小山持政の参陣を告知			『栃木県史』「御内書符案」17
常陸大名小田光重の参陣を告知			『栃木県史』「御内書符案」18
下野守護小山持政の参陣を告知	●		『栃木県史』「御内書符案」19
幕府方への転向勧誘	●		『栃木県史』「御内書符案」20
下野守護小山持政の参陣を告知	●		『白河市史』603「国学院大学白河結城文書」
〃	●		『栃木県史』「御内書符案」21（1部No. 206写）
小山らの参陣・敵方諸城の攻落を告知	●	［細川勝元］	『栃木県史』「御内書符案」29
越後守護上杉房定に出陣督促			『栃木県史』「御内書符案」31
〃			『栃木県史』「御内書符案」32
朝倉孝景への援軍・合力			『ビブリア』80「大館記」60頁
朝倉孝景との相談			『ビブリア』80「大館記」60頁
織田伊勢守の参陣を告知，朝倉孝景との相談			『ビブリア』80「大館記」60頁
幕府方への転向勧誘	●		『ビブリア』80「大館記」60頁
幕府方への転向勧誘			『ビブリア』80「大館記」60頁

室町殿	No.	年　月　日	様式	宛　所	地　位	動員地域	攻撃対象（発向地域）
足利義政	179	[応仁2]/12/5	御内	興福寺別当	別当	大和	足利義視（山城京都）
	180	[文明元]/1/29	御内	深町久清	国人	越前	斯波義廉被官，牢人（越前）
	181	文明元/5/16	奉奉	離宮八幡宮社務	社務	山城	西軍（山城）
	182	[文明元]/7/12	御内	大友親繁	守護	豊後	大内政弘（周防，長門）
	183	文明2/1/13	管奉	赤松元祐	室町殿近習	[播磨]	西軍［播磨］
	184	[文明2]/2/4	御内	大友親繁	守護	豊後	〃（備後，安芸，周防）
	185	文明元[2]/2/4	〃	戸次修理亮	国人	〃	〃（[備後]，安芸，周防）
	186	[文明2]/2/4	〃	益田兼堯	幕府直属国人	石見	〃（備後，安芸，周防）
	187	文明2/3/27	奉奉	沼田小早川熙平	幕府奉公衆	安芸	〃（備後）
	188	〃	〃	毛利豊元	幕府直属国人	〃	〃
	189	[文明2]/5/6	御内	沼田小早川熙平	幕府奉公衆	〃	[大内政弘]（周防，長門）
	190	[　〃　]/6/29	〃	周布因幡守［和兼］	国人	石見	大内政弘　〃
	191	文明2/7/2	奉奉	大乗院雑掌	雑掌	大和	西軍（山城，大和）
	192	[文明2]/7/30	御内	上月満吉	幕府外様衆	播磨	〃（山城山崎）
	193	文明3/1/12	奉奉	内藤中務丞	[守護被官]	[安芸]	武田元綱（安芸）
	194	〃 /1/30	御内	沼田小早川熙平	幕府奉公衆	安芸	西軍（西国）
	195	[文明3]/4/13	〃	越後上杉房定	守護	越後	[足利成氏]（関東）
	196	[　〃　]/5/7	〃	小山持政，小田光重（別紙）	守護，大名	下野	[　〃　]　〃
	197	[　〃　]/5/16	〃	沼田小早川熙平	幕府奉公衆	安芸	武田元綱（安芸）
	198	[文明3/5/30]	〃	宇都宮四郎［正綱］	大名	下野	[足利成氏]（関東）
	199	[　〃　]	〃	結城氏広	〃	下総	[　〃　]　〃
	200	[　〃　]	〃	簗田持助	関東奉公衆	〃	[　〃　]　〃
	201	[　〃　]	〃	大掾高幹	大名	常陸	[　〃　]　〃
	202	[　〃　]	〃	佐竹義治，鹿嶋出羽守［実幹］	大名嫡子，国人	〃	[　〃　]　〃
	203	[　〃　]	〃	小高，宍戸政家，真壁治幹	[関東奉公衆]，国人	〃	[　〃　]　〃
	204	[　〃　]	〃	那須明資	大名	下野	[　〃　]　〃
	205	[　〃　]	〃	那須資持	〃	〃	[　〃　]　〃
	206	[文明3]/5/30	〃	白川直朝	郡守護	陸奥	[　〃　]　〃
	207	[文明3/5/30]	〃	白川直朝，小峰［直常］	郡守護，同一族	〃	[　〃　]　〃
	208	[　〃　]	〃	越後上杉房定	守護	越後	[　〃　]　〃
	209	[　〃　]	〃	岩松家純	[幕府直属国人]	上野	[　〃　]　〃
	210	[　〃　]	〃	岩松明純	幕府外様衆	〃	[　〃　]　〃
	211	[文明3]/6/11	〃	越後上杉房定	守護	越後	西軍（越前）
	212	[　〃　]　〃	〃	織田伊勢守	[守護被官]	[尾張]	〃
	213	[　〃　]　〃	〃	織田駿河守	[　〃　]	[〃]	〃
	214	[　〃　]/6/25	〃	畠山義統	守護（西軍）	能登	〃
	215	[　〃　]　〃	〃	越智家栄，八木但馬守，三宅彦次郎，遊佐四郎右衛門尉	国民，[守護被官]	大和[河内]	〃　[大和，河内]

特記指示事項（副状の内容含む）	難渋	副　状	典　　拠
若狭守護武田国信との相談		細川勝元	『史料纂集』「朽木文書」67・321
近江守護六角政尭勢への所属			『ビブリア』80「大館記」60 頁
退却を叱責		細川勝元	『大古』「毛利家文書」141, 142
安芸分郡守護武田国信勢との相談		細川勝元	『大古』「小早川家証文」171, 172
近江守護六角政尭勢への所属			『史料纂集』「朽木文書」35
安芸分郡守護武田国信勢との相談			『大古』「毛利家文書」1343
近江守護六角政尭勢への所属			『ビブリア』80「大館記」61 頁
古河公方成氏の下総退却を告知，諸勢の動員			『栃木県史』「御内書符案」58
古河公方成氏の下総退却を告知，計略を促す			『栃木県史』「御内書符案」59
幕府方への転向勧誘			『栃木県史』「御内書符案」67
無断下向の宥免，上洛指示			『ビブリア』80「大館記」61 頁 弥次郎実名=『親元日記』寛正 6 年 6 月 13 日・14 日条
下野守護小山持政の注進に厳密の成敗			『栃木県史』「御内書案」19
	●		『ビブリア』80「大館記」52 頁
	●		『大日本史料 8 編之 5』2 頁「御内書案」
山科内家領に下知，幕府軍勢への所属			『室奉』915「山科家礼記」
山科内大□□□に下知，幕府軍勢への所属			『室奉』916「山科家礼記」
信濃守護小笠原政秀との相談		細川政国	『信叢』「勝山小笠原文書」29〜30 頁
信濃国人木曾家豊への合力		細川政国	『信叢』「勝山小笠原文書」30 頁
管領細川勝元没後の忠節を求む		[細川政国]	『大古』「吉川家文書」53
〃		[細川政国]	『大古』「益田家文書」126
〃		[細川政国]	『萩藩閥閲録』巻 121 ノ 2-133
陸奥郡守護伊達らとの談合			『室奉』934「板橋文書」
三院の一味発向			『室奉』941「東寺執行日記」
一族・被官への下知			『大古』「小早川家証文」191
捜索指示			『室奉』952「赤松文書」
近江への入国			「佐々木文書」176
諸勢の動員			『史料纂集』「歴代古案」124

の書状形式文書は除いた．(3)［　］は推定，○は閏月．(4) 督促文言や出陣難渋を確認できる場合は難
本古文書』『新編信濃史料叢書』『室町幕府文書集成（奉行人奉書篇）』は，それぞれ『大古』『信叢』『室
成的展開』（吉川弘文館，1983 年），岸田裕之「国人領主の成長」（『広島県史 中世 通史Ⅱ』広島県，1984
足利氏の研究』（校倉書房，1989 年），福田豊彦『室町幕府と国人一揆』（吉川弘文館，1995 年），家永遵
（校倉書房，1995 年），黒嶋敏「奥州探題考」（『日本歴史』623 号，2000 年），垣内和孝『室町期南奥の政
年）等を参照．(8) 対象期間は，嘉吉元年 7 月〜文明 5 年 12 月とした．

室町殿	No.	年　月　日	様式	宛　所	地　位	動員地域	攻撃対象（発向地域）
足利義政	216	文明3/6/25	管奉	朽木貞綱	幕府外様衆	近江	西軍（越前敦賀郡）
	217	［文明3］/6/27	御内	坐禅院，桂林坊，石橋尾張守［治義］	山徒，室町殿御一家	近江 山城	六角高頼，同意与力輩（近江）
	218	［ 〃 ］/⑧/19	〃	毛利豊元	幕府直属国人	安芸	西軍（備後三吉口）
	219	［ 〃 ］/⑧/27	〃	児玉修理亮	国人	〃	毛利豊元（安芸）
	220	［ 〃 ］ 〃	〃	朽木貞綱	幕府外様衆	近江	六角高頼，同意与力輩（近江）
	221	文明3/⑧/27	管奉	麻原広顕	幕府奉公衆	安芸	毛利豊元（安芸）
	222	［文明3］/9/16	御内	目賀田次郎衛門，下笠美濃守，高野瀬与四郎，小川丹後守，山崎中務丞	守護被官	近江	六角高頼，山内政綱（近江）
	223	［ 〃 ］/9/17	〃	山内上杉顕定	関東管領	上野	足利成氏（下総）
	224	［文明3/9/17］	〃	長尾景信	山内上杉家宰	〃	〃
	225	［ 〃 ］	〃	那須資持	大名	下野	［足利成氏］（関東）
	226	［文明3］/10/8	〃	長野弥次郎（政高）	幕府直属国人	伊勢	［西軍］（山城）
	227	［文明3/12/3］	〃	足利政知	堀越公方	伊豆	［足利成氏］（関東）
	228	［文明3］/12/3	〃	塩松石橋，二本松畠山	旧陸奥国大将 旧奥州管領	陸奥	［ 〃 ］ 〃
	229	［ 〃 ］ 〃	〃	須賀川二階堂，伊達成宗，岩城隆忠，田村太郎，石川［成光］，蘆名盛高	郡守護，国人	〃	［ 〃 ］ 〃
	230	文明4/8/24	奉奉	山科家雑掌	雑掌	山城	西軍（山城）
	231	〃 /8/24	〃	大沢久守	山科家家司	〃	〃
	232	［文明5］/2/21	御内	小笠原家長	守護一族	信濃	土岐成頼（美濃）
	233	［ 〃 ］/3/9	〃	小笠原六郎［定基］	〃	〃	［土岐成頼］〃
	234	［ 〃 ］/5/13	〃	吉川元経	幕府直属国人	安芸	西軍［西国］
	235	［ 〃 ］ 〃	〃	益田兼堯	〃	石見	〃 ［ 〃 ］
	236	［ 〃 ］ 〃	〃	周布因幡守［和兼］	国人	〃	〃 ［ 〃 ］
	237	文明5/8/6	奉奉	石川一族	〃	陸奥	北国凶徒［陸奥］
	238	〃 /9/11	〃	山門楞厳院，宝憧院，止観院衆徒	衆徒	近江	［六角高頼］（近江）
	239	〃 /11/7	〃	沼田小早川敬平	幕府奉公衆	安芸	近国敵（安芸隣国）
	240	〃 /11/28	〃	赤松元祐	室町殿近習	［播磨］	赤松千寿丸（御方分国）
	241	［年未詳］/10/3	御内	京極政高	守護	近江	［六角高頼］（近江）
	242	［ 〃 ］/12/30（文明5以前）	〃	扇谷上杉定正	〃	相模	足利成氏，与力輩（上野）

註　(1) 御内＝御内書，御判＝御判御教書，管奉＝管領奉書，奉奉＝奉行人奉書．(2) 管領・奉行人等渋欄に●で示した．(5) 副状は軍勢催促状と一連の過程で発給されたものに限定した．(6)『大日奉』と略記し，そのほかは本書凡例に従った．(7) 人名・地位の比定は，岸田裕之『大名領国の構年)，石野弥栄「守護と国人」(『愛媛県史 古代Ⅱ・中世』愛媛県，1984年)，佐藤博信『古河公方嗣『室町幕府将軍権力の研究』(東京大学日本史学研究室，1995年)，山田邦明『鎌倉府と関東』治秩序と抗争』(岩田書院、2006年)、西島太郎『戦国期室町幕府と在地領主』(八木書店，2006

遺児勝元を後見して京兆家を支えた(23)。

なお、大名申次として細川氏が担当した京都・奥州間の交渉においても、幼少の勝元にかわって持賢が軍事関係の連絡に携わった例をあげることができる。畠山持国が管領に在職していた嘉吉三年五月、陸奥岩崎一族の内紛により惣領の左馬助が自害した。この事態を収拾するため、左馬助の舎弟彦次郎清隆を元のごとく「沙汰居」えよと命じた管領奉書が、石川中務少輔に対して出された。これに副状を付し、清隆合力の指示を石川氏に伝えたのは細川持賢であった(24)。このように、嘉吉の乱後には上意を「内々」に伝える大名申次の機能も、管領政治を補完するものへと変化していたことがわかる。

細川内衆の活動としては、先述した嘉吉元年一〇月の持之・持賢の書状に、それぞれ「巨細安富筑後守可レ申候」「委細者宍戸入道可レ申候」とある。すなわち、細川京兆・典厩両家の在京内衆が副状を出し、軍事事項の伝達に関与していたことがわかる(25)。さらに彼らは、幕府使節としての役割を果たすこともあった。たとえば文安四年（一四四七）七月、富樫成春は守護国の加賀を叔父泰高と中分せよと迫る幕命に激しく抵抗し、これに対処するため安富・長塩以下五人の細川内衆が現地に派遣されることになった。その際に彼らは武力行使も想定しながら、その注進に基づき「京都之了見」（幕府の方針）を決定するよう、主人である管領勝元に語ったという(26)。

次に、細川氏と交互に管領を務めた畠山氏の事例を確認する。宝徳二年（一四五〇）一一月、安芸国人の吉川経信と綿貫左京亮とが合戦におよんだ際には、吉川方に合力するようにと命じた管領畠山持国奉書が発給された（No.35）。これと同内容の幕命を受けたと思われる同国国人高橋光世の御請は、誉田三河守宛であった。誉田三河守はのちに出家して祥栄と名乗り、持国の子息義就のもとで山城守護代を務めた畠山氏の在京内衆である(27)。

また、宝徳三年四月に伊予出兵を命じた管領畠山持国奉書（No.36）に関連して、遊佐国助は吉川元経に書状を送っている。[28]この書状で国助は、吉川氏からの出陣報告を管領持国に披露したこと、また「使節両人」（竹原小早川盛景・杉原伯耆守か）[29]からも同内容の注進が届いたことなどを、吉川元経に伝えている。遊佐国助も、河内や山城の守護代を務めた畠山氏の有力内衆であるが、[30]守護管国の範疇では把握できない幕府軍政に携わっていた。宝徳三年と推定される、桑常陸介宛の伊予守護河野教通書状には、竹原小早川盛景の戦功を「奉行方・遊佐方なと可ㇾ有二披露一候」とある。[31]このように遊佐氏は、幕府奉行人と併記されるほど、戦功の披露先として認知されていた。

以上のように、管領内衆は幕府軍政の実務に積極的に関与していったが、こうした動向は幕府奉行人の役割や権限を奪取・否定するものではなかった。文安元年（一四四四）二月、大和の成身院光宣を追討するため幕府上使の派遣を求めた事書が、興福寺六方衆から幕府奉行人飯尾為種と南都伝奏万里小路時房のもとに届けられた。しかし、時房がこの件に関わりえたのは、事前に興福寺側から管領内衆隅田佐渡入道に「内々」の申し入れがあり、これを受けた管領畠山持国が「可ㇾ付二伝奏一、奉行等可ㇾ得二其意一」と指示したことによる。さらに、時房が管領に連絡する前日に、すでに飯尾為種からこの件の披露は済まされていた。[32]このように、幕府奉行人と管領内衆は情報伝達窓口をそれぞれ構成し、管領の軍事処理を支えていたのである。

また、上使下向を求める興福寺がまず管領内衆隅田に接触したことからもうかがえるように、内衆の役割が拡大した要因は、管領側の主体性だけでなく、円滑に管領の裁断を得ようとする申請者側の意向も併せて考える必要がある。

3　軍事制度の断続面

前項で見たように、管領政治期の幕府軍政は、幕府奉行人と管領内衆とで構成される二つの基軸で運営されたが、そこから発せられた軍勢の動員形態にはいかなる特徴を見出せるのだろうか。

本書第一部第二章、一〇一～一二六頁で明らかにしたように、義持期以来、幕府の軍勢催促はおもに御内書によって行われ、その受給者には出陣報告書である御請を提出させる「御内書―御請」方式がとられた。また軍事動員の対象は、次第に守護と幕府直属国人とに限定されるようになり、一般国人の動員は守護に一任される傾向が強まった。管領政治期の軍勢催促は、御内書にかわって管領奉書が用いられたが（表13）、前項で触れた御請の提出事例からも明らかなように、その方式は「管領奉書―御請」として引き継がれた。また同時に、守護と幕府直属国人とに系列化した軍事編制の枠組みも維持された。ただし以下で述べるように、それぞれの動員頻度は、嘉吉の乱後の政治情勢に連動して偏った傾向を示しだす。

守護に一般国人の軍事動員を請け負わせる、いわゆる「守護請軍勢催促」の有効性は、室町殿の軍事指揮のもとに守護が従属していることを前提とする。だが嘉吉の乱後は、「守護請軍勢催促」を制御する立場の室町殿義勝は年少で、執政を代行する管領細川持之も自らの軍事指揮権が不安定であることを認めていた(33)。

さらに管領細川・畠山両氏の対立や、それぞれと結ぶ諸大名の軋轢が顕著になる中(34)で幕府を相対化する動きはいっそう強まる。管領家でもたとえば、嘉吉三年（一四四三）正月、斯波義健を後見する一族の斯波持種は、加賀守護職補任の望みを管領畠山持国に絶たれた不満から、加賀押領を企てたが内衆に止められた(35)。また同年二月、家督を争う富樫成春と泰高とが合戦におよびそうになると、泰高を支持する細川持賢は一門の人々と評議し、その意見に従い参戦しない方針を決めた(36)。畠山持国も管領辞任後の文安四年（一四四七）六月、富樫氏の内紛が激化する最中に分国の国人を多数上洛させたため、「公方御使」伊勢貞国・摂津満親・飯尾為種から理由を問われた(37)。

これらのように、当主（後見）・一族・内衆といった大名家内部で、独自の軍事方針の合意が図られており(38)、幕府軍勢催促と守護軍勢催促との重層化が進展していた。一五世紀後半には、こうした重層的な軍事動員に変化が生じると展望する研究もあるが(39)、引き続き見られる幕府・守護双方の軍勢催促の位置づけについては、詳しく検討されていない。

並存する幕府軍勢催促と守護軍勢催促との関係を考える上で重要となるのが、その接点となる大名衆議の存在である。嘉吉の乱後の大名衆議は、本書第二部第一章で考察した各大名の意見を個別に聴取する義教期の諮問形態が崩れ、管領・諸大名が意見交換を行う形態へと変化していた。たとえば嘉吉二年八月、義勝元服の佳例について日野重子から諮問があり、管領畠山持国は「令㆑談㆓合人々㆒、可㆑申㆓上御左右㆒」と返答して他の大名に意見を求めた。そこで、義満の応安の例と義持の応永の例とが候補としてあがり、管領の推す後者が採用された(40)。このように、管領が諸大名との談合後、彼らの意見をまとめて上申する形態に戻っていた。また嘉吉三年五月、朝鮮から使節が来日した。これに対し、管領以下諸大名は寄合評定を開き、費用支出を避けるため使節の上洛を拒否することに決した。結局、今回の朝鮮使節が交易のためではなく、義教の弔問を目的としたものであるとわかり、再び諸大名は評定を催して使節の入京を認めた(41)。大名による経費負担の可能性がある外交事項も、名義上の最高権力者である室町殿の裁可ではなく、諸大名の評定で最終的に決裁されていた。

こうした中で、軍事を議案とした大名衆議は、前代と同じく複数守護の出兵が想定される場合に開かれた。例をあげると、赤松満祐を討つために「諸大名毎事有㆓評定之子細㆒云々」や、京都退去を命じられた富樫泰高の反抗に備えて「明日午刻可㆓発向㆒之由評定云々」と、軍議が行われている(42)。だが守護連合軍は、義教を殺害した赤松氏の追討や京都での騒擾（嘉吉・文安の土一揆、禁闕の変など）で出陣したものの、地域紛争鎮圧のために発向することはほとんどなかった。これは、諸大名の利害が一致しなければ、連合軍を組織するのが困難であったためと思われる。もともと諸大名は、利害関係のない他国への軍勢派遣に消極的な者が多かったが(43)、さきほど述べた嘉吉の乱後の政情は、大名衆議による意見調整をいっそう難しいものにしていた。

守護連合軍を円滑に編制しえない中で、地域紛争の鎮圧に派遣されたのは幕府直属国人の軍勢であった。この時期の地域紛争は、その周辺の直属国人に、当事国の守護を合力させて処理されるのが基本であった（No.7〜9・14・21・24〜28・32〜34・36〜39）。直属国人の立場を反映して、彼らは幕府文書を介して守護から合力の依頼を受けた。一例をあげると、前項でも述べた若狭での一色氏牢人らの蜂起に対し、嘉吉元年一一月三日付で出兵を命じる管領奉書が近江直属国人（外様衆）朽木貞高に発給されたが（No.9）、同日に若狭守護武田信賢も貞高に書状を出して合力を「猶可レ然様奉レ憑候」と懇請した。(44)

このように直属国人は、守護の軍事指揮下に容易に入らなかったが、幕府からの直接動員を受けて、義教期から引き続きこの時期にも(45)播磨・若狭・北九州・伊予と各地を転戦させられていた。たび重なる軍役の賦課により集積していく幕府直属国人の負担は、後述するように、やがて開始される義政の親政に深刻な影響をおよぼすことになる。

二　義政親政期の軍事親裁

1　管領政治から義政親政へ

宝徳元年（一四四九）の将軍宣下を機に、義政の上意が重視されはじめる。(46)このころから、戦功注進が管領から義政に披露されたことを示す史料があらわれる。その初期の例をあげると、宝徳二年五月、鎌倉公方足利成氏は、江の島合戦で上杉氏内衆長尾景仲・太田資清らを撃退し、その経緯を管領畠山持国に報告した。持国が成氏側に送った返書には、「合戦忠否之次第、具披露仕、仍御教書中沙汰仕候」とあり、注進を義政に披露したことがわかる[47]。また翌年七月、畠山持国は竹原小早川盛景に伊予での戦功をねぎらう書状を送ったが、そこにも「注進之趣、達二上聞一候処、御感悦無レ極由被二仰出一、被レ成二御教書一候」とあり、竹原小早川氏の注進が義政に披露されている[48]。これらの史料からは、義政への披露を経たのちに、「御教書」(管領奉書感状か)が発給されている様子も確認でき、戦功褒賞に占める義政の存在は次第に無視しえないものになりつつあった。そして康正元年(一四五五)には御内書感状が発給されはじめ[49]、やがて管領奉書感状の発給数を凌駕するに至る。

一方、嘉吉の乱後もっぱら管領奉書によって処理されていた軍勢催促は、宝徳三年に幕府奉行人奉書でも処理されるようになる(№39)。幕府奉行人の管轄が管領から離れるのは、康正二年(一四五六)四月から一二月の間であり[50]、この奉行人奉書軍勢催促状が義政・管領いずれの主導で発給されたのか判断するのは難しい。ただし、義政の意向が重視されだす宝徳年間に、軍勢催促状の様式にも変化の兆しが見えはじめる点は留意したい。

義政親裁の指標となる御内書軍勢催促状の初見は、山名持豊への攻撃を命じた享徳三年(一四五四)一一月三日付の表13№43である[51]。この軍事行動は、赤松氏の赦免・播磨守護職の返付を画策する細川成之(讃州家・阿波守護)の思惑と、畠山氏の内紛に干渉した管領細川勝元・山名持豊に対する義政周辺の不満とが結びつき、決定されたという[52]。結局この派兵は勝元の斡旋で中止されたが、義政が管領の同意なく御内書軍勢催促状を発給できた点は注目される。今回のように複数守護を動員対象としながらも、事前に大名衆議に諮問されない[53]軍勢催促のあり方は、後述するように義政親政期の基調となっていく。

これ以後、義政の軍事親裁は軌道に乗りはじめるが、次第にその補佐役の中心も変化しだす。義政嗣立の当初は、今参局・烏丸資任らが側近の主流を占めていた。しかし、ちょうどこの享徳三年末から康正元年(一四五四〜一四五五）にかけて、各地の戦乱に対処するため、義政と細川勝元との妥協・提携が実現するとともに、側近集団の勢力も交替し、政治的吏僚としての伊勢貞親が登用されたという[54]。貞親は、上意により雑務沙汰や幕府財政に関わる特定の権限を随時付与され、政治・経済の分野にわたって義政の親政を支えていくことになる[55]。これとほぼ同時期に、軍事親裁も確立する点に注意したい。軍事分野における貞親の活動に言及されることは少ないが、地域紛争に対処するため義政と提携したという管領細川勝元との関係も含めて再検討する必要がある。

伊勢氏が政治勢力として頭角を現すのは、貞親の父貞国のころとされている[56]。軍事との関わりでも、すでに義教期の永享一二年（一四四〇）一〇月、結城合戦の戦況を記した仙波常陸介の注進状の宛所は、伊勢貞国になっている[57]。また、管領から義政への戦功披露が見られはじめる宝徳二年六月には、吉川氏の戦功吹挙にも関わっている[58]。ただしこれは、「以二可レ然時節一、重而可レ致二上聞一候」とあるように、披露の約束といった「内々」的性格が強い文書である。また、貞国がこうした軍事関係文書を発給したり、注進の宛所となることはほとんどなく、伊勢氏の関与は制度的に定着していなかった。

だが、さきほど触れた側近勢力の交替を機に、軍事制度も管領細川勝元と伊勢貞親を中心としたものに再編されたようである。康正元年（一四五五）ごろから、貞親が軍事関係の御内書副状を発給するようになるが、その内容や文言から軍事制度の変化を読み取れる。康正元年の足利成氏攻撃に関わる矢野与次郎の戦功注進は、従来どおり管領勝元に届けられ、彼から義政に披露された。だが貞親も、上杉持朝から矢野氏の戦功注進を受け取り、義政に披露した[59]。勝元宛の注進は上杉持朝から届けられたかは判然とせず、複数の注進伝達ルートも想定できるが、いずれにせよ、双方ともほぼ同内容の注進であったことは、両史料の文言から推測できる。このように、管領のほかに伊勢貞親を介する披露ルートが新たに出現したのである。

2　伊勢貞親の軍事補佐

前項で述べた管領・貞親両ルートの並存状態は長く続かず、寛正二年（一四六一）六月以後[60]、管領の副状や書状から「注進到来、則令㆓披露㆒了」「則達㆓上聞㆒候」といった披露文言が消えてしまう。これは、この時期に管領の披露ルートが衰退したことを示すが、貞親はその後も注進を披露し続けた。たとえば寛正四年四月、畠山義就が籠もる河内嶽山城が陥落したとの注進は「伊勢守《（伊勢貞親）》参㆓于殿中㆒而披㆓露之㆒」とある[61]。

一方、貞親とともに幕府奉行人による戦功披露も、継続的に確認できる。たとえば、先述した寛正四年の畠山義就追討で戦功をあげた石見の幕府直属国人益田兼堯に、管領細川勝元と奉行人飯尾之種はねぎらいの書状を出した[62]。すでに指摘したとおり、細川勝元が「定可㆑有㆓御感㆒候」として幕府感状の発給を予告するだけなのに対し、飯尾之種は「則致㆓披露㆒候」と注進を義政に披露した旨を伝えている[63]。幕府奉行人は、こうした注進披露や御請受理を管領政治期から引き続き行っており、一見すると変化がないように思える。だが管領による注進披露が中絶しているので、両者の関係が以前のような「管領—幕府奉行人」といった指揮系統にないのは明白である。

雑務沙汰や恩賞方人事における幕府奉行人の管轄は、康正二年（一四五六）四月から一二月の間に管領から貞親に移ったが[64]、貞親の奉行人に対する影響力は軍事分野にもおよんでいた。たとえば寛正六年一二月、武蔵太田荘への足利成氏の出陣で幕府方の苦戦を報じる注進状が、越後守護上杉房定から細川勝元（当時管領ではない）に届けられた。この注進について勝元は、貞親に「得㆓御意㆒飯左太方《（飯尾之種）》江可㆑申」と伝え、貞親は「早々可㆑被㆑仰」と返答した[65]。飯尾之種は成氏攻撃の御内書発給に関与していた奉行人である[66]。勝元が関東からの注進を伝えるのにさきのような過程をわざわざ経たのは、「伊勢貞親—飯尾之種」の指揮系統を前提としてのことだろう。ここに、管領畠山政長の関与は見られない。寛正五年一一月に管領が細川勝元から畠山政長に交替しても、軍事に関わる披露事例は皆無であり、この状況に変化はなかった。

　軍勢発向の上裁も、寛正年間（一四六〇～一四六六）には伊勢貞親の披露を経て決定されていた。寛正元年閏九月に実施された畠山義就の追討に際し、管領細川勝元は山名持豊の出陣日程を変更するようにと、貞親を介して義政に申し入れた(67)。これは貞親の申次としての役割とも考えられるが、他の事例も参照すると、その職務内容は単なる連絡役とは考えられない。そこで、軍勢催促状の発給過程が比較的わかる例を取り上げ、貞親の軍事関与の特殊性を確認しておきたい。

　寛正六年四月一八日、伊予で河野通春と対立していた細川勝元は河野攻撃の「御教書・御奉書」を、伊予近国の備後・安芸・石見に対して発給してほしいと求め、義政への披露を貞親に連々申し入れていた(68)。だが五月六日になっても軍勢催促状の発給に至らず、勝元から貞親に再度の申請がなされた。ここで、勝元は貞親に「就二伊与国事一、今朝御意見御悦喜」と謝意を表しており、この軍事行動に関して貞親が何らかの「意見」を勝元に示していたことがわかる。六月八日、勝元は再び「与州事御成敗御教書・奉書等事」を義政に披露してもらいたいと、貞親に依頼した。その際に勝元は、「河野《通春》緩怠条々事者、随レ仰、去月八日日野《勝光》殿江被二進置一」と貞親に伝えていることから、軍勢催促の申請にあたって攻撃対象となる河野通春の「緩怠条々」の提出を求められていたことも判明する(69)。そののち義政の決裁を経て、管領畠山政長奉書による軍勢催促状が、六月二五日付でようやく発給された（№125～130）。

　管領奉書の軍勢催促状が出されたことから、義政と管領政長との間で連絡がとられなかったわけではない。ただし、軍勢催促に管領奉書が用いられた場合でも、その発給に至る過程に管領はあらわれていない。管領の関与は、軍事方針の決定後に奉書の発給を命じられたにとどまると思われる。義政親政の確立期には、管領奉書による軍勢催促状の発給自体がこの寛正六年にほぼ限られ、ほかは御内書で処理されている（表13）。当該期における御内書の作成・発給手続きに、管領はほとんど関与しなかったのに対し、貞親は判奉行として重要な役割を担っていた(70)。またこの時期、管領奉書感状も確認できるが、戦功披露が貞親の管轄へと変化する中で、戦功認定過程における管領の役割も、奉書の作成などに限定・縮小していったものと思われる。

なお、これまで述べてきたような軍事に関わる披露に、伊勢貞親以外の義政側近が関与した事例も見られる。寛正元年（一四六〇）一〇月七日には、蔭凉軒主季瓊真蘂が、畠山義就勢力を攻撃するため「赤松次郎（政則）法師加賀国守護代、為二越中責一、応二上意一出陣之由、披二露之一」している(71)。しかし、真蘂が軍事関係の披露を行うことはほとんどなく、これは赤松一族出身の真蘂と赤松政則との個人的関係による披露と思われる。

また、既述の河野氏攻撃申請に関する一連の史料からは、日野勝光(72)も義政への披露を細川勝元から依頼されていたことが確認できる。貞親とともに日野勝光を介する披露ルートも存在していたわけだが、双方は別個に機能していたわけではなく、貞親と勝光との談合後に披露が行われることもあった。さきほども述べたが、寛正六年五月、勝元から河野氏攻撃の披露依頼を受けた貞親は、「日野殿申談、早々可レ有二御披露一」と返事をしている。八月になって、大内政弘が河野氏に援軍を送る事態となり、勝元はその注進を日野勝光に預ける一方、貞親にも合力停止命令を出すよう要請した。そこで貞親は、「申談可レ有二御披露一」と返事をしたが、これも勝光との談合後の披露事例であろう(73)。

このように軍事関係の上裁に至るまでは、「申請→伊勢貞親・日野勝光の談合→義政への披露」といった過程を経る場合があった。ただし、勝光は軍事関係文書を発給しなかった点で、貞親や幕府奉行人と差異が存在する。たとえば、さきに触れた大内政弘の河野氏合力については、御内書とそれに副えられた貞親の書状によって停止命令が出された(74)。軍事関係文書の披露過程における日野勝光の役割は軽視できないが、貞親の活動が軍事命令の下達にまでおよぶ点は注目される。こうした活動は、ほかの室町殿側近に見られないことから、日常的な申次行為とは峻別される。

いずれにしても、軍事親裁の窓口を義政側近に一元化しようとする志向性が認められ、その中でも伊勢貞親に大きな権限が付与されていたことがわかる。貞親は、諸方から届く注進状の披露や軍勢発向の意見調整をしながら義政の上裁を補佐し、軍事関係の御内書や副状の作成・発給にも関与していた。その反面、管領の役割が縮小したことは明らかである。これとほぼ同時期の長禄二年から三年（一四五八〜一四五九）ごろ、幕府訴訟における披露窓口が複数に分割されて、管領の地位が相対的に低下したとの指摘があるが[75]、本項で論じてきたごとく、こうした傾向は軍事分野でも顕著であった。管領が室町殿を補佐する政務運営システムそのものが、徐々に形骸化しつつあったのである[76]。

次節では、このような義政親政のもとで推進された諸政策が、幕府の軍事基盤たる守護と直属国人、さらに寺社本所や在地社会に与えた影響について検討することにしたい。

三　義政政権の軍事政策

1　守護連合軍の編制

義政親政期になると、大規模な軍事行動が続出し、守護の連合軍が頻繁に地域紛争に投入されはじめた。たとえば、康正元年（一四五五）から本格化する足利成氏に対する攻撃、同年の畠山弥三郎与党の掃討、長禄三年（一四五九）の越前守護代甲斐常治への合力、寛正元年（一四六〇）に開始された畠山義就の追討では、いずれの軍事行動も数か国におよぶ守護が動員された[77]。守護の軍勢を地域紛争に派遣するのが困難だった管領政治期の状況から一転して、親政をはじめた義政は守護連合軍を積極的に編制しようとしていたのである。

複数守護の軍勢派遣が検討される際には、たいてい義政から各大名に個別に諮問が行われた。これは、義教執政期に見られた直接諮問と類似の諮問形態だが、相違点も存在する。すなわち義教期には、軍事方針の決定過程で大名の意見が聴取されていた(78)。これに対し義政親政期においては、史料が少なく詳らかにしえないが、軍事方針の決定後それを既定のものとして、各大名に諮問あるいは一方的な下達が行われたようである。

たとえば長禄二年、義政と斯波義敏（越前・尾張・遠江守護）との間で関東への出陣命令とその受諾条件について問答がなされたが、派兵の是非は既定方針として議論されていない(79)。また寛正二年正月、義政は管領細川勝元邸に臨んで畠山義就の処置を議したが(80)、討伐令はすでに下っていた（No.74〜77）。したがってこれは、軍事行動の可否ではなくその遂行に関する諮問であった。翌年五月には、義政から「河内御勢事、尚々諸大名共被二仰出一」たのに対して、諸大名は「各可二罷向一」と答えたという。これも軍事方針の諮問ではなく、諸大名に出陣の受諾を迫る内容である(81)。これらの過程は、先述した享徳三年（一四五四）の山名攻撃と類似しており、この時の動員方法が以後も引き継がれていた可能性がある。

それでは、軍事方針はいかに決定されたのだろうか。前節で述べた寛正六年の河野通春攻撃は、伊勢貞親や日野勝光が、細川勝元から備後・安芸・石見勢の動員要請を受け、義政に取り次いで決定された。義政の上裁を得る過程で、この案件について諸大名に諮られた形跡はない。その後、河野氏に合力していた大内政弘を討つため、伯耆守護山名教之・石見守護山名政清に周防への発向を命じてほしいと、勝元から貞親に要請があった(82)。だが、ここでも複数守護に軍役を賦課する可能性があったにもかかわらず、彼らの意見は聴取されなかった。討伐令を申請した勝元に、貞親が「意見」したり、攻撃理由として河野氏の「緩怠条々」の提出を求めたことからもわかるように（三一四頁）、軍事方針は「義政—貞親（—申請大名）」の間で修正・決定されていた。諸大名に対しては、その後に諮問（下達）されるに過ぎなかったのである。

たしかに、軍事的な緊張が高まる中で、諸大名が会合をもつ史料も散見される。たとえば、寛正元年（一四六〇）九月二〇日、畠山家督を剝奪された義就が河内に下国したが、その直後の二八日から管領細川勝元・山名持豊・一色義直が数回会合している。(83) これらは、時期を勘案すると畠山義就攻撃に関わる話し合いであった可能性が高いが、いずれも義政の諮問を受けて開かれたものか明らかでない上に、義就追討の方針は五日前の二三日にはすでに定まっていた。(84) 上意との関わりの不明瞭さは、これらが諸大名の自主的な会合であったことをうかがわせる。幕府の軍事方針決定過程における大名衆議の関与は、義教期よりもさらに形骸化が進んでいたのである。

また義政親政期には、軍事動員に反抗的な守護に対して、その家督更迭や内衆への直接指揮によって、守護請軍勢催促の切り崩しを図る動きも見られる。(85) さきほど述べた斯波氏の関東派兵は、守護義敏とともに守護代甲斐氏にも命じられた。(86) 斯波氏の出陣は義敏の抗命で中断されるが、長禄三年（一四五九）五月、彼が更迭され没落すると、斯波勢は守護代甲斐・朝倉に率いられ関東に発向した。(87) しかし、こうした強権的な動員方法は、大名衆議を軍事方針の決定過程に組み込めていないだけに、義政と諸大名との意志疎通をいっそう困難にしたと考えられる。(88)

2　幕府直属国人の疲弊

次に、義政親政の確立が、幕府直属国人に与えた影響ついて論じる。義政は彼らの保護政策をとり、伊勢貞親がその統率にあたったとされている。(89) ただしその評価は、直属国人が当時おかれていた状況をふまえる必要がある。

本章第一節でも触れたように、管領政治期のたび重なる諸国派兵で直属国人はその都度前線に出陣させられたが、彼らは義政親政期になっても軍事動員をかけられ続けていた（表13）。だが、康正元年（一四五五）七月からはじまる畠山弥三郎与党の攻撃では、直属国人の庶子に対する軍事統率が動揺していた様子を読み取れる。安芸の直属国人（奉公衆）沼田小早川熙平は、庶子を動員しようとしたところ、「或構二虚病一不レ能二参陳（陣）一、或号二計会一不レ令二進発一」という体たらくで、幕府から叱責されている（No.47）。同じく毛利氏も、「和州発向事被二仰出一間、国之一族等ヲ召上可二参陣仕一由申上、雖二催促仕一、一人参陣不レ仕間、遅陣」したといい、このころから庶子の軍役緩怠を問題視している[90]。

幕府は奉行人奉書によって毛利庶子に諸役の勤仕を命じる一方、管領細川勝元も書状で惣領熙元に指示を出しており、親政開始まもないこの時点では管領が事態の収拾にあたっていた[91]。ところがその後も状況は改善されず、翌年七月の津野之高攻撃でも直属国人以下の参陣遅怠が目立つ（No.50～52）。打ち続く軍役の過重負担は直属国人の疲弊を招き、その惣領・庶子関係を著しく不安定なものにしていたのである[92]。

一方、長禄二年（一四五八）九月から一一月、成氏を攻撃する遠征軍の主力に予定されていた斯波義敏が関東に赴かず、軍事作戦の全体にわたって齟齬をきたしたことにより、東国の守護・大名・国人も幕府の軍勢催促に容易に応じなくなる[93]。このように、親政がはじまる康正・長禄年間は、西国・東国ともに幕府の軍事動員が機能不全に陥りだす時期であった。前項で述べた軍事親裁の再編はこの直後に確認でき、義政・貞親の主導のもと悪化する軍事状況の打開が図られることになった。

東国戦線の再構築については、寛正二年（一四六一）斯波氏家督が義敏から義廉に更迭されたことを重視する家永遵嗣氏の見解がある。家永氏によると、義政は堀越公方府と斯波守護国との密接な連携を期待して、堀越公方重臣渋川義鏡の子義廉を斯波氏に入嗣させたという[94]。また、東国に対する御内書軍勢催促状の副状発給者の中心は、寛正元年末には細川勝元にかわり伊勢貞親が目立つようになる（No.80以降）。東国政策の見直しを迫られた義政は、この方面にも貞親を積極的に関与させた様子がうかがえる。

このことに関連して、『親元日記』寛正六年正月四日・六日条、四月二四日条、八月九日・一二日条には山内上杉氏ゆかりの伊豆円成寺から義政・貞親への進物記録があり、また『大乗院寺社雑事記』文明四年（一四七二）五月二六日条にも「普光《(広)》院殿《(義教)》御代以後、持氏《(足利)》御息済々出頭、其時無為儀可㆓申沙汰㆒事也、関東上杉与㆓京都伊勢守㆒申合故歟」といった記述がある。これらの史料から杉山一弥氏は、幕府・堀越公方府間の通交を伊勢氏と山内上杉氏が担当していたという、貴重な指摘を行っている[95]。

ただし、『大乗院寺社雑事記』の前掲記事から杉山氏が、「関東管領上杉氏と幕府政所執事伊勢氏は、室町幕府の東国政策を担う間柄として旧来から密接な関係を維持していた」と述べた点には再考の余地がある。本書第二部第二章で検討した結果、たしかに室町殿側近による連絡ルートの存在は確認できたものの、義教期に伊勢氏が東国勢力と交渉した事例はまったく見あたらなかった。したがって伊勢氏のこうした活動は、前述した寛正元年末ごろから本格的に開始されたものと考えられる。すなわち、これまで細川氏が携わってきた東国勢力に対する申次行為も、この方面の戦線を立て直す一環で伊勢貞親が新たに関わりはじめるようになるのである。

これと同時に西国の直属国人統制の引き締めも、義政政権にとって急務であった。直属国人の出陣難渋（No.36）や在国志向の兆しは、親政が本格的にはじまる直前から確認できる。一例をあげると、宝徳年間（一四四九～一四五二）に吉川経信は下国の暇を請うた。これを受けた義政は伊勢貞国を通じて、希望の闕所地を見返りに在京するようにと慰留したが、経信は結局下国してしまう[96]。

在国する直属国人の数はその後も増加したようで、義政の上意を奉じた伊勢貞親は、彼らに在京を促している。寛正初年、沼田小早川熙平・宮中務丞（それぞれ安芸・備後の奉公衆）宛の伊勢貞親書状には、「普広院殿（足利義教）様御代在京人数別紙有レ之、如レ元可レ被二参洛一之由、被二仰出一候」とあり、これ以前の時点で直属国人の在京規模が義教期を下回っていたことが判明する。(97) 同書状には「先度被レ成二御奉書一候両三人平賀・竹原・阿曾沼、于レ今遅参、太不レ可レ然候」とあるので、幕府による直属国人の在京政策は思うように進んでいなかったようである。本項の冒頭で述べたような、幕府の軍事動員に対する直属国人の緩怠行為は、こうした状況下で起こっていたのである。(98)

寛正元年（一四六〇）以来、畠山義就の去就をめぐり軍事的な緊張が高まる中で、上洛命令に対する反応が鈍いことに業を煮やした伊勢貞親は、上洛に替えて河内への発向を命じ、期日を設けて強引に安芸・備後の直属国人を召集した。(99) 沼田小早川熙平・宮中務丞に宛てたこの書状には、①平賀弘宗・竹原小早川盛景は病気でも出陣を促し陣中にて療養させるように、②病人は戦陣で真偽を検知する、③そのほかの理由があって参陣できない場合も上洛して弁明せよ、④なお難渋した場合は罪科に処す、とあり直属国人に対する不信感をあらわにしている。こうした強権的な手法で、貞親は彼らに出陣・上洛を督促していたのである。

義政政権のこうした厳しい姿勢は、安芸・備後地域の直属国人に限ったものではない。ちょうど同じころの寛正元年九月、紀伊の直属国人（奉公衆）山本下総守が義政の承認を得ないまま下国した。この処置につき、義政から意見を求められた評定衆は、子息が在京奉公しているので、当人を召喚した上で出仕停止か過怠銭賦課の処分を行うのが妥当であると答申した。しかし義政はこれを退け、山本氏が知行する紀伊国櫟原荘を没収するという厳科で臨んだ。この事件について設楽薫氏は、親政に着手した義政の姿勢を示すものとして注意を促している。(100) さきの事例も勘案すれば、義政およびその周辺は、直属国人の参陣緩怠・在国志向に神経を尖らせ、この時期に統制の引き締めを強めたものと考えられる。義政政権の直属国人保護政策は、こうした厳格な統制への服従を前提としたものであったことを見落としてはならない。

貞親の厳しい督促が効を奏したか、さきに名指しされた直属国人のうち竹原小早川盛景は、河内に出陣したことが確認できる。(101) だが寛正四年三月、石見の直属国人益田兼尭は書状の中で、畠山義就が籠もる嶽山城搦手の攻撃が難航していると報じ、国持大名および河内近国奉公衆の援軍を要請するとともに、自身は「遠国」にもかかわらず参陣していると苦言を呈している。(102) 義就の追討には、守護・直属国人をはじめとする大軍が編制されたが、(103) 前線では負担の偏重に不満を募らせる者もいたのである。またこの書状で兼尭は、幕府上使の派遣を要請して「諸勢立柄」を見定めてもらいたいと求め、それが無理でも陣中より人を召して戦況を尋ねてほしいと願うほど、前線での幕府軍の足並みは揃っていなかったようである。それどころか、紀州口からの進攻を割り当てられたはずの奉公衆山本氏は、先述した所領没収の経緯もあってか、義就方に合力していた。(104)

このように強権的な直属国人統制は、さらに深刻な矛盾を招いていた。厳科に処せられた山本氏が敵方を援助したように、このころに幕命を相対化する直属国人が目立つようになる。出陣難渋を詰問された竹原小早川・平賀両氏も、寛正二年以後、幕府よりも防長の大内氏との関係を優先しはじめるという。(105) 周知のように諸勢力の合力・敵対関係は各地で醸成されていたが、所領没収や追討軍派遣などといった幕府の抑圧政策を契機に対立が激化する点は注目される。

3　在地社会の混乱

これまで述べてきたように、義政政権は守護や直属国人の軍勢を強引に組織し、諸国の反乱鎮圧に派遣しようとしたが、同時期に寺社本所領勢力の動員も増加する傾向にある（No.41・42・53・63〜65・74〜77・108・137〜139・141）。従来この現象は、幕府が守護を抑制しつつ遵行体制を強化する目的から、寺社本所領勢力を所務・検断遵行に協力させた「地域的合力体制」の一環として説明されてきた。[106]だがこれらの事例の大半は、戦時色の濃い国々で見られることから、守護抑制・遵行強化といった効果は、寺社本所領に対する軍役増徴の観点をふまえて問い直す必要がある。

また義政の施政方針として著名な寺社本所領の還付・直務政策も、守護による管国経営を規制したことから、守護抑制の意義があったとされている。[107]しかしながら、これらが本格的に開始される長禄二年（一四五八）ごろと、義政政権が守護連合軍を地域紛争に投入していった時期とが重なる点には注意が必要である。たとえば、本節第1項で触れた斯波義敏の関東出陣難渋は、義政の軍事政策と寺社本所領保護政策との矛盾が背景の一つにあったとの指摘もあげられている。[108]ただし、その一方でこうした政策矛盾は守護だけでなく寺社本所や在地社会をも圧迫しており、義政の寺社本所領保護方針を不安定なものにしていた側面を見逃してはならない。

直属国人が動員される際には、軍役賦課の対象範囲は原則として一族を含む所領にほぼ限られた。[109]これに対して守護の軍勢が発向する場合には、各自の管国内諸領に軍役を賦課し戦費の調達が行われた。したがって、直属国人に加え守護連合軍の発向頻度が増す長禄・寛正年間（一四五七〜一四六六）以降、軍役負担を強いられる地域は急速に拡大していったことがうかがえるのである。たとえば、足利成氏への攻撃に際しては、斯波氏が越前・尾張・遠江に軍役賦課を行い、堀越公方府も相模・武蔵に兵粮料所を設定したことが確認されている。[110]広範囲におよぶこれらの軍役賦課には、先例を無視したり違乱行為をともなうものも多かった。

康正元年（一四五五）一一月、東大寺領の遠江蒲御厨では、守護方が先規を破って関東出陣の人夫役を賦課してきたため、代官が「先例之御奉書」を根拠に交渉を試みた。ところが守護方は納得せず、「諸事被レ申懸ニ」「関東夫大儀ニ御さいそく」し続けたという。[111]また寛正元年（一四六〇）八月、尾張の大徳寺如意庵領も諸役免除地であるにもかかわらず、守護方から「遠州進発野伏」が賦課されようとしたものの、「代々支証」を提出して免除された。ただし、守護代織田輔長は現地の又代織田豊後入道に、この免除を「最少所」の特例として促しており、支証文書の有無に加えて免除の結果生じる影響の度合いも判断基準として重視されていた（大所領なら違う結果も予想される）[112]。さらに翌年八月には、堀越公方府奉行人の布施為基が、伊豆の正脈院領安久郷・浄智寺領加納郷を「御陣押領」していることが、幕府で問題となった[113]。

同様の事態は、畿内近国でも起こっていた。長禄二年（一四五八）九月、斯波・甲斐の合戦で越前が戦場になると、諸本所は所領保全のために幕府から直務許可を得て使節を現地に派遣した。これに対し、越前「北郡」を抑える堀江利具は、「無二屋形（斯波義敏）之判形一者、不レ可二承引一」と言い放ち拒絶した[114]。もっとも、さらなる在地の混乱は、甲斐氏合力のため越前に入部してきた幕府軍によってもたらされた。長禄三年五月に興福寺領河口荘の惣百姓らが捧げた注進状によると、加賀・能登・越中の幕府軍が「上意」と号して荘内に打ち入り、狼藉の限りを行ったため現地の荒廃は甚だしいとある。さらに甲斐方と思われる両奉行からは、荘家に対し野臥の動員を命じた折紙が出され、先例にない臨時課役も賦課されようとしていた。注目すべきは、事前に幕府から得ていた制札を幕府軍に見せて説明しても効果がなく、狼藉行為がくり返されたという点である[115]。これらは、河口荘に限った出来事ではあるまい。

一方、幕府に叛した河内の畠山義就は、寛正元年閏九月、細川知行地の摂津堺北荘と相国寺領の和泉堺南荘に内衆を入部させて押領し、幕府軍を迎撃する態勢を整えていた[116]。だが、こうした反乱軍の動向に加え、ここでも幕府軍による濫妨が在地を混乱に陥れていた。翌年九月に相国寺は、寺領河内玉櫛荘に対する守護畠山政長の違乱停止を幕府に歎願した。また同月に相国寺崇寿院は、所領の和泉堺が陣所となったため、幕府に申請して制札を入手した。しかし一二月になっても和泉守護細川常有・同持久の押妨は続いたため、幕府は典厩家の細川持賢に一族として違乱を停止させよと命じた。一族を介した非制度的な下達に頼らざるを得ないほど、戦陣では幕命が軽視されがちであった。寛正三年二月には、相国寺玉潤軒領の備中国井原荘・河辺荘も、河内出陣のため守護細川勝久に違乱され、幕府では押妨停止の奉書を出すことに決している。[117] さらに寛正四年一一月、義就方の籠もる紀伊岡城に「山名タンシヤウ《弾正》殿《是豊》御タヰ《大》シヤウ《将》ニテ御せメ《攻》候、然間物取乱入」したため、相賀荘柏原村は本証文・斗米・公事銭などを失った。[118] 幕府軍の来襲に乗じて略奪が横行し、在地の治安を悪化させた様子がわかる。いずれの軍事行動も数か国に拡大し、かつ長期化したことで、在地の負担や犠牲はさらに増大していった。[119]

以上論じてきたように、義政は守護や直属国人の意向を十分に汲み入れず、軍事政策を決定し軍勢を編制した。こうして諸国に発向させられた軍勢は、諸役免除地への賦課や制札を無視した違乱行為などをくり返し、幕府からの正規の軍役増徴に加え、寺社本所および在地社会を圧迫した。義政の軍事政策は、こうした多くの不安要素を内包していたのである。

四　応仁・文明の乱と幕府軍制の変質

1　軍事親裁の動揺

文正元年（一四六六）九月の政変で、伊勢貞親は守護職を兼ねる在京大名勢力により失脚へと追い込まれた。この時に、奉公衆ら直属国人が貞親を擁護した形跡は見あたらない。奉公衆は同朋意識が強く、同輩個人のためでも連帯して行動したことで知られている。[120] 貞親は彼らの統率者として位置づけられていたにもかかわらず、その援護を得られなかったのである。これは、貞親による強権的な直属国人統制が失敗したあらわれであろう。貞親の失脚により、股肱の寵臣を失った義政の親政は著しく動揺する。[121]

貞親がこれまで掌握していた権限は、弟貞藤（大嘗会要脚・政所執事代人事）、子息貞宗（政所執事）、奉行人飯尾為数（恩賞方人事）にそれぞれ分割されたが、軍事事項に関しては「大名頭」細川勝元が上裁を仰いで影響力をおよぼせる地位に就いた。[122]文正元年一〇月に大乗院門跡尋尊は、大和における畠山義就勢力の動向について、いちいち勝元を介して上意を伺っており、その結果幕府軍の発向が決定したとの情報を入手している。[123]

しかし、こうした政務処理のあり方は、応仁・文明の乱勃発によって情勢が流動化したことで、制度的に定着しなかった。すなわち応仁元年（一四六七）正月、上御霊社の合戦に勝利した山名持豊・畠山義就らの諸将は室町第をいったん掌握したが、五月には細川勝元がこれを奪還し占拠に成功する。これにともない、西軍に与同した幕府要人の罪が問われることになり、六月に飯尾為数が誅され、八月には伊勢貞藤も放逐されてしまった。[124]

こうした混乱の中で、軍事関係の幕府文書発給はすこぶる低調である。幕府軍事文書の中核たる御内書は、軍勢催促が文正元年（一四六六）一二月二九日から応仁元年（一四六七）一〇月三日まで（No.159〜162）、感状が文正元年六月三日から応仁二年正月一八日まで、ほぼ一年間それぞれ確認できない。[125][126]家永遵嗣氏は、文正元年九月の政変後も、義政が関東に対する軍事指揮を行っていたことから、政変によって将軍（室町殿）権力が無力化したとする百瀬今朝雄氏の説を批判した。[127]しかしながら、文正の政変直後には表13No.159の例外一通を除き、御内書の発給数が成氏攻撃に関わる文書も含めて一時期激減することから、義政親政は貞親の失脚によって深刻な打撃を蒙ったものと考えられる。したがって、義政が軍事親裁を本格的に再開するまでの過程を、丹念に確認する必要がある。

文正の政変後に御内書の発給が中断している間、奉行人奉書が幕府軍事文書の中心的な役割を果たした。すなわち、応仁元年六月初旬に西軍鎮圧の牙旗が出され、幕府の姿勢が明確化すると、[128]幕府奉行人の軍事活動が積極化する。軍事関係の奉行人奉書は、軍勢催促が応仁元年六月一三日から同二年九月八日まで（No.160～174）、感状が応仁元年一〇月七日から同二年二月二一日に、[129]集中的に発給されている。ただし、そのほとんどが寺社本所・地下宛であり、守護・国人宛のものは稀少である。これは、職制上における奉行人の地位の低さが、宛所の規制につながったことによると考えられる。[130]奉行人奉書が御内書の機能全般を代替するには、この時期いまだ限界があったのである。応仁二年一〇月に沼田小早川熙平が提出した太刀打人数注文には、奉行人飯尾之種と布施貞基が証判を加えており、[131]彼らが義政の戦功認定を補佐していたことがわかるが、軍事関係の御内書の発給数が回復するまでには至っていない。

だが、応仁二年閏一〇月に伊勢貞親が幕府に再出仕すると、軍事事項を扱う御内書の発給数はようやく回復傾向を示す（No.179以降）。義政は「伊勢守貞親被二召出一、悉皆如レ元被二仰付一」「伊勢守悉皆毎事被二尋下一御成敗」とあるように、貞親を再出仕させることで親政を行う環境を再度整えようと模索していた。[132]軍事親裁制度を再構築しようとする試みも、この一環として理解できる。文明元年（一四六九）八月四日、多賀高忠に宛てた御内書感状には「巨細猶貞親可二申下一候也」とあり、伊勢貞親が再び副状を出したことがわかる。[133]貞親の副状は、翌年正月二九日にも朝倉孝景に宛てて出されたが、その内容は西軍に属する孝景の東軍への勧誘工作に関わるものであり、孝景との連絡交渉を担当していたとの指摘もある。[134]また、沼田小早川熙平に宛てた同年四月二日付の伊勢貞親書状には、「備後国凶徒蜂起之由、御註〔ママ〕進旨、致二披露一候」とあり、戦功披露も再開したことが確認できる。[135]このように政界に復帰した貞親は、副状の発給・戦功の披露に携わった。

貞親は文明三年四月に下野して政界から退くが、[136]軍事分野での彼の役割は、文正の政変時とは異なり、子息貞宗に継承された。文明五年七月に貞宗は、加賀への越中勢派遣を求める朝倉孝景から注進を受けている。九月には、越中守護畠山政長から「越中勢、就二越前国合戦之儀一、加州進発堅可二下知一」との返事を得ており、貞宗は注進を受理し軍勢発向の決定過程に関与する立場にあったことが判明する。(137)

ただしこうした事例は、乱中にもかかわらず、伊勢貞宗・幕府奉行人双方ともに少ない。これは軍勢催促の発令・戦況注進の受付窓口が多極化したことで、幕府で処理される軍事事項の絶対数が減少したためと考えられる。このような事態は幕府の求心力低下にもつながる問題だが、次項ではこの点について細川京兆家との関わりを中心に検討したい。

2　義政親裁と細川京兆家

前項でも述べたように、文正の政変によって一時期、細川勝元は幕府の軍事処理に関与したが、ここではその後の経過を追うことで、義政親裁と細川京兆家との関係を検討する。

まず、乱が勃発した直後の応仁元年（一四六七）には、細川勝元による独自の軍事処理が目立つ。たとえば同年二月・三月、周防・長門の大内政弘が上洛するとの噂に対し、それを阻止すべく計略を廻らすよう、沼田小早川氏・毛利氏・吉川氏に書状で指示を出した。(138)九月には、吉川元経から提出された討死手負注文に証判を加え、書状でその戦功を褒賞した。(139)これらには幕府との関わりを示す文言はなく、勝元は幕府直属国人に対しても細川京兆家の家長として独自に軍勢催促状・感状の発給や軍忠状の加判を行っていた。(140)

これは、乱が起こった当初の段階では山名方が義政の居所である室町第を掌握していたためとも解釈できるが、細川方がこれを奪還した五月以降もこの傾向はしばらく続く。このため、義政と勝元との連絡遮断のみをもって、これらの現象を説明できない。よって、細川京兆家の主体的な志向性を考慮に含めた上で、義政を奉戴する勝元の行動を読み解いていく必要がある。

応仁二年になると、勝元書状による感褒は義政の意向を伝える体裁に変化し、(141)七月一〇日に管領職に補任されると、管領による戦功注進の披露も復活した。たとえば翌文明元年（一四六九）二月、備後における沼田小早川熙平の戦功を賞した細川勝元の書状には、「山名弾正忠（是豊）註（ママ）進到来、則令二披露一候了」とある。また同年九月、薩摩守護島津立久に宛てた勝元の書状には、「大内新介（政弘）分国長門・周防両州事、可レ有二発向一之由、則達二上聞一候之処、被レ成二下御内書一候」とあり、管領として軍事方針の決定過程に参与したことも確認できる。(142)これにともない、軍勢催促を命じた管領奉書や御内書副状の発給数も増加する（No.175～178・180・183・194・208・216・218・219・221）。このように義政が、伊勢貞親に政界復帰を促したのとほぼ同時期に、勝元を管領に再補任して軍事処理に関与させたことにより、管領と貞親を両軸とした親裁制度が再構築されたかのようにも見える。

しかしながら、勝元から義政への披露を示す文言は、文明元年のさきの二例しか見あたらず低調である。その一方で勝元は、今回の管領就任後も書状様式の感状を発給し続けていた。これらには披露文言はなく、戦功注進を受理しても義政に披露しなかったものも含まれるようである。たとえば同じ勝元感状でも、沼田小早川熙平に宛てた文明元年二月二四日付の書状には注進の披露や義政の賛辞を伝える文言があるのに対して、毛利豊元に宛てた文明二年八月四日付の書状にはこうした文言は一切ない。(143)

また、依然として勝元の書状単独で、幕府直属国人や細川守護管国外の国人に合力が要請される場合もあった。(144)こうした状況下で、文明三年を最後に管領奉書の発給が事実上停止され、勝元は管国内の訴訟に関しては細川氏奉行人奉書で、(145)軍勢催促・戦功感褒については御内書副状も含めた書状で処理するようになった。これらのうち、細川京兆家の家長書状や奉行人奉書は、管領職に関わりなく、家政機関内で独自に発給が可能な文書である。文書の発給手続き上、幕府との関係で問題となるのは、勝元のころから増加すると指摘されている御内書副状についてである。[146] 文明三年に管領奉書を出さなくなった勝元が、いかなる意図・立場で副状を発給していたかについては、二年後に彼が死去する前後に鮮明となる。

文明五年（一四七三）になると、細川勝元は文書をほとんど発給しなくなり、[147] 二月には細川典厩家の政国が、勝元にかわって御内書副状を発給しだした（No.232）。五月に勝元が没すると、政国は勝元の嫡子政元（当時八歳）を後見しながら、[148] 引き続き御内書副状を発給した（No.234～236）。細川政国は、管領としてではなく、京兆家家長の代行・後見としての立場で、副状を発給していたことになる。ここからは、管領在任に関係なく、細川京兆家家長による御内書副状の発給を可能にしようとする志向性がうかがえる。副状は、御内書に添付される性格上、細川守護管国外でも有効であり、広域の軍事動員にも利用された。たとえば文明六年一二月から同七年正月、安芸高山城を攻撃する敵方の掃討を命じた義政御内書・伊勢貞宗副状・細川政国副状が、沼田小早川元平に対して発給された。[149]

この事例も含めて、義政御内書と伊勢貞宗副状がほぼ同じ日付なのに対し、細川政国副状はそれよりもやや遅れることが多い。副状の日付から、前項で触れた伊勢貞宗が義政の側近くで活動したのに対し、細川政国はそれよりも外郭部で関与していた様子もうかがえる。

さらに、こうした細川京兆家の「下知」がないと、御内書の効力も減少したようである。文明七年五月の安芸高山城をめぐる攻防戦で、幕府関係者と思われる人物から沼田小早川元平に宛てられた書状には、「御内書・奉書以下、如二御注進一被二成下一候、御面目之至、不レ可レ過レ之候、御内書以下早々調候へ共、聡明殿（細川政元）御下知于レ今延引候哉、背二本意一存候」とある。細川氏が守護職を保持する備中の軍勢が来陣していたことも関係すると思われるが、ここからは御内書とともに「聡明殿（細川政元）御下知」（政国の副状か）が、幕府関係者・沼田小早川氏の双方から求められていたことが

読み取れる。(150)

一五世紀末から一六世紀前半にあたる細川政元・高国期には京兆家の家長が副状発給者の中心で、将軍（室町殿）権力の行使を制約するとの指摘があるが(151)、その方向性は勝元の晩年から政国の後見期にかけてほぼ定められたと評価できる。その後、文明五年と同九年から一八年（一四七三・一四七七〜一四八六）に管領に在職した畠山政長も、一族義就との攻防戦を遂行するため恒常的に在京できず、細川氏のこうした方針を覆せなかった。幕府軍事制度における管領制は、このようにして事実上の終焉を迎えた。また同時にこれは、細川京兆家と協調・対立をくり返しながら、室町殿の信頼を得た側近や奉行人が幕政を補佐する(152)、戦国期室町幕府における軍事処理形態の萌芽となる。

おわりに

義政が伊勢貞親を重用したことで、幕府制度上、室町殿側近が軍事親裁補佐の中心となり、管領の役割は形骸化した。だが応仁・文明の乱勃発を機に、細川京兆家は家長書状・奉行人奉書・副状発給や注進受理を、幕府要職から離れた立場で公然と行いはじめた。この傾向は、細川氏と交替で管領を務めた政長流畠山氏にも認められる。最後にこの事例を見て、展望を示すことにしたい。

安芸高山城での苦戦を報告してきた沼田小早川元平に対して、文明七年（一四七五）四月四日に出された遊佐長直の返書には、「御状両通到来候、則致㆓披露㆒候処、以㆓書状㆒被㆑申候」とある。この「書状」とは三月二一日付の畠山政長書状を指しており、遊佐の書状はこの副状にあたる(153)。したがって遊佐長直が沼田小早川氏から受けた「御状両通」を披露した相手は畠山政長であり、幕府直属国人の注進にもかかわらず、その受付・披露は畠山氏の家政機関内部で完結していた。[154]またこの畠山政長書状と遊佐長直書状には、それぞれ「御下知様、聡明（細川政元）方へ註〔ママ〕進肝要候」「公儀幷山名（是豊）殿辺之事、聡明殿へ御注進肝要候」とあり、幕府ではなく細川政元（政国が後見）への注進を促している。
注進窓口・軍事指令の多極化により、義政が伊勢貞宗を中心に親裁制度を再構築しても、かつてのように幕府が主導的に軍事を処理するのは、もはや不可能な状態に陥っていたのである。

註

（1）百瀬今朝雄「応仁・文明の乱」（『岩波講座日本歴史7　中世3』岩波書店、一九七六年）において、管領政治期（嘉吉元年〜）、過渡期（宝徳元〜康正元年）、義政親政期（長禄元年〜）といった政治形態の段階差が指摘された。

（2）たとえば幕府政治に関わる研究として、註(1)百瀬前掲論文の内容を発展的に継承した、鳥居和之「嘉吉の乱後の管領政治」（『年報中世史研究』五号、一九八〇年）がまずあげられる。川岡勉「室町幕府―守護体制の変質と地域権力」（『室町幕府と守護権力』吉川弘文館、二〇〇二年、初出二〇〇一年）は、嘉吉の乱後における上意の求心力低下・諸大名の系列化を説く。また、早島大祐「足利義政親政期の財政再建」（『首都の経済と室町幕府』吉川弘文館、二〇〇六年、初出一九九九年）は、管領政治から義政親政への転換にともなう幕府財政の改革について論じている。

（3）家永遵嗣「『三魔』」（『日本歴史』六一六号、一九九九年）において、義政親政の開始にともなう側近勢力の交替が指摘された。また、高橋修「日野（裏松）重子に関する一考察」（『国史学』一三七号、一九八九年）では、管領政治期における義勝・義政の生母日野重子の活動が検討された。

（4）一色氏＝高橋修「応仁の乱前の一色氏に就いて」（小川信先生の古稀記念論集を刊行する会編『日本中世政治社会の研究』続群書類従完成会、一九九一年）、斯波氏＝家永遵嗣「足利義政の古河公方征討政策と斯波義敏の失脚」（『室町幕府将軍権力の研究』東京大学日本史学研究室、一九九五年）、赤松氏＝馬田綾子「赤松則尚の挙兵」（大山喬平教授退官記念会編『日本国家の史的特質　古代・中世』思文閣出版、一九九七年）などが、管領政治から義政親政への推移をふまえ、幕府の対守護政策の変化を論じている。

（5）佐藤進一「室町幕府論」（『日本中世史論集』岩波書店、一九九〇年、初出一九六三年）。

(6) 鳥居和之「室町幕府の訴状の受理方法」(『日本史研究』三一一号、一九八八年)、早島大祐「京都近郊における永代売買地の安定化」(註(2)早島前掲著書、初出一九九九年)。
(7) 今谷明「室町幕府の評定と重臣会議」(『室町幕府解体過程の研究』岩波書店、一九八五年、初出一九八四年)八六頁。
(8) 本書第一部第三章「室町幕府の戦功褒賞」、第二部第一章「管領・諸大名の衆議」、同第三章「足利義教期の管領奉書」。
(9) 註(7)今谷前掲論文、八二頁・八六～八七頁。
(10) 註(3)高橋前掲論文、一〇頁・一二～一七頁。
(11) 今谷明「室町幕府奉行人奉書の基礎的考察」(註(7)今谷前掲著書、初出一九八二年)一八九～一九〇頁。
(12) 註(2)鳥居前掲論文、二三～二四頁。
(13) 『大日本古文書』「蜷川家文書」二八―三、『愛媛県史』一二六八「長州河野文書」。
(14) 『鹿児島県史料』「禰寝文書」二二九。この内訌については、新名一名「嘉吉・文安の島津氏内訌」(『史学研究』二三五号、二〇〇二年)参照。
(15) 『斎藤基恒日記』文安元年一一月二八日条。
(16) 註(11)今谷前掲論文、二二二頁。
(17) 奉行人の中でも、とくに飯尾貞連の活動が目立つ。註(11)今谷前掲論文、一六一頁・一六五頁によると、貞連は義教期に奉書の大半に加判し、別奉行を集積する有力奉行人の一人であった。実際、軍事に関わる貞連の活動は義教期から確認できるので、管領政治期の諸活動もその延長で理解できる。義教期における貞連の活動例は、本書第一部第二章「室町幕府の軍勢催促」、一二三頁・一三八頁註(66)、同第三章「室町幕府の戦功褒賞」、一五五頁。
(18) 註(2)鳥居前掲論文、二二～二三頁。
(19) 義教期に見られる管領内衆の活動例は、本書第一部第三章「室町幕府の戦功褒賞」、一四三～一四四頁、第二部第一章「管領・諸大名の衆議」、二一九頁表9参照。
(20) 河村昭一「一色・武田氏の領国支配」(福井県編集・発行『福井県史　通史編2　中世』、一九九四年)四九八～四九九頁。
(21) 『大日本古文書』「吉川家文書」二六九・二七〇。
(22) 細川持之・持賢兄弟の政治協力は、訴訟受理の面でも見られる。嘉吉元年一〇月、万里小路時房は、家領数か所の直務を持賢を介して管領持之に歎願している。ここからも、政務運営における持之・持賢兄弟の密接な連携がうかがえる（『建内記』嘉吉元年一〇月七日条）。

(23) 今谷明「文安土一揆の背景」（註(7)今谷前掲著書、初出一九七四年）一〇一頁。

(24) 『福島県史』「角田石川文書」三八・三九。大名申次（取次）については、桜井英治『〔講談社学術文庫版〕日本の歴史12　室町人の精神』（講談社、二〇〇九年、元版二〇〇一年）一四八～一五二頁、本書第二部第二章「在京大名の都鄙間交渉」。細川典廐家と奥州との関係は、金子拓「室町幕府と奥州」（柳原敏昭・飯村均編『鎌倉・室町時代の奥州』高志書院、二〇〇二年）一〇五～一〇六頁。岩崎一族の内紛に関しては、垣内和孝「戦国大名岩城氏の誕生」（『室町期南奥の政治秩序と抗争』岩田書院、二〇〇六年、初出一九九九年）一三九～一四二頁参照。

(25) 安富氏については、横尾国和「細川氏内衆安富氏の動向と性格」（『国史学』一一八号、一九八二年）、本郷（小泉）恵子「細川家関係故実書について」（昭和六三年度科学研究費補助金〈一般研究B〉研究成果報告書『室町幕府関係引付史料の研究』、研究代表者桑山浩然、一九八九年）参照。

(26) 『建内記』文安四年七月一一日条。以下富樫氏内紛の経緯については、註(23)今谷前掲論文を参照。なお、註(25)本郷前掲論文、九三頁・九八頁によると、こうした動きを通じて細川内衆安富氏は、加賀に影響力を持つようになったという。

(27) 『大日本古文書』「吉川家文書」二七五。今谷明「増訂室町幕府侍所頭人並山城守護付所司代・守護代・郡代補任沿革考証稿」（『守護領国支配機構の研究』法政大学出版局、一九八六年、初出一九七五年、以下a）三八頁・五〇頁、同「室町時代の河内守護」（同上書、初出一九七六年、以下b）一三一頁、川岡勉「河内国守護畠山氏における守護代と奉行人」（註(2)川岡前掲著書、初出一九九七）二四二～二四五頁。

(28) 『大日本古文書』「吉川家文書」三一〇。『愛媛県史』の編者は、同文書の年代を寛正六年と推定した。だが、当時の畠山氏家督は政長であり、国助は義就系の内衆として政長と戦い、寛正元年に討ち死にしている。よって、寛正六年の推定は成り立たないことから、本文のように宝徳三年の文書と考えた。遊佐国助については、註(27)今谷前掲a・b論文、三八頁・一三〇頁、註(27)川岡前掲論文、二四三頁・二四五頁参照。

(29) 安芸・石見勢への出兵命令は、竹原小早川盛景・杉原伯耆守を介してなされた（No.36）。また伊予国人重見通実は、参陣の遅れた理由をこの両人に弁明している（『大日本古文書』「小早川家証文」三六四）。これらからは、彼らが幕府使節として監軍的な役割を担っていたことをうかがわせる。

(30) 註(27)今谷前掲a・b論文、三八頁・四九頁・一二二頁・一三〇頁、註(27)川岡前掲論文、二四三〜二四五頁。

(31) 『大日本古文書』「小早川家証文」三六三。

(32) 『建内記』文安元年二月二日・一五日条。この事件については、伊藤喜良「伝奏と天皇」(『日本中世の王権と権威』思文閣出版、一九九三年、初出一九八〇年)三五九〜三六〇頁参照。

(33) 『建内記』嘉吉元年七月二六日条。管領の指導力が不安定であったことについては、註(2)鳥居前掲論文、一九〜二〇頁。

(34) 註(4)高橋・家永・馬田前掲論文、註(23)今谷前掲論文など。包括的な評価は註(2)川岡前掲論文、一〇六〜一〇七頁参照。

(35) 『建内記』嘉吉三年正月三〇日条。のちに持種は、守護富樫成春の加賀入部に際して、幕府からの援軍派遣要請を断っている。持種の立場や斯波内衆との関係については、註(4)家永前掲論文、二二六〜二二七頁参照。

(36) 『建内記』嘉吉三年二月一七日条。

(37) 『康富記』文安四年六月六日条。

(38) 註(27)川岡前掲論文、二四二頁によると、畠山氏でもこの時期「評定衆」と称する内衆の存在が確認されているので、彼らの衆議が畠山氏の軍事方針を左右したと推測される。

(39) 川岡勉「中世後期の守護と国人」(註(2)川岡前掲著書、初出一九八六年)一六八頁。

(40) 『康富記』嘉吉二年八月二九日条。

(41) 『康富記』嘉吉三年五月六日条、六月一九日条。

(42) それぞれ、『建内記』嘉吉元年六月二五日条、嘉吉三年二月二七日条。

(43) 諸大名の「遠国」融和姿勢は、今谷明「一四―一五世紀の日本」(『室町時代政治史論』塙書房、二〇〇〇年、初出一九九四年)四三〜四四頁。なお今谷氏は、諸大名のこの姿勢が「中央の干渉・専制を嫌い地方の自立を利益とする」意識から出たものとする。だが実際には、案件によって大名間で意見の相違があり、「地方の自立」といった連帯意識よりも、むしろ各大名家それぞれの利害に基づいた姿勢であったと考えられる。本書第二部第一章「管領・諸大名の衆議」、二二四頁参照。

(44) 『福井県史』「朽木家古文書」七。

(45) 義教期に実施された軍事行動で、幕府直属国人が頻繁に動員された点については、本書第一部第二章「室町幕府の軍勢催促」、一一八～一二〇頁。

(46) 註(2)鳥居前掲論文、一二九～一三三頁。

(47) 『神奈川県史』六〇九二「喜連川文書」。合戦の背景については、佐藤博信「足利成氏とその時代」(『古河公方足利氏の研究』校倉書房、一九八九年、初出一九八七年) 五四～六二頁参照。

(48) 『大日本古文書』「小早川家証文」三六二。

(49) 千葉胤直に宛てられた、康正元年閏四月八日付の御内書感状が早い例である(『神奈川県史』六二〇四「佛日庵文書」)。

(50) 註(2)早島前掲論文、一五三頁。

(51) 上島有『中世花押の謎を解く』(山川出版社、二〇〇四年) 二五五頁によると、この御内書は義政が花押を据えて発給した公文書としても初見事例であるという。

(52) この事件で赤松則尚と接点を持つ義政側近として、註(4)馬田前掲論文が伊勢貞国・貞親に注目するのに対し、註(3)家永前掲論文は有馬元家の関与がより顕著であると指摘する。

(53) 『師郷記』享徳三年一一月二日条に、「入レ夜軍勢参二室町殿一、山名可レ有二御対治一之故云々、〔中略〕討手事、雖レ仰二大名等一各辞申」とあるように、山名攻撃は既定方針として諸大名に下達されており、その是非を問う事前の諮問は確認できない。

(54) 註(3)家永前掲論文。

(55) 親政の基盤として貞親の重要性を指摘した先駆的研究に、五味文彦「管領制と大名制」(『神戸大学文学部紀要』四号、一九七四年)がある。五味氏が義政期の政治構造として提唱した「大名制」概念には、異論も出されている。その代表的な論考として、註(27)今谷前掲a論文、六一頁註(23)、小泉義博「室町幕府奉行人奉書の充所」(日本古文書学会編『日本古文書学論集8　中世Ⅳ』吉川弘文館、一九八七年、初出一九七六年) などがある。ただし、五味前掲論文で示された貞親の諸活動、すなわち執事職によらない政所への影響力行使、御料所の管理、被官の育成などに関する分析視角は、註(1)百瀬前掲論文や註(2)鳥居前掲論文によって批判的に発展・継承されている。また、註(2)(6)早島前掲論文も、義政親政期の雑務沙汰や幕府財政再建における貞親の役割に注目している。

(56) 註(1)百瀬前掲論文、一八四頁。

(57) 『群馬県史』一四九八「結城戦場高名着到幷結城系図所収文書」。

(58)『大日本古文書』「吉川家文書」二七一。
(59)『静岡県史』二二一一・二二二九「紀伊古文書」。
(60)注進を「令二披露一」といった文言は、信濃守護小笠原光康宛の康正二年九月一日付細川勝元書状が終見である（『新編信濃史料叢書』「勝山小笠原文書」二七頁）。ただし「達二上聞一」の文言は、益田兼尭宛の寛正二年六月一七日付勝元書状まで見られる（『大日本古文書』「益田家文書」一五五）。両文言の差異が、義政への取り次ぎのあり方に反映されるのか明らかでない。しかしいずれにしても、和泉半国守護細川常有宛の寛正二年六月二六日付勝元副状以後は、御感御内書発給の予告はあるものの、披露文言は見えなくなる（『細川家文書』五二）。
(61)『蔭凉軒日録』寛正四年四月一六日条。
(62)『大日本古文書』「益田家文書」一七二・一七四。
(63)『大乗院寺社雑事記』寛正元年閏九月九日条。なお、軍勢に随行する幕府使節としての役割も、引き続き確認できる。この点、『親元日記』寛正六年一二月七日条。
(64)註(2)早島前掲論文、一五三頁。
(65)『親元日記』寛正六年一二月二三日条。「御意」「可レ被レ仰」といった尊敬表現は、記主蜷川親元から主人伊勢貞親に対するものである。
(66)鳥居和之「将軍家御判御教書・御内書の発給手続」（『年報中世史研究』七号、一九八二年）一二二頁。なお、成氏が太田荘に進出した情報は、すでに一二月六日以前に幕府に届いており、飯尾之種の申請で八日付の御内書軍勢催促状が発給されていた（№140）。
(67)『長禄四年記』長禄四年閏九月二〇日条。以下、『長禄四年記』のテキストは、設楽薫「室町幕府評定衆摂津之親の日記『長禄四年記』の研究」（『東京大学史料編纂所研究紀要』三号、一九九三年）の翻刻を使用した。
(68)『親元日記』寛正六年四月一八日条。細川使者寺町三郎左衛門は、「就二与州事一、軍勢等可レ被二仰付一国々事、備後、安芸、石見、以上」といった注文を伊勢内衆蜷川親元に手渡し、親元はこれを貞親に披露した。
(69)以上、『親元日記』寛正六年五月六日条、六月八日条。
(70)註(66)鳥居前掲論文、一二一～一二三頁、山家浩樹「御内書引付素描」（註(25)桑山前掲編書）四二～四五頁。

(71)『蔭凉軒日録』寛正元年一〇月七日条。
(72)御台所富子の兄である日野勝光が、昵近衆として義政に近仕したことについては、瀧澤逸也「室町・戦国期の武家昵近公家衆」(『国史学』一六二号、一九九七年)。彼は文明五年(一四七三)に管領細川勝元が現職のまま没したのち、管領の職掌である訴訟審理の指揮を代行するなど、幕政に深く関与した。この点に関しては、鳥居和之「応仁・文明の乱後の室町幕府」(『史学雑誌』九六編二号、一九八七年)参照。
(73)以上、『親元日記』寛正六年五月六日条、八月二五日条。
(74)『親元日記』寛正六年九月一八日条。
(75)註(6)鳥居前掲論文、一〇～一五頁。
(76)ただし管領の役割縮小は、これを歴任する大名家の衰退に直結しない。たしかに畠山・斯波両氏はこの時期に勢力を減退させたが、これは内紛によるものであり、管領の職掌変化と直接の因果関係にない。また当時、前節で見た内衆組織もさかんに活動していた。内衆研究の包括的なまとめは、川岡勉「守護権力の文書と家臣団編成」(平成一三～一四年度科学研究費補助金〈基盤研究C(1)〉研究成果報告書『室町・戦国期畠山家・赤松家発給文書の帰納的研究』、研究代表者矢田俊文、二〇〇三年)。
(77)足利成氏に対する攻撃＝表13№46・49・58・110・124・140、『斎藤基恒日記』康正元年四月八日条。畠山弥三郎与党の掃討＝『斎藤基恒日記』康正元年五月条、六月一二日条、七月二日条。甲斐常治への合力＝『大乗院寺社雑事記』長禄三年三月一九日条、五月一四日・二一日条、六月一日条。畠山義就の追討＝『大乗院寺社雑事記』寛正元年閏九月五日条。義政の対関東政策については、註(4)家永前掲論文参照。
(78)本書第二部第一章「管領・諸大名の衆議」、二二一～二二七頁。ただし、義教執政期の後半には、諸大名が自主的に会合して義教を諫める例が増加することも、二二六～二二七頁で指摘した。
(79)『経覚私要鈔』長禄二年六月一九日条、一二月一日条。註(4)家永前掲論文、二一三～二一五頁。
(80)『蔭凉軒日録』寛正二年正月二三日条、『大乗院寺社雑事記』寛正二年二月三日条。
(81)『大乗院寺社雑事記』寛正三年五月二日条。
(82)『親元日記』寛正六年一二月二三日条。
(83)『長禄四年記』寛正元年九月二〇日・二八日条、閏九月一七日条、一〇月一日条。

(84)『大乗院寺社雑事記』寛正元年九月二三日条。

(85)大名内衆の直接把握・大名家家督の改替は、義政親政の特色として従来から指摘されている。たとえば、註(1)百瀬前掲論文、一九一～一九四頁、註(4)家永前掲論文、二二八～二三〇頁。

(86)『経覚私要鈔』長禄二年六月一九日条、一二月一日条。

(87)『碧山日録』長禄三年五月二六日条、『大乗院寺社雑事記』寛正元年五月二六日条、八月一〇日条。註(4)家永前掲論文、二二五頁、同「斯波義廉の斯波氏入嗣と堀越公方」(註(4)家永前掲著書)二六三～二六四頁。

(88)義政と諸大名とのこうした関係は、幕府御料所の管理や義政出行の供奉においても指摘されている。これらの点は、田中淳子「室町幕府御料所の構造とその展開」(註(4)大山喬平教授退官記念会前掲編書)六六七～六六九頁、二木謙一『中世武家の作法』(吉川弘文館、一九九九年)九六～九七頁参照。以上の包括的なまとめは、註(2)川岡前掲論文、一〇七頁。

(89)註(1)百瀬前掲論文、一八七頁・一九一頁、家永遵嗣「足利義教初期における将軍近習の動向」(註(4)家永前掲著書、初出一九八八年)一八三頁。

(90)『大日本古文書』「毛利家文書」一一九。本文の引用箇所を畠山弥三郎与党への攻撃と判断したのは、史料に記された前後の内容と表13№47・『斎藤基恒日記』康正元年七月一〇日条による。当該期の毛利氏惣領・庶子関係は、岸田裕之「国人領主の成長」(広島県編集・発行『広島県史　中世通史Ⅱ』、一九八四年)三七四～三七七頁参照。

(91)『大日本古文書』「毛利家文書」八二～八四。

(92)相次ぐ庶子の諸役難渋に直面した直属国人惣領の中には、沼田小早川氏のように、庶子への圧迫姿勢を強める者もいた。このことに関しては、岸田裕之「室町期沼田小早川氏の惣庶関係と領域支配」(『大名領国の構成的展開』吉川弘文館、一九八三年、初出一九八一年)三一八～三二四頁参照。

(93)註(4)家永前掲論文、二一五～二二五頁。表13も参照。

(94)註(87)家永前掲論文、二六三～二六五頁。

(95)杉山一弥「堀越公方の存立基盤」(『国学院大学紀要』四六巻、二〇〇八年)一四五頁。

(96)『大日本古文書』「吉川家文書」二七六。この史料の年代比定は、小林宏「南北朝・室町期における安芸国吉川氏の動向について」(『北大史学』一三号、一九七一年)三二頁参照。なお経信の安芸下国は、綿貫氏との対立が関わると思われる。綿貫氏は吉川氏に京筑紫役以下の遠国役や近辺役を負担していたが、宝徳・享徳年間（一四四九～一四五五）における両氏の関係は、軍事衝突が懸念されるほど悪化していた。岸田裕之「芸石国人領主連合の展開」（註(92)岸田前掲著書、初出一九八三年）三八六～三八九頁参照。

(97)『大日本古文書』「小早川家証文」一三一。『史料綜覧』は、この史料の年代を寛正二年に比定する。

(98)毛利氏のように恒常的に在京した直属国人もいたが、先述した庶子の軍役緩怠問題を抱えた上に、在京生活にかかる経費も軽くなかったと思われる。在京領主の経済的逼迫については、清水克行「荘園制と室町社会」（『歴史学研究』七九四号、二〇〇四年）五六頁。

(99)『大日本古文書』「小早川家証文」一三二。

(100)設楽薫「室町幕府の評定衆と『御前沙汰』」（『古文書研究』二八号、一九八七年）五〇頁。『長禄四年記』寛正元年九月一八日・二三日条、閏九月八日条。

(101)『大日本古文書』「小早川家証文」三六六。

(102)『大日本古文書』「益田家文書」一六七。この書状は宛名欠だが、山名是豊宛の可能性が指摘されている。井上寛司・岡崎三郎編『史料集益田兼尭とその時代』（益田市教育委員会、一九九六年）七六頁。是豊は諸氏の戦功を京都に注進するなど、この合戦で総大将的な役割を果たしていた。『大日本古文書』「毛利家文書」一一五など参照。

(103)矢田俊文「戦国期の奉公衆家」（『日本中世戦国期権力構造の研究』塙書房、一九九八年、初出一九八六年）一八五～一八八頁、弓倉弘年「畠山氏の内訌と紀伊」（『中世後期畿内近国守護の研究』清文堂出版、二〇〇六年、初出二〇〇三年）一五〇頁、今谷明『日本の歴史⑨　日本国王と土民』（集英社、一九九二年）二四三頁。

(104)弓倉弘年「奉公衆家山本氏に関する一考察」（註(103)弓倉前掲著書、初出二〇〇二年）一八七～一八八頁。

(105)河村昭一「応仁の乱と芸備の動向」（註(90)広島県前掲編書）四四一～四四三頁。

(106)註(1)百瀬前掲論文、一八三頁・一九一頁。

(107)註(1)百瀬前掲論文、一八九～一九〇頁。

(108)註(4)家永前掲論文、二二九～二三〇頁。

(109)田端泰子「小早川氏領主制の構造」（『中世村落の構造と領主制』法政大学出版局、一九八六年、初出一九六六年）八五～八六頁

では、竹原小早川氏の軍役賦課対象に言及されている。

(110)註(87)家永前掲論文、二六三〜二六四頁、湯山学「堀越公方と相模国」(佐藤博信編『戦国大名論集3　東国大名の研究』吉川弘文館、一九八三年、初出一九七七年)八二頁。

(111)『静岡県史』二二三二一「東大寺文書」。

(112)『大日本古文書』「大徳寺文書」三一六二。

(113)『蔭凉軒日録』寛正二年八月一〇日条。

(114)『大乗院寺社雑事記』長禄二年一〇月二日条。註(4)家永前掲論文、二二九〜二三〇頁。

(115)『大乗院寺社雑事記紙背文書』七九九。

(116)『経覚私要鈔』寛正元年閏九月七日条。

(117)以上、『蔭凉軒日録』寛正二年九月二七日・三〇日条、一二月一五日条、寛正三年二月九日条。

(118)『和歌山県史』「西光寺文書」六七。

(119)熱田公「寛正の飢饉と大和」(『中世寺領荘園と動乱期の社会』思文閣出版、二〇〇四年、初出一九八五年)によると、寛正飢饉の被害は地域偏差があったという。当時から戦場となった国々の被害が甚大と認識されており、ここにも矛盾の一端が見える。藤木久志「村からみた領主」(『戦国の村を行く』朝日新聞社、一九九七年、初出一九九四年)一五六頁も参照。

(120)註(1)百瀬前掲論文、一八七頁。

(121)註(1)百瀬前掲論文、一九五頁。

(122)青山英夫「『文正の政変』に関する覚書」(『上智史学』三一号、一九八六年)一〇四頁。「大名頭」については、同論文一〇二頁および『大乗院寺社雑事記』文正元年九月一三日条。

(123)『大乗院寺社雑事記』文正元年一〇月五日条。

(124)以上の経過は、註(1)百瀬前掲論文、一九七頁・二一五頁。『大乗院寺社雑事記』応仁元年六月一三日条参照。

(125)『続群書類従　二三輯下』「御内書案」三一二〜三一五頁。

(126)『御坊市史』「渡辺家所蔵文書」二四。この文書の年代比定は、註(103)弓倉前掲論文、一五七〜一五八頁参照。

(127)家永遵嗣「応仁・文明の乱と古河公方征討政策」(註(4)家永前掲著書)二九四〜二九八頁。なお、註(66)鳥居前掲論文、一二

○～一二三頁において、義政は応仁元年五月の段階でも訴訟を裁許していたことが明らかにされた。ただし、鳥居氏自身も指摘するように、御内書の作成過程に占める貞親の役割は大きかった。御内書は幕府軍事文書の中心であったので、貞親の失脚は義政の軍事親裁に支障をきたしたと思われる。

(128)『大乗院寺社雑事記』応仁元年六月五日条。

(129)応仁元年一〇月七日付で沼田小早川熙平に、応仁二年二月二一日付で山科家雑掌・山科七郷住人（各一通）にそれぞれ宛てて出されている。この期間における奉行人奉書感状の典拠は、今谷明・高橋康夫編『室町幕府文書集成　奉行人奉書篇』（思文閣出版、一九八六年）参照。

(130)註(55)小泉前掲論文、一五六頁。

(131)『大日本古文書』「小早川家証文」一五九。

(132)『大乗院寺社雑事記』応仁二年一一月一二日条。

(133)『大日本史料　第八編之二』八七六～八七七頁「片岡文書」。「佐々木文書」一六八・一七〇にも同文言がある。

(134)『加能史料　戦国I』八四～八五頁「朝倉家記」。松原信之「朝倉孝景の西軍から東軍への帰属」（註(20)福井県前掲編書）六一八～六二〇頁。

(135)『大日本古文書』「小早川家証文」一六三。

(136)『親長卿記』文明三年四月二九日条。

(137)以上、『親元日記』文明五年七月二三日条、九月三日条。

(138)『大日本古文書』「小早川家証文」一七九、「毛利家文書」一二〇、「吉川家文書」三一一。そのほかの軍事指令は、『大日本古文書』「小早川家証文」一四六、「毛利家文書」一二二など。

(139)『大日本古文書』「吉川家文書」三二一・三二七。そのほか、感状は『大日本古文書』「吉川家文書」五二、軍忠状加判は「小早川家証文」一四七、「毛利家文書」一二三、「吉川家文書」三二一～三二四など。

(140)以前にも、管領職にない時期の細川勝元が、書状で直属国人に軍事関係の指令を行った場合もあるが、それらは幕命をともなったものが多い（たとえば『大日本古文書』「小早川家証文」一三六～一四〇）。勝元が彼らに注進を求めた際にも「細々以二内儀一可レ有二註進〔ママ〕一」（「小早川家証文」一四一）と断っており、応仁年間以後とは異なり「内々」と意識されていた。

(141)『大日本古文書』「小早川家証文」一五四・一五五・一五六、『萩藩閥閲録　遺漏』巻二ノ二―一六。

(142)以上、それぞれ『大日本古文書』「小早川家証文」一六〇、「島津家文書」八〇。

(143)『大日本古文書』「小早川家証文」一六〇、「毛利家文書」一二六。

(144)こうした勝元書状の例として、近江外様衆朽木貞高に宛てた『史料纂集』「朽木文書」二九六と、播磨外様衆上月満吉に宛てた『兵庫県史』「上月文書」二二をあげることができる。前者は年欠二月二九日付であるが、山内政綱が高島郡に侵攻した際の撃退を命じる内容から、文明三年ごろに出されたものと推定する（No.222参照）。また、後者も年欠三月二七日付だが、赤松政則のことを「兵部少輔」と記しており、これを手がかりにある程度年代を絞り込める。政則は、文明元年九月六日には「次郎」と表記されるが、文明二年八月一九日には「兵部少輔」とある（『室町幕府文書集成　奉行人奉書篇』参照）。したがって本文書の年代は、文明二年から勝元が亡くなる同五年までの間に収まる。

(145)管領奉書の発給停止に関しては、今谷明「管領代奉書の成立」（註(27)今谷前掲著書、初出一九七五年）七四～七八頁。細川氏奉行人奉書については、小谷利明「序章」（『畿内戦国期守護と地域社会』清文堂出版、二〇〇三年）五～八頁。

(146)註(66)鳥居前掲論文、一二三頁。

(147)この原因は不明だが、勝元は文明四年ごろから戦意を喪失させていっており、こうした心理状態が文書の発給頻度に影響をおよぼした可能性もある。河合正治『足利義政と東山文化』（清水書院、一九八四年）九九～一〇〇頁、小川信『山名宗全と細川勝元』（新人物往来社、一九九四年）二一四～二一六頁参照。

(148)註(25)本郷前掲論文、八二頁、註(127)家永前掲論文、三一四～三一五頁。

(149)『大日本古文書』「小早川家証文」一九三・二〇七・二一〇。

(150)『大日本古文書』「小早川家証文」二〇六。高山城攻防戦の経緯は、註(105)河村前掲論文、四五七～四五八頁参照。なお幕府奉行人奉書も、京兆家の勢力範囲では細川氏奉行人奉書が副えられることで、効力の補完が図られた。この点については、註(145)今谷前掲論文、八九頁、註(145)小谷前掲論文、六～八頁参照。

(151)今岡典和「御内書と副状」（大山喬平教授退官記念会編『日本社会の史的構造　古代・中世』思文閣出版、一九九七年）六一五頁。

(152)こうした理解は註(72)鳥居前掲論文、設楽薫「将軍足利義材の政務決裁」（『史学雑誌』九六編七号、一九八七年）、同「足利義尚政権考」(『史学雑誌』九八編二号、一九八九年)、末柄豊「細川氏の同族連合体制の解体と畿内領国化」(石井進編『中世の法と政治』吉川弘文館、一九九二年)、野田泰三「東山殿足利義政の政治的位置づけをめぐって」(『日本史研究』三九九号、一九九五年)、山田康弘『戦国期室町幕府と将軍』(吉川弘文館、二〇〇〇年)など参照。また、戦国期には室町殿側近が幕府と地域勢力との交流を媒介したことが、山田康弘「戦国期における将軍と大名」(『歴史学研究』七七二号、二〇〇三年)において指摘されている。こうした大名申次にかかわる都鄙間交渉のあり方も、本章で論じてきたとおり、室町殿側近による連絡ルートが、寛正年間から活発化する伊勢貞親の関与と、文明年間に決定的となる幕府制度と諸大名との乖離状況に基礎づけられて発展し、戦国期室町幕府に受け継がれたと考えられる。

(153)　以上、遊佐長直書状＝『大日本古文書』「小早川家証文」二〇一、畠山政長書状＝『大日本古文書』「小早川家証文」一九八。

(154)　政長流畠山氏の支配構造は、小谷利明「守護近習と奉行人」(註(145)小谷前掲著書、初出一九八九年・一九九二年)に詳しい。

結論　室町幕府軍制研究の総括と展望

はじめに

序論で示した問題意識に基づき、戦時編制の基本構造と、軍事親裁の展開過程といった二つの視点から、中央と地方にわたる室町幕府軍制について考察してきた。結論ではこれまでに得られた主要な論点の総括を行うとともに、各章の初出論文に対してあげられた疑問点に可能な限り回答することで、論旨の整理と若干の展望を提示しておきたい。なお、既述の検討結果に関しては、とくに断らない限り註を省略したので、本編を参照していただきたい。

一　戦時編制と地方制度

1　二頭政治期の安堵類型

本書第一部第一章では、室町幕府成立当初の二頭政治期に、尊氏は内乱状況に対応するため「即時型」の旧領回復安堵を、直義は後期鎌倉幕府の制度を模範として「調査型」の当知行地安堵を、それぞれ発給したことを明らかにした。この理解に関して亀田俊和氏は、直義も不知行所領に対する安堵を行う場合があったと論じている(1)。もっとも亀田氏の関心は、施行状が直義の下文に付された理由を不知行地の沙汰付に求める点にあり、こうした事例が少ないことから本書において指摘した右の安堵類型を原則として認めている(2)。本書でも特殊な事例の存在を九二～九三頁註（26）で触れており、亀田氏と私の理解が根本的に対立しているわけではない。だが例外的ながらも、

「調査型」でなされたはずの直義の譲与安堵に不知行地を対象とするものがあったとの指摘については、「調査型」安堵の評価に関わってくるので、私の見解を示しておく。

亀田氏は譲状に不知行所領が記載される場合も多くあることから、すべての譲与安堵が当知行地安堵であったとは限らないとしている。しかし、亀田氏がその例としてあげた、暦応三年正月二四日付の安保光阿譲状に記される備中国耶々智村の割注には、「他人非分押領間、訴訟最中也」とあり、所務沙汰を管轄する引付方に持ち込まれていたことがわかる(3)。つまり、不知行地の譲与安堵を安堵方に申請したとしても、当知行の実否調査が行われた段階で異議申立てがあれば所務沙汰の手続きに変更されたのであり、不知行地の譲与安堵申請がそのまま認められた可能性は低かったと考える（九七頁註（79）参照）。

また亀田氏も述べているように、不知行地の沙汰付を命じる施行状は下文拝領者の申請に応じて発給された。つまり、直義の譲与安堵が出されたあとに施行状の発給申請が別になされたわけであり、これらの手続きは一連のものではなく切り離して考える必要がある(4)。この場合、直義の安堵が上述の手続きを経て発給されたのちに、何らかの問題が発生して施行状の申請が別途なされたことも想定できよう。いずれにしても、その事例数の少なさが示唆するように、鎌倉後期の譲与安堵制を模範に発給される「調査型」安堵が、直義による安堵の基本形であったことに変わりはない。

一方、尊氏が発給する「即時型」の旧領回復安堵については、安堵と恩給下付とを読み違えているとして、「御恩」の給付とみなした方がよいと吉田徳夫氏から意見を受けている(5)。主従制における所領の「御恩」は本領安堵と新恩給与とに大別されるが(6)、吉田氏は旧領の回復を安堵ではなく新恩給与に近い範疇で把握しているようである。これに関連した事柄は本書六六頁・七〇頁でも論じたが、「本領安堵」という語句に対する私見を整理しておく。

吉田氏は、「本領という考え方は開発など格別の由緒を持つ所領をいうのであり、安堵の申請をなす場合などは、当然に当知行の主張を随伴するものであり、その限りではその本領は当知行である」とした。しかし、返付に相当する旧領回復も当時「本領安堵」と称されていたことが明らかにされている以上、(7)安堵の概念はこうした成果をふまえ実態に即して考えなければならない。つまり、恩賞方で処理されたことからも明らかなように、「奉公」に対する「御恩」の給付である尊氏の旧領回復は同時代に安堵とみなされていたこと、またこれと並んで前代以来の譲与安堵制に基づく直義の当知行地安堵が設けられていたことこそが、室町幕府安堵制度の問題を解く鍵なのである。

「当知行の主張を随伴する」「その限りではその本領は当知行である」という吉田氏の認識については、本書六六頁において述べたとおり、「本領」（根本私領・開発所領）が旧領か当知行地かは別次元の問題である。不知行の「本領」も当然ありうる。直義所管の譲与安堵手続きにおける当知行地・不知行地の関係はさきほど述べたが、尊氏についてはどうであろうか。もともと幕府方である武士の場合には、当知行地は譲与安堵制に則って直義所管の安堵方に申請されたので、尊氏所管の恩賞方に申請された安堵は基本的に戦功褒賞としての旧領返付ということになる。しかし、戦時状況と不可分の尊氏による安堵は、南朝方から幕府方に転じた武士の知行地を対象とすることがあり、この場合には旧領回復安堵でなく当知行地安堵とすべきだとの意見もあるかもしれない。

ただし、ここで注意しなければならないのは、不法な知行も存在しうる点である。(8)南朝方の武士が占有し所務を全うしている所領は、たしかに当知行地ともみなせる。だが、北朝を奉戴する幕府の立場からすれば、敵方である武士の知行を合法的に認めるはずもなく、占有の実否にかかわらず闕所地か押領地として扱ったであろう（六九頁参照）。したがって、この武士が幕府方に転向した場合、その所領は幕府の法秩序のもと旧領の返付という形式をとって、あらためて安堵されたと考える。

さて、室町幕府の安堵は、佐藤進一氏の「将軍権力の二元性」論において直義が統轄するとされた「統治権的支配権」の範疇に属したが、[9]本編や右で述べた事柄をふまえてその歴史的位置を再考する必要がある。この点で、初期室町幕府の安堵形態から「統治権的支配」のあり方を検討した、新田一郎氏の研究が注目される。[10]ただし、そこで論じられた事柄が本書の考察結果とどのように関係づけられるのかは必ずしも明らかでないので、この点について現段階での展望を簡単に述べておきたい。

2　領域支配の軍事的展開

新田一郎氏は、鎌倉幕府開創期に主従関係を構築する契機として用いられた「御恩」としての安堵が、室町初期には「統治権的」に作用するに至った転換点として、鎌倉後期の譲与安堵制に着目した。すなわち、発給に際して「支え申す仁」の有無を調査するこの制度により、安堵は鎌倉殿との主従という個々の内在的な関係ではなく、所領知行を示す外在的な指標として幅広い人々から認識されることになり、そうした転換の帰結として初期室町幕府の安堵を把握したのである。その上で新田氏は、佐藤氏の「二元性」論と安堵の問題について次のように述べた。

室町幕府開創期をめぐる佐藤氏の議論においては、尊氏の権限が「それ自体尊氏と被支配者との関係（主従関係）を直接的に基礎づける権能であり、また、これを裏返して言えば、かかる権能を中核として形成される尊氏の権力は、主従関係のあり方によって直接規定される」のに対して、一方の直義については、権能の行使者と受け手との間にそうした特定の回路が想定されない点に特徴が見出だされている。〔中略〕「安堵」についていえば、知行の所在を示すオフィシャルな指標としての意味が（不特定の多くの）人々に認識されているという蓋然性によってこそ、その作用が基礎づけられている。「安堵」というシグナルの意味が人々を捉えている（ということを前提として世界が構築されている）ことが、重要な意味を持つ(11)。

ここで述べられた事柄と本書の視角との関連性を整理すると、主従関係を構築する契機として用いられた「御恩」としての安堵と、譲与安堵制の延長上に位置する安堵とは、それぞれ「即時型」安堵と「調査型」安堵に相当すると思われる。二つの安堵に関する本書の位置づけは本編および前項で述べたとおりだが、ここから疑問に思うのは、新田氏が初期室町幕府の安堵をもっぱら後者の性格のみで捉えた点である。観応の擾乱を契機に廃絶した直義の「調査型」安堵手続きの流れから、新田氏が説く「『安堵』というシグナルの意味が人々を捉えている（ということを前提として世界が構築されている）こと」は、室町時代に導き出せないのである。

もう一つ、新田氏の見解で気になるのは、複数の安堵手続きが整合的に評価されていない点である。新田氏の別稿によれば、南北朝期における幕府の安堵は、簡略な手続きを経たのみで発給される相対的な「由緒」であり、施行手続きを経由することで人々一般に幅広く認知されたとしている(12)。さきの安堵に関する見解と、第三者を捕捉するという機能の点で一致しているものの、それを体現する手続きの面で異なる方式が示されているのである。新田氏はこの簡略な手続きを「特別訴訟手続」とし、譲与安堵制に依拠した鎌倉後期訴訟制度との連続面を指摘したが、これでは先述した尊氏・直義所管の各安堵手続きとの関係性を十分に説明できない。

本編で詳述したとおり、この簡略な安堵手続きの淵源は鎌倉期以来の訴訟制度でなく、南北朝内乱に際して発給された尊氏の「即時型」手続きであると考える。すなわち、室町幕府の安堵制度は、平時にも「調査型」手続きが確立せず、戦時に適合した「即時型」手続きを土台に形成された点に特徴がある。鎌倉幕府や建武政権の場合、政権樹立を目指す内乱の最中には「即時型」安堵を発給し、政権が安定すると「調査型」安堵に移行したが、室町幕府の安堵はこれらと異なる独自のベクトルで変遷したことになる。

だがこのことを、室町幕府の安堵制度が鎌倉幕府や建武政権よりも退化したというように、優劣の問題として考えてはいない。引用した新田氏の見解を参照すると、尊氏が発給した、主従関係の構築を契機に用いられた「御恩」としての「即時型」安堵は、主従における個々の結合内で作用したことになるが、さきほど述べた事態は室町幕府がこれをもとにして、「『安堵』というシグナルの意味が人々を捉えている（ということを前提として世界が構築されている）」状態を展開させたことを想起させる。すなわち、尊氏の個別的な権能が、幅広い人々にまで一般的に作用して「領域的支配」をおよぼしたことになる。

ここで注目されるのが、守護制度の存在である。「調査型」の廃絶・「即時型」の存続により、幕府は当知行の実否を主体的に調査せず、もっぱら守護の挙申に基づいて安堵を発給し、守護はこれを在地に遵行した。したがって、幕府による当知行の実否調査にかわって、守護は安堵の挙申・遵行を通して、所領秩序を管国内に広く認知させる機能を備えていったと考える。これらは、室町幕府が戦時体制を直接の基礎にして、第三者を捕捉する安堵の制度を構築し、領域支配を展開していったことを示唆している(13)。義持期における当知行地安堵施行の停止は、在地において共通に認識される知行の指標が、守護のもとで地域ごとに成立する傾向をさらに促したであろう。

本書では安堵に限らず、一般国人に対する軍事動員・宛行も守護に一任されていく点も、第一部第二章・第三章において指摘した。その中で述べた「守護請軍勢催促」については、「主従制的」な範疇だけでなく「統治権的」な要素でも捉えうるとの指摘を、新田氏から受けている(14)。この意見は佐藤氏の「二元性」論を相対化する上で示唆に富むが、これまでの考察で明らかなように、私もこの概念を前提視しているわけではなく、佐藤氏の分類を検証できる環境を整える基礎作業として、軍事指揮権の実態究明を試みている。

本書で述べてきた観点からすれば、もともと守護と直接主従関係にない幕府の御家人や寺社本所領の代官・沙汰人層（「国人」）に対する軍役賦課は、必ずしも「主従制的支配」に収斂されないため、請負化の有無にかかわらず「統治権的」であるともいえよう。むしろ軍事指揮権の請負化で問題となるのは、歴史的な特質を反映した「統治権的」な領域支配の「中身」である。一国軍事指揮権が守護に委任されるにともない、一般国人に対する幕府の「御恩」が所領・所職から離れて感状・武具に移っていくことは、室町殿と一般国人との主従結合が観念化・儀礼化していく傾向をあらわしている。

もし、従者に対する所領給与・安堵をもって主従結合の契機とみなすならば、こうした事態は「守護公権」の質を変容させることにつながる。守護を兼ねる大名は幕府から委任された地方制度上の「統治権的」な職権をテコにして、所領を媒介とする「主従制的」な結合に占める自らの比重を増大させ、これを領域的に展開させる余地を生みだす。たとえ用語の上で同じでも、「主従制的支配」と「統治権的支配」の実体に変化が起きれば、これらを介しておよぼされた領域支配も連動して変質をきたすことが想定されるのである(15)。

3　権力編成の直接・間接系列

しかし、中世後期の領域支配は、守護制度のみによって完結できるものではなかった。一五世紀前半になると、幕府は領域支配のあり方を、守護を介して間接的に「面」として把握する地域と、直接的に「点」として把握する地域とを整理・確定していった。本書序論第二章と第一部各章では軍勢催促や安堵・宛行の実施形態から、こうした権力編成が軍事編制におよぼした影響を、幕府―守護―一般国人と、幕府―直属国人との系列化で説明した。この二つの基軸は、平時の諸役賦課ルートに反映されたのみならず、戦時の軍事指揮系統にも転用されたのである。佐藤進一氏の「室町幕府論」以来、直轄軍は室町殿（将軍）の膝下に編成されると誤解されがちだが(16)、それは幕府に直属する国人の一部であった。奉公衆を幕府直属国人の部分集合と措定すれば、守護支配から独立的な国人も、奉公衆の地位に拘泥せず都鄙の支配体制と関連づけて理解することが容易となるだろう。

序論の問題意識に基づき本書で提示したこの権力編成像に対しては、①権力（「上」）から社会構造（「下」）への規定性を重視し過ぎるとともに、②多元的な構成要素を列挙したことで議論が拡散してしまう傾向がある、との疑義があげられている。[17] 本書の視角に、こうした危険性が潜在していることは、つねに自覚しておかねばならない。ただし、ここで指摘された事柄について、まったく関心を払わなかったわけではないので、右にあげた私見の背景となった研究状況をいま一度明確にしておきたい。

序論の研究史整理で述べたとおり、一九八〇～一九九〇年代に進んだ守護の再評価は、複線的な体制概念が提起された七〇年代の成果を、十分に継承しきれないまま進められた。さらに同年代における研究動向の中には、守護を地域統合の中心とみなす川岡版「幕府―守護体制」論と、地域社会の多様なネットワークに着目する「地域社会」論とが、相互にうまくかみ合わないという問題点も見られた。これらの成果がそれぞれいかに切り結ばれるのかが、解決すべき課題の一つとして浮上していたのである。

このような研究状況をふまえた上で、さきの疑義に対する本書の立場を示しておく。まず①について、たしかに一五世紀前半に幕府が地域秩序を再編していくと論じたが、それとともに南北朝の内乱状況に規定された面も説いており、社会構造側からの影響を無視してはいない（三〇～三一頁）。また②は、川岡版「幕府―守護体制」で捨象された、地域社会の多様な要素をふまえた結果であり、「上」からの規定性のみを重視しているわけではないことが逆に示されよう（三四～三七頁）。これにともなう議論拡散の恐れに関しては、中世後期社会の特質と絡めて最後にあらためて述べるが、ここで見落としてはならないのは、既存の地域秩序を前提としつつも、それを恒常的に捕捉していこうとする権力側の志向性である。

本書序論第二章・第一部第四章・第二部第四章で述べた軍事政策や軍役賦課に端的に示されるように、地域社会の側はいやでもこうした動きに直面せざるを得なかった。また、その結果もたらされた地域社会の変化は、逆に権力側のあり方に影響をおよぼすことになったことも指摘した（三一頁・一九三〜一九五頁・三三三〜三三五頁）。このように今日求められているのは、「上」と「下」の「どちらが重要か」「どちらが主導的立場にあるのか」といった二者択一的な議論ではなく、「いかに結びついているのか（あるいは結びついていないのか）」「どのように連動しているのか（あるいは連動していないのか）」という多角的な視点であると考える。

さて、川岡版「幕府—守護体制」論に対する本書の批判については、幕府（中央）が守護を媒介にして地域社会を「重層」的に掌握したとする、川岡氏の問題意識とずれているとの疑問が稲垣翔氏より出されている。[18]だが、そもそも地域社会は守護のみを媒介として中央に統合されていないというのが本書の論旨であり、見解の相違はあっても問題意識がずれているとは思わない。またこれに関連して川岡勉氏から、右の私見では「守護のもつ複雑で多面的な性格が見落とされてしまい、評者〈川岡氏＝筆者註〉に対する批判としても成功しているとは言い難い」との論評を頂戴している。[19]川岡氏がここで、「守護の存在形態自体が多様性をもちながら中央と地域社会を結ぶ基軸的な位置を占めていた」と述べたことは、「地域社会」論の成果が組み込めていないという、さきほど論じた研究史上の課題に対する川岡版「幕府—守護体制」論側からの一つの回答として注目される。

しかし、守護の多様性を主張したところで、「中央—（多様な）守護—地域社会」といった構図に変わりはなく、結局のところ守護支配から独立的な地域や勢力を視野におさめることに失敗している。また、「複雑で多面的な性格」という点では、逆に「単純で一面的な性格」であるものの方が稀であり、守護のみならずほぼすべての研究対象にあてはまってしまう、ある意味ありきたりな説明である。

たとえばこの点に関係して、幕府直属国人も一般国人と同じく守護の管国経営に「協力」する存在であるとの提言を、呉座勇一氏から受けている。[20]これも系列的な権力編成理解に対する批判だが、第一部第四章で論じたとおり、幕府直属国人と守護とを対立・牽制する側面のみで捉えておらず、相互に補完しながら幕府軍制を支える側面を指摘した。よって、幕府直属国人と守護との「協力」自体を否定するものではなく、この視点に立てばたしかに守護は諸勢力と多様な関係を結んでいたといえる。[21]

ただしここで問題となるのは、「協力」といった言葉に含まれる汎用性である。「協力」と一言でいっても様々な形態が存在するため、その内容を具体的に分析することが必要となってくる。守護に対する幕府直属国人と一般国人の「協力」については、軍役賦課・軍事指揮ルートなどの考察結果から同質のものでなく区別すべきである、というのが本書で述べてきた私の意見である。このように守護の多様性を安易に強調すると、かえって守護の特質が不明瞭となりかねない。

日常的に守護と交流しつつも、制度的にその支配に属さない勢力が室町期の地域社会に散在していたことは、序論で整理したように事実として明らかにされている。「守護の存在形態自体が多様性をもちながら中央と地域社会を結ぶ基軸的な位置を占めていた」といったまとめ方では、守護の定義が曖昧化するばかりでなく、その「基軸」からもれる地域が視野からもれてしまう。また、守護による領域支配の進展とそれをめぐる角逐も、その支配が十分におよんでいない地域や勢力を前提にしてこそ、はじめて積極的な意義を見いだせる。領域支配が行き届いていたのであれば、守護はそれを進展させる余地も必要もなく、川岡氏も注目する一五世紀後半以降の変容を動態的に捉えることも困難となろう。

このように、守護を「基軸」に据えても、その範疇で把握できない地域・勢力が存在する以上、川岡版「幕府―守護体制」論では中世後期における都鄙関係の全体像を構築できないということが、提起した問題の本質なのである。「もちろん地域的偏差はあるものの、中世後期の都鄙関係を見る上で、守護の問題が基軸となることは恐らく動かない」として、守護支配から独立的な地域や勢力を過小評価していては、こうした課題を解決できない(22)。

もっとも、右の主張が守護制度の軽視を意図するものでないことは、前項であげた安堵に関する見解や、権力編成の系列化にともなう「守護―一般国人」ルートの請負化についての指摘などからも明白であろう。一五世紀前半に幕府は、軍勢催促・安堵・宛行といった国人統制に関わる重要な権限を、守護に委ねる姿勢を強めたのである。だが、こうした守護の役割の増大を、中央（都）から地方（鄙）への権力移譲という意味での「地方分権」と評価するのは正確ではない。なぜなら、奥州・関東・九州を除く室町殿分国で守護に就任できた者の大半は、京都で幕政に参与する足利一門以下の在京大名であったからである。次節では、この点を中心に本書の考察結果をまとめることにする。

二　軍事決裁と中央機構

1　御前沙汰・大名衆議の変遷

幕府―守護（代）―一般国人と、幕府―直属国人とを主要なルートにして、地方から京都にもたらされる「御請」や「注進」は、守護や申次を兼任する管領・諸大名が窓口となり、室町殿（将軍）に披露された（第一部第二章、第二部第二章）。室町殿はそこで得た情報をめぐって管領・諸大名に諮問し、その答申を参考に軍事方針を策定した（第二部第一章)。実際に軍事行動が開始されると、幕府上使・守護(代)をはじめとした多国間の諸将によって構成される「諸陣」が、前線で談合を行って作戦を立案するとともに、「御請」や「注進」を送って「室町殿—管領・諸大名」と連携しつつ実戦を指揮した(第一部第四章)。一方、戦功に関わる注進状については、最終的に管領が室町殿に披露し、両者が協議して褒賞内容を決定した(第一部第三章)。なお、室町殿と管領・諸大名との間は、室町殿側近・幕府奉行人・大名内衆らが連絡役となり結ばれていた。管領・諸大名は意見を具申するものの、管領政治期を除いて彼らに議決権はなく、決裁を行うのはあくまで室町殿であった。

以上、これらをごく大まかに整理すると、軍事方針は「室町殿—管領・諸大名」(大名衆議)で、戦功褒賞は「室町殿—管領」(御前沙汰)でそれぞれ審議されていた、ということになる。よって、このような双方の性格から、御前沙汰は恩賞方の業務を編入し、大名衆議は「諸陣談合」と同様に軍議の機能を兼備していたことがわかる。

地域支配の一部を守護に委任する義持期の方針は義教期にも基本的に継承され、室町殿の親裁が管領・諸大名の補佐により支えられる制度の大枠自体も、義持・義教の両期でそれほど差異はなかった。義教による「専制」の特色は、管領奉書・大名衆議における変化が示すように、幕政から管領や諸大名を排除するのではなく、むしろ主導的に政務処理システムに取り込んで、彼らの輔弼機能を意に則した形に換骨奪胎することで、裁断の簡潔化・迅速化を意図した点に認められる(第二部第一章・第三章)。

「衆議」と「専制」とを対立・牽制し合う要素として捉え、これらの葛藤を視座に政治史の推移や展開を読み解く、いわゆる「合議と専制」論において、義教期は室町時代の典型例に取り上げられることもあった[23]。だが、右のように「専制」なるものは、「衆議」の抑圧・排除だけが唯一の貫徹方法でなく、「衆議」の巧みな組み替えによって成り立ちうることも想定しておかなければならない。

「合議と専制」論を相対化する成果は、おもに鎌倉時代研究で蓄積されており、「合議」と「専制」の複合的な関係性や、その発現形態を重視する見解が出されている。(24)「合議」か「専制」かといった、二者択一的でやや平板な理解が克服されつつある中で、室町時代研究においても時々の状況に応じて柔軟に「衆議」や「専制」と呼ばれるものの意味や実態を問い、各時代・時期の特色や差異を明確にしていく必要がある。

義教が大名衆議に対する諮問を、管領を介した間接的な方式から個別・直接的な方式に変更したのは、永享三年（一四三一）以降に顕著となる幕府を取り巻く軍事的な緊張の高まりと、親裁を支えるべき管領斯波義淳のサボタージュに対処するためであった。したがって、おもに軍事分野で見られるこうした制度改編が、義教初政期からの既定方針であったわけではない。ここで気になるのは、義教が家督を継承した直後から、「諸人愁訴を含まざる様に」と意欲を見せていた訴訟制度改革との関係である。

御前沙汰における裁判記録である『御前落居記録』が、義教の意気込みにもかかわらず永享四年一二月までしか存在しないことについては、これまで斯波義淳の管領在任期間や代始めの徳政との関連が推測されている。(25)これらに加え本書で指摘した事柄との関わりで注目したいのは、『御前落居記録』が途切れるのと入れ替わるかのように、さきほど述べた軍事制度の改革が本格化したことである。

御前沙汰は、所務沙汰を管轄する場として説明されがちだが、業務のもう一つの柱に恩賞の審理があったことを忘れてはならない。(26)つまり、義教が大名衆議に対する諮問を個別・直接的な方式に改め、地域紛争への武力介入を主導的に決定できるようにし、守護・国人連合軍の発向に踏み切ったことで、幕府は大規模な軍事行動の遂行に忙殺させられることになった。膨大な数にのぼるであろう勲功者に対する褒賞は、御前沙汰における作業量を増加させ、所務沙汰の処理を圧迫したことが予想される。

このころに、裁許に至る過程を事細かに記した『御前落居記録』が終わるとともに、管領奉書の内容が所務沙汰から感褒・軍勢催促へと変化するのは、軍事政策の優先に舵をきった幕府の姿勢と無関係に思われない。実際に、守護・国人連合軍の出陣が諸国における寺社・本所領の不知行化を招きながらも、幕府は問題をさき送りして訴訟の延滞状況に拍車がかかっていた。義教が室町殿となった当初から思い描いていた「諸人愁訴を含まざる」施政方針は、ここにきて軌道修正を余儀なくされたことになる。義教の執政が晩年になるにつれて「暴君」「暴走」の度合いを増していく要因は、これまで指摘されてきた精神的な疾患、宿老格大名の死去、政治的経験の蓄積とともに、(27)このような軍事優先の政策転換をふまえて考える必要がある。

嘉吉の乱後の管領政治を経て、親政を開始した義政は父義教の政策にならって、寺社・本所領還付と古河公方攻撃の二大事業を同時に推し進めたが、このことは義教期の矛盾を再来させることになった。ただし、義政の親裁は義教と違い管領・諸大名の排除と側近伊勢貞親の重用によって確立したことで、こうした政策矛盾がもたらす影響は義教期よりも深刻であった。義政親政期の幕府は軍事方針の決定過程に管領・諸大名の意見を組み込めておらず、彼らと慎重な議論を積み重ねることなく武力介入を敢行した結果、守護・国人連合軍の違乱行為を統制できない状態に陥ったのである。

2 管領制の解体過程

前項のような管領・諸大名に関する本書の指摘は、桑山浩然氏が提唱した「奉行人制」の再考へとつながる。すなわち「奉行人制」は、政所の機能拡充と奉行人の役割増大とを関連づけて理解し、管領制の次に続く室町幕府の権力構造として提起された。(28)「奉行人制」をめぐる研究史を整理した設楽薫氏は、「応仁・文明の乱に至る『管領制』との転換期をどのように考えるかが曖昧」といった課題をあげたが[29]、これは本書で述べてきた内容とも関係することから、この概念に対する私の立場をここで示しておく必要があると考える。

「奉行人制」は、政所に所属する奉行人が発給する奉書の用途拡大と、御前沙汰で室町殿の諮問に答申する「意見制」による発言権の増大とを特徴とする。だが、桑山氏はその後、室町殿が臨席しない政所沙汰を御前沙汰の下位に置き、管領も評議に関与する御前沙汰の裁許文書に奉行人奉書が用いられたことなどを指摘し、さらに文書様式とそこに署判している差出人の権限とが一致するとは限らない点に注意を促した[30]。このように、奉行人奉書を政所の発給文書と理解し、政所発展の延長上に位置づける「奉行人制」本来の定義が揺らいでいる点については、以前に桑山氏の著書に対する書評[31]でも触れたことがあるが、これに本書の考察結果を加えて議論を展開しておきたい。

新田一郎氏は本書第二部第四章の論旨について、管領政治期から義政親政期における「奉行人は政治的意思を持った主体なのか、それとも事務処理機械なのかが、まず問題になる」とした上で、「事務処理機械としての奉行人は、将軍・管領または政所執事などによって共同利用されるのであり〔中略〕、『奉行人によって文書が作成された』ことは、意思決定のプロセスについて多くを語らない」との意見を述べた[32]。だが私も、「管領が決裁するにしても、軍事に関わる実務を誰が担っていたのか」（三〇〇頁）との観点からこの問題に取り組んでおり、幕府奉行人を意思決定の主体として論じたつもりはない。

いま一度、研究史上における私見の位置を確認しておくと、管領政治期における幕府の軍勢催促状と感状は管領奉書に限定されることから、今谷明氏は管領が幕府奉行人の軍事指揮権・戦功認定権を剝奪したと評価していた。その一方で鳥居和之氏は、この時期に幕府奉行人が管領の訴訟裁許を補佐していたとの見解を示していたので、奉行人の評価をめぐる乖離状況の克服が課題となっていたのである。したがって、軍勢催促状と感状が管領奉書に限られる期間に、「奉行人によって文書が作成された」という本書の指摘は、奉行人が管領の決裁を実務面で支えていたという事実の発掘から今谷説を修正し、管領政治期に曖昧であった奉行人の役割を軍事制度に位置づけ直したことに意味がある。

また新田氏は、義政親政の確立期に管領奉書の軍勢催促状が「軍事方針の決定後に奉書の発給を命じられたにとどまる」（三二四頁）のであれば、御内書の軍勢催促状が「義政親裁の指標となる」（三二一頁）のかどうか、「少し怪しくなりはしないか」と疑問を投げかけている。しかしながら、私はこれを管領奉書の発給手続き一般として論じていない。本論で触れたように、管領政治期には御内書が一通も発給されていない点、御内書の発給過程に管領はほとんど関与しない点、管領政治期と義政親政期とでは政務決裁のあり方が異なる点などは、すでに先行研究が明らかにしている。よって、義政親政の始動と御内書発給の開始との関連性に懐疑的な新田氏の批判を成り立たせるためには、管領政治期と義政親政期の差異に関して積み重ねられてきたこれらの実証的成果を根本的に否定しなければならない。

むしろ現在の研究段階で問題となるのは、義政親政期における管領の活動形態であると考える。従来の研究により、管領政治から義政親政への転換が明らかにされたものの、親政の確立にともなう管領の役割変化については、訴訟制度に関する鳥居和之氏の成果を除いて不明瞭な点が多かった。そこで本書は、右の研究状況をふまえた上で、これまで十分に論じられてこなかった義政の軍事親裁における管領の役割を明らかにすることを試みた。その一環として、この時期の管領奉書軍勢催促状を親裁との関わりでいかに評価するのかが課題となり、同じ管領奉書でも管領政治期と義政親政期とで発給過程が異なる点を、軍事決裁方式の変化から説明したのである。

こうした変化に関して、桑山氏は管領制から「奉行人制」への移行を説いたわけだが、権限者と文書様式が必ずしもパラレルではないとの指摘をふまえると、幕府文書の発給傾向とともに、そこに至るまでの意思決定方式も併せて、管領制の変質過程を明らかにしなければならない。ここで重要となってくるのが、伊勢貞親の存在である。貞親は執事職にかかわらず政所に影響力を行使し、室町殿の側近として政治・経済の政策立案から実施に至るまで関与し、義政の親政を支えたことが明らかにされていた。ただし、さきほども述べたように、この時期における管領の位置づけ、とりわけ管領制の主要な機能の一つである軍事事項の処理形態が明瞭でなかったため、貞親の台頭と管領制の変質との関連づけを不十分なものにしていたのである。

前項でまとめたごとく、これまで軍事方針は「室町殿—管領・諸大名」間の、戦功褒賞は「室町殿—管領」間の協議を経て決裁されていた。ところが、義政親政の確立後には双方とも「室町殿—側近（伊勢貞親）」間の審議で裁断されるようになり、その枠外に置かれた管領・諸大名は決定事項を執行するに過ぎなくなった。事務を処理する奉行人の管轄も管領から貞親に移行し、その影響力はすでに指摘されている雑務沙汰・恩賞方人事のみならず、注進の窓口・披露といった軍事分野にまでおよんでいた。さらに、これまで大名申次が担ってきた地域との都鄙間交渉でも、寛正年間（一四六〇～一四六六）から伊勢貞親の関与が目立つようになる。

このように、室町殿側近たる貞親は政治・経済・軍事すべての分野にわたって政策決定過程に参与し、制度の枠組みが大きく変わることになった。奉行人は「室町殿—側近」間で定められた方針・指示に沿って業務を遂行しているのであり、管領制にかわる権力構造としては「奉行人制」よりも「側近制」の方が実態に即した呼称と思われる。義政期に構築された政務決裁のあり方は、応仁・文明の乱勃発によって決定的となる諸大名の乖離状況にも基礎づけられて、戦国期室町幕府に受け継がれた。室町殿の親裁を支えてきた大名衆議と管領制は、実質的にその役割を終えたのである。諸大名の提携自体は応仁・文明の乱から戦国初期に至るまで存続が認められているが、この傾向は大名間の自律性を前提とする「体制」外部での攻守同盟という性格が強く[33]、軍事政策決定の審議に参加した大名衆議の機能が復活することはついになかった。

また本書では管領制の「事実上の終焉」を、幕府制度にとらわれない諸大名の行動が顕著となる文明年間（一四六九～一四八七）の前半においたが、管領職はこれ以後も設置されていることから西島太郎氏より異議が出されている。[34]しかし、本書で取り上げたのは南北朝末期に成立した制度としての管領制である。南北朝時代研究で「管領」呼称の出現と管領制の成立とは区別されているのと同様に、[35]管領職が戦国初期に断続的に確認できたとしても、そのことをもって管領制の存続といえるかは疑問である。これは管領制の定義に関わる問題でもあるが、本編で詳論した管領制の役割や機能を重視すると、やはり文明年間の前半に「事実上の終焉」を迎えたと評価するのが妥当だと考える。

3　在京大名家の史的位置

さて、管領・諸大名を政権中枢の座から遠ざける形で図られた室町殿の親裁権強化が、結果的に幕府の立脚基盤を縮小させるといったイメージは、実は一九九〇年代まで義教期における幕府政治の特色として唱えられていた。[36]だが、こうした構図はすでに明らかなように、むしろ義政期の方が多くの点であてはまる。ただし、従来の研究が右の事態と守護の職権拡充とを関連づける傾向にあった点には注意を要する。たとえば、新田一郎氏は九〇年代半ばに次のような認識を示している。

秩序の枠組として機能する幕府―守護体制の求心点としての役割にもかかわらず、「権力」の具体的な表現としての「施行」手続を実質的に守護に委ねたことによって、室町幕府は、具体的な「権力」の所在としてのその実質的なプレゼンスを低下させていった。義教のとった諸政策は、そうした事態に対応した幕府機構の改編を内容としたものとして理解される。その要点は、〔中略〕「大守護連合政権」として各国の守護システムを介して間接的に全国に君臨する存在から、限定された領域において特権的な地位を占める存在への転換の方向性であり、そうした方向性を象徴するのが、管領の役割の相対的な低下と、それに代わる将軍直属の実務者集団としての奉行人の機能の拡充であった(37)。

本書で解明したとおり、「『施行』手続が実質的に守護に委ねられた」のは義持期であり、守護が在地勢力の当知行を保証する役割を強めていく傾向もこの時期に促されたと考える。したがってこの点に関する限り、新田氏の指摘は義教期からまえの義持期にずらされるべきである。その一方で、「限定された領域において特権的な地位を占める存在への転換」や「管領の役割の相対的な低下」は、既述したごとく義教期よりあとの義政期の特徴である。つまり、幕府が守護に権限を委託することと、これを兼ねる管領・諸大名が政権の中枢から距離をおくこととを区別することが、権力構造の段階差を考察する上で重要となってくる。このように認識してこそ、「守護権限の拡大→幕府権力の衰退」といった一面的な理解を克服することが可能となる。新田氏に限らず従来の研究で守護と大名とは混同されることが多かったため、室町幕府権力の変質過程に曖昧な点を残していた。

前節で触れたように、川岡氏は大名と守護とを区別する有効性に否定的な見解を示しているが、もともとは職名である守護を擬人化してしまうことで生じる弊害の方が大きい。たとえば、信濃守護小笠原長秀や伊賀守護仁木某は国人の武力蜂起を鎮圧できなかったために更迭され、それぞれ斯波義教と山名時熙がこれにかわって事態の収拾にあたった(38)。このように、いかに守護に認められた職権、すなわち「守護公権」が制度的に強化されたとしても、それを十分に活用できるかどうかは、守護に補任された大名家の力量と在地の状況とに左右される面も少なくなかった。

したがって、川岡氏が強調する「守護の多様性」とは、守護という「職」自体が多様なのではなく、守護の職権と、これを兼ねた大名家および管轄対象国の特性とが、相互に反映し合ってあらわれるものと考える。その典型例として中世後期東国史の研究分野では、大名と守護職とを区別することにより、不均一な領域支配の形態や、これをめぐる幕府・鎌倉府の競合などが指摘されている[39]。もちろん、東国守護と西国守護との間で領域支配の範囲や内容に違いが想定されるものの、支配構造を立体的に捉える上でこうした視角は有効であり、東国と西国とに同じ座標軸を設けて包括的に考察することで、逆に双方の差異や特質を明確にしていく可能性が広がろう。

また、「守護＝大名家の家長」とは必ずしも限らないことが、守護と大名とを合致させる手法の限界性を端的に物語っている。本書で取り上げた山名時熙は、永享五年（一四三三）に家督と守護職を嫡子持豊に譲ったのちも、翌年に失脚するまで幕政に参与し続けた。時熙の後継者である持豊は、享徳三年（一四五四）に室町殿義政の勘気を蒙り、家督と守護職を嫡子教豊に譲渡して隠居したが、その後も守護管国の経営に影響力を保ち続けた[40]。類似の事例は、斯波高経と五男義種や、同義将と嫡男義教との間でも確認されている[41]。

家督・守護職から退いた彼らの立場は当然ながら守護ではなく、大名家の家長として中央政治や子弟・一族の守護兼帯国に関与していたことになる（二五九頁参照）。もちろん、家長が家督と守護を兼ねることも少なくないが、この場合でも守護管国は在京する大名家の当主と在国する子弟・一族の役割分担・配置によって運営され、どちらが守護正員となるかは一族内の合意や室町殿の意向などの要素からその時々に判断されたことが指摘されている[42]。

天皇家・摂関家・得宗家などの家長が、制度的な「ポスト」から離れたのちも政治的な地位を維持し影響力をおよぼしたことは、中世前期研究において周知の事実である[43]。こうした視角は、中世後期研究でも室町殿と将軍職との区別などで意識されてはいるものの、いまだ一部にとどまっているのが現状である。たとえば川岡氏は、足利家の家長たる室町殿と将軍とを区別する必要性を説き、さらに守護職とその機能・権限とを直結させることにも慎重な姿勢を示す一方で、大名家の家長と守護とを同一視したまま論を進めている[44]。しかしながら、室町殿と守護とは本来異なる次元の概念であり、このことを意識しないまま双方を並べて論じるのは、バランスを欠いた権力構造の理解に陥ってしまう恐れがある。

大名家の家長が家督の譲渡後も幕府政治に参与し、かつ守護職を兼帯する子弟の管国統治を主導した点を考えれば、大名家と守護職の存在形態に同様の視角を取り入れることは、室町時代における中央・地方政治の特色を総体的かつ実態に即して理解する上で必要不可欠である。また同時に、大名家が一定領域の地域支配を成し遂げるためには、兼任・譲渡にかかわらず守護職を介さねばならなかった事実も、一五世紀段階の史的特質としてさらに掘り下げていくべき問題である。(45)

おわりに

最後に、室町幕府軍制を主題とした本書の考察結果が、中世後期社会全体の中でいかに位置づけられるのか、その可能性を展望することにしたい。中世後期の「国家」像については、川岡勉氏が「権門体制」と「幕府—守護体制」とを複合させて把握しようと試みて、次のように自らの考えをまとめている。

したがって、国家権力を分有した諸権門の間で天下成敗権をめぐる確執が生じ、中世後期になると治天に代わって将軍家が天下成敗権を掌握することになっても、天皇の王権のもとで諸権門が相互補完的に結びつくという権門体制の構造は維持されていたと考えられる。室町幕府—守護体制は、武家権門の内部編成を意味するものであると同時に、中世後期の各権門が共通の存立基盤とした支配装置でもあり、中世後期の権門体制はそれに支えられる形で存続していたのである。(46)

しかしながら、中世後期にまで「権門体制」論を適用することに対しては、早くから慎重な意見が出されている。(47)中世後期を「権門体制」論で捉えることに懐疑的な意見が多い理由は、武家が他権門を従属させて「国家」的な主要機能を掌握していくことによる。このような考え方に対して川岡氏は、「しかし、国政を分掌する諸権門の関係が対等な位置にあったかどうかは、権門体制論の成否を判断する指標にはならない。むしろ、諸権門の関係は対等ではなく、相互の力関係の変化に応じて国政の運営方式が変動するのが権門体制の特質とみるべきである」と述べ批判している。(48)川岡氏は、戦国期にもこうした秩序の存続を認めていることからもわかるように、「権門体制」論の提唱者である黒田俊雄氏の概念規定から離れることに必ずしも否定的でないため、(49)判断基準が一定しない議論は「水掛け論」となり混乱をきたす危険もある。

ただし、あえて私見を述べるならば、ほかの体制によって支えられなければ存続し難い「仕組み」を果たして「権門体制」と定義してよいのか、やはり疑念を抱いてしまう。そもそも川岡版「幕府―守護体制」論には本書で述べてきたような問題があり、「権門」と呼べるかどうかは別にして、(50)守護を介せず室町殿と直接結びつく有力者が多くいたことは既述のとおりである。つまり、「幕府―守護体制」を「中世後期の各権門が共通の存立基盤とした支配装置」と評価できない以上、この体制概念を前提に組み立てられた川岡氏による中世後期「権門体制」論の枠組み自体が崩れることになる。

むしろ中世後期社会の特質を理解する上で重要なのは、一五世紀前半までに、室町殿およびその一門・准一門大名と彼らに連なる昵近者・関係者が守護職を含む所職・所領や流通拠点を寡占するようになる事態である。こうした状態にある都鄙の権力編成は守護に一元化されず、室町殿に近い有力な公家・武家・寺社の所領ほど守護不入特権を得ている場合が多い。(51)本書でも提示した右の権力編成像に対しては、第一節第3項で確認したように、多元的な構成要素を列挙したことで議論が拡散してしまう恐れがある、との問題点が指摘されている。しかし、私は一つ一つの構成要素をただ漫然と羅列したつもりはなく、これらと室町殿との関係性を軸に位置づけて理解している。つまり、公家・武家・寺社を問わず、室町殿との親疎を基準に、「ポスト」やそれに付随する「富」の再分配が行われ、その保護のもと公家・武家・寺社の支配秩序が整序・維持されていた。こうした室町殿権力を中心とした公家・寺社編成のあり方に関しては、近年着実に実証が積み重ねられている。(52)

幕府の軍事指揮も、本書で示したいくつかの事例から明らかなように、将軍ではなく足利家の家長たる室町殿を頂点に体系化されていた。したがって、守護制度を含む幕府軍制も、こうした室町殿を主軸に構築された、「室町殿体制」とでもいえる枠組みのもとで機能していた。(53)すなわち軍事方針は、室町殿と親密な足利一門以下の在京大名が諮問にあずかり、その答申に沿って決裁された。(54)また軍勢催促・戦功褒賞は、室町殿の発給文書を根本に実施されるとともに、その対象を直結する守護・大名・国人に限定していった。(55)さらに公家・武家・寺社領にわたる軍役賦課は、室町殿による由緒の整序を経て認定された守護不入特権に基づき、収取の回路が規制されていた。このあり方は戦時編制をも束縛し、室町殿に直属する国人と守護の統率に従う一般国人とに系列化してあらわれた。(56)

以上、本書において指摘した室町幕府軍制の構成要素は、いずれも室町殿との関係性を基礎に形作られており、「室町殿体制」を支える数ある「歯車」の中の一つとして、それぞれ存在していたと考える。

註

(1) 亀田俊和「室町幕府安堵施行状の形成と展開」(『日本史研究』五二〇号、二〇〇五年) 三五～三七頁。

(2) 註(1)亀田前掲論文、三六頁表1で掲げられた不知行地に関わる直義下文のうち、問題となる事例は建武四年四月三日の譲与安堵下文(『南北［九州］』九一一「山代文書」)と、同年九月二三日の還補下文(『南北［九州］』一〇四八「浅井文書」)の計二通である。そのほかは、本書第一部第一章七一～七二頁で説明した貞和四年九月一七日の下文（『南北［九州］』二五二三「詫摩文書」）を除くと、現存しないため発給者が尊氏か直義か特定困難な建武四年九月二七日の還補下文（施行状は『大日本史料　第六編之四』四〇一頁「前田家所蔵文書」）、同じ理由で当知行地安堵か旧領回復安堵か判別不能な暦応二年六月二一日の安堵下文（施行状は『南北［関東］』九六六「浄光明寺文書」）、安堵と異なる貞和二年四月二三日の寄進下文（『高野山文書』「金剛三昧院文書」一五九）であり、いずれも直義による旧領回復安堵と断定できない。

（3）『南北［中国四国］』九二五「安保文書」。

（4）亀田氏自身、別稿で施行状発給手続きの独自性を強調している。亀田俊和「室町幕府執事施行状の形成と展開」（『史林』八六巻三号、二〇〇三年）六六～六七頁。

（5）吉田徳夫「書評　吉田賢司著『室町幕府の国人所領安堵』」（『法制史研究』五五号、二〇〇五年）二〇九～二一〇頁。なお、本文であげた論点のほか、応永二九年七月法（「室町幕府追加法」一七七条）の内容に関して、初出時に「安堵申請者が当知行者であるか否かを、幕府は安堵の発給段階で把握し得ていない様子を読み取れる」とした点に、吉田氏から「意味不明である」との疑問が示されたので、右の史料解釈に至る理由を本書七八頁で補足した。詳細は本編第一部第一章に譲るが、成稿時の論旨に変更はない。

（6）建武政権期以前における「御恩」の内容および変遷については、上横手雅敬「封建制と主従制」（『岩波講座日本通史第九巻　中世3』岩波書店、一九九四年）七九～九九頁参照。

（7）近藤成一「本領安堵と当知行地安堵」（佐藤和彦・小林一岳編『展望日本歴史10　南北朝内乱』東京堂出版、二〇〇〇年、初出一九九二年）。

（8）知行をめぐる理解に関しては、上横手雅敬「知行論争の再検討」（『日本中世国家史論考』塙書房、一九九四年、初出一九七四年）参照。

（9）佐藤進一「室町幕府開創期の官制体系」（『日本中世史論集』岩波書店、一九九〇年、初出一九六〇年）。

（10）新田一郎「統治権的支配」（『日本歴史』七〇〇号、二〇〇六年）。

（11）註(10)新田前掲論文、六二頁。以下、佐藤説に対する新田氏の見解については、同「書評　佐藤進一著『日本中世史論集』」（『史学雑誌』一〇一編七号、一九九二年）も参照。

(12) 新田一郎「『由緒』と『施行』」(勝俣鎮夫編『中世人の生活世界』山川出版社、一九九六年)。
(13) 応永二〇年代後半以降、寺社本所に対する幕府の当知行地安堵も、「任二当知行之旨一」「当知行云々」といった「即時型」文言を含むものが大半を占めるようになる。この点については、松園潤一朗「室町幕府『論人奉行』制の形成」(『日本歴史』七二六号、二〇〇八年)三二頁。
(14) 新田一郎「書評　吉田賢司「室町幕府の軍事親裁制度─義政期を中心に─」」(『法制史研究』五七号、二〇〇八年)二八一頁。
(15) 個別的にも領域的にも機能しうる「主従制的支配権」の二面性については、吉田賢司「『主従制的支配権』と室町幕府軍制研究」(『鎌倉遺文研究』二六号、二〇一〇年一〇月刊行予定)でも論じたので、併せてご参照いただきたい。
(16) 佐藤進一「室町幕府論」(註(9)佐藤前掲著書、初出一九六三年)一三一頁。
(17) 稲垣翔「書評　中世後期研究会編『室町・戦国期研究を読みなおす』」(『ヒストリア』二一一号、二〇〇八年)一二五～一二六頁、辰田芳雄「書評　田沼睦著『中世後期社会と公田体制』」(『史学雑誌』一一七編九号、二〇〇八年)九八頁、呉座勇一口頭報告「『都鄙関係を読みなおす』を読みなおす」(東京大学中世史研究会七月例会、二〇〇八年七月一九日、会場豊島区民センター・コアいけぶくろ)。
(18) 註(17)稲田前掲書評、一二六頁。
(19) 川岡勉「書評　中世後期研究会編『室町・戦国期研究を読みなおす』」(『史林』九二巻五号、二〇〇九年)一四四頁。
(20) 呉座勇一「伊勢北方一揆の構造と機能」(『日本歴史』七一二号、二〇〇七年)二六頁・三二頁・三六頁。
(21) これに関連して、幕府直属国人が守護を含めた広範な在京勢力と、日常的に文化交流を持っていたことについては、清水克行「ある室町幕府直臣の都市生活」(『室町社会の騒擾と秩序』吉川弘文館、二〇〇四年、初出二〇〇二年)。この清水論文に対する私見については、吉田賢司「書評　清水克行著『室町社会の騒擾と秩序』」(『史学雑誌』一一四編七号、二〇〇五年)八九頁。
(22) 伊勢北畠氏を題材にした大藪海「室町時代の『知行主』」(『史学雑誌』一一六編一一号、二〇〇七年)も、守護を介さず幕府と直接つながる一定地域の「知行主」が、室町時代の権力構造において軽視できない存在であったと注意を促している。
(23) 佐藤進一「足利義教嗣立期の幕府政治」(註(9)佐藤前掲著書、初出一九六八年)二四九～二五〇頁、同「合議と専制」(同上書、初出一九八八年)三二四頁。この視角を継承し発展させた研究に、今谷明「一四─一五世紀の日本」(『室町時代政治史論』塙書房、二〇〇〇年、初出一九九四年)五二～五三頁などがある。

(24) 比較的近年の成果に限ってあげると、「将軍独裁」期と「得宗専制」期とで「専制」の機能や範囲が異なる可能性を示唆した、註(11)新田前掲書評、九三～九六頁。公卿の「合議」が天皇（院）の「専制」を補佐した側面に注意を促した、美川圭「建武政権の前提としての公卿会議」（大山喬平教授退官記念会編『日本国家の史的特質　古代・中世』思文閣出版、一九九七年）。合議機関たる寄合の機能に着目し「得宗専制」を類型化した、細川重男「専制と合議」（『鎌倉政権得宗専制論』吉川弘文館、二〇〇〇年）三三七頁。幕府の発展とそれにともなう組織運営の合理化および機能不全を観点に「合議と専制」論の克服を試みた、保永真則「鎌倉幕府の官僚制化」（『日本史研究』五〇六号、二〇〇四年）。「得宗専制」の客体とされてきた御家人と北条氏一門の存在形態を分析することで「専制」概念の相対化を提唱した、秋山哲雄「問題の所在と本書の課題」（『北条氏権力と都市鎌倉』吉川弘文館、二〇〇六年）六～九頁など。研究史については、保永論文と秋山論文において詳しく整理されている。

(25) 桜井英治『〔講談社学術文庫版〕日本の歴史12　室町人の精神』（講談社、二〇〇九年、元版二〇〇一年）一三六頁、榎原雅治「一揆の時代」（同編『日本の時代史11　一揆の時代』吉川弘文館、二〇〇三年）三六頁。

(26) 佐藤進一・池内義資編『中世法制史料集第二巻　室町幕府法』（岩波書店、初版一九五七年）所収『武政軌範』。本書第一部第三章「室町幕府の戦功褒賞」、一四五頁。

(27) 註(25)桜井前掲著書、一四四頁、註(25)榎原前掲論文、三九～四〇頁、石原比伊呂「足利義教の初政」（『日本歴史』七二四号、二〇〇八年）三一～三二頁。なお桜井氏は、義教が精神を患った原因として訴訟制度改革の失敗をあげている。精神疾患の是非を判断することはできないが、軍事政策への傾きが義教の独裁的な性格を強めさせたとともに、訴訟制度改革を挫折へと導く遠因にもなったことはたしかであろう。

(28) 桑山浩然「室町幕府の権力構造」（『室町幕府の政治と経済』吉川弘文館、二〇〇六年、初出一九七六年）。

(29) 設楽薫「室町幕府―将軍直臣団」（佐藤和彦ほか編『日本中世史研究事典』東京堂出版、一九九五年）四四頁。

(30) 桑山浩然「足利義教と御前沙汰」（註(28)桑山前掲著書、初出一九七七年）、同「解題」（『室町幕府引付史料集成』上巻、近藤出版社、一九八〇年）、同「〈書評〉小川信著『足利一門守護発展史の研究』」（『国学院雑誌』八二巻四号、一九八一年）。

(31) 吉田賢司「書評　桑山浩然『室町幕府の政治と経済』」（『歴史学研究』八二六号、二〇〇七年）四四～四五頁。

(32) 註(14)新田前掲書評、二七九頁。

(33) 家永遵嗣「将軍権力と大名との関係を見る視点」（『歴史評論』五七二号、一九九七年）。

(34)　西島太郎「中世後期の在地領主研究」（中世後期研究会編『室町・戦国期研究を読みなおす』思文閣出版、二〇〇七年）一九六～一九七頁。
(35)　たとえば、小川信「足利（斯波）高経の幕政運営」（『足利一門守護発展史の研究』吉川弘文館、一九八〇年、初出一九七三年）四一九～四二一頁、同「細川頼之の活動と室町幕府管領制の成立」（同上書、初出一九七八年）二〇一～二〇四頁、二二八～二三四頁。
(36)　たとえば、田沼睦「室町幕府・守護・国人」（『中世後期社会と公田体制』岩田書院、二〇〇七年、初出一九七六年）二二〇頁、註(12)新田前掲論文、一八～一九頁。
(37)　註(12)新田前掲論文、一九頁。
(38)　信濃守護人事＝『大日本史料　第七編之四』九〇七～九〇八頁「吉田家日次記」応永八年二月一八日条。伊賀守護人事＝『満済准后日記』永享五年四月二日・五日条。それぞれ事件の背景と経過については、湯本軍一「守護の支配と大塔合戦」（長野県編集・発行『長野県史　通史編第三巻　中世二』、一九八七年）八八～一〇五頁、稲本紀昭「伊賀国守護と仁木氏」（『三重大学教育学部研究紀要』三八巻、一九八七年）一五七～一五八頁参照。
(39)　新田英治「中世後期の東国守護をめぐる二、三の問題」（『学習院大学文学部研究年報』四〇輯、一九九四年）、小国浩寿『鎌倉府体制と東国』（吉川弘文館、二〇〇一年）、松本一夫『東国守護の歴史的特質』（岩田書院、二〇〇一年）、杉山一弥「室町幕府と下野『京都扶持衆』」（『年報中世史研究』三〇号、二〇〇五年）、江田郁夫『室町幕府東国支配の研究』（高志書院、二〇〇八年）。
(40)　川岡勉『人物叢書　山名宗全』（吉川弘文館、二〇〇九年）六八頁。なお川岡氏は、こうした持豊の存在形態もあくまで守護として把握している点で、私と立場を異にする。
(41)　註(35)小川前掲「足利（斯波）高経の幕政運営」、四二一～四二三頁、同「斯波義将の分国支配と管領斯波氏の成立」（同上書、一九八〇年）五〇三～五一六頁。
(42)　山田徹「南北朝期の守護在京」（『日本史研究』五三四号、二〇〇七年）三二一～三六頁。
(43)　たとえば、上横手雅敬「中世前期の政治構造」（上横手雅敬・元木泰雄・勝山清次共著『日本の中世8　院政と平氏、鎌倉政権』中央公論新社、二〇〇二年）一四～一七頁、二九～三三頁。
(44)　川岡勉「中世日本の王権と天下成敗権」（『愛媛大学教育学部紀要』五六巻、二〇〇九年）一八～二〇頁。

(45) 大藪海「戦国期における武家官位と守護職」（『歴史学研究』八五〇号、二〇〇九年）によると、一六世紀後半には守護職の意義・権能が変化し、年代が下るにつれて一部を除く多くの守護が有名無実のものになっていったという。また、尾下成敏「織田・豊臣政権下の地域支配」（註(34)中世後期研究会前掲編書）で論じられたように、守護職を必要としない地域支配が近世に向かう時代の趨勢である。

(46) 註(44)川岡前掲論文、二一頁。

(47) たとえば、村井章介「権門体制論と中世国家史研究」（『中世の国家と在地社会』校倉書房、二〇〇五年、初出一九八五年）一〇五頁、上横手雅敬「鎌倉・室町幕府と朝廷」（『日本中世国家史論考』塙書房、一九九四年、初出一九八七年）三二〇頁など。近年では、水野智之「南北朝・室町期の公武関係論と国家像の展望」（『歴史評論』七〇〇号、二〇〇八年）九～一三頁。

(48) 註(44)川岡前掲論文、二四頁註(68)。

(49) 註(44)川岡前掲論文、一三頁・二一頁。黒田俊雄氏が、「権門体制は、荘園制とともに、応仁の乱をもって事実上消滅した」との認識を示していることについては、同「中世の国家と天皇」（『黒田俊雄著作集第一巻　権門体制論』法藏館、一九九四年、初出一九六三年）四五頁。

(50) 註(49)黒田前掲論文、九頁には、「権門」の歴史的な性格を規定して、「国政上に権威・勢力をもついくつかの門閥家があって、それらが、権威・勢力のゆえに、国政上なんらかの力をもちえた」と総括されている。室町殿と直結する諸勢力の規模や性格は個々様々であり、厳密な意味で右のような「権門」の定義にあてはまるとは必ずしも限らないので、本文のような表現を用いた。

(51) この点については、以前に早島大祐氏の著書に対する書評でも触れたことがある。吉田賢司「書評　早島大祐著『首都の経済と室町幕府』」（『日本史研究』五五九号、二〇〇九年）八一～八二頁。関係する近年の研究成果として、井原今朝男「中世後期における債務と経済構造」（『日本史研究』四八七号、二〇〇三年）、伊藤俊一「室町幕府と荘園制」（『年報中世史研究』二八号、二〇〇三年）、榎原雅治「近年の中世前期荘園史研究にまなぶ」（『歴史評論』六五四号、二〇〇四年）、山田徹「南北朝期における所領配分と中央政治」（『歴史評論』七〇〇号、二〇〇八年）、本書序論第二章「室町幕府による都鄙の権力編成」など。

(52) 公武関係については、松永和浩「南北朝・室町期における公家と武家」（註(34)中世後期研究会前掲編書）、同「室町殿権力と公家社会の求心構造」（『ヒストリア』二〇八号、二〇〇八年）、桃崎有一郎「室町殿の朝廷支配と伝奏論」（註(34)中世後期研究会前掲編書）、同「足利義満の公家社会支配と『公方様』の誕生」（松岡心平・小川剛生編『ＺＥＡＭＩ』四号、二〇〇七年）など。寺社関係については、大田壮一郎「室町殿の宗教構想と武家祈禱」（『ヒストリア』一八八号、二〇〇四年）、同「室町幕府宗教政策論」（註(34)中世後期研究会前掲編書）、同「足利義満の宗教空間」（松岡心平・小川剛生前掲編書）など。また、『歴史学研究』八五二号（二〇〇九年）には、「室町殿論―新しい国家像をめざして」と題した小特集が企画され、以下の成果が収載されている。桃崎有一郎「足利義持の室町殿第二次確立過程に関する試論」、大田壮一郎「室町殿権力の宗教政策」、石原比伊呂「足利義教と義満・義持」、清水克行「室町殿権力と広域逃散」、家永遵嗣「足利義満・義持と崇賢門院」、丸山裕之「書評　伊藤喜良『足利義持』」。

(53)「室町殿体制」という用語は、室町殿を中心に編成された公家・武家・寺社にわたる社会秩序の全体像を捕捉していくために名づけたものであり、室町殿＝「王権」といった意味を込めたわけではない。中世後期における「王権」の概念や所在をめぐっては、水野智之「室町時代公武関係論の視角と課題」（『室町時代公武関係の研究』吉川弘文館、二〇〇五年、初出二〇〇一年）で研究史の整理がなされ、その後も註(47)水野前掲論文や註(44)川岡前掲論文などで高度な議論が交わされているが、いまだ見解の一致に至っていないのが現状である。ただし註(52)前掲諸論文などを参照すると、足利家の家長が天皇家を保護しつつ、公家・武家・寺社勢力に跨って影響力を行使したとの点では、諸氏の間で大きな意見の相違はないようである。したがって、評価が分かれる「権門体制」と「幕府―守護体制」といった二つの体制概念を無理に組み合わせて説明するよりも、シンプルに室町殿権力と諸勢力との関係性を基準にその形成・確立・変質・崩壊過程を見通した方が、中世後期の社会秩序を動態的かつ総体的に把握しやすいと考える。なお、従来しばしば用いられてきた「室町幕府体制」という名称は、武家（将軍を含む）・公家・寺社に横断して君臨する権力の支配体制を表現するのに適切でないと判断したため、使用しなかった。

(54) たとえば、義量の将軍在職期である応永三〇年（一四二三）には、鎌倉府攻撃をめぐる方針が義持によって決裁された。本書第二部第一章「管領・諸大名の衆議」、二二八頁参照。

(55) たとえば、義持の将軍在職期である応永六年（一三九九）に勃発した応永の乱に際して、軍勢催促・戦功褒賞を実施したのはいずれも義満であった。本書第一部第二章「室町幕府の軍勢催促」および表5No.3〜14、同第三章「室町幕府の戦功褒賞」および表6No.1〜6、表8No.23・24。

(56) 本書序論第二章「室町幕府による都鄙の権力編成」、第一部第二章「室町幕府の軍勢催促」、同第四章「室町幕府の守護・国人連合軍」。

初出一覧

序論　室町幕府・守護・国人論と軍制史研究
第一章　室町幕府軍制研究の現状と課題（新稿）
第二章　室町幕府による都鄙の権力編成（中世後期研究会編『室町・戦国期研究を読みなおす』思文閣出版、二〇〇七年一〇月）

第一部　室町幕府戦時編制の基本構造
第一章　室町幕府の国人所領安堵（『日本史研究』五〇七号、二〇〇四年一一月）
第二章　室町幕府の軍勢催促（原題「中期室町幕府の軍勢催促」『ヒストリア』一八四号、二〇〇三年四月）
第三章　室町幕府の戦功褒賞（原題「室町幕府の戦功褒賞―義持・義教期を中心に―」『日本歴史』六五五号、二〇〇二年一二月）
第四章　室町幕府の守護・国人連合軍（原題「室町幕府の守護・国人連合軍―永享の北九州争乱をめぐって―」『年報中世史研究』三四号、二〇〇九年五月）

第二部　室町幕府軍事親裁の展開過程
第一章　管領・諸大名の衆議（原題「将軍足利義教期の諸大名―その幕政参与についての一考察―」第二節『龍谷史壇』一一七号、二〇〇一年一〇月）
第二章　在京大名の都鄙間交渉（原題「将軍足利義教期の諸大名―その幕政参与についての一考察―」第一節『龍谷史

壇』一一七号、二〇〇一年一〇月・原題「在京大名山名氏による医徳庵召還活動」『日本歴史』六八八号、二〇〇五年九月）

第三章　足利義教期の管領奉書（原題「将軍足利義教期の管領奉書」『古文書研究』五七号、二〇〇三年五月）

第四章　足利義政期の軍事決裁制度（原題「室町幕府の軍事親裁制度―義政期を中心に―」『史学雑誌』一一五編四号、二〇〇六年四月）

結論　室町幕府軍制研究の総括と展望（新稿）

あとがき

本書は、二〇〇五年七月に龍谷大学大学院文学研究科に提出した学位請求論文「室町幕府―守護体制変容過程の研究」をもとにしている。論文審査では、上横手雅敬先生、平田厚志先生、大取一馬先生から種々のご指導を賜り、二〇〇六年三月に学位を授与された。この場をかりて、心よりお礼を申し上げる。

既発表論文については、収録にあたって体裁を統一し、事実関係の追加・訂正やその後の研究動向などに関して必要最小限の補訂を行ったが、基本的な論旨に変更はない。以下、各章の執筆に至る経緯を成稿順に記述して、本書の「あとがき」とする。

第二部第一章・第二章第一節の原形は、二〇〇一年一〇月の『龍谷史壇』一一七号に掲載された卒業論文である。今谷明氏の『室町幕府解体過程の研究』（岩波書店、一九八五年）を読み進めていくうちに、政権中枢における政策決定の審議過程に興味を覚えたのが、「重臣会議」（大名衆議）をテーマに選ぶきっかけとなった。生来の怠惰な性格のため完成から二年近くも放置してしまい、その間に発表された川岡勉氏の論考を研究史に位置づけ直すのに手間取った上に、校正中に内容と深く関わる桜井英治氏の著書が刊行されるなど、「苦難」のすえ公表にこぎつけた最初の論文である。この時に得た経験は、その後の研究生活のあり方に少なからず影響を与えており、今から思えばあらゆる意味でよい勉強になった。なお今回、初出時に触れることができなかった桜井氏の成果などを組み込んで大部となったため、旧稿の第一節（大名申次）と第二節（大名衆議）とを分割させて再構成した。

第二部第三章は、もともと卒業論文の補論であり、二〇〇三年五月の『古文書研究』五七号に掲載された。後述する第一部第二章の次に公表したが、成稿は卒業論文の本論と同時期である。卒業論文の本論を書き進める中で、管領の役割が義教執政期に改変されていることに気づいたものの、根拠が『満済准后日記』をはじめとする古記録中心であったため、古文書からこの点を補強できないかと考えた。義教期の管領については、そのころすでに多くの研究成果が蓄積されていたが、管領発給文書の全体像はいまだ示されておらず、その分布状況が気になっていたのである。そこで、とりあえず目についた管領奉書・施行状を、手当たり次第に収集していくことにした。当たり前のことながら、地道に史料を集めることの大切さを、作業を通して学べたことが何よりの収穫であった。

第一部第三章と第二章は、修士論文を分割したものがもとであり、それぞれ二〇〇二年一二月の『日本歴史』六五五号と二〇〇三年四月の『ヒストリア』一八四号に掲載された。卒業論文で大名衆議がおもに軍事方針の決定過程にあらわれることを明らかにできたが、その後に実施される軍勢催促と戦功褒賞の処理形態に関しては曖昧なままであった。先行研究にあたってみても、この分野は政治・経済史に比べて立ち遅れていたために具体的なイメージをつかめず、「どうなっているのだろう？」という素朴な疑問から考察をはじめた。ところが、関連文書の収集作業は持ち前の要領の悪さも手伝って難航し、修士課程の二年間をほぼそれだけに費やすことになってしまった。そのため、修士論文提出の直前まで集めた史料の整理と分析に追われたが、そこで「発見」した義持執政期の意義や幕府直属国人の存在などは、研究を進めていく上で大きな指針となった。

第一部第一章の初出論文は、二〇〇四年一一月の『日本史研究』五〇七号に掲載された。新恩給与と本領安堵は主従制における「御恩」の中心とされるが、修士論文では前者の宛行について触れられたものの、後者の安堵に関しては独自の見解を示せなかった。そこで、義持・義教期における安堵の検討を試みたものが、本章第三節の土台となっている。修士論文で指摘した義持期の画期性にこだわっていた私は、当初この時期のみで考察を完結させるつもりでいた。だが、鎌倉時代を対象とした笠松宏至氏の「安堵の機能」(『中世人との対話』東京大学出版会、一九九七年、初出一九八六年)の成果を、そのまま室町時代に当てはめて考えてしまったため、義持期に当知行地安堵の管領施行状が発給されなくなる意味を理解できず思い悩んでいた。その前段階である南北朝時代の勉強不足を痛感し、思いきって室町幕府の草創期まで遡って調べた結果が、本章第一節・第二節である。それまで射程外であった南北朝期を視野におさめることができた、私にとって貴重な一本である。

第二部第二章第二節は、二〇〇五年九月の『日本歴史』六八八号に掲載された研究余禄を補訂した。『宮崎県史』「郡司文書」を眺めていると、「御所様」という文言を載せる差出人未詳の書状に偶然目がとまり、気になって調べはじめた。日向国に山名氏関係の文書が存在するとわかって驚いたが、この文書の分析を通して守護が大名の一側面に過ぎないことを強く意識するようになった。調査のおりに親切に対応していただいた、宮崎県総合博物館の籾木郁朗氏をはじめ関係者各位に深謝したい。なお、本書への収録にあたって、『龍谷史壇』所収の前掲論文第一節と併せ、大名申次をテーマに一つの章として再編集した。

第二部第四章は、二〇〇六年四月の『史学雑誌』一一五編四号に掲載された論文をもとにしている。このころ、義持・義教期における軍事制度のあり方が、その後いかに推移したのかという問題関心を高めていた。管領政治後の義政親政期には積極的な政策が目立つ一方で、応仁・文明の乱へと向かう時代の流れとのギャップに違和感を覚えたこともあり、本格的に研究に取り組むことにした。親裁権の確立と求心力の低下という、一見矛盾しているようにも思える二つの現象を整合的に捉えることで、戦国期室町幕府の展望をも試みている。

序論第二章は元来、学位論文の序章と結語を増補・改訂し、早島大祐氏らが主催される中世後期研究会(通称「文殊の会」）の論集に寄稿したもので、二〇〇七年一〇月に刊行された。私が大学院生活を送っていたころ、関西では川岡勉氏の「室町幕府―守護体制」論が盛んで、研究会などでもこの用語をよく目や耳にした。幕府・守護研究の個別分散状況を批判する試みに私も魅力を感じていたが、右に掲げた諸研究を進めていくうちに、この体制概念では説明し難い事柄を多く確認するに至った。これまでの権力構造論の枠組みを見直す必要性があると感じていたおり、ちょうど早島氏から原稿依頼をいただいたこともあって、書きあげたのが本章である。研究史の整理を通して、自らの主張を再認識することができた。

第一部第四章は、二〇〇九年五月の『年報中世史研究』三四号に掲載された論文をもとにしている。これまでの考察で一五世紀前半における幕府の軍事編制を系列的に理解したものの、これが戦時で実際に反映されたのかどうかについては疑問の声も聞かれ、検討の余地を残していた。こうした課題を解決するため、幕府の中枢に視座をおく第一部第二章・第三章と第二部第一章の論理構成を逆転させ、前線の状況に着目して研究に取り組むことにした。本書に収めた既出論文のうち最新の仕事であり、地域秩序におよぼした影響から政策方針の成否を評価した第二部第四章の内容とも密接に関係している。

序論第一章と結論はともに新稿で、平成二一年度文部科学省科学研究費補助金（若手研究B）の成果を含んでいる。序論第一章は、二〇〇九年七月に催された鎌倉遺文研究会第一五三回例会において報告する機会を与えられ、その前半部分の内容を活字化したものである。序論の第二章が本書の視角を権力構造全体の中に位置づけ概観できるよう、項目ごとに先行研究との関係を整理したのに対して、第一章は年代順に研究史を追って、その軌跡から問題の所在を明らかにしようと試みた。また、結論の執筆にあたっては、本書の内容を俯瞰するだけでは序論第二章と重複する箇所が多くなるため、何か特色を出せないかと考えた。そこで、初出論文の公表後にいただいたご意見にお答えすることを通して、論旨の明確化を図るとともに現時点における私の見解もできるだけ示そうと努めた。

右に記したところが、本書全体の成立過程である。こうして振り返ってみると、はじめて論文を執筆してから、はや一〇年近くの歳月が経とうとしていることを、あらためて実感させられた。これまで私が研究を続けてこられたのは、周囲の方々の温情に支えられてきたからにほかならない。

龍谷大学文学部の和やかで落ち着いた雰囲気のもと、上横手雅敬先生のゼミに所属して学べたことは、「歴史好き」に過ぎなかった私が本格的に学問の道に足を踏み入れる原点となった。上横手先生にはそれ以来、同大学大学院の文学研究科修士・博士課程を経て現在に至るまでご指導・ご鞭撻を仰ぎ、公私ともに多大な学恩を拝受している。さらに、龍谷大学国史学専攻の選択必修科目である史料講読・特殊講義に、元木泰雄先生が出講されていたことも僥倖であった。院政期・鎌倉期研究の第一人者である上横手先生と元木先生にお教えを乞い、講義内容をきちんと理解できていたかどうかは別にしても、日本中世史の大きな流れを感じることができた経験は、視野が狭くなりがちな私にとって貴重な「財産」となっている。

元木先生には日本学術振興会特別研究員（ＰＤ）の受け入れもご快諾くださり、京都大学大学院人間・環境学研究科で学ぶ機会を与えていただいた。同研究科では元木先生に懇切なご指導をいただいたほか、西山良平先生からも諸事にわたり過分なご高配を賜った。研究成果の報告会や親睦会にお声をかけていただくなど温かく接してくださったおかげで、はじめての環境で右往左往していた私もすぐに馴染め、ＰＤとしての活動に専念することができた。また早島大祐氏には、中世後期に関する論文・史料を輪読する「文殊の会」に参加させていただき、たいへんお世話になった。所属を超えてそこに集った若手研究者たちのざっくばらんな議論からは、学問に対するモチベーションを高めさせてもらった。

そのほかにも、ほんとうに大勢の方々からご教示を受け、助けていただいた。紙面の都合で、お名前を一つ一つあげることができず心苦しいが、不勉強な私をいろいろな領域に導いてくださった皆様に深甚な謝辞を申し述べたい。

さらに、昨今の厳しい出版事情の中で、本書の上梓をお勧めいただいた吉川弘文館に対しても厚く謝意を表する。

最後に私事ながら、これまで私を支え続けてくれた母と祖父母に感謝の思いを捧げることをお許し願いたい。

二〇一〇年一月

吉田賢司

室町幕府軍制の構造と展開（オンデマンド版）

Digital Publishing

2018年10月1日　発行

著　者　吉田賢司《よしだけんじ》

発行者　吉川道郎

発行所　株式会社 吉川弘文館
〒113-0033　東京都文京区本郷7丁目2番8号
TEL　03(3813)9151(代表)
URL　http://www.yoshikawa-k.co.jp/

印刷・製本　株式会社 デジタルパブリッシングサービス
URL　http://www.d-pub.co.jp/

吉田賢司（1974～）
ISBN978-4-642-72889-8

著者略歴
一九七四年　京都府に生まれる
二〇〇四年　龍谷大学大学院文学研究科博士課程単位取得退学
現在　帝京大学文学部講師、博士（文学）

〔主要論文〕
室町幕府の内裏門役（『歴史評論』七〇〇）
建武政権の御家人制「廃止」（『鎌倉時代の権力と制度』）　室町幕府・守護と蒲生氏（『近江日野町の歴史』第二巻 中世編』）

室町幕府軍制の構造と展開

二〇一〇年（平成二十二）七月十日　第一刷発行

著　者　吉《よし》田《だ》賢《けん》司《じ》

発行者　前田求恭

発行所　株式会社　吉川弘文館
郵便番号一一三―〇〇三三
東京都文京区本郷七丁目二番八号
電話〇三―三八一三―九一五一〈代〉
振替口座〇〇一〇〇―五―二四四番
http://www.yoshikawa-k.co.jp/

印刷＝株式会社 三秀舎
製本＝誠製本株式会社
装幀＝山崎　登

索　　引

1. 本索引は，Ⅰ 人名，Ⅱ 地名・寺社名，Ⅲ 事項に分類の上，採録した．
2. 〔 〕内は説明註を，（ ）内は別称註を示した．関連項目は，→で示した．

Ⅰ 人　　名

あ　行

か　行

さ　行

た　行

な　行

は　行

ま 行

や 行

わ　行

II　地名・寺社名

あ　行

か 行

さ 行

た 行

な 行

は　行

ま　行

や・ら・わ行

Ⅲ　事　　項

あ　行

か　行

さ　行

た 行

な　行

は　行

ま　行

や・ら行